Hikeline
Wanderführer

Benjamin Pape

Teneriffa

Die schönsten Wandertouren
auf der Vulkaninsel

VERLAGESTERBAUER

Hikeline®-Wanderführer
Teneriffa

A-3751 Rodingersdorf, Hauptstr. 31
Tel.: +43/2983/28982-0, Fax: -500
E-Mail: hikeline@esterbauer.com
www.esterbauer.com
2. überarbeitete Auflage 2020
ISBN: 978-3-85000-759-7

Bitte geben Sie bei jeder Korrespondenz die Auflage und die ISBN an!

Dank an alle, die uns bei der Erstellung dieses Buches tatkräftig unterstützt haben, im Besonderen an: M. Kirsch; M. Erhardt, Berlin; C. Enghuber; J. Kölbl; W. Himmelfreundpointner, Salzburg; A. Kovacs, München; H. Magin; B. Zahn.

Das *Hikeline*-Team: Birgit Albrecht-Walzer, Katharina Amon-Schneider, Sabine Bacher-Baumgartner, Beatrix Bauer, Michael Binder, Veronika Bock, Petra Bruckmüller, Roland Esterbauer, Radka Hellingerova, Dagmar Güldenpfennig, Martina Kreindl, Nora Ludolph, Gregor Münch, Karin Neichsner, Carmen Paradeiser, Manuel Randa, Claudia Retzer, Petra Schartner, Sonja Schleifer, Christian Thoren, Isabella Tillich, Martin Trippmacher, Carina Winkelhofer, Martin Wischin, Wolfgang Zangerl

Bildnachweis: Małgorzata Stepko-Pape

Kartografie erstellt mit axpand
(www.axes-systems.com)

Vorwort

Die größte der Kanarischen Inseln ist mehr als nur ein Ferienparadies im Atlantischen Ozean – sie ist die Vereinigung dreier ganz unterschiedlicher Inseln, ein Kunstwerk der Natur, ein Schmelztiegel von Kultur und Landschaftsvielfalt und der Ausgangspunkt für unzählige Aktivitäten in freier Natur. Wanderer können hier eine Vielfalt von Wanderpfaden zwischen der subtropischen Felsküste, den terrassierten Hängen und Lorbeerwäldern des mittleren Stockwerks und der vulkanisch geprägten Mondlandschaft des Dachs der Insel, dem Teide-Nationalpark, erleben. Die prägende spanische Kultur mit ihrer authentischen Gastfreundlichkeit und ihrem Festekalender, dem architektonischen Erbe der Kolonialzeit, dem ganzjährigen Badeklima und den pulsierenden Metropolen rundet Teneriffa zur perfekten Urlaubsinsel ab, auf der man immer wieder Neues entdecken kann.

Präzise Karten, genaue Streckenbeschreibungen, zahlreiche Stadt- und Ortspläne, Hinweise auf das kulturelle und touristische Angebot der Region – in diesem Buch finden Sie alles, was Sie zu einer Wanderung auf Teneriffa brauchen – außer gutem Wetter, das können wir Ihnen nur wünschen.

Kartenlegende

* in Auswahl

Wanderweg auf Hartbelag
z. B.: befestigter Fußweg • ruhige Anliegerstraße

Wanderweg
breiter oder gut begehbarer Weg
z. B.: Wald- und Forstweg

Wandersteig, Pfad
schmaler Weg/Pfad • Wiesenweg

Klettersteig, Kletterstelle
• schwierige Stelle
• Trittsicherheit erforderlich
• Leiter

Verkehrsreicher Abschnitt
Strecke auf oder direkt an Straße mit starker Verkehrsbelastung

Variante, Alternativstrecke
z. B.: Ausflüge • Abkürzungen • Ein- oder Ausstiege • alternative Hauptroute

Anschlussetappen und weitere Touren

Wanderweg geplant

Wanderweg gesperrt

Tunnelstrecke, Unterführung

Fährverbindung; Lift

Stadt-/Ortsplan

Routenverlauf; Wegpunkt

Gefahrenstelle; Text beachten

Treppe

Tourist-Information

Hotel, Pension; Jugendherberge

Campingplatz; Zeltplatz

Gasthaus

Einkaufsmöglichkeit; Kiosk

Erlach – sehenswerter Ort

Einrichtung im Ort vorhanden

sonstige Sehenswürdigkeit

sehenswerte Kirche; Kapelle

sehenswertes Kloster

sehenswerte Synagoge; Moschee

sehenswerte/s Schloss, Burg

sehenswerte Ruine

sehenswertes Denkmal; Wegkreuz

sehenswerte/s Bergwerk; Höhle

sehenswerter Turm; Leuchtturm

sehenswerte Wassermühle; Windmühle

sehenswertes/r Kraftwerk; Flughafen

Museum

Ausgrabung; Römische Objekte

Tierpark; Naturpark-Information

Naturpark; sonstige Natursehenswürdigkeit

Aussichtspunkt

Rastplatz; Unterstand

Schutzhütte; Grillplatz

Wanderparkplatz

Brunnen*

Freibad, Badestelle; Hallenbad

Bushaltestelle*

Maßstab 1 : 35.000

1 cm ≙ 350 m   1 km ≙ 2,9 cm

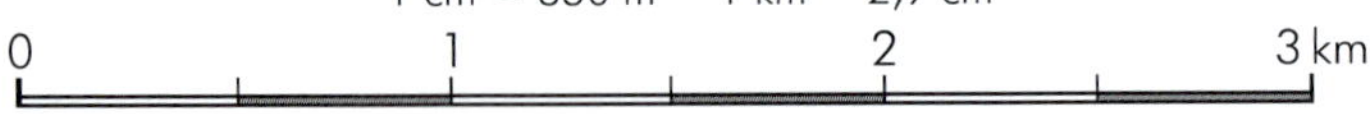

- Kirche; Kapelle
- Kloster
- Synagoge; Moschee
- Schloss, Burg
- Ruine
- Denkmal
- Wegkreuz
- Bergwerk
- Höhle
- historischer Grenzstein, Römerstein
- Grabanlage, Hügelgrab
- Turm; Leuchtturm
- Wassermühle; Windmühle
- Funk-, Sendeanlage
- Kraftwerk
- Umspannwerk, Trafostation
- Windkraftanlage
- Sportplatz, Stadion
- Golfplatz; Tennisplatz
- Flughafen; Landeplatz
- Quelle
- Kläranlage
- Schiffsanleger; Schleuse

Nur in Ortsplänen

- P Parkplatz
- Parkhaus/Tiefgarage
- Post*
- Apotheke*
- H Krankenhaus
- F Feuerwehr
- Polizei
- Theater*

- Wald; Wiese, Weide
- Nassfläche, Sumpf, Moor; Heide
- Weinbau; Garten
- Friedhof; Sand, Düne
- Steinbruch, Tagebau; Gletscher
- Fels; Schutt
- Gebäude; Siedlungsfläche
- öffentl. Gebäude; Industriegebiet
- See/Staumauer/Fluss
- A13 Autobahn
- B12 Schnellverkehrsstraße
- B236 Fernverkehrsstraße
- Hauptstraße
- Pass (820 m) untergeordnete Hauptstraße / Pass
- 550 Nebenstraße / Höhenpunkt
- Fahrweg; Weg
- Pfad; Fähre
- S Eisenbahn / Bahnhof; S-Bahnhof
- Eisenbahn stillgelegt; Nebenbahn
- Straßenbahn / Haltepunkt; Bergbahn
- Materialseilbahn; Sessellift
- Staatsgrenze / Grenzübergang
- Landesgrenze
- Kreisgrenze, Bezirksgrenze
- Damm
- Stadtmauer, Mauer
- Kanal
- Naturpark, Nationalpark
- Truppenübungsplatz, Sperrgebiet
- 700 Höhenlinie 100m
  - Höhenlinie 25m
- 318 5242 Kilometerraster
  - mit UTM-Koordinaten

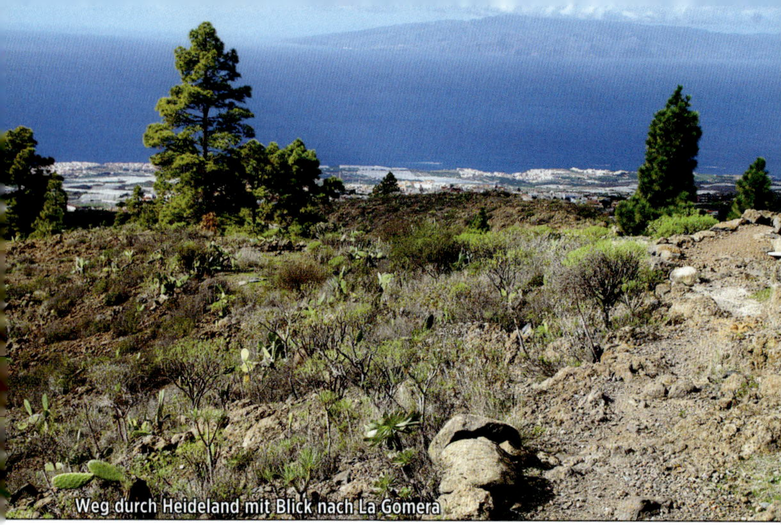

Weg durch Heideland mit Blick nach La Gomera

Inhalt

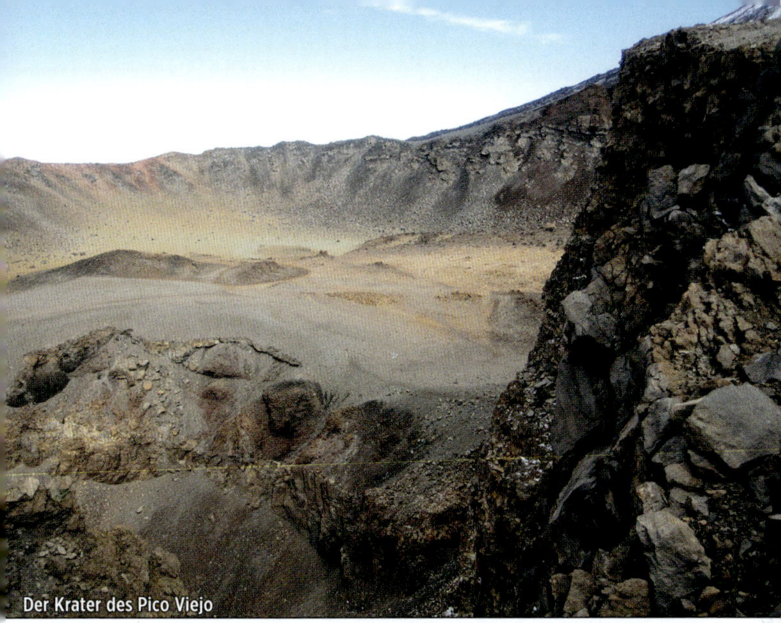

Der Krater des Pico Viejo

Eine Insel mit vielen Gesichtern

Vielen ist Teneriffa als Destination des kanarischen Massentourismus ein Begriff. So sehr diese Umschreibung auf einzelne Teile der Insel zutrifft, so augenfällig werden auch die Dimensionen der übrigen, vom Tourismus nur wenig berührten und für den Aktivurlaub bestens geeigneten Gebiete der über 2.000 Quadratkilometer großen Insel, die die Heimat von über 900.000 Menschen ist. Neben dem omnipräsenten, im Winter zeitweise von einer Schneekappe bedeckten Gipfel des 3.718 Meter hohen Vulkans Teide, der mit seinem umgebenden Nationalpark „Cañadas del Teide" Anziehungspunkt Nummer 1 für wandernde Urlauber und Tagesausflügler mit Bergsteigerambitionen ist, bietet das Relief Teneriffas noch viele weitere, ganz unterschiedliche Regionen, die jeweils ihren eigenen spezifischen landschaftlichen und kulturellen Charakter besitzen und einen Besuch wert sind. Bekannte Wander-Highlights sind das schroffe und sehr steile Teno-Gebirge mit der legendären Masca-Schlucht und das stark bewaldete Anaga-Gebirge an der oft wolkenverhangenen Ostspitze. Es gibt aber noch weitere, teils kleinräumige landschaftliche Perlen wie die Vulkane der jüngsten Ausbruchsphasen des 20. Jahrhunderts, die Weinbauregionen der mittleren Höhenlagen oder der von Kiefernwäldern dominierte Hauptkamm Cumbre

Dorsal. Bereits wenige Schritte außerhalb der Urlaubszentren können Wanderer auf kleine Naturparadiese stoßen, wie die küstennahen Touren 16 und 34 zeigen. Und wem an einem wolkenverhangenen Tag einmal nach Trubel statt nach Natur ist, der lässt sich in den mit ihren zahlreichen Kolonialbauten unter Denkmalschutz stehenden Innenstädten von La Laguna oder La Orotava ganz auf die spanische Restaurant- und Einkaufskultur ein und erlebt dabei vielleicht eine der zahlreichen Fiestas vor Ort. In jedem einzelnen Gebiet der Insel gibt es Attraktionen und Wegenetze, die jeweils 50 Wanderungen rechtfertigen würden – nehmen Sie diesen Führer als Anreiz dazu, Ihre individuelle Lieblingsregion herauszufinden und dort auf eigenen Erkundungen noch viel mehr zu entdecken.

Geologische Entstehungsgeschichte, Vulkanismus

Bereits vor über 30 Millionen Jahren begann die Afrikanische Kontinentalplatte durch Plattenspannungen oder über einem geologischen Hot Spot, Material des Erdmantels an die Oberfläche, also zunächst auf den 5.000 Meter tiefen Meeresboden des Atlantiks zu fördern. Schicht für Schicht bauten sich so unterseeische Berge auf, die irgendwann den Meeresspiegel überragten. Alle kanarischen Vulkane sind Schichtvulkane, die langsam entstanden und selten explosive Ausbrüche erzeugten. Dies begünstigte auch die menschliche Besiedlung auf den Inseln, die heute noch aktiven Vulkanismus besitzen.

Teneriffa entstand nicht als einzelner vulkanischer Berg, sondern ist ein Konglomerat dreier solcher Vulkane. Das Teno-Gebirge im Nordwesten ist mit zwischen 12 und 8 Millionen Jahren der älteste Teil Teneriffas, kurz darauf entstanden dann als eigene Inseln das Anaga-Gebirge und das Massiv um Arona und Adeje im Süden Teneriffas. Die Nachbarinseln La Gomera (gut 12 Millionen Jahre) und Gran Canaria (14,5 Millionen Jahre) sind jeweils älter als Teneriffa. Vor etwa 5 bis 6 Millionen Jahren beendeten die drei Einzelvulkane ihre Aktivitäten, seitdem arbeitet die Erosion an den Gebirgen. Sie besitzen daher heute wesentlich ausgeprägtere Tal- und Schluchtstrukturen als die jüngeren Teile Teneriffas und sind mit jeweils zwischen 1.000 und 1.100 m Seehöhe auch schon deutlich niedriger. Etwa 4 Millionen Jahre vor unserer Zeit bündelte der Magmenkanal unter den drei Inseln sich in der Mitte zu einem größeren Strom, der in relativ kurzer Zeit ein Vulkanmassiv entstehen ließ, das die drei Inseln miteinander verband und seitdem in deren Mitte als höchstes Gebirge der neuen Insel aufragt. Dieser Ur-Teide überprägte teilweise die bisherigen Inseln, sodass beispielsweise die Grenze zwischen Teide-Massiv und Teno-Gebirge heute nicht klar erkennbar ist.

Der Ur-Teide, manchmal auch als Cañadas-Vulkan bezeichnet, baute sich in eine Höhe von vermutlich 5 bis 6 Kilometern auf, was ihn nicht nur starker Erosion aussetzte, sondern auch der Schwerkraft. So wurde seine sehr steile Nordflanke Opfer einer Trümmerlawine, die vor 500.000 bis 600.000 Jahren ein Gebiet von gut 100

Quadratkilometern Landoberfläche (geschätztes Volumen um 500 km^3, was etwa dem zehnfachen Inhalt des Bodensees entspricht) ins Meer rutschen ließ – die heute wenig reliefierte, aber stark geneigte Oberfläche des Orotava-Tals entstand. Trümmerlawinen sind als große Variante der Erdrutsche erdgeschichtlich häufige Ereignisse auf den verhältnismäßig steilen vulkanischen Inseln, sie formten auch Teile der Südküste um Güímar und wichtige Täler der Nachbarinseln El Hierro (Golfo-Tal) und La Palma (Aridane-Tal). Entgegen früheren Annahmen, die noch heute auf manchen Informationstafeln Teneriffas verbreitet werden, dürfte das Amphitheater des Randgebirges des Teide-Nationalparks kein Überbleibsel eines explodierten ehemals größeren Vulkans sein, sondern die Rückwand der Trümmerlawine und daraus erfolgten Erosionserscheinungen, welche von späteren Ausbruchsereignissen teils wieder aufgefüllt wurde. Die Erosion führte schließlich zur heutigen Höhe des Teide-Gipfels von 3.718 Metern, der Magmenkanal unter der Insel ist jedoch noch aktiv und führt bis heute zu regelmäßigen (etwa 100-jährigen) Ausbruchsereignissen und Veränderungen der Höhenverhältnisse.
Das bekannteste Ereignis stellt der Ausbruch des 14 Kilometer nordwestlich des Teide-Gipfels liegenden Vulkans Garachico im Jahr 1706 dar. Zwar floss die Lava langsam, aber doch recht ergiebig aus dem Schlot aus, bis sie schließlich ausgerechnet am Hafen des damals wichtigen Handelsortes Garachico das Meer erreichte. Der

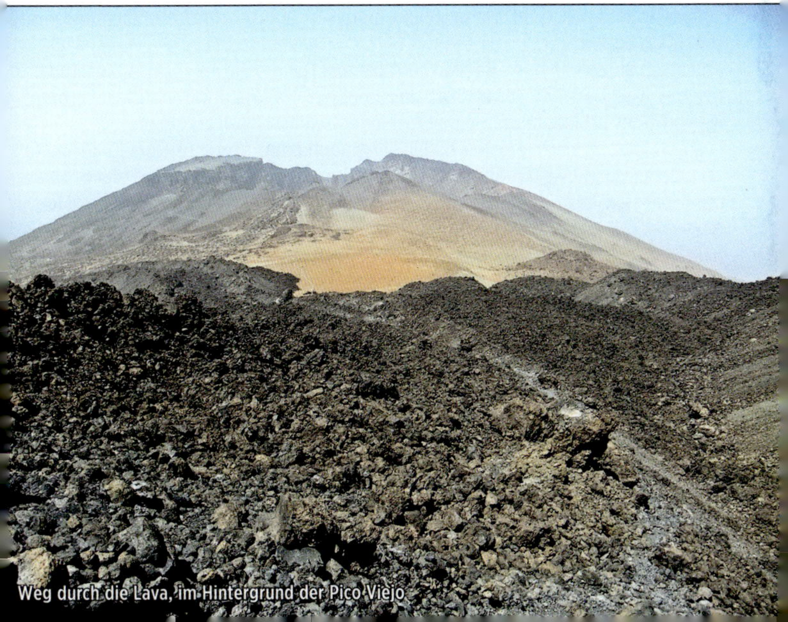
Weg durch die Lava, im Hintergrund der Pico Viejo

zerstörte Hafen von Garachico führte zum Bedeutungsaufschwung des östlich an der Küste gelegenen Hafendorfes Puerto de la Cruz. Der letzte Ausbruch am Teide selbst fand 1798 in 2,7 Kilometern Entfernung vom heutigen Gipfel statt und führte zur Entstehung des Nebengipfels Pico Viejo (3.134 m) an der Flanke des Teide. Gut 110 Jahre später fand 1909 der bislang letzte Ausbruch statt, die Lava suchte sich 12 Kilometer nordwestlich des Gipfels einen Weg an die Oberfläche, wobei der Schlackenkegel des Chinyero (1.556 m) entstand. Die ausfließenden Lavamassen machten erst kurz vor dem Ort Santiago del Teide halt, dessen Bewohner zuvor tagelang für ein Ende des Ausbruches gebetet hatten und schließlich zum Dank für die Erhörung ihrer Gebete eine Kapelle an der Spitze der abgekühlten Lavazunge errichteten.

Heutiges Landschaftsbild

Teneriffa hat die Form eines in einer Achse lang gezogenen Dreiecks, scherzhaft wird die Silhouette manchmal mit einer Ente verglichen. Die drei Ecken werden von Leuchttürmen markiert, deren Abstand zueinander 83 bzw. 45 Kilometer beträgt. Das Bild Teneriffas ändert sich lokal stark in Abhängigkeit von der Höhe und der geologischen Vergangenheit der jeweiligen Region. Die wichtigsten Landschaftsräume bilden, von Ost nach West:

Das **Anaga-Gebirge** mit seinem in Ost-West-Richtung verlaufenden, bis 1.024 Meter hohen Hauptkamm ist dünn besiedelt. Es ist am Kamm und auf der Nordseite von Lorbeerwald bewachsen, weiter unten dominiert auf der Nordseite die Landwirtschaft, im Süden Steppenvegetation.

Im östlich anschließenden **Becken** liegt die alte Hauptstadt La Laguna. Zusammen mit der Nachbarstadt Santa Cruz, der heutigen Hauptstadt Teneriffas, ist diese Region dicht besiedelt und Heimat fast jeden zweiten Inselbewohners.

Die Fortsetzung nach Westen bildet der **Hauptkamm** (Cumbre Dorsal). Er steigt von Osten nach Westen an und besitzt aufgrund seines geringeren Alters keine ausgeprägten Talstrukturen. Er ist je nach Höhenlage mit Kiefern- und Lorbeerwald bewachsen. Sowohl die Nord- als auch die Südseite des Cumbre Dorsal sind unterhalb von 700 Metern dicht besiedelt, die Landschaft ist stark terrassiert. Auf der Nordseite brechen die untersten 200 bis 300 Meter als Steilküste fast senkrecht ab.

Die nordwestliche Fortsetzung ist das **Orotavatal**. Das ca. 10 mal 10 Kilometer große Pult steigt vom Meeresniveau bis auf 2.000 Meter Höhe an und ist aufgrund seines Wasserreichtums bis auf etwa 1.100 Meter Höhe dicht besiedelt und stark terrassiert. Das Orotava-Tal ist nach dem Hauptstadtgebiet der zweitgrößte Ballungsraum Teneriffas.

In der Inselmitte befindet sich der als **Cañadas del Teide** bezeichnete Erosions-Krater. Seine Basis liegt ca. 2.000 bis 2.300 Meter hoch. In seinem nördlichen Zentrum steht der Vulkan Teide, der seit 1954 als Nationalpark und seit 2007 als UNESCO-Weltnaturerbe ausgewiesen ist. Die Grenze zwischen diesem Erosions-Krater und den

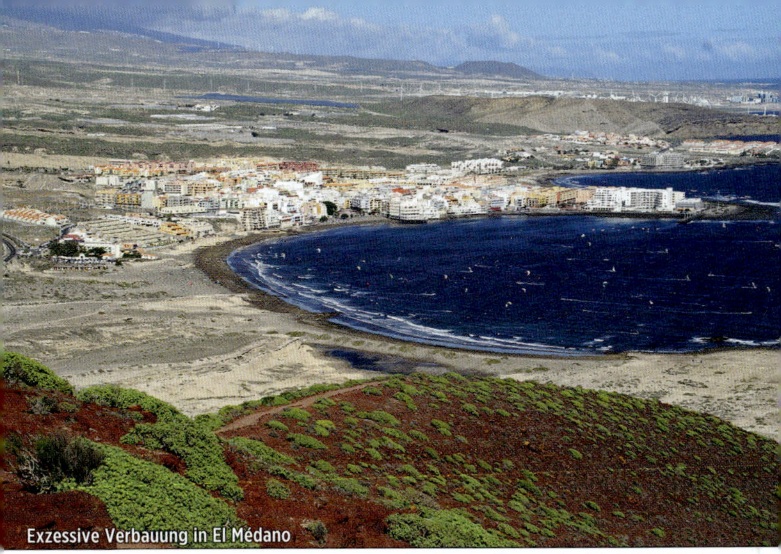
Exzessive Verbauung in El Médano

anschließenden Landschaftsräumen bildet im Süden und Osten das bis 2.700 Meter hohe Randgebirge, im Norden und Westen ist der Übergang fließend. Der Krater ist aufgrund der Höhenlage nicht besiedelt.

Daran schließen **Hänge** an, die zur Südostküste recht flach auslaufen, Richtung Norden aber meist an einer 200 bis 400 Meter hohen Steilküste enden. Die Regionen sind südlich des Teide bis 1.400 Meter, im Norden bis auf 1.100 Meter Höhe besiedelt und durch markante Talstrukturen gegliedert. Einzelne kraterartige Strukturen um Icod de los Vinos und Güímar zeugen von größeren Trümmerlawinen. Oberhalb der Orte Arona und Adeje existiert als Relikt der ehemaligen dritten Einzelinsel Adeje ein bis zu 1.000 Meter hohes, karges und von tiefen Schluchten durchzogenes Bergmassiv.

Im Nordwesten der Insel liegt das dünn besiedelte **Teno-Gebirge** mit seinem 1.100 Meter hohen Nord-Süd-Hauptkamm. Westlich davon brechen zur Westküste spärlich bewachsene, steile Schluchten ab, östlich des Kamms wächst jedoch der dichte Lorbeerwald Monte del Agua.

Die **Südwestküste** fällt wie die Südostküste gemäßigt steil von der Teide-Hochebene zum Meer ab und ist aufgrund der fruchtbaren Böden dicht besiedelt. Sie geht zur Südspitze Teneriffas hin in eine annähernde Ebene über. Hier liegen die Ferienorte Los Cristianos und Costa Adeje, die mit Sandstränden und ganzjährig sonnig-aridem Klima die touristischen Zentren der Inseln darstellen.

Der menschliche Einfluss

Man nimmt an, dass sich zu Spitzenzeiten eine Million Menschen zur gleichen Zeit auf der Insel aufhalten, was einer Bevölkerungsdichte von knapp 500 Menschen pro Quadratkilometer entspricht (zum Vergleich: in Deutschland leben ca. 230 Einwohner pro Quadratkilometer). Der Ballungsraum um die alte Hauptstadt La Laguna und die neue Hauptstadt Santa Cruz beherbergt allein gut 430.000 Menschen und besitzt eine Reihe an Kolonialbauwerken, die die UNESCO gar dazu veranlassten, den historischen Kern von La Laguna zum Weltkulturerbe zu erklären.

Zu den Hotels und Apartmentanlagen, die insbesondere im Inselsüden flächendeckend für den Massentourismus errichtet wurden, kommt der starke Immobiliensektor Spaniens; große Teile der einheimischen Bevölkerung und viele Festlandspanier und Ausländer besitzen auf Teneriffa Wochenendhäuser, Zweitapartments oder sonstige Immobilienanlagen, die sich über die ganze Insel verteilen. Die Besiedlung wird beispielsweise beim nächtlichen Anblick des Orotavatals deutlich, das vermeintlich in seiner ganzen Fläche beleuchtet zu werden scheint. Hinzu kommen unzählige Verkehrswege: Neben den beiden Autobahnen führen asphaltierte Straßen von guter Qualität in alle Weiler und in die sehr weitläufigen Hangsiedlungen. Außerhalb der Naturschutzgebiete, die mit den Hauptwandergebieten identisch sind, findet man selten Straßenabschnitte ohne angrenzende Bebauung.

Die Belebtheit großer wie kleiner Orte und die authentische Barkultur Spaniens geben der Insel einen lebendigen Charakter, besonders in Kombination mit dem Glück, beispielsweise ein lokales Fest zu erleben.

Klima, Wasserhaushalt

Die Insel liegt auf der geographischen Breite der Sahara. Das Klima wird beherrscht vom ganzjährig konstant wehenden Nordost-Passatwind, der auf seinem Weg über den Atlantik größere Mengen Feuchtigkeit aufnimmt. Treffen die Luftmassen auf die Nordseite der Insel, müssen sie diese überqueren und dazu bis zu 1.000 Meter ansteigen. Dabei fällt Wasser als Nebel und Regen aus, was für den reichen Niederschlag im Nordosten und Norden der Insel sorgt. Ab etwa 2.000 Meter Höhe hat die Luft ihre gesamte Flüssigkeit als Regen abgegeben, weshalb die höheren Gebiete Teneriffas im Teide-Nationalpark wieder von Trockenheit und viel Sonnenschein geprägt werden. Auf der Südseite entsteht dagegen der typische Föhneffekt: die wieder absinkenden Luftmassen heizen sich über Land auf, ohne neue Feuchtigkeit aufnehmen zu können. Die daraus resultierende geringe Luftfeuchtigkeit lässt die Landschaft austrocknen; an der Südküste um Los Cristianos gibt es im ganzen Jahr nur noch 20 bis 30 Regentage.

Teneriffa liegt längs zu den von Nordosten hereinströmenden Passatwinden. So erhalten zumindest in den Wintermonaten alle Inselteile zeitweise Niederschläge. Durch geschickte, über Jahrhunderte elaborierte Wasserspeicherungs- und

-verteilungsmechanismen können die große Bevölkerung und die Landwirtschaft ganzjährig ohne Engpässe versorgt werden.
Nur die allgegenwärtigen Taleinschnitte, die als „Barrancos“ (deutsch „Schluchten“) bezeichnet werden, führen trotz ihrer teils enormen Ausprägung fast nie Wasser.
Das subtropische Klima der Küstenregionen, das im Jahresverlauf nur gering schwankt, unterscheidet sich teils erheblich vom Klima im Oberland. Bereits ab einer Seehöhe von 300 Metern wird nachts eine deutliche Luftabkühlung bemerkbar, und fast jeden Winter sind nicht nur der Gipfel des Teide, sondern auch die gesamten Cañadas zeitweise eingeschneit. Die starke Sonneneinstrahlung vermag es jedoch ganzjährig und in jeder Höhenlage, dem Wanderer zum Wanderglück zu verhelfen und Urlaubsgefühle zu erzeugen.

Vegetation

Auf den Kanarischen Inseln existiert eine **endemische Pflanzenwelt**, die in verschiedenen Höhenstufen unterschiedliche Formationen ausbildet.
Im obersten Stockwerk, dem Nationalpark um den Teide-Vulkan, sorgen die geringen Niederschlagsmengen für wenige Pflanzenarten. Der bis zu 3 Meter hohe Teide-Natternkopf ist hier mit seinen roten Blüten eine besondere Attraktion im Hochsommer, verbreiteter sind aber die vielen Ginsterarten. Am weitesten oben ist das Teide-Veilchen zu Hause, das nur oberhalb der 3.000 Meter-Marke wächst.
Unter 2.000 Metern schließt sich quasi als Gürtel um den Teide-Nationalpark Kiefernwald an. Hier dominiert die endemische Kanarische Kiefer. Dieser sehr feuerfeste Baum ist das Allround-Talent für die ungünstigen Bedingungen, er akzeptiert Frost und trockene sowie saure Böden. Nach einer kurzen Übergangszone mit der auf den Kanaren bekannten Fayal-Brezal-Formation sorgen die Niederschläge auf der Nordseite unterhalb von rund 1.300 Metern für das Wachstum des kanarischen

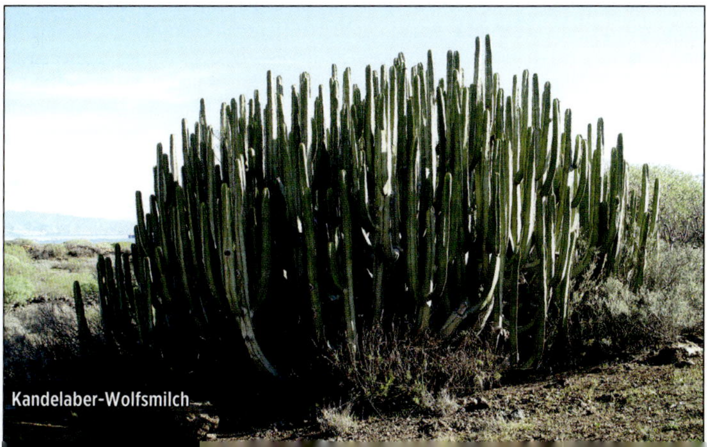
Kandelaber-Wolfsmilch

Lorbeerwalds. Seine Wasserversorgung wird von den Passatwolken mit 600 bis 1.000 Litern Niederschlag pro Jahr und Quadratmeter gewährleistet, hinzu kommen die zuverlässig ganzjährig wabernden Nebelschwaden, denen viele Pflanzen direkt Wasser entziehen können.

Der Lorbeerwald tritt im oberen Orotava-Tal, im Teno-Gebirge im Monte del Agua und auf dem Kamm und der Nordseite des Anaga-Gebirges auf. Er wird von vier Lorbeerarten sowie beeindruckend großer Baumheide, Gagelbäumen und Stechpalmen dominiert, hinzu kommen zahlreiche Moose, Flechten, Farne und Schlinggewächse, die dem Wanderer das Gefühl geben, sich in einem echten Urwald zu bewegen. Vor Ankunft des Menschen bedeckte der Lorbeerwald wesentlich größere Flächen auf den Nordseiten, die jedoch gerodet wurden und sich nicht von allein erholen können. Heute sind nur noch 20 Prozent Teneriffas mit Wald bedeckt. Unterhalb der bewaldeten Bereiche und damit in den trockeneren Gebieten ab etwa 600 Meter nimmt die Dichte der Vegetation auf der ganzen Insel schlagartig ab. Neben den kanarischen Dattelpalmen treten verschiedenste Arten von Sukkulenten, wie Wolfsmilchgewächse, Kakteen und Agaven auf. Insbesondere die zahlreichen Arten der Wolfsmilchgewächse haben sich an sämtliche trockenen Lebensräume der Insel angepasst und sind in den verschiedensten Formen überall anzutreffen. Unmittelbar an der meist windigen Küste trifft man schließlich auf Gräser und Büsche, die an das sehr salzige und trockene Milieu angepasst sind.

Tierwelt

Stolz wird gelegentlich hervorgehoben, dass es auf den Kanaren keine giftigen Tiere gibt, vor denen sich Wanderer fürchten müssten. Der Haken dabei ist jedoch, dass die kanarische Fauna insgesamt begrenzt ist: als einzige wilde Säugetiere, die aber ursprünglich vom Menschen auf die Insel gebracht wurden, treffen Sie unterwegs Kaninchen, Ratten und Mäuse, hinzu kommen die domestizierten Hunde, Katzen, Ziegen und einige wenige Kühe. Wesentlich auffälliger ist das breite Spektrum an ungiftigen Insekten (darunter einigen größeren Heuschrecken-Arten und Käfern) und Vögeln, v. a. zahlreichen Raubvögeln in den Felsregionen. In den Lorbeerwäldern wird der Wanderer vom Gesang von Buchfink, Amsel und Rotkehlchen sowie der seltenen und daher streng geschützten Lorbeertaube begleitet. Vor der Küste, insbesondere in der Meerenge zwischen Teneriffa und La Gomera, lassen sich von Ausflugsschiffen aus ganzjährig Wale und Delfine beobachten.

Die Tourengebiete und Touren dieses Buches

Das vorliegende Buch beschreibt 50 Touren, die sich über die ganze Inselfläche verteilen, jedoch in den Hauptwandergebieten konzentriert sind. Die Touren sind zwischen 7 und 17 Kilometer lang und beinhalten, abgesehen von zwei reinen Abstiegswanderungen, zwischen 200 und 1.400 Steigungsmeter, sodass vom Spaziergang zur ausgewachsenen Ganztagswanderung für jeden etwas dabei ist.

Hauptsächlich handelt es sich um Rundwanderungen, bei denen Sie am Ende den Ausgangspunkt wieder erreichen. Bei den wenigen Streckentouren wurde ganz besonders auf eine gute Nahverkehrsanbindung für die Rückfahrt geachtet und diese im Einleitungsteil detailliert beschrieben. Alle Touren des Buches enthalten darüber hinaus auch Hinweise zur Anfahrt mit öffentlichen Verkehrsmitteln.
Zur Gliederung wurden die Touren in fünf Teilgebiete sortiert, von denen jedes zehn Wanderungen enthält. Die Touren 1 bis 10 liegen im Teno-Gebirge im Westen Teneriffas und decken auch die junge Vulkanlandschaft oberhalb von Garachico ab. Dem unter Wanderern wenig bekannten Süden um die wichtigen Urlaubszentren sowie der Südostküste widmen sich die Wanderungen 11 bis 20. Das Zentrum der Insel, der Teide-Nationalpark mit dem höchsten Berg Teneriffas, ist Schauplatz der Touren 21

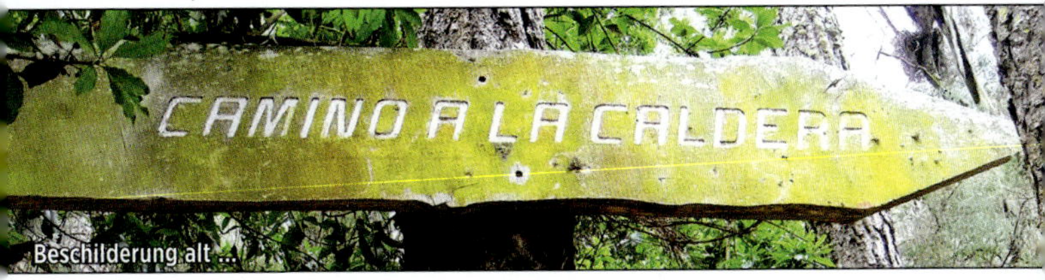

Beschilderung alt ...

bis 30. Das sich nördlich daran anschließende Orotava-Tal mit seinen Talschultern sowie der sich vom Teide nach Osten fortsetzende Bergrücken Cumbre Dorsal beinhalten die Touren 31 bis 40. Im klassischen Wandergebiet des Anaga-Gebirges, der Ostspitze Teneriffas, finden Sie die Wanderungen mit den Nummern 41 bis 50.

Zugangsbeschränkungen

Bitte beachten Sie, dass es zum Schutz der Natur für bestimmte Wandergebiete Zugangsbeschränkungen gibt. Auf den Tourenseiten der entsprechenden Wanderungen finden Sie nähere Angaben zu den Besonderheiten.
Teide (Touren 22, 23): Der höchste Berg von Spanien darf zwischen 9 und 17 Uhr nur mit einer kostenlosen Genehmigung/Reservierung bestiegen werden, die Zahl an Besuchern pro Tag ist beschränkt.
www.reservasparquesnacionales.es
Anaga-Gebirge (Tour 48): Teile des im Nordosten Teneriffas gelegenen Gebirges stehen unter Naturschutz und dürfen nur von einer begrenzten Anzahl an Wanderern pro Tag besucht werden.
https://centralreservas.tenerife.es/actividad/1
Barranco del Infierno (Tour 12) und Barranco de Masca (Tour 7): Die Begehung der beiden Schluchten unterliegt der Zugangsbeschränkung. Besucher müssen sich vorher anmelden und ein Zeitfenster für eine Begehung reservieren.
www.barrancodelinfierno.es, www.trekkingmasca.com

Mufflonjagd im Teide-Nationalpark: Zu bestimmten Zeiten im Frühjahr und im Herbst werden Mufflons gejagt, um die Population dieser auf der Insel nicht heimischen Tierart zu kontrollieren. Die Mufflons, auch Europäisches Wildschaf genannt, wurden in den 1970er Jahren für die Jagd ausgewildert. Da ein natürlicher Feind auf der Insel fehlt, konnten sich die Tiere ungestört vermehren und wurden zu einer Bedrohung für seltene einheimische Pflanzenarten. Die Jagdzeiten finden meist zwischen Mitte Mai und Mitte Juni sowie zwischen Mitte Oktober und Mitte November montags, mittwochs und freitags zwischen 7 und 14 Uhr bzw. 7 und 17 Uhr statt. In dieser Zeit kann es zu Einschränkungen und Sperrungen auf den Wanderwegen kommen. Informieren Sie sich vor einer geplanten Wanderung über Jagdzeiten und Sperrungen in den Nationalpark-Infostellen vor Ort unter ✆ 922922371 oder unter www.parquesnacionalesdecanarias.es.

Wegmarkierungen

Die älteste Form der Wegmarkierung, die Sie auf allen Wegen gelegentlich, auf abgelegenen Wegen ausschließlich antreffen werden, sind die „Steinmänner". Auf ansonsten unmarkierten, schwierig erkennbaren Pfaden finden sich diese kleinen Steinhaufen immer in solchen Abständen, dass Sie von einem zum nächsten schauen und sich so ihren Weg suchen können. Fehlt einmal ein Steinmann, tun Sie dem nächsten Wanderer einen großen Gefallen, wenn Sie einen neuen errichten.

Teneriffa besitzt ein durchgehend nummeriertes Netz von Wanderwegen, die einheitlich und vollständig markiert sind und stets einen gepflegten Zustand aufweisen. Die dafür an Ein- und Ausstiegspunkten sowie Wegekreuzungen benutzte Wegmarkierung ist der weiße Holzwegweiser mit Zielbeschriftung und gelbem Ende, bei sehr kurzen Routen mit grünem Ende. Diese Wegweiser besitzen neben der Zielbeschriftung die Bezeichnung „PR TF" sowie die jeweilige Routennummer (z. B. „PR TF-42"), die auch durch Zweigstrecken verlängert werden kann (z. B. „42.1"). „PR" steht für „Pequeña Recorrida" (Kurzstrecke; relativ zu Europa-Wanderwegen also meist Tageswanderungen), „TF" für Teneriffa. Noch kürzer als die Kurzstrecken sind die „SL"-Routen, „SL" steht dabei für „Sendero Local" (örtlicher Wanderweg) und beschränkt sich meist auf ein- bis zweistündige Strecken oder von einzelnen Gemeinden markierte Routen, die grün statt gelb markiert werden. Ein Gesamtverzeichnis aller Routennummern existiert bislang nicht, jedoch finden sich meist am Anfang und Ende aller Routen Informationstafeln zu ihrem Verlauf und den Zweigstrecken. Auf der touristischen Informations-Webseite www.tenerife.es kann eine Übersichtskarte mit den meisten der PR-Routen heruntergeladen werden.

Nachteilig hat sich die neue, einheitliche Beschilderung auf die Existenz der älteren Wegweiser ausgewirkt, denn wo an einem Treffpunkt von vier Fußwegen früher alte Holzwegweiser die Ziele aller vier Richtungen angaben, kreuzt heute womöglich eine PR-Route lediglich zwei der Äste; dementsprechend sind die beiden

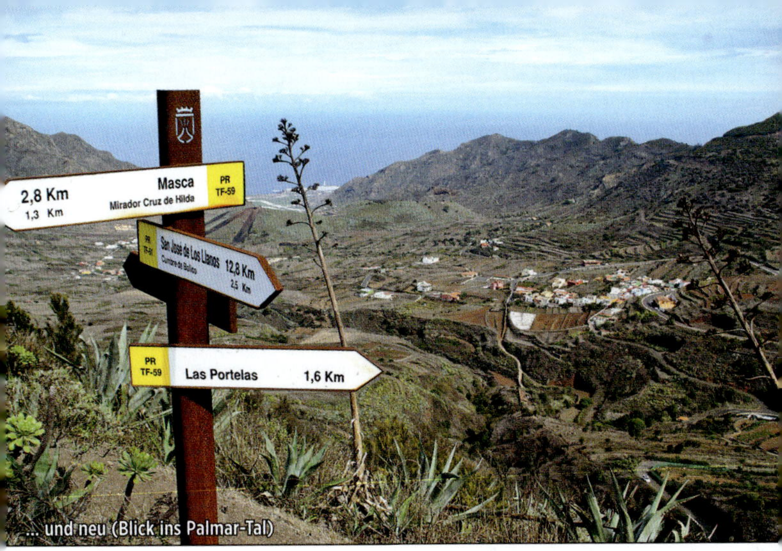

... und neu (Blick ins Palmar-Tal)

anderen Äste heute nicht mehr beschildert. Da nur die markierten Routen von den Tourismusvereinen instand gehalten werden, verschwinden die weniger begangenen „Nebenstrecken“ mit der Zeit mehr und mehr im Gelände, auch wenn sie oft interessante Alternativstrecken oder Querverbindungen bilden. Obwohl Sie bei den Wanderungen in diesem Buch sehr häufig auf die Wegweiser der PR-Routen treffen und sich an ihnen orientieren werden, folgen nur ganz wenige der Touren ganz einfach nur einer dieser ausgewiesenen Runden. Die Touren dieses Buches stellen eine Ergänzung und Erweiterung des auf der Insel bestehenden Wegenetzes dar und setzen alte und neue Wegäste in anderer Form zusammen – wenn Sie unterwegs an einer Wanderweg-Informationstafel vorbeikommen, können Sie sich dort einen Überblick über die Wege der Region verschaffen und sich stets für Änderungen der hier vorgeschlagenen Wegverläufe entscheiden.

Über Teneriffa verläuft auch die Europa-Route GR-131 („GR“ = „Gran Recorrida“, „Grande Route“, europaweit durchnummerierte Langstreckenwanderungen). Sie durchquert die Insel von Arona über den Teide-Nationalpark bis nach La Esperanza nahe La Laguna. Ein weiterer Europa-Wanderweg mit der Nummer GR-133, der die Insel küstennah umrunden soll, befindet sich im Aufbau und ist stellenweise vor Ort beschildert und auch in Kartenwerken sichtbar. Vorhandene GR-Routen weisen eine exzellente Markierung mit dunkelroten Blechwegweisern sowie zahlreichen Warnschildern an Straßenquerungen und aufwendigen Über- und Unterführungen auf und sind für Langstreckenwanderer auch in Etappen eingeteilt. Durch ihre langen Strecken tauchen die dunkelroten Wegweiser bei Wanderungen überall auf

der Insel auf, obwohl sie nur zwei Routen markieren. Sie ersetzen dann meist die untergeordneten gelben und grünen Wegweiser.
Zwischen den Wegweisern sind die PR- und GR-Routen so gut wie perfekt mit an Steine und Wände gesprühten Zeichen markiert: zwei waagrechte, übereinander liegende Balken in den Farben weiß und gelb (PR), weiß und grün (SL) bzw. weiß und rot (GR). Beachten Sie, dass zwei in einem Knick um die Ecke weisende Balken stets auf eine Abzweigung vom gerade gegangenen Weg hinweisen und zwei über Kreuz liegende Balken an einem Abzweig Ihnen sagen wollen, dass der Weg nicht hier weiter führt.
Im Teide-Nationalpark wird ein gänzlich anderes, älter anmutendes Markierungssystem verwendet: Von den Zugangspunkten ausgehend, an denen meist eine Informationstafel den Charakter der hier beginnenden Routen beschreibt, finden sich vereinzelte grüne Schildchen mit weißem Aufdruck der Routennummer, die meist an größere Steine angeschraubt sind. Die oft etwas ausgeblichenen Schildchen sind wegen des höheren Markierungsaufwandes eher dünn verteilt, doch existiert im Nationalpark ein so weitmaschiges Wegenetz, dass dies zur Wegfindung ausreicht. Ergänzend wurden nach dem gleichen Farbschema unterwegs Informationstafeln und Verbotsschilder aller Art aufgestellt.
Darüber hinaus bestehen überall regional unterschiedliche Beschilderungen der Naturparks und der Gemeinden. Während im Anaga-Gebirge viele Zielwegweiser an verschiedenen Kreuzungen weiterhelfen, beschränkt sich die Beschilderung im Teno-Gebirge bislang auf die offiziellen weiß-gelben PR-Routen. Im Esperanza-Wald (Cumbre Dorsal) finden sich an zahlreichen Wegkreuzungen Holzwegweiser mit eingeschnitzten Zielangaben. Überall auf der Insel tauchen grüne und weiße Sprühpunkte an Steinen und Bäumen entlang älterer Wanderpfade auf, die früher zur Markierung der Wege genutzt wurden und bis heute verlässlich und gut sichtbar sind. Einige Gemeinden haben eigene Routen markiert und dabei oft versucht, das Markierungsschema der PR- oder SL-Routen mit eigener Farbgebung zu übernehmen. Sie erkennen diese lokalen Routen jedoch meist an den anders aussehenden Wegweisern, die keine Wegnummern angeben.

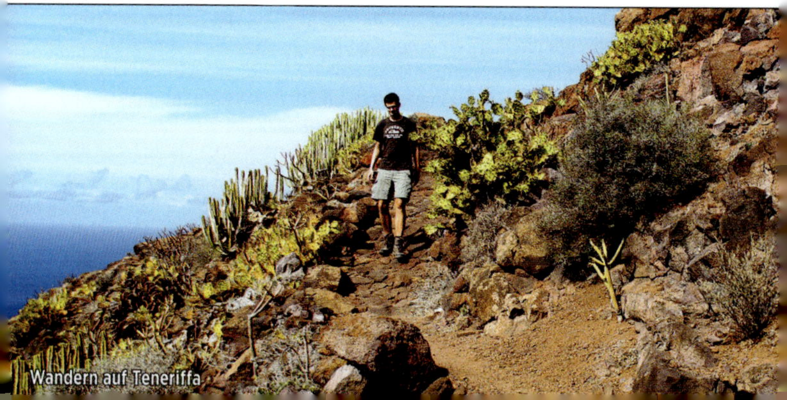

Qualität der Wanderwege

Fast alle Wege auf Teneriffa sind in gutem Zustand und für durchschnittliche Wanderer gut begehbar. Wo dies nicht der Fall ist, wird in diesem Buch gesondert auf die Schwierigkeiten hingewiesen. Die größte Schwierigkeit stellt oft die schiere Vielzahl der Wege dar. Teneriffa wurde erst im 20. Jahrhundert mit Fahrstraßen erschlossen. Zuvor hatte ein Fußwegenetz auch die kleinsten Weiler miteinander auf teils gut ausgebauten Pflasterwegen oder Trampelpfaden verbunden. All diese Fußwege existieren bis heute und sind meist auch benutzbar. Zusätzlich zweigen Grundstücks- oder Terrassenzugänge ab, die nicht immer eindeutig als solche zu erkennen sind. Um sich in dem umfangreichen Wegnetz nicht verloren zu fühlen, stellen Sie sich am besten auf die ortsübliche Logik ein: Bis zur nächsten Anweisung einfach immer dem Wegverlauf folgen.

Trotz der Großteils guten Qualität der Wanderwege kann es vorkommen, dass Wege aufgrund von Naturereignissen, Extremwetter, Waldbränden etc. zum Teil gesperrt werden müssen. Bitte lassen Sie in diesem Fall stets gesunden Menschenverstand walten und behalten Sie immer eine Alternative oder den Rückweg im Hinterkopf. Markierte Routen werden des Öfteren – teilweise aus nicht ersichtlichen Gründen – kurzfristig verlegt und entsprechen dann nicht mehr den Beschreibungen. Umleitungen sind jedoch anders als Komplettsperrungen fast immer gut und durchgängig markiert.

Die zahlreichen Hunde auf dem Land stellen nie ein Problem dar – aggressiv bellende Hunde sind stets eingesperrt oder angebunden, frei laufende Hunde sind nicht bissig. Ab der Dämmerung sollten die Wege verlassen werden, um sich selbst nicht in unnötige Gefahr zu bringen.

Telefonvorwahl

Aus dem internationalen Telefonnetz sind Spanien und damit auch Teneriffa unter der Vorwahl 0034 zu erreichen, die lokale Vorwahl für die gesamte Insel ist 922. Die stets sechsstellige Teilnehmernummer schließt sich ohne führende Null an. Spanische Handynummern beginnen immer mit einer 6 und sind neunstellig.

Zentrale Infostellen

Zentral existieren nur die Hotline ✆ 901501901 (in der Regel mehrsprachig) und die Internetseiten www.tenerife.es und www.webtenerife.com (beide Seiten auch deutschsprachig). Ansonsten finden Sie ein dezentrales Netz an Tourismusbüros mit der Kernöffnungszeit Mo-Fr 9-13 Uhr.

Aeropuerto Tenerife Norte, Los Rodeos, ✆ 922255433

Adeje (Costa Adeje), Avda. Rafael Puig Lluvina, 1, ✆ 922750633 bzw. Avenida Rafael Puig 17, ✆ 922793312

Adeje (Playa de Fañabé), Avenida Litoral (Strandpromenade), ✆ 922716539

Arona (Los Cristianos), Playa de Las Vistas, ✆ 922787011

Arona (Playa de las Américas), Plaza del City Center, Avenida Rafael Puig 19, Arona, ✆ 922797668

Garachico, Avenida República de Venezuela (Hauptdurchgangsstraße, westliches Ortsende nahe der alten Hafenmole), ✆ 922133461

Icod de los Vinos, Calle San Sebastián 6, ✆ 922812123

La Laguna, Casa de los Capitanes Generales, Calle La Carrera 7 bajo, ✆ 922631194 bzw. Aeropuerto de Tenerife Norte, Los Rodeos, ✆ 922825046

La Orotava, Calle Calvario 4, ✆ 922323041

Los Gigantes (Santiago del Teide), auf der Verkehrsinsel beim Hafen, ✆ 922868186

Puerto de la Cruz, im Außenstellenbüro der Inselregierung (Cabildo), Calle Las Lonjas (La Casa de la Aduana), ✆ 922386000, ✆ 922370132 bzw. Calle Puerto Viejo 13, ✆ 922388777

Santa Cruz de Tenerife, Busbahnhof (Intercambiador), ✆ 922289536 oder 607830104 bzw. am unteren Hauptplatz Plaza España, ✆ 922892903

Verwaltung des Teide-Nationalparks (Oficina Administrativa del Parque Nacional del Teide), Calle Doctor Sixto Perera González 25, La Orotava (El Mayorazgo), ✆ 922922371, www.reservasparquesnacionales.es

Informationen und Beschwerden zum markierten Wanderwegenetz: Centro de Servicios al Ciudadano, Plaza de España 3, 38001 Santa Cruz de Tenerife, ✆ 901501901

Krankenversorgung

Es gibt große Krankenhäuser mit hohem Versorgungsstandard in Santa Cruz, La Laguna, Puerto de la Cruz und Playa de las Américas. In diesen Städten gibt es auch jeweils deutsche Ärzte bzw. Ärztezentren, die Behandlungen privat abrechnen. Fast alle Orte besitzen Gesundheitsstationen (Centros de Salud), in denen sich Kranke in Notfällen rund um die Uhr zur Behandlung melden können. Die Behandlung dort ist kostenlos bzw. wird von der deutschen Krankenkasse des Patienten übernommen.

Polizei und Feuerwehr

Es gilt die europaweite Notrufnummer 112 sowohl für die Polizei als auch für die Feuerwehr. Anrufe werden auch in deutscher Sprache entgegen genommen. Jede Gemeinde besitzt eine Ortspolizei (Policía Local), die der militärisch organisierten Bundespolizei Guardia Civil untergeordnet ist. Für Ausländerfragen und Streitfälle aller Art geht man in der Regel zur örtlichen Stelle der Guardia Civil.

Ausrüstung und Tourenvorbereitung

Für alle Touren dieses Buches benötigen Sie Wanderschuhe mit griffiger Sohle. Auf den Kanarischen Inseln sollten Sie zudem zu jeder Jahreszeit Sonnencreme

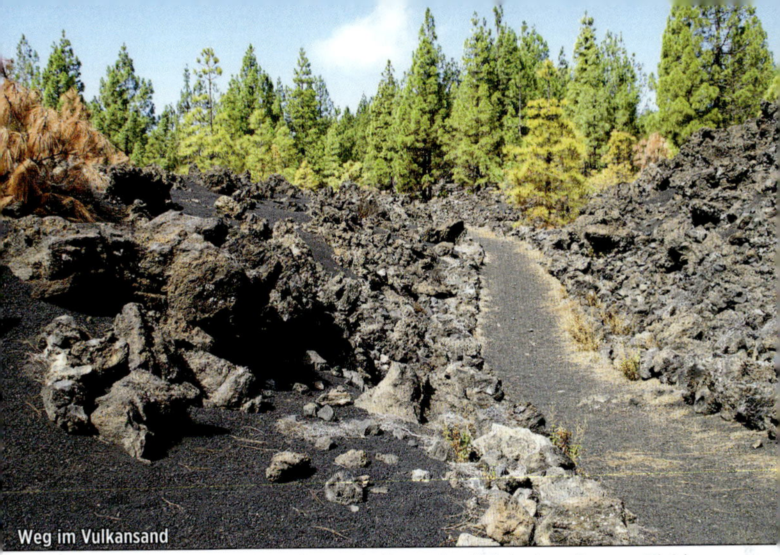

Weg im Vulkansand

und ggf. zusätzlichen Sonnenschutz wie Hut oder Halstuch, wärmere Kleidung zum Überziehen bei Kälteeinbrüchen oder Regenfällen und genügend Flüssigkeit mitnehmen. Wegen des subtropischen Gebirgsklimas mit starker Erosion und gelegentlich extremen Wetterereignissen müssen Sie bei allen Touren damit rechnen, plötzlich vor Wegsperren oder unpassierbar gewordenen Abschnitten zu stehen und umkehren zu müssen. Für diesen Fall empfiehlt sich die zusätzliche Mitnahme einer Wanderkarte in möglichst großem Maßstab oder eines GPS-Gerätes sowie etwas Reserveproviant. Die Mitnahme eines kleinen Erste-Hilfe-Sets mit Pflastern und Desinfektionsmittel ist im Gebirge stets empfehlenswert. Wanderstöcke können bei Touren in Regionen mit schlüpfrigem Untergrund zur Stabilisierung sehr hilfreich sein, bei einigen schweren Touren, wo häufig die Hände zu Hilfe genommen werden müssen, sind sie eher störend. Entsprechende Hinweise finden Sie in den Einleitungstexten der Touren.

Beachten Sie vor dem Antritt Ihrer Tour die Wettervorhersage; wenn Sie gerade angekommen sind, erkundigen Sie sich nach dem Wetter der vergangenen Tage. Nach starken Regenfällen sollten Touren, die über längere Abschnitte ausgesetzt oder unter Felswänden verlaufen, vermieden werden. Die Steinschlaggefahr ist bei starkem Wind erhöht, insbesondere wenn es zuvor geregnet hat. Im Teide-Nationalpark und der darunter liegenden Waldzone Corona Forestal kann zwischen November und März bis in Höhenlagen von 1.500 Meter Schnee fallen, der je nach Wetter und Exposition auch tagelang liegen bleiben kann. In diesen Gebieten und auf der gesamten

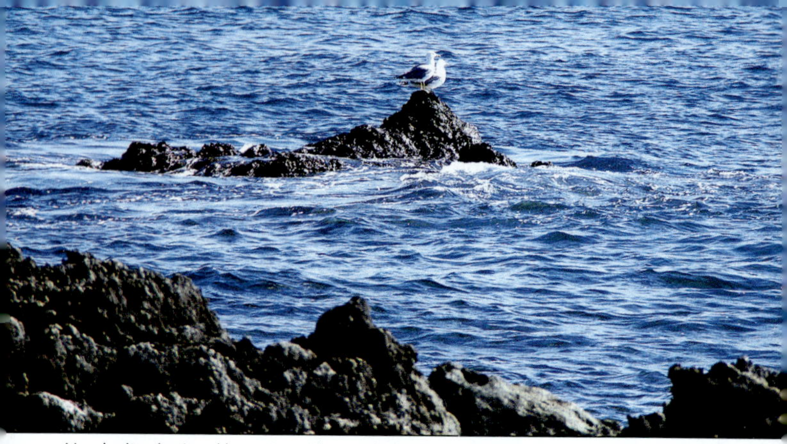

Nordseite der Insel kann tagsüber zu jeder Zeit plötzlich dichter Nebel aufziehen, der die Orientierung erheblich erschweren kann. Diese Nebel- und Passatwolken sind ein permanentes Phänomen der Wintermonate November bis März; sie bilden sich meist vormittags ab 400 Meter Seehöhe und ziehen dann bis mittags hinauf zu den Bergkämmen. Innerhalb der Wolken kann es regnen oder im Extremfall schneien.

Kriminalität

Teneriffa ist als Teil Spaniens und Europas ein sicheres Reiseziel ohne Gewaltdelikte oder die Gefahr, ins Feld sozialer Spannungen zu geraten. Taschendiebstähle, Einbrüche und aufgebrochene Fahrzeuge kommen auf Teneriffa jedoch gelegentlich vor. Dies beschränkt sich nicht nur auf die touristischen Zentren. Lassen Sie daher niemals Wertsachen im Fahrzeug zurück, auch nicht an entlegenen Parkplätzen. Wenn Sie im Erdgeschoss wohnen, lassen Sie keinesfalls unbeaufsichtigt ein Fenster geöffnet oder während Ihrer Abwesenheit in gekipptem Zustand. Nutzen Sie nur sichtbar kameraüberwachte Geldautomaten. Fragen Sie insbesondere beim Kauf von Eintritts- oder Fahrkarten immer nach dem Kassenzettel („ticket") oder einer Rechnung („factura").

Klima, Reisezeit

Sie können das ganze Jahr über auf Teneriffa wandern. In den Sommermonaten herrscht in der Regel sehr beständiges und trockenes Subtropen-Klima mit wenigen Wolken auf der Inselnordseite. Außerdem bringt der stetige Passatwind leichte Kühlung. Temperaturen von durchschnittlich 25 Grad Celsius herrschen in den Küstenorten; in Höhenlagen um 800 bis 1.200 Metern erreicht das Quecksilber 15 bis 18 Grad Clesius. Die Wintermonate sind insbesondere auf der Nordseite, seltener auch im Süden der Insel unbeständiger, kühler und bewölkter, gelegentliche Regengüsse sorgen für Erfrischung. An der Küste sinkt das Thermometer auch im kühlsten Monat

Januar selten unter 15 Grad Celsius, während in einer Höhe von 1.000 Metern die Temperatur um die 5 Grad Celsius beträgt und es im gesamten Teide-Nationalpark schneien kann. Meist werden Sie im Winter auch in den Höhenlagen frühlingshaft sonnige und warme Tage genießen.

Die immergrüne Vegetation der Insel zeigt sich in den Frühlingsmonaten April und Mai in den üppigsten Farben mit vielen Blumen, im Spätsommer wirken die ariden Teile im Süden Teneriffas dagegen oft ausgetrocknet und blass.

Touristisch liegt die Hauptsaison zwischen November und April, während es im restlichen Europa eher ungemütlich ist. Wenn Sie Teneriffa dagegen im Mai oder Juni besuchen, werden Sie die Insel relativ leer und in vielen Bereichen auch recht preisgünstig erleben. Während der spanischen Sommerferien im Juli und August besuchen viele Gäste vom spanischen Festland die Insel.

Anreise

Teneriffa besitzt zwei internationale Flughäfen, von denen der nahe Los Christianos gelegene Südflughafen (Aeropuerto Sur, früher Aeropuerto Reina Sofia) der größere ist. Fast alle europäischen Airlines bedienen den Südflughafen mehrmals pro Woche und rund ums Jahr; einzelne Airlines fliegen auch direkt zum Nordflughafen, der ansonsten für kanarische Binnenflüge und Verbindungen zum spanischen Festland genutzt wird und sich direkt bei La Laguna befindet.

Die Reedereien Naviera Armas (www.navieraarmas.com) und Acciona Trasmediterranea (www.trasmediterranea.es) bieten wöchentliche Fährverbindungen mit Autofähren von den Häfen Andalusiens nach Santa Cruz an. Mit Naviera Armas und der größten kanarischen Reederei Fred Olsen (www.fredolsen.es) können Sie zudem von allen anderen kanarischen Inseln nach Santa Cruz oder Los Cristianos gelangen.

Öffentliche Verkehrsmittel

Durch die hohe Bevölkerungsdichte und die vielen größeren Städte besitzt Teneriffa ein dichtes Netz an öffentlichen Verkehrsmitteln, die vor allem aus Bussen (kanarische Bezeichnung „Guaguas") bestehen. Zwischen Santa Cruz und La Laguna verkehrt darüber hinaus eine moderne Straßenbahnlinie. Die Betreibergesellschaft aller Busse heißt Titsa, die Busse sind stets grün gefärbt. Titsa bietet im Internet unter www.titsa.com aktuelle Fahrplaninformationen sowie eine Verbindungssuche an. Darüber hinaus kann an allen größeren Busbahnhöfen am jeweiligen Infoschalter ein ausgedruckter Fahrplan (Horário) für die gesamte Insel kostenlos erfragt werden. Wichtigster Busbahnhof der Insel ist jener von Santa Cruz, der den Namen „Intercambiador" (deutsch „Umsteigebahnhof") trägt. Weitere große Busbahnhöfe gibt es in La Laguna, Puerto de la Cruz, La Orotava und Costa Adeje. Die kleineren Orte haben oft ebenfalls Busbahnhöfe mit mehreren Steigen und Informationsschalter. Bushaltestellen sind überall auf der Insel mit blauen Schildern markiert, aber nur an den wichtigeren Orten mit Fahrplan ausgerüstet. Es ist unüblich, den Bus wie in ländlichen Regionen Spaniens auch abseits von Haltestellen per Handzeichen anzuhalten; umgekehrt sollten Sie aber, wenn Sie an einer kleinen Haltestelle warten, ein Handzeichen zum Halten geben.
Für ankommende Urlauber am Südflughafen ist zunächst die Buslinie 111 von Bedeutung. Diese verkehrt im 30-Minuten-Takt auf der Südautobahn zwischen Costa Adeje über Los Cristianos und den Südflughafen nach Santa Cruz und zurück; für beide Fahrtrichtungen hält der Bus direkt vor dem Terminalgebäude. Wer nach Puerto de la Cruz muss, kann in Santa Cruz auf die Linien 102 und 103 umsteigen. Die Linie 102 hält unterwegs mehrmals an der Autobahn und auch am Nordflughafen, die Linie 103 fährt ohne Halt bis Puerto de la Cruz. Beide Linien fahren im 30-Minuten-Takt. Die Linie 101 fährt ebenfalls nach Puerto de la Cruz, benutzt jedoch stets die Dorfstraßen und braucht mehr als eine Stunde für die Strecke. Die Fahrtzeiten aller weiteren Buslinien erfragen Sie am besten vor Ort oder online, da sich die Fahrpläne regelmäßig ändern.
Das zweitwichtigste öffentliche Verkehrsmittel auf Teneriffa ist das Taxi. Alle Gemeinden und Städte sowie die Urlaubsorte besitzen (oft mehrere) Taxistände, von wo Sie telefonisch ein Taxi auch ins Bergland der jeweiligen Gemeinde bestellen können. Taxis sind zwar rund um die Uhr verfügbar, doch sollten Sie für die Nachtstunden und den Sonntagnachmittag auch einen Alternativplan bereit halten, falls kein Taxi zu bekommen sein sollte. Private Taxigesellschaften mit 24-Stunden-Dienst haben oft ihre Visitenkarten an den Taxiständen angeschlagen. Dort finden Sie auf großen Schildern auch die Festpreise für wichtige Strecken sowie eventuelle Wochenend- oder Nachtzuschläge, sodass Sie beim Einstieg diesen Preis mit dem Taxifahrer nur noch rückbestätigen müssen. Die Festpreise sind in der Regel günstiger als eine Fahrt mit dem Taxameter, insgesamt ist Taxifahren auf Teneriffa deutlich günstiger als in Deutschland. Oft lohnt es sich zudem, Taxi-Fahrgemeinschaften mit anderen Wanderern zu bilden. Die Nutzung eines der verbreiteten Neunsitzer-Kleinbus-Taxis ist in der Regel gleich teuer.

Sowohl beim Bus- als auch beim Taxifahren ist es hilfreich zu wissen, dass auf Teneriffa viele Straßenkreuzungen und Plätze eigene Namen tragen, die den Taxi- und Busfahrern bekannt, auf den meisten Karten eingetragen und oft auch offizielle Haltestellen der Busse sind. So heißen Kreuzungen, an denen Stichstraßen zu nicht im Busnetz enthaltenen Orten beginnen, oft „Cruce de“ plus der Name des Ortes (z. B. „Cruce de Las Vegas“ im 3 Kilometer von Las Vegas entfernten Ort Chimiche).

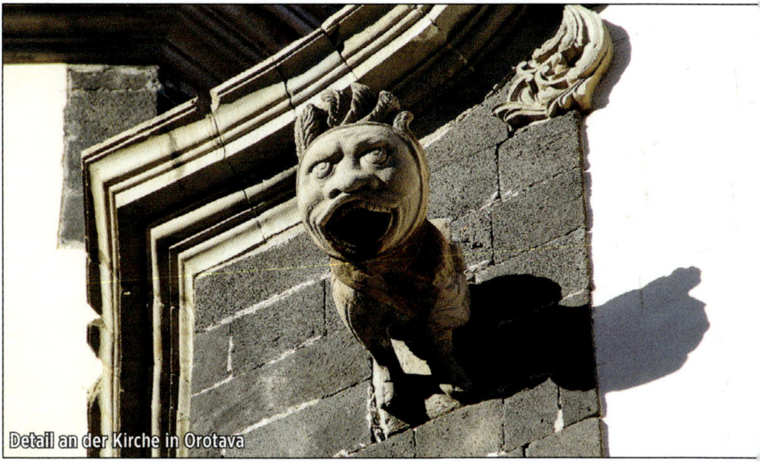
Detail an der Kirche in Orotava

Mietwagen

Viele Urlauber mieten sich im Laufe ihres Aufenthalts ein Auto für eigene Erkundungen auf der Insel. Die Mietkonditionen bei den lokalen Vermietern sind sehr günstig, außerdem müssen Sie weder eine Kaution hinterlegen noch eine Vorschädenliste ausfüllen und bei Abgabe kontrollieren. Dadurch ist z. B. eine Wanderung zu zweit im Teide-Nationalpark mit dem eigenen Mietfahrzeug günstiger und zeitsparender als z. B. eine Fahrt mit dem Bus.

Zahlreiche, oft EU-kofinanzierte Asphaltstraßen erschließen auch die kleinsten Orte der Insel, sodass Sie mit dem Mietwagen auch exotische Wanderrouten realisieren können. Es ist auf Teneriffa unproblematisch, einen Mietwagen direkt vor Ort zu mieten; neben der regionalen kanarischen Kette Cicar gibt es unzählige, immer seriöse Kleinvermieter, die oft deutlich unter den Preisen der großen internationalen Autovermieter liegen. Unterwegs sind keine speziellen spanischen Verkehrsregeln zu beachten, Verstöße werden jedoch meist viel teurer geahndet als in Deutschland. Die in den Anfahrtsbeschreibungen angegebenen Straßennummern, z. B. „TF-21“ („TF“ für Teneriffa), finden Sie auf fast jedem Straßenschild.

Beachten Sie, dass Sie Mietwagen meist mit fast leerem Tank erhalten, den Sie auch so zurückgeben können. Zum Betanken können Sie an jeder Tankstelle im Fahrzeug sitzen bleiben und auf den Tankwart warten; ein Trinkgeld wird für das reine Betanken nicht erwartet. Es gibt unzählige Tankstellen auf der Insel, einziger Tankstellen-Engpass ist der Teide-Nationalpark. Sie erreichen von dort aus die nächsten Tankstellen erst an den vier Abfahrtsstraßen in Barroso, Vilaflor (sonntags geschlossen), Las Esperanza und Chío.

Einkehr unterwegs

Zahlreiche Bars und Restaurants bieten allerorten Möglichkeit zur Rast. Selbst kleine Dörfer verfügen oft über sehr ursprüngliche Bars, die zwar manchmal äußerlich düster und wenig freundlich wirken, meist aber gutes und regionaltypisches Essen zu günstigen Preisen offerieren. So unglaublich das klingt, aber viele Bars haben bis heute kein Telefon, und insbesondere bei den Familienbetrieben sind auch Begriffe wie „Ruhetag“ oder „Öffnungszeiten“ unbekannt.
Die Wirte sind auch abseits der touristischen Hot Spots stets um Verständigung mit den Gästen bemüht, sodass Sie auch an völlig untouristischen Orten keine Angst vor der Sprachbarriere haben müssen. Neben dem immer günstig erhältlichen Kaffee haben Sie im Inselinneren fast überall Gelegenheit, die typischen lokalen Gerichte auszuprobieren. Dazu gehören in den Bergen das Ziegen- und Kaninchenfleisch (Carne de cabra und Carne de conejo), an der Küste der gebratene Fisch (Pescado a la plancha), als Beilagen die in Meerwasser gekochten Runzelkartoffeln (Papas arrugadas), die rote und grüne Soße zum Würzen (Mojo rojo und Mojo verde), der pikante Brotaufstrich Almogrote oder die fleischhaltige Kichererbsen- (Garbanzas) oder Gemüsesuppe (Potaje de verdura). Den kleinen Hunger stillen die oft sogar in reinen Getränkebars erhältlichen Bocadillos (Weißbrot mit z. B. Ziegenkäse, Tomate, Schinken, Salat o. ä.) oder das Kartoffel-Omelett Tortilla española. Die am meisten verbreitete regionale Biermarke heißt Dorada.

Übernachtungsmöglichkeiten

Teneriffa ist als Destination des Massentourismus mit einem großen Angebot an Übernachtungsmöglichkeiten ausgestattet, die sich an den Touristendestinationen Los Cristianos/Costa Adeje, Puerto de la Cruz sowie Los Gigantes konzentrieren. Sämtliche anderen Küstenorte inklusive der Hauptstadt Santa Cruz bieten ebenfalls eine größere Auswahl an Hotelbetten an, während Sie abseits der Küste oft etwas länger nach Unterkünften suchen müssen. Internet-Suchmaschinen sind aufgrund der unzähligen Ergebnisse von Pauschalreiseanbietern meist wenig hilfreich, besser bei der Suche von Unterkünften an abgelegenen Orten sind die jeweiligen Gemeinde-Webseiten sowie der Suchbegriff „Casa rural“. Die einzige reine Berghütte Teneriffas ist das Refugio Altavista am Teide (siehe Tour 22), darüber hinaus gibt es zwei

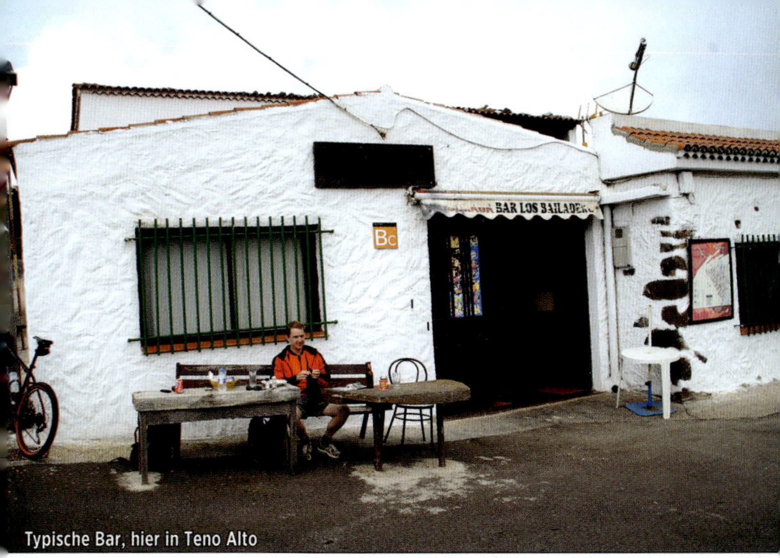

Typische Bar, hier in Teno Alto

ländlich in den Bergen, aber mit Straßenanbindung gelegene „Albergues“ (Albergue Bolico in Las Portelas, siehe Tour 4, und Albergue Montes de Anaga, siehe Tour 46).

Im Notfall

Trotz der gründlichsten Tourenplanung können unvorhergesehene Notfälle eintreten. Die Grundregel dabei ist, kühlen Kopf zu bewahren, um nicht durch unüberlegte Handlungen die Gesamtsituation zu verschlimmern. Nachdem Sie sich ein Bild von der Lage gemacht haben und keine weitere Gefahr, wie zum Beispiel anhaltender Steinschlag zu befürchten ist, wählen Sie – bei vorhandenem Handynetz – die Notrufnummer 112. Falls Ihr Telefon keinen Empfang anzeigt, schalten Sie es aus und wieder ein. Dabei tippen Sie statt Ihres PIN-Codes 112 ein. Sollte auch diese Methode versagen, hilft nur mehr die Veränderung des Standortes, manchmal reichen wenige Meter.

Bei der Notrufstelle geben Sie mit möglichst ruhiger Stimme folgende Fakten bekannt: Was ist passiert? Wo und wann ist der Unfall passiert? Wie viele Verletzte gibt es? Wer ruft an? Danach versuchen Sie – nach Maßgabe Ihrer Möglichkeiten – selbst dem Verletzten zu helfen. Ein kürzlich absolvierter Erste-Hilfe-Kurs ist dabei sehr hilfreich. Zu guter Letzt: Lassen Sie unter keinen Umständen eine verletzte Person alleine! Versuchen Sie, diese warm und möglichst bequem zu lagern und psychisch zu unterstützen. Warten Sie gemeinsam auf Hilfe.

Sprache

Einige Brocken Spanisch sind auf Wanderungen, bei der Einkehr und bei allen sonstigen Anlässen im Urlaub auf Teneriffa hilfreich, aber nicht zwingend erforderlich. In Gastronomie und Hotellerie sind Englisch-, vereinzelt auch geringe Deutschkenntnisse verbreitet. In den meisten Bars und Restaurants auch auf dem Land sind alle Speisen und Getränke mehrsprachig ausgewiesen und können auch so bestellt werden.

Geographische Begriffe

Alto, alta	hoch
Barranco	Schlucht
Breña	Gebüsch
Caldera	Vulkankrater, Kessel
Calle	Straße
Camino	(Fuß-)Weg
Casa	Haus
Cascada	Wasserfall
Costa	Küste
Cruz	Kreuz
Cueva	Höhle
Cumbre	Bergkamm
Cumbrecita	Sattelhöhe
Degollada	Pass
Ermita	Kapelle
Faro	Leuchtturm
Fuente	Quelle
Galería	Gang, Stollen
Guagua	Bus
Hoya, Hoyo	Niederung, Grube
Iglesia	Kirche
Llano	Ebene
Lomo	Bergrücken
Mirador	Aussichtspunkt
Monte	Hügel, Nebelwald
Parada	Bushaltestelle, Haltestelle
Pico	Berggipfel
Piedra	Stein
Playa	Strand
Puerto	Hafen
Punta	Landspitze

Refugio	Berghütte, Unterstand, Rastplatz
Río	Fluss
Roque	Fels
Sendero	Wanderweg
Torre	Turm
Presa, Embalse	Stausee
Volcán	Vulkan
Vueltas	Serpentinen

Häufige Schilder und Ausdrücke

Área recreativa	Picknickplatz
Coto de caza	Jagdgebiet
Prohibido cazar	Jagen verboten
Estación de guaguas	Busbahnhof
Estación marítima	Passagierhafen
Tinerfeño	Einwohner von Teneriffa, als Adjektiv „tinerfenisch" = von Teneriffa

Umgangsformen

Buenos días	Guten Morgen (bis Mittag)
Buenas tardes	Guten Tag (bis Nachmittag)
Buenas noches	Guten Abend (ab Dämmerung)
Hola	Hallo
Adíos, chao, hasta luego	Auf Wiedersehen
Sí	Ja
No	Nein
Gracias	Danke
Por favor	Bitte
Perdón	Entschuldigung
La cuenta, por favor	Die Rechnung, bitte
Quanto cuesta...	Wieviel kostet...
Un billete para...	Eine Fahrkarte nach...
Donde és...	Wo ist...

Sonstige praktische Informationen

Währung: Euro, Geschäfte sind in der Regel montags bis samstags 8.30 bis 13 Uhr und 17 bis 20 Uhr geöffnet, größere Supermärkte durchgehend und vereinzelt auch am Sonntag. Behörden und die Post arbeiten montags bis samstags von 9 bis 14 Uhr. Das dichte Tankstellennetz wird montags bis samstags meist zwischen 7 und 22-23 Uhr bedient. Sonntags haben nur die größeren Tankstellen an Autobahnen und in Städten geöffnet.

Die in Deutschland üblichen Euro-Steckdosen sind auch auf Teneriffa überall zu finden, die Spannung von 220 Volt ist identisch.
Wildes Zelten ist auf Teneriffa ebenso verboten wie offenes Feuer und wird hoch bestraft; es stehen allerdings zahlreiche kostenlose Campingplätze (Área de Acampado) zur Verfügung, die meist etwas abgelegen und ohne Personal sind. Auch an den Rastplätzen (Área Recreativa) wird wildes Zelten oft toleriert, ist aber offiziell verboten. Manchmal findet sich vor Ort eine Telefonnummer, wo sich Camper kostenlos anmelden sollen.

Zu diesem Buch

Dieser **Hikeline-Wanderführer** enthält alle Informationen, die Sie für Ihre Wanderung benötigen: exakte Karten, eine detaillierte Wegbeschreibung und die wichtigsten Informationen zu touristischen Attraktionen und Sehenswürdigkeiten.
Und das alles mit der ***Hikeline*-Garantie**: Die Routen in unseren Büchern sind direkt vor Ort geprüft worden. Um höchste Aktualität zu gewährleisten, nehmen wir nach der Erhebung Korrekturen von Lesern bzw. offiziellen Stellen bis Redaktionsschluss entgegen, die dann jedoch teilweise nicht mehr an Ort und Stelle verifiziert werden können.

Konzept

Am Beginn jeder Tour finden Sie grundlegende Informationen wie Start- und Zielort, die Länge, die zu bewältigenden Höhenmeter im Auf- und Abstieg, die Gesamtschwierigkeit, die durchschnittliche Wegzeit in normalem Gehtempo, ein Höhenprofil und die Anteile an Asphaltwegen, Wanderwegen und -pfaden sowie eine kurze Charakteristik der Tour. Die Gehzeiten und die Gesamtschwierigkeit werden bei allen Touren nach einem einheitlichen Prinzip ermittelt, somit sind Abweichungen von der Beschilderung vor Ort – bei der z. B. die Gehzeit oft von Gemeinde zu Gemeinde unterschiedlich berechnet wird – möglich.

Schwierigkeitsgrade der Touren

LEICHT

Angenehme Familienwanderung, insgesamt nur geringe Höhenunterschiede und keine starken Steigungen und Gefälle, wenige kurze steilere Abschnitte sind aber möglich. Die Tour verläuft meist auf breiten und gefahrlos zu begehenden Wegen, sie kann (fast) bei jeder Witterung begangen werden. Die Wanderung stellt keine großen Anforderungen an Ausrüstung, Erfahrung und Kondition.

MITTEL

Die Wanderung erfordert normale Kondition und etwas Ausdauer. Längere Steilabschnitte und schmale, steinige Pfade oder schwierig zu begehende Bereiche sind

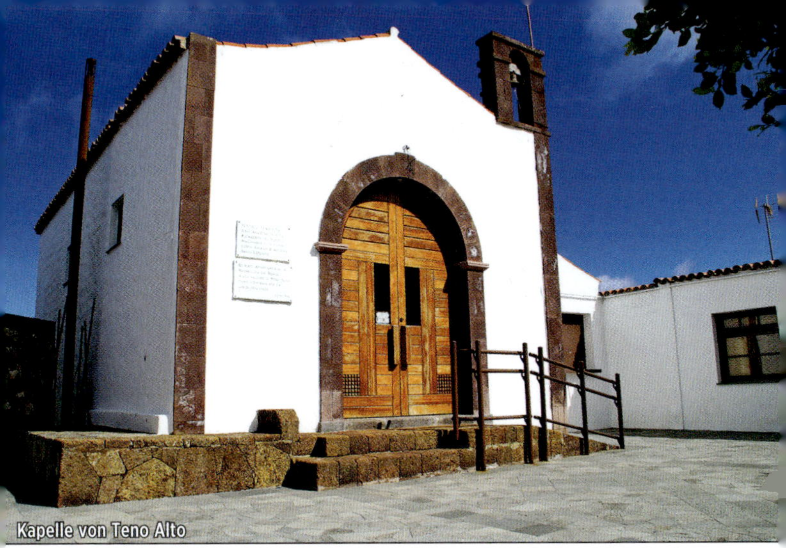

Kapelle von Teno Alto

möglich, Trittsicherheit ist teilweise erforderlich. Im Gebirge können gesicherte Kletter- und Gehpassagen sowie Leitern vorkommen, die Hände werden – wenn überhaupt – nur auf wenigen Metern zur Fortbewegung benötigt. Die Wege können witterungsbedingt schwieriger begehbar und rutschig sein.

SCHWER

Die Tour erfordert abschnittsweise große Anforderungen an Kondition, Erfahrung und Orientierung. Große Höhenunterschiede mit z. T. auch längeren steilen Abschnitten sind zu überwinden und/oder die Tour ist sehr lang sowie über weite Strecken schwierig zu begehen. Wege können ausgesetzt sein, im Gebirge kommen drahtseilgesicherte Passagen bzw. leichte Kletterstellen vor, Trittsicherheit ist unbedingt erforderlich. Die Begehbarkeit ist stark witterungsabhängig.

Karten

Eine Übersicht über die geografische Lage Teneriffas gibt Ihnen die Übersichtskarte auf der vorderen inneren Umschlagsseite.

Die Detailkarten sind im Maßstab 1:35.000 erstellt. Dies bedeutet, dass 1 Zentimeter auf der Karte einer Strecke von 350 Metern in der Natur entspricht. Zusätzlich zum genauen Routenverlauf informieren die Karten auch über die Beschaffenheit des Bodenbelags bzw. über die Art des Weges sowie über kulturelle und gastronomische Einrichtungen entlang der Strecke. Die Höhenlinien haben einen Abstand von 25 Metern. Allerdings können selbst die genauesten Karten den Blick auf die Wegbeschreibung nicht ersetzen. Stellen mit schwieriger Wegfindung werden in der Karte mit dem

Symbol ▲ gekennzeichnet, im Text finden Sie das gleiche Zeichen zur Markierung der betreffenden Stelle wieder, manchmal ergänzt durch ein Foto.
Die beschriebene Haupttour wird immer in Blau, Varianten oder Abstecher in Grün dargestellt. Die genaue Bedeutung der einzelnen Symbole wird in der Zeichenerklärung auf den Seiten 4 und 5 erläutert.

Textteil

Der Textteil besteht im Wesentlichen aus der genauen Routenbeschreibung. Stichwortartige Streckeninformationen werden von dem Zeichen ⁓ begleitet. Manche besonders markante oder wichtige Punkte auf der Strecke sind als Wegpunkte **1**, **2**, **3**, ... durchnummeriert und – zur besseren Orientierung – mit demselben Symbol in den Karten und im Höhenprofil wieder zu finden. Bei Varianten wird dasselbe System angewendet, allerdings mit Großbuchstaben **A**, **B**, **C**,...
Die Kilometerangaben, im Text hochgestellt, zeigen Ihnen die schon zurückgelegte Strecke seit dem Tourenstart an, sie sind auf hundert Meter gerundet. In Klammern finden Sie die Höhe des betreffenden Punktes. Der Wegpunkt **7** 5,1 (1.340) ist also 5,1 Kilometer vom Ausgangspunkt der Tour entfernt und liegt auf einer Höhe von 1.340 Metern.
Ferner sind alle wichtigen **Orte** zur besseren Orientierung aus dem Text hervorgehoben. Die Symbole Ortsanfang und Ortsende kennzeichnen ein größeres, geschlossenes Siedlungsgebiet. Gibt es interessante Sehenswürdigkeiten in einem Ort, so finden Sie unter dem Ortsbalken die jeweiligen Adressen, Telefonnummern und Öffnungszeiten.
Die Beschreibung der einzelnen Orte sowie historisch, kulturell oder naturkundlich interessanter Gegebenheiten entlang der Route tragen zu einem abgerundeten Reiseerlebnis bei. Diese Textblöcke sind kursiv gesetzt und unterscheiden sich dadurch auch optisch von der Streckenbeschreibung.
Absätze in grüner Farbe behandeln Varianten und Ausflüge.

TIPP
Textabschnitte in Blau heben Stellen hervor, an denen Sie auf den weiteren Wegeverlauf und auf mögliche Varianten hingewiesen werden. Sie geben auch Empfehlungen und Erläuterungen zu Sehenswürdigkeiten oder Freizeitaktivitäten etwas abseits der Route.

Öffnungszeiten – Kategorien

- Öffnungszeiten
- frei zugänglich
- täglich
- häufig (5-6 Tage/Wo.)
- durchschnittlich (3-4 Tage/Wo.)
- selten (bis 2 Tage/Wo.)
- nach tel. Anfrage

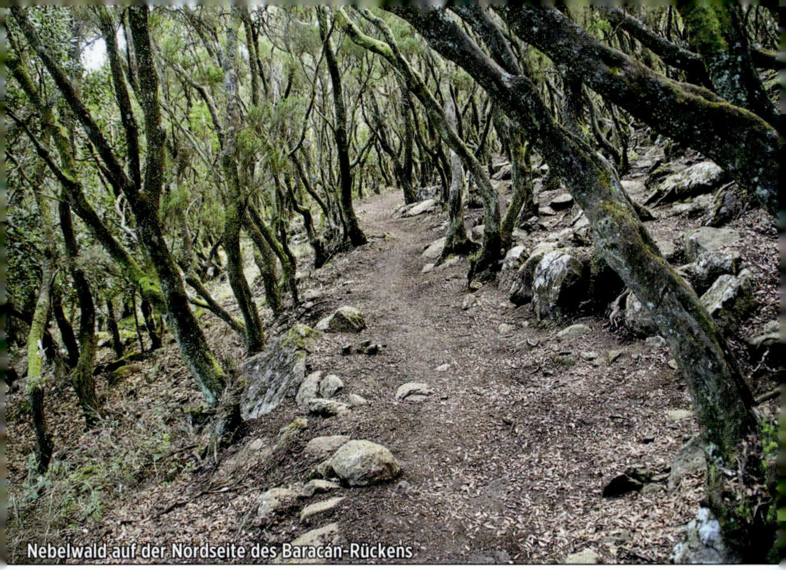

Nebelwald auf der Nordseite des Baracán-Rückens

Diese Angaben gelten während der Wandersaison und dienen als Orientierungshilfe. Die tagesaktuellen Öffnungszeiten finden Sie über den Weblink.

Weblink

Im Ortsdatenblock bei dem jeweiligen touristischen Eintrag befindet sich nach dem @ Symbol eine sechsstellige Zahlen- und Buchstabenkombination *(z. B. @ abc123)*. Die Eingabe dieser Weblink-ID auf unserer Internetseite www.esterbauer.com leitet Sie direkt auf die entsprechende Webseite weiter und ersetzt somit die mühsame Eingabe ellenlanger Webadressen.

GPS-Gitter in den Karten

Das Gebiet dieser Karten liegt in der Zone 28 und hat den Bezugsmeridian 9 Grad Ost. Um zu navigieren, ist der GPS-Empfänger auf WGS 84 (World Geodetic System 1984) und UTM-Projektion einzustellen. Die Koordinaten (West und North) sind in der Karte in Kilometern, auf dem GPS-Empfänger in Metern angegeben. Für die GPS-Navigation ist auf den Karten ein grau gepunktetes Gitter mit einer Maschenweite von 1 Kilometer vorhanden. Da einige Karteninhalte hervorgehoben oder generalisiert dargestellt werden, ist eine absolute Lagegenauigkeit nicht immer garantiert. Den Link zu den aktuellen GPS-Tracks finden Sie auf der vorderen Umschlagseite.

Teno-Gebirge

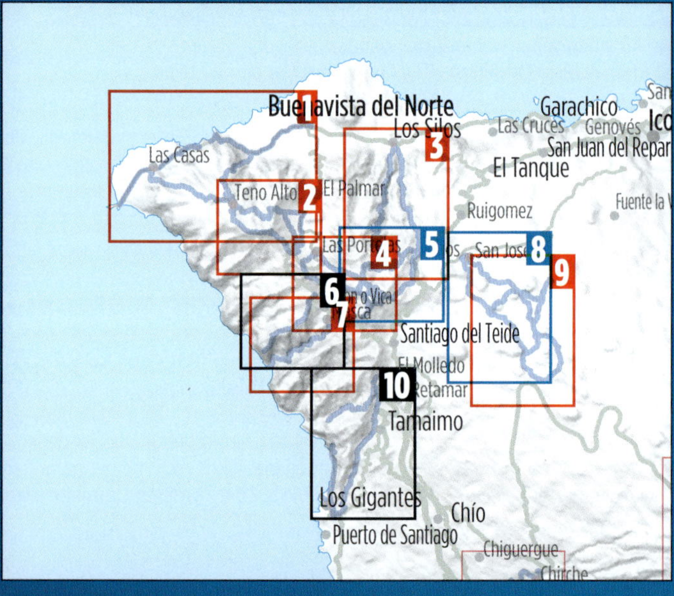

Tour 1 — 12,2 km

Auf dem Risco-Steig nach Teno Alto und zur Punta de Teno

Start: Buenavista del Norte Bushaltestelle Estación (N 28,3704° W 16,8481°)
Ziel: Punta de Teno, Bushaltestelle

Aufstieg:	796 m	*Hartbelag:*	49 %
Abstieg:	920 m	*Wanderwege:*	17 %
Gehzeit:	5,5 - 6 Std.	*Wanderpfade:*	34 %

Charakteristik: Eine hochinteressante Kombination zweier schöner Wanderziele im spektakulären Teno-Gebirge: Einerseits die historische Aufstiegsstrecke durch die Steilwand des Teno, andererseits die Teno Bajo-Verebnungsfläche mit ihrem Leuchtturm, die von den beiden Steilküsten umschlossen wird. Unterwegs kommen Sie nicht nur in das gastfreundliche Dorf Teno Alto, sondern genießen auch immer wieder herrliche Aussichten auf die steil abfallenden Küsten und die Nachbarinseln. Vom malerischen Kap Punta de Teno bringt Sie dann der Bus zurück nach Benavista del Norte.

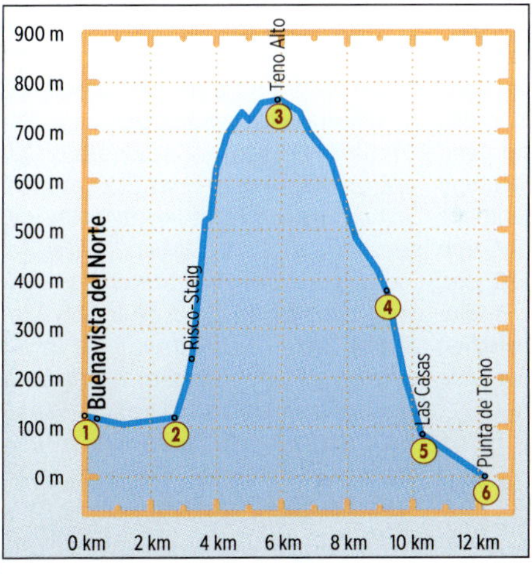

Tipp: Wegen enormer Steinschlaggefahr sollte diese Tour keinesfalls bei Nässe begangen werden!

Am Punta de Teno gibt es keine Einkehrmöglichkeiten, nehmen Sie also genügend Proviant mit!

Variante: Eine Variante führt auf der Straße zurück nach Buenavista del Norte bzw. zum Beginn des Risco-Steiges. Dieser Rückweg führt über eine höchst steinschlaggefährdete – und für Privatfahrzeuge tagsüber gesperrte – Straße in der nördlichen Steilwand. Für ein knapp 1 Kilometer langes, unbeleuchtetes Tunnelstück sollten Sie eine Taschenlampe mitnehmen!

Öffentliche Verkehrsmittel: Die Bushaltestelle Estación liegt östlich des Zentrums von Buenavista del Norte in der Calle Cancela und wird von den Buslinien 355, 363, 365 und 369 bedient. Die Linie 369 bringt Sie am Ende der Wanderung vom Punta de Teno wieder hierher zurück. Infos unter www.titsa.com

Anfahrt: Buenavista del Norte liegt im Nordwesten der Insel und ist von beiden Autobahnenden aus beschildert (von Los Cristianos via TF-82 und TF-436, von Puerto de la Cruz via TF-4). Bei der zentralen Bushaltestelle finden Sie auch Parkplätze. Etwa 2,7 Kilometer westlich des Ortes finden Sie linker Hand vor einem großen Wassersilo einen weiteren Parkplatz direkt am Einstieg zum Risco-Steig. Um dorthin zu kommen, halten Sie sich in den Kreisverkehren im Ort Richtung Teno Bajo/TF-445. Die Straße in Richtung Punta del Teno ist ab dem Parkplatz täglich zwischen 10 und 19 Uhr, von Juli bis September von 9 bis 20 Uhr, für den Privatverkehr gesperrt. In dieser Zeit verkehren stündlich zwischen Buenaviste del Norte und der Punta de Teno die Busse der Linie 369.

Risco-Steig

Der steile, felsige Risco-Steig besticht durch seine spektakuläre und aussichtsreiche Wegführung: Er zieht durch ein steiles Tal auf die Hochebene des Teno-Gebirges. Er ist nicht nur der historische Saumpfad, der den Bauern von Teno Alto den Transport ihrer Produkte in den Hauptort Buenavista ermöglichte, sondern war für die Fischer von Buenavista auch lange Zeit der einzige Weg zu den Anlegestellen auf der Teno-Halbinsel. Erst die Eröffnung der Straßen-Tunnelstrecke in den 1960er Jahren verkürzte diesen Weg erheblich. Der Name des Steiges geht auf das spanische Wort für „Klippe“ zurück. Die Begehung des Weges ist aber bei guten Wetterbedingungen ungefährlich und hat nur wenige ausgesetzte Stellen.

Buenavista del Norte

- **Oficina Buenavista del Norte (Tourist-Information)**, Plaza de los Remedios, Casa Matula, ✆ 922128080
- **Nuestra Señora de Los Remedios**, Plaza de los Remedios. Die Kirche aus dem 16. Jh. brannte bei einem Feuer im Jahr 1996 vollständig aus und erhielt danach eine neue Fassade. Leider fielen die Heiligenbilder und Schnitzereien im Inneren dem Brand zum Opfer. Das Gotteshaus dominiert den klassischen spanischen Dorfplatz mit seinem kioskartigen Pavillon.

Zur Gemeinde Buenavista del Norte gehört fast das gesamte Teno-Gebirge, unter anderem mit den Dörfern Masca und Teno Alto. Der eigentliche Kernort liegt knapp 100 Meter über dem Meer auf der leicht nach Norden abfallenden, wasserreichen Ebene, die als „Isla Baja“ (untere Insel) bezeichnet wird. Die Region wird bereits seit der spanischen Kolonialzeit intensiv landwirtschaftlich genutzt. Buenavista liegt dank seiner Randlage auf der Insel im Schatten der Touristenströme und besitzt daher noch viel Ursprünglichkeit.

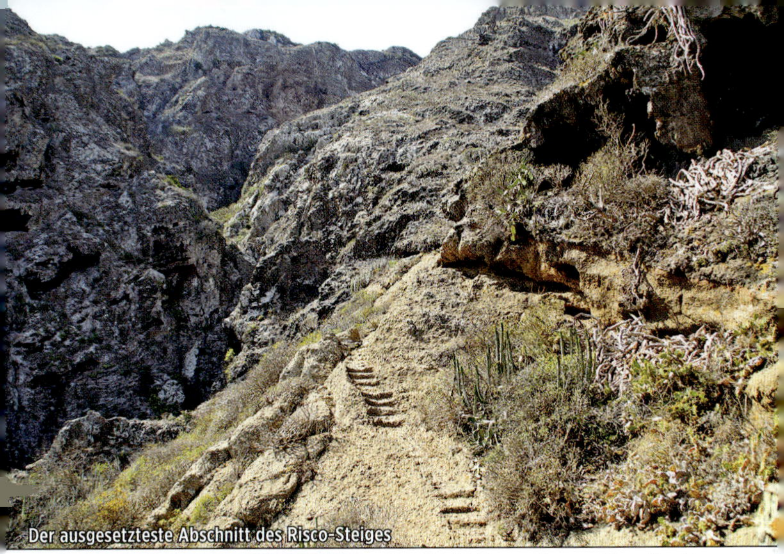

Der ausgesetzteste Abschnitt des Risco-Steiges

TIPP Wenn Sie die Wanderung um etwa 2,7 km verkürzen möchten, können Sie mit einem Taxi zum Beginn des Risco-Steiges (Wegpunkt 2) fahren.

1 0,0 (125) Von der **Bushaltestelle Estación** zur **Calle la Cancela** und in diese rechts einbiegen ⁓ an der Gabelung links halten ⁓ geradeaus in die **Calle Norte** in Richtung Punta Teno ⁓ auf der Brücke über den Barranco de Triana und der Vorfahrtsstraße aus dem Ort hinaus folgen ⁓ am Beginn des Ortsteiles **Casablanca** beim Kreisverkehr links halten ⁓ nach etwa 1,5 km auf der TF-445 auf einer kleinen Brücke über den Barranco Bujamé, linker Hand befindet sich ein Parkplatz bei einem Wassersilo.

Parkplatz an der TF-445

2 2,7 (120) Beim Parkplatz die Straße nach links verlassen und links am Wassersilo vorbei auf einer Piste bergauf (PR TF-58/Teno Alto, weiß-gelbe Markierung) ⁓ unter einer Wasserleitung hindurch ⁓ dann auf dem Fußsteig im Talboden bergan ⁓ bald steil einen Bergrücken hinauf ⁓ mehrmals rechts abzweigende Ziegenpfade ignorieren, der markierte und oft mit Stufen versehene Weg ist stets gut erkennbar ⁓ nach einer guten Stunde erreichen Sie bei einem von Steinmauern eingefassten Versammlungsplatz die Hochfläche des Teno-Gebirges ⁓ links an dem Platz vorbei über weitere Stufen in weißfelsiges Gelände hinauf ⁓ dort halbrechts ⁓ auf einem nur noch leicht ansteigenden Höhenweg weiter ⁓ etwa nach 10 Min. quert der Weg in einem steinigen Abschnitt einen anderen Pfad ⁓ halbrechts flach weiter Richtung Sattelhöhe mit den schon erkennbaren Schildern (weiß-gelb markiert) ⁓ im

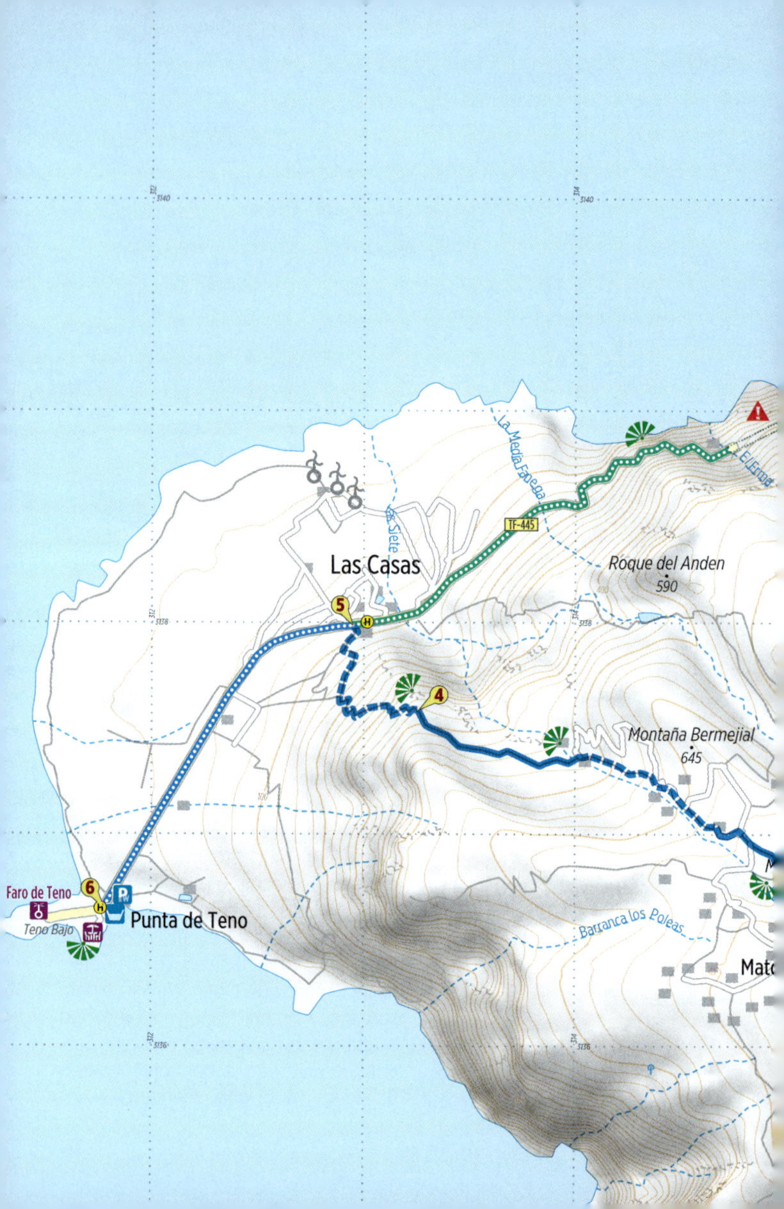

Las Casas
Roque del Anden
590
Montaña Bermejial
645
Punta de Teno
Faro de Teno
Teno Bajo
TF-445
La Media Fanega
Las Siete
Barranca los Poleas
5
6
4

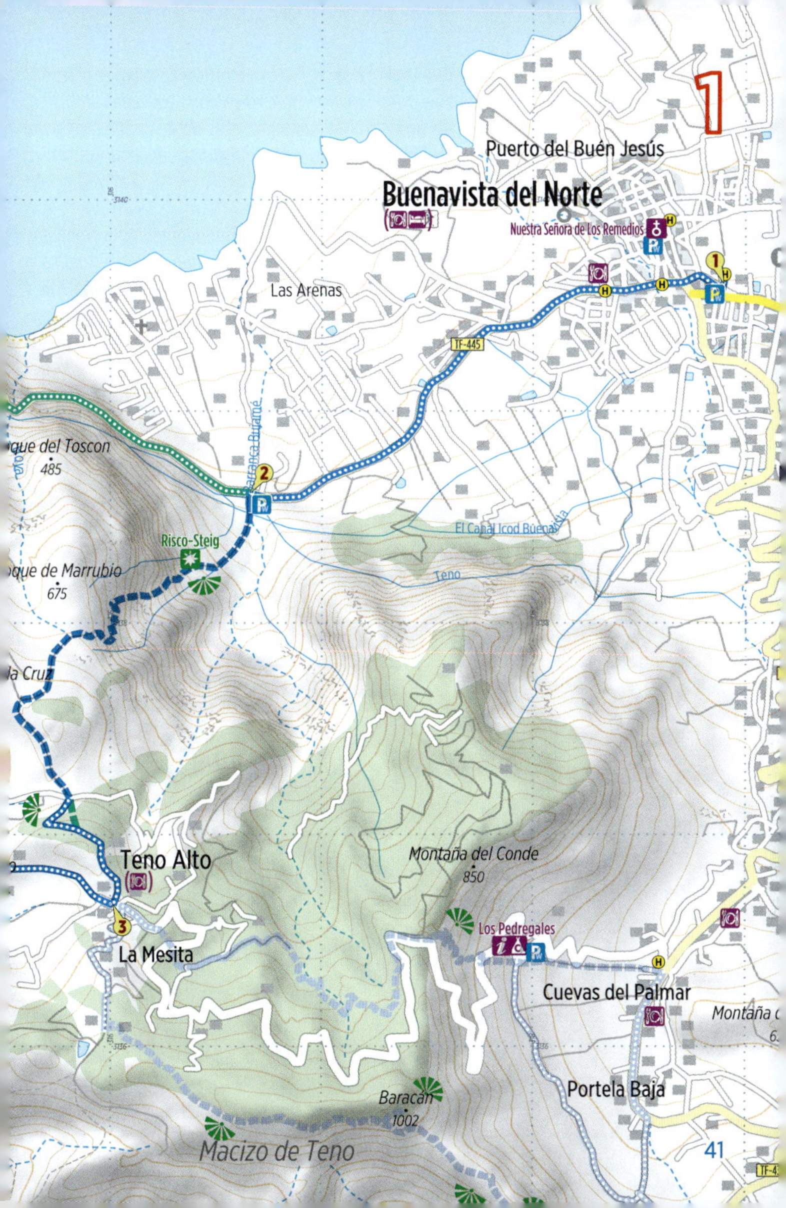
1
Puerto del Buén Jesús
Buenavista del Norte
Nuestra Señora de Los Remedios
Las Arenas
TF-445
Barranca Bujame
que del Toscon
485
Risco-Steig
oque de Marrubio
675
la Cruz
El Canal Icod Buenavista
Teno
Teno Alto
La Mesita
Montaña del Conde
850
Los Pedregales
Cuevas del Palmar
Portela Baja
Baracan
1002
Macizo de Teno

Sattel links auf einen Fahrweg ⇝ auf diesem rechts ⇝ links zum zweiten Wegweiser auf der Anhöhe ⇝ links auf dem weiß-gelb markierten Pfad um den Sattel herum Richtung Teno Alto ⇝ nach 10 Min. erreicht der leicht absteigende Weg eine Asphaltstraße ⇝ hier rechts bergauf.

VARIANTE Sie können auch auf dem alten, aber verwachsenen Fußweg in der Rinne die Straßenkehre abkürzen.

Linkskurve ⇝ nach 800 m erreichen Sie **Teno Alto**.

Teno Alto (Buenavista del Norte)

- **Bar Los Bailaderos**, Pista de la Mulata, ✆ 922693016. Die ältere der beiden Dorfbars ist für ihr Ziegenfleisch bekannt.
- **Bar Teno Alto**, Calle Los Bailaderos, ✆ 922693060, Mi-Mo 11-18 Uhr. Auch Souvenirverkauf, @ asm723
- **Terraza La Piñata**, Camino Los Bailaderos, ✆ 678302943, @ reu573

Das Dorf Teno Alto ist das Zentrum der zwar klimatisch durch die Höhenlage benachteiligten, aber durch größere flache Abschnitte für die Landwirtschaft historisch äußerst wertvollen Teno-Hochebene. Die erst in den 1960er Jahren erbaute Zufahrtsstraße überwindet einen Pass und ein steil eingeschnittenes Nebental, um zum Dorf zu gelangen. Zuvor gab es in alle Richtungen nur die zahlreichen Saumwege.

3 5,9 (759) Bei der Bar rechts auf die bergab führende Asphaltstraße (Wegweiser PR TF-51/Punta de Teno) ⇝ vorbei an mehreren Abzweigen ⇝ nach 550 m, vor der stark terrassierten Hügelkuppe, bei einem Wegweiser rechts ⇝ über den Kamm und auf dem Fahrweg links bergab (weiß-gelb markiert) ⇝ der steinige Fahrweg verläuft fallend rechts um den terrassierten Hügel ⇝ nach 700 m bei einem Wegweiser Einmündung in einen Querweg ⇝ scharf rechts bergab Richtung Punta de Teno ⇝ an der

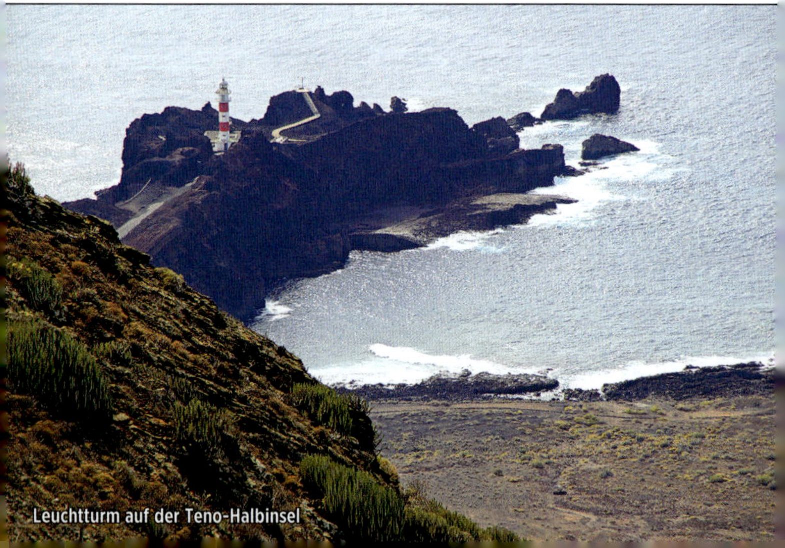
Leuchtturm auf der Teno-Halbinsel

Einmündung in ein Asphaltsträßchen gegenüber geradeaus weiter auf dem steinigen Fußweg bergab ⇝ links an einem Steingebäude vorbei ⇝ links der Straße direkt an der Talkante weiter gerade bergab (weiß-gelb) ⇝ bald auf der Straße durch ein Gehöft ⇝ links eine weitere Kehre abkürzen ⇝ nach der neuerlichen Einmündung endgültig links vom Sträßchen weg ⇝ weiter gerade an der Hangkante bergab ⇝ bei den letzten Gehöften in dem Kakteenfeld scharf links auf dem weiß-gelb markierten Weg.

TIPP Die Bewohner wünschen hier keine Wanderer zwischen ihren Häusern.

Steil in den Talgrund absteigen ⇝ im Talboden auf einer Betonpiste links leicht bergauf ⇝ bald durch ein Zauntor ⇝ die Piste wird schnell zum Pfad und erreicht bei einem Steinverschlag einen Aussichtspunkt auf die Teno-Halbinsel.

Teno-Halbinsel „Teno Bajo“

Die ebene Fläche an der Nordwestspitze Teneriffas entstand durch Lavaflüsse, die sich mangels Nachfluss nicht zu höheren Gebirgen auftürmten. Der saure und extrem grobe Lavauntergrund bietet keine landwirtschaftliche Grundlage, weshalb nie eine Besiedlung stattfand. Heute wird das Gebiet für Windkraftanlagen und Tomatenplantagen genutzt. An der Nordwestspitze befindet sich der Leuchtturm Faro de Teno. Westlich daneben liegen kleine Badebuchten, an seiner Basis bestehen tolle Aussichten nach La Gomera und – bei gutem Wetter – nach La Palma. Aus diesem Grund ist dieser Punkt ein beliebtes Ausflugsziel.

4 9,2 (386) Rechts an dem Verschlag vorbei beginnt der weiß-gelb markierte Abstiegsweg ⇝ in stärkerem Gefälle mit vielen Kehren hinunter an die Straße nach Punta de Teno ⇝ nach 45 Min. vor einem Wassergebäude geradeaus auf dem Hauptweg bleiben.

5 10,3 (85) An der Straße links abbiegen, um zum Leuchtturm zu kommen.

VARIANTE Wenn Sie rechts in die Straße einbiegen, kommen Sie auf der tagsüber nur von Anrainern und dem Bus befahrenen Straße zurück nach Buenavista bzw. zum Parkplatz am Beginn des Risco-Steiges. Von dem Sträßchen bieten sich immer wieder schöne Aussichtsmöglichkeiten. Allerdings sollten Sie auf Steinschlag achten, die Straße gilt als steinschlaggefährdet! Außerdem haben Sie auch einen Tunnel zu durchqueren, hier sollten Sie unbedingt eine Taschenlampe benutzen ⚠ und in den engen Kurven so gehen, dass die aufwärts fahrenden (schnelleren!) Fahrzeuge Sie rechtzeitig sehen können!

TIPP Hier an der Straße, wo der Wanderweg einmündet, befindet sich auch eine Haltestelle der Buslinie 369, die stündlich zwischen Buenavista del Norte und Punta de Teno verkehrt. Sie können also bereits ab hier nach Buenavista del Norte zurückkehren oder den Bus auch für die letzte Strecke zum Leuchtturm nutzen, bevor Sie dann die Rückreise antreten.

Zu Fuß folgen Sie für etwa 1,9 km der Straße zum Leuchtturm.

6 12,2 (12) Bei der **Bushaltestelle Punta de Teno** endet die Wanderung.

Punta de Teno (Buenavista del Norte)

Zwei Leuchttürme markieren den Küstenabschnitt, der aus Lavagestein im Jahr 1893 erbaute alte Leuchtturm und der deutlich höhere rot-weiße Turm aus den 1970er Jahren.

Tour 2 — 9,4 km

Teno Alto und der Baracán-Steig

Start/Ziel: Picknick- und Campingplatz Los Pedregales (N 28,3412° W 16,8575°)

Aufstieg: 597 m — *Hartbelag:* 28 %

Abstieg: 597 m — *Wanderwege:* 12 %

Gehzeit: 3,5 - 4 Std. — *Wanderpfade:* 60 %

Charakteristik: Der Bergrücken, der das Palmar-Tal von der Teno-Hochfläche trennt, heißt nach seinem 1.002 Meter hohen Gipfel schlicht Baracán-Bergrücken („Cumbre de Baracán"). Um die exzellente Aussicht vom Kamm zu genießen, steigen Sie vom Ausgangspunkt zunächst auf dem historischen Fußweg nach Teno Alto auf und erreichen das abgelegene Bergdorf in seiner kleinen Senke. Der Weg auf dem Baracán-Rücken erlangt durch seine spektakuläre Führung und teilweise Ausgesetztheit bald den Charakter eines Felsensteigs, ist jedoch für Schwindelfreie bequem zu begehen. Ein gemütlicher Höhenweg an seinem Fuß bringt Sie schließlich zum Ausgangspunkt zurück.

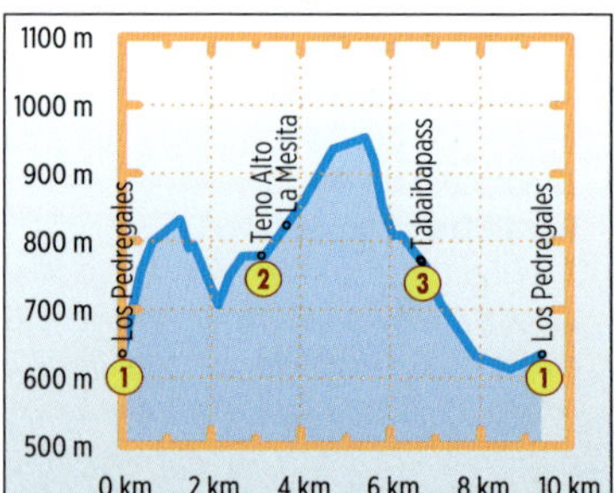

Tipp: Bei spürbarem Wind im Tal sollten Sie die Wanderung nicht begehen, der Kamm ist noch viel stärkeren Böen ausgesetzt.

Öffentliche Verkehrsmittel: Von Puerto de la Cruz mit der Linie 363 nach Buenavista, dann weiter mit den Linien 355 oder 366. Aus dem Inselsüden mit der Linie 460 nach Santiago, dann weiter mit der Linie 355. In El Palmar hält der Bus direkt am Straßenabzweig Teno Alto. Folgen Sie direkt nach dem Straßenbeginn halblinks dem geradlinigen beschilderten Fußweg Richtung Teno Alto, um zur Route zu gelangen. Am Ende der Wanderung nehmen Sie anstelle des hellroten Betonweges die gut einsehbare gerade Asphaltstraße hinunter zur Ortsstraße.

Anfahrt: El Palmar liegt an der „Masca-Straße" (TF-436) von Buenavista del Norte nach Santiago del Teide. Am oberen Ortsende zweigt die beschilderte Straße nach Teno Alto ab, der Sie einen Kilometer zum Picknickplatz („Area recreativa") Los Pedregales

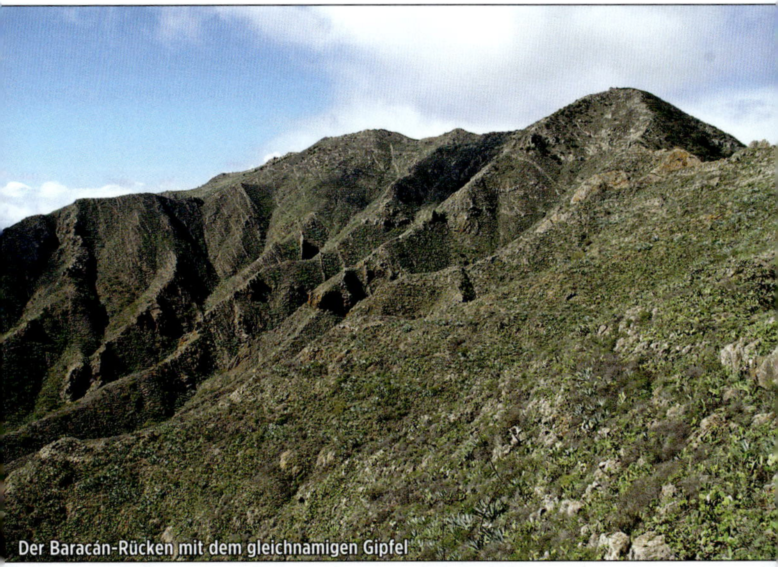
Der Baracán-Rücken mit dem gleichnamigen Gipfel

folgen, Parkplatz links unterhalb der Straße.

Los Pedregales (Buenavista del Norte)

Centro de Visitantes (Besucherzentrum), Carr. A Teno Alto, Finca Los Pedregales, 922447974, Mo-Fr 9-14 Uhr. Infos über das Tenogebirge, @ vvp166

Campingplätze wie der in Los Pedregales sind auf den Kanaren sehr verbreitet: in schöner, aber abgelegener Lage, ausgestattet mit Duschen und den üblichen Einrichtungen und stets kostenlos ziehen sie oft Rucksackreisende an. Am Wochenende finden sich hier auch einheimische Familien zum Picknick und gemeinsamen Grillen ein.

1 0,0 (628) Am straßenabgewandten Ende des Parkplatzes auf dem gepflasterten Fußweg rechts geradlinig den Hang hinauf ~ nach wenigen Metern, an der Kreuzung mit einem roten Betonweg, geradeaus bergauf (PR TF-57/Teno Alto) ~ wenig später kreuzt der Weg erneut die Straße (weiß-gelbe Markierung) ~ ungefähr 20 Min. später erreichen Sie die Passhöhe ~ nun ein Stück rechts unterhalb der Straße im Nebelwald entlang ~ nach 250 m, an einer Bergnase mit Wegweiser, wieder gepflastert von der Straße weg Richtung Teno Alto ~ mehrfaches Auf und Ab ~ gegenüber einiger Häuser wird der Weg zu einem Fahrweg ~ diesem und der weiß-gelben Markierung folgend in einen Taleinschnitt ~ rechts auf einen gepflasterten Fußweg (weiß-gelb) ~ über die Brücke ~ bald wieder in den Fahrweg einmünden ~ rechts bergauf ~ in einer Linkskehre halb rechts auf dem Pflasterweg berg-

auf (Wegweiser) ⇝ über eine Straße und einen runden Versammlungsplatz ⇝ bergab wieder zur Straße und dieser nach links zum Ort folgen.

Teno Alto (Buenavista del Norte) s. S. 42

2 3,1 (768) Direkt gegenüber des Kapellenplatzes links in die abzweigende, bergauf führende Straße, der zugehörige Wegweiser nach San José de Los Llanos steht etwas abseits bei der Bar Los Bailaderos ⇝ dem Sträßchen in Kehren bergauf folgen (einzelne weiß-gelbe Markierungen) ⇝ an der Linkseinmündung eines Betonweges geradeaus ⇝ 150 m weiter scharf links auf einen Fußweg abbiegen (Wegweiser PR TF-51/San José de Los Llanos) ⇝ über Stufen halb rechts bergauf in den Nebelwald ⇝ nach einigem Anstieg aussichtsreich auf dem Kamm dahin ⇝ bald an der rechten Flanke hinunter.

AUSFLUG Der Steig zum Gipfel des Baracán zweigt nach ca. 30 Min. bei einer steinernen Sitzbank links bergauf ab (weiß-gelbes „X"). Oben Ausblick auf das Palmar-Tal.

Danach weitere 30 Min. weiter bergab ⇝ bald häufiger die Kammseite wechseln ⇝ auf eine Straßenkurve mit Aussichtsplattform, den **Tabaibapass**, zu.

Tabaibapass (810 m)

3 6,7 (810) 10 m vor der Aussichtsplattform führt links zwischen den Felsen ein deutlich als gepflasterter Pfad erkennbarer Fußweg weg ⇝ unmarkiert ein Stück steil hinab ⇝ dann leicht fallend zu einem Hof ⇝ davor links den Betonweg hinab ⇝ bald bei einem Tor einem Querweg halb links bergab folgen ⇝ nach 500 m

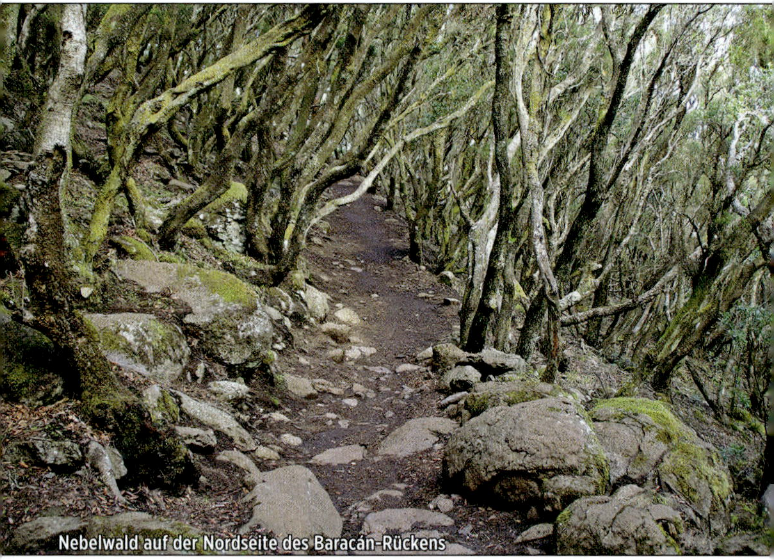

Nebelwald auf der Nordseite des Baracán-Rückens

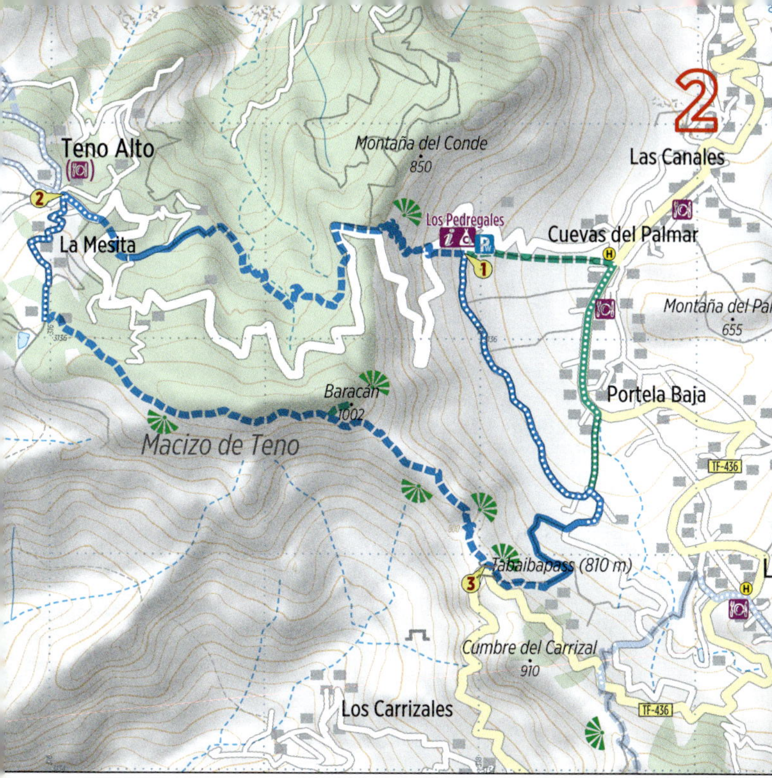

an der Einmündung in einen Asphaltweg links bergab ⇝ nach 200 m einen Abzweig rechts liegen lassen ⇝ 100 m weiter einen Betonweg links steil hinauf zu einem Haus.

VARIANTE Um auf direktem Weg zur Bushaltestelle im Ort zu kommen, können Sie hier der Straße nach rechts folgen.

Kurz vor dem Haus rechts auf einen hellroten Betonweg ⇝ etwa höhengleich zur Straße nach Teno Alto (zwischendurch zwei rechts steil bergab abzweigende Betonwege ignorieren) ⇝ kurz vor der Straßeneinmündung rechts hinab zum Ausgangspunkt.

1 9,4 (628) Das Ende der Wanderung ist beim Parkplatz bei Los Pedregales erreicht.

Los Pedregales (Buenavista del Norte)

Tour 3 15,4 km

Von Los Silos in den Nebelwald

Start/Ziel: Los Silos, Abzweig Monte del Agua (Calle Susana) (N 28,3646° W 16,8170°)

Aufstieg: 1.032 m | *Hartbelag:* 8 %

Abstieg: 1.032 m | *Wanderwege:* 29 %

Gehzeit: 5,5 - 6 Std. | *Wanderpfade:* 63 %

Charakteristik: Der Nebelwald „Monte del Agua" ist das größte zusammenhängende Waldgebiet des Teno-Gebirges – und ein spektakuläres Wandergebiet. Erst dem Wanderer erschließt sich die günstige Lage des Talortes Los Silos, wenn er auf steilen Pflastersteinwegen unter Felswänden zu terrassierten Hängen aufsteigt, ab Erjos flechtenbehangenen Lorbeerwald durchschreitet und beim Abstieg durch ein gänzlich anderes Tal die enorme Schluchtenstruktur der Gegend wahrnimmt. Diese sehr vielfältige, aber anstrengende Rundtour in die Täler oberhalb von Los Silos zählt zu den Vorzeigetouren des Teno-Gebirges – obwohl grüner Urwald nicht

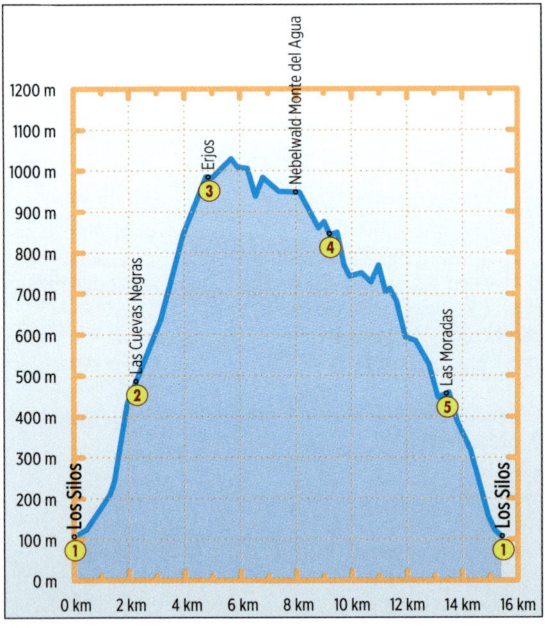

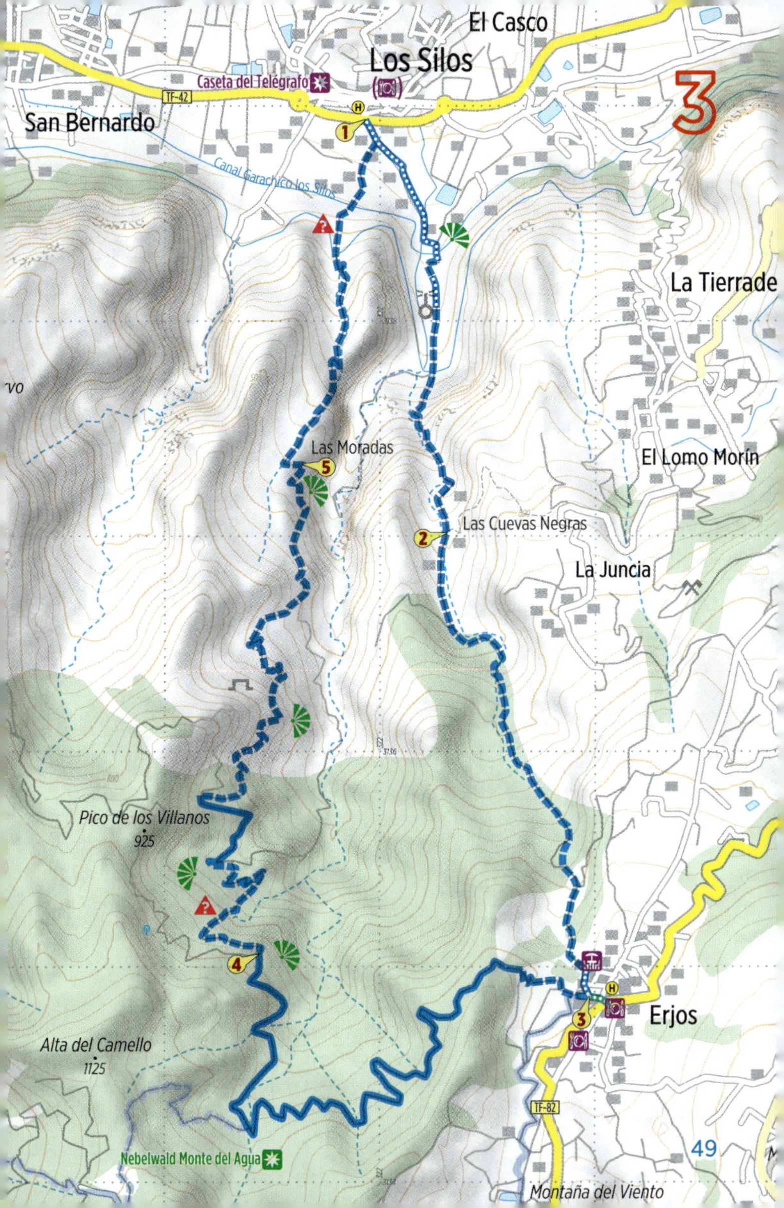
El Casco
Los Silos
Caseta del Telégrafo
TF-42
San Bernardo
3
Canal Garachico los Silos
La Tierrade
Las Moradas
El Lomo Morín
Las Cuevas Negras
La Juncia
Pico de los Villanos
925
Erjos
Alta del Camello
1125
TF-82
Nebelwald Monte del Agua
Montaña del Viento

dem typischen Bild dieser Region entspricht.

Öffentliche Verkehrsmittel: Los Silos wird von der Buslinie 363 angefahren. Direkt am Ausgangspunkt befindet sich eine Bushaltestelle.

Anfahrt: Die Straße TF-42 (Icod-Buenavista del Norte) verläuft als Umfahrung um Los Silos herum. Etwa mittig zwischen den Kreiseln am Ortsrand weist ein Schild bergseitig zum Monte del Agua. Hier kann an der TF-42 geparkt werden.

Los Silos

- **Centro de Visitantes Los Silos (Tourist-Information)**, Plaza de la Luz, 9, ✆ 922841086
- **Nuestra Señora de la Luz**, Calle Susana, 12. Die Kirche aus dem Jahr 1570 wurde 1930 im neogotischen Stil saniert.
- **Caseta del Telégrafo (Telegrafenhäuschen)**. Das beschilderte Haus östlich des Badestrandes Agua Dulce war im frühen 20. Jh. Ausgangspunkt des Tiefseekabels zur Nachbarinsel La Palma und deren einzige Kommunikationsanbindung.
- **San-Sebastian-Konvent**, Plaza De La Luz, 2. Das heutige Kulturzentrum der Gemeinde wurde 1649 als Kloster für Nonnen gegründet und bis 1836 genutzt. Der Kreuzgang mit schlichten Holzgalerien blieb vom ursprünglichen Gebäude erhalten.
- **Bar La Luz**, Calle Félix Benítez de Lugo, 4, ✆ 922120038
- **Bar Tasca La Morada**, Calle F.Benítez de Lugo, 26, ✆ 605219307

Los Silos liegt auf etwa 100 Meter Höhe an der Nordküste Teneriffas und besitzt agrarische Ursprünge. Der wasserreiche Ort liegt am Ausgang von vier Schluchten mit großem und hoch gelegenem Einzugsgebiet im Teno-Gebirge. Zarte touristische Ansätze deuten auch hier auf den Strukturwandel hin.

1 0,0 (109) Auf der Straße nach Süden, diese ist von der TF-42 her mit „Monte del Agua" beschildert, Calle Susana, zwei Wegweiser nach Erjos ⤳ nach 100 m an einer Verzweigung geradeaus (Wegweiser PR TF-53/Erjos, Cuevas Negras), an dieser Kreuzung mündet von rechts der Rückweg ein ⤳ dem schmalen Sträßchen folgen ⤳ am Ende links über eine Brücke (Wegweiser Erjos) ⤳ über eine zweite Brücke auf einen anderen betonierten Fahrweg und rechts bergauf (Holzschild Cuevas Negras) ⤳ bei den letzten Häusern und einem Wegweiser mittig auf dem Fußweg weiter ⤳ der gepflasterte Weg führt bald in Kehren steil durch die Schlucht bergauf, meist gefolgt von einem Wasserrohr und stets weiß-gelb markiert ⤳ nach ca. 40 Min. erreichen Sie die Ruinen des Weilers **Cuevas Negras**.

Cuevas Negras (Los Silos)

Die verlassene Siedlung liegt am unteren Ausgang einer Talverebnung, die bis in die 1960er Jahre von den Bewohnern intensiv landwirtschaftlich genutzt wurde. Der aufwendig durch die Schlucht von Los Silos herauf gebaute Weg deutet auf die Bedeutung dieses Gebietes hin, von dem aus Produkte auch in Los Silos und Erjos verkauft wurden. Die massiven Häuser wurden nicht lange vor Aufgabe der Siedlung renoviert und werden bis heute teilweise zum Unterstellen von Gerätschaften der privaten Grundstücksbesitzer genutzt. Die Talebene ist heute zwar wieder zugewachsen, doch werden in den Gärten weiterhin Obst, Gemüse und z. B. Maronen für den Privatgebrauch angebaut.

2 2,2 (484) Gerade zwischen den Haus-

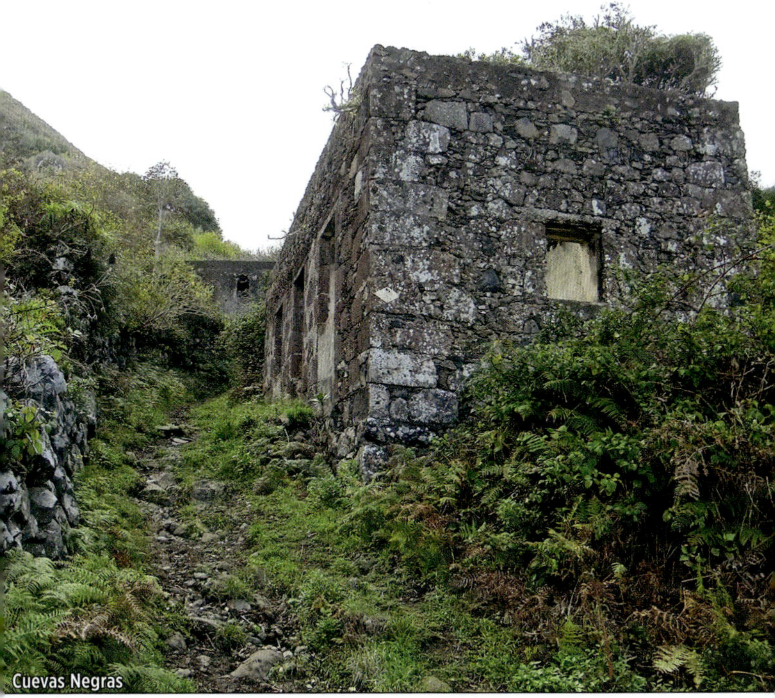

Cuevas Negras

ruinen hindurch ⇝ an einem Wegweiser mit Linksabzweig nach Tierra del Trigo geradeaus weiter Richtung Erjos ⇝ wesentlich flacher ⇝ auf dem weiß-gelb markierten, deutlich erkennbaren Weg am rechten Talrand durch die terrassierte Landschaft aufwärts ⇝ am Talschluss sind einige Kehren zu erklimmen, die Baumriesen auf den merklich größeren Terrassen unterhalb von Erjos sind 2012 verbrannt. ⇝ geradlinig bergauf zu den ersten Häusern ⇝ links hinter den Häusern der Markierung bergauf folgen ⇝ auf Treppen mit Geländer scharf rechts (weiß-gelb) ⇝ an der Einmündung in eine Straße bei einem Rastplatz geradeaus ⇝ 100 m geradeaus zu einer Straßenecke mit Wegweiser.

Erjos

- **Bar Abreu**, TF-82, ✆ 922136197
- **Bar Criseli**, Calle de D. Antonio Dorta Curbelo, 1

Der 1.000 Meter hoch gelegene Ort ist einer der höchstgelegenen auf der Nordseite Tene-

riffas und im Winterhalbjahr häufig Nebel und Niederschlägen ausgesetzt. Im Sommer 2012 reichten die Waldbrände um den Erjos-Pass bis unmittelbar an den Ortsrand heran.

3 4,8 (983) Rechts auf dem Fußweg zwischen den Häusern bergab (Wegweiser PR TF-51, 52, 53/Las Portelas) ⇝ in der Senke zwischen den Stützmauern rechts bergauf (Wegweiser PR TF-52, 54/Las Portelas) ⇝ zwischen Terrassen auf dem gut erkennbaren Weg bergauf zu den Funkmasten, hier ist der höchste Punkt der Tour erreicht ⇝ geradeaus auf dem Fahrweg flach weiter Richtung Los Silos ⇝ am Waldrand bei einer Informationstafel auf einem Fahrweg in den Wald hinein ⇝ 45 Min. ohne beschilderte Abzweige, kurvig und leicht fallend durch den Nebelwald.

Der **Nebelwald Monte del Agua** ist das größte zusammenhängende Lorbeerwaldgebiet des Teno-Gebirges. Der seit Jahrmillionen nur wenig beeinflusste Wald mit vier Lorbeerarten, zahlreichen Flechten und mehreren Riesenfarnen gedeiht hier auf einer Höhe von 600-1.200 m an der Nordseite der Täler. Unmittelbar hinter dem Kamm enden die Wälder mangels ausreichender Niederschläge abrupt.

4 9,2 (837) In etwas lichterem Wald am Felsen rechts vorbei auf den Abstiegspfad (Wegweiser PR TF-54/Los Silos) ⇝ nach 20-minütigem Abstieg einen ersten Rechtsabzweig ignorieren ⇝ kurz darauf allerdings müssen Sie rechts abbiegen, hier ist der falsche Weg geradeaus deutlich mit einem Kreuz gekennzeichnet ⇝ in der Senke bei einem Wegweiser, links dem Fahrweg bergauf folgen ⇝ nach 10 Min. leichtem Anstieg mit guten Ausblicken zweigt bei einem Wegweiser rechts der Wanderpfad wieder Richtung Los Silos ab ⇝ 40 Min. leicht bergab an den Bergflanken entlang, der Fußweg ist gut erkennbar.

Las Moradas

5 13,4 (444) Bei der verfallenen Häusergruppe in einer Sattelvertiefung links an den Häusern vorbei ⇝ auf dem gepflasterten Weg in einen Taleinschnitt ⇝ zuletzt in Kehren zwischen Betonwasserleitungen hinab zu den ersten Plantagen von Los Silos ⇝ dort stets geradaus, der Weg ist hier etwas verwachsen ⇝ an einem Betonweg geradeaus bergab ⇝ an der T-Kreuzung mit dem Hinweg links zurück zum Start.

1 15,4 (109) In Los Silos endet die Rundwanderung.

Los Silos

Tour 4 — 9,4 km

Bolico-Bergrücken und Gala-Gipfel

Start/Ziel: Las Portelas, Bushaltestelle (N 28,3270° W 16,8440°)

Aufstieg: 754 m — *Hartbelag:* 17 %

Abstieg: 754 m — *Wanderwege:* 17 %

Gehzeit: 3,5 - 4 Std. — *Wanderpfade:* 66 %

Charakteristik: Hoch über Las Portelas und der Masca-Schlucht thront auf dem Gipfel des Berges Gala ein grüner Waldbrand-Wachturm, der vom Ort aus auf wunderschönen, teils etwas steilen und verwachsenen Wegen erreichbar ist. Sie wandern dabei nicht nur durch den immergrünen Nebelwald auf der Nordseite, sondern auch auf dem Kammrücken selbst, der Cumbre de Bolico heißt und wie der Gipfel tolle Beinahe-Rundumblicke in die Masca-Schlucht, nach La Gomera und La Palma sowie auf Las Portelas bietet.

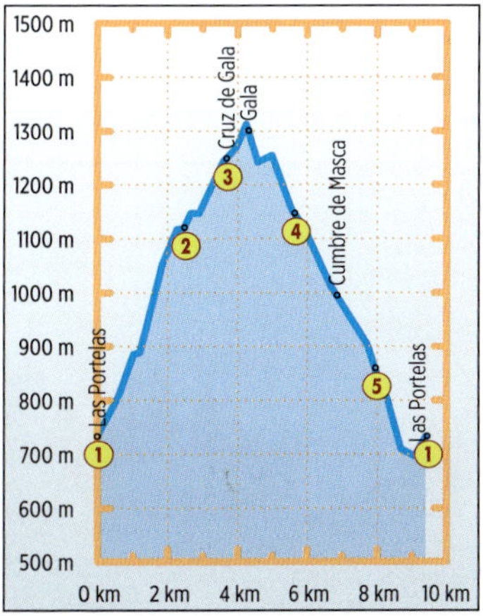

Tipp: Nehmen Sie ausreichend Getränke mit, denn unterwegs gibt es weder Einkehrmöglichkeiten noch Quellen!

Öffentliche Verkehrsmittel: Von Puerto de la Cruz mit der Linie 363 nach Buenavista, dann weiter mit Linie 355 oder 366. Aus dem Inselsüden mit der Linie 460 nach Santiago, dann weiter mit der Linie 355.

Anfahrt: Las Portelas liegt an der „Masca-Straße" (TF-436) von Buenavista del Norte nach Santiago del Teide. Die Anfahrt von Norden her ist wegen der besseren Straßenbreite weniger problematisch, Parkmöglichkeiten finden Sie entlang der Ortsstraße.

Las Portelas (Buenavista del Norte)

Restaurante Mesón Del Norte, 922128049, Di-Sa 12-17 Uhr, So 12-17 Uhr und 18.30-23 Uhr. Alle Variationen kanarischer Küche zu guten Preisen, @ ngj663

1 0,0 (738) Von der Bushaltestelle schräg gegenüber dem Restaurant nach links über die Straße ~ die abzweigende Straße **Camino Las Barreras** hinauf (Schild „Albergue de Bolico") ~ nach 200 m an einer Linkseinmündung vobei, gerade Richtung Cumbre de Bolico (PR TF-56)

⇝ der weiß-gelben Markierung gerade durch den Ort folgen ⇝ vor der **Albergue Bolico** links weg auf einen parallelen, weiß-gelb markierten Pfad ⇝ bei den Hotelgebäuden wieder auf der gepflasterten Straße weiter bergauf ⇝ 40 m nach dem letzten Gebäude rechts weg auf einen Wanderpfad (Wegweiser Cumbre de Bolico) ⇝ anfangs zwei Abzweige rechts liegen lassen, dann steil bergauf ⇝ nach 15 Min. auf dem markierten Pflastersteinabschnitt bleiben ⇝ zwei Kehren und ein querender Pfad ⇝ auf einem Fahrweg rechts Richtung Cumbre de Bolico ⇝ nach 200 m eine Linksabzweigung mit Fahrradverbotsschild ignorieren ⇝ gepflasterte Rechtskehre ⇝ danach noch 150 m auf dem Fahrweg bleiben.

2 2,5 (1.134) Links auf einem unmarkierten und ganz kurz gepflasterten Weg in den Wald hinein ⇝ der Weg wird zunehmend verwachsen und erreicht nach 5 Min. eine Gabelung ⇝ hier links halten.

VARIANTE Sollte der Weg zu verwachsen sein, gelangen Sie alternativ rechts nach 150 m zu einem Fahrweg.

Auf den folgenden 250 m führt der historische Hohlweg durch einen wunderschönen Lorbeerwaldabschnitt.

Nebelwald Monte del Agua s. S. 52

An einem kleinen Platz rechts dem breitesten, leicht ansteigenden Pfad folgen.

AUSFLUG Abenteuerlustige Wanderer können links noch 10 Min. einem verfallenen Pfad entlang der Kante folgen. Ein zauberhafter Wegabschnitt mit überhängenden Baumriesen und toller Aussicht zur Küste führt zur idyllisch gelegenen, allerdings defekten Quelle Fuente de los Loros. Rechts haltend kommen Sie von dort bergauf wieder auf die Haupttour.

Zu einem größeren Steinmann ⇝ auf dem Fahrweg links bergauf ⇝ für 650 m alle Abzweige ignorieren.

Cruz de Gala (Kreuzung am Gala)

3 3,7 (1.252) Auf der Anhöhe (mit Poller) am Waldrand rechts zu dem Tor bei der hinteren Wegkreuzung ⇝ rechts oberhalb die Böschung hinauf zu einem alten Asphaltweg ⇝ auf diesem rechts bergauf ⇝ bis zum Wegende auf dem Gipfel ⇝ links an den Funkmasten vorbei auf den Schotterweg ⇝ vorbei an der Schutzhütte und vor zum grünen Beobachtungsturm.

Gala (1.347 m)

Der Gipfel ist einer der höchsten des Teno-

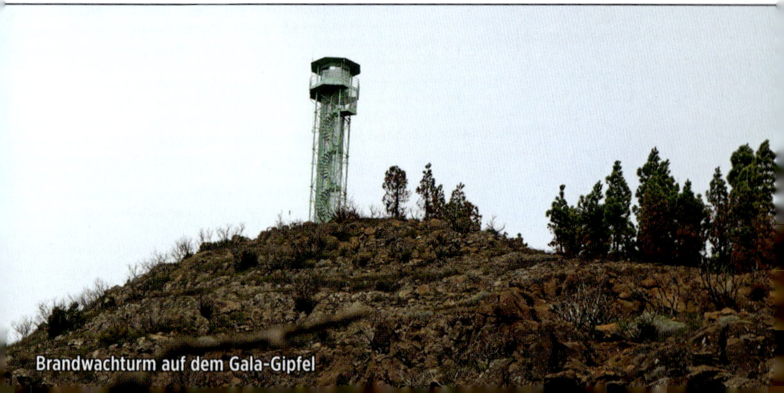

Brandwachturm auf dem Gala-Gipfel

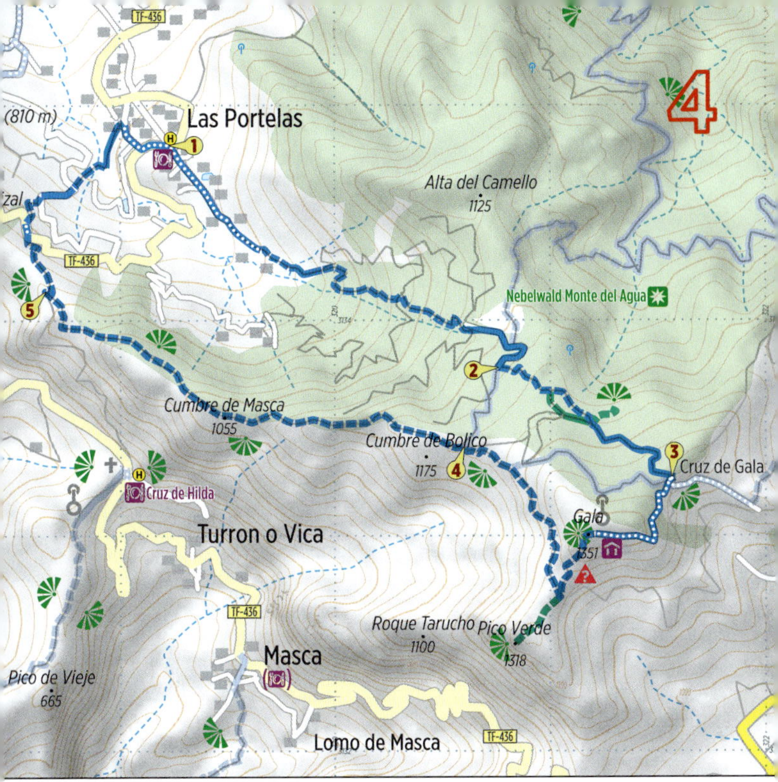

Gebirges, wird allerdings fallweise auch zum nahen Teide-Massiv gerechnet. Exzellente Sicht auf die Nachbarinseln La Gomera und La Palma, in die Schlucht von Masca, auf den Teide und den Pico Viejo. Gegenüber sehen Sie außerdem den Pico Verde, zu dem Sie bei Bedarf später einen Abstecher machen können. Am Ende der Piste beginnt rechts – gut erkennbar – neben dem Jagdschild der Abstiegsweg ⁓ er wendet sich dann – etwas schlechter erkennbar – nach links zum Rand des Kiefernhains ⁓ meist fast weglos und nur durch Steinmänner markiert steil und stets an der Waldkante bergab ⚠, an einer Stelle ist kurz der Einsatz der Hände nötig ⁓ nach 10 Min. in flacherem Gelände links an einer eingestürzten Lavamauer entlang ⁓ wieder am Waldrand bei Steinmännern über die Lavamauer ⁓ dem nun gut erkennbaren Weg folgen ⁓ vorbei an niedrigen Büschen und später Kiefern ⁓ 5 Min. durch rotes Gestein.

AUSFLUG Etwas rechts versetzt sehen Sie den Einstieg zu einem Pfad auf dem Kamm. Dieser ist mit Steinmännern markiert und einfacher zu begehen als der soeben gemeisterte Abstieg.

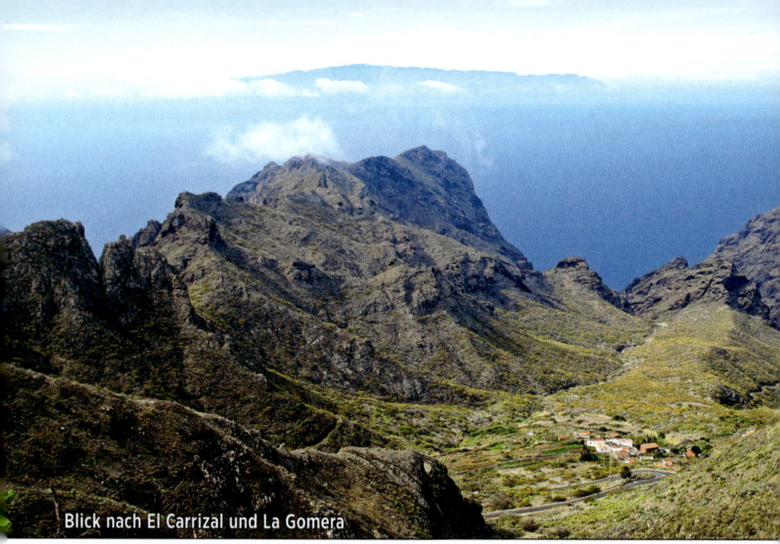

Blick nach El Carrizal und La Gomera

Sie benötigen knapp 15 Min. bis zum Pico Verde und stehen dann beinahe senkrecht über dem Dorf Masca.

Pico Verde (1.318 m)

Einem weiß-gelb markierten Querweg nach rechts (vom Waldbrand-Wachturm gesehen) folgen ⤳ deutlich markiert zunächst durch etwas wegloses Gelände ⤳ dann durch einen von Bränden gestutzten Erikahain ⤳ in leichtem Gefälle an der Flanke des Gala entlang auf den Bergkamm Cumbre de Bolico zu ⤳ nach ca. 20 Min. vorbei an einer Rechtsabzweigung ⤳ weiter auf dem weiß-gelb markierten Kammweg bis zur Einmündung in eine Piste.

4 5,7 (1.148) An einem Kreuzungsplatz mit Hausruinen halb links an den Häusern vorbei ⤳ auf dem weiß-gelb markierten Pfad rechts an dem runden Dreschplatz vorbei (PR TF-51/Punta de Teno) ⤳ an einer Pfad-Dreiteilung rechts auf der Markierung bleiben ⤳ 30 Min. dem teils sehr aussichtsreichen, teils im Lorbeerwald verlaufenden Pfad folgen.

5 8,0 (882) An einer Kreuzung mit Wegweiser auf dem Kamm scharf rechts Richtung Las Portelas ⤳ hinunter zur Straße ⤳ auf dieser kurz halb links bergauf ⤳ gleich rechts weg auf den markierten, weiter bergab führenden Pfad ⤳ bald auf einem asphaltierten Fahrweg nach links ⤳ nach 200 m wieder nach rechts weg (weiß-gelbe Markierung) ⤳ hinab bis in den Talgrund ⤳ diesen queren und gegenüber auf einer Betonpiste wieder bergauf ⤳ zwischen Feldern und ersten Häusern zu einer Querstraße, hier scharf rechts bergauf ⤳ nach 150 m an der Kreuzung halb links ⤳ zurück zum Ausgangspunkt an der Hauptstraße.

1 9,4 (738) In Las Portelas sind Sie am Ende der Tour angelangt.

Las Portelas (Buenavista del Norte)

Tour 5 9,7 km

Von Erjos zum Gala und in den Lorbeerwald

Start/Ziel: Erjos, Bushaltestelle am Dorfplatz (N 28,3278° W 16,8048°)

Aufstieg: 387 m *Hartbelag:* 7 %

Abstieg: 387 m *Wanderwege:* 61 %

Gehzeit: 3,5 - 4 Std. *Wanderpfade:* 33 %

Charakteristik: Nicht ohne Grund konnte der Autobahnring um die Insel im Bereich des Teno-Gebirges bislang nicht geschlossen werden: Die bergige Gegend rund um die Passhöhe beim Ort Erjos ist sehr unwegsam. Doch wer sich die Mühe der Anfahrt hierher macht, erlebt tolle Ausblicke auf den Atlantik, die Nachbarinseln und zum nahen Teide. Auf dieser gemütlichen Wanderrunde ersteigen Sie zunächst die Flanke des über der Passhöhe liegenden Berges Gala und erhaschen schöne Perspektiven von oben in die Masca-Schlucht und nach La Gomera. Hinab geht es dann durch einen der wenigen geschlossenen Lorbeer-Urwälder Teneriffas, den „Monte del Agua", der Sie erst kurz vor Erjos wieder in die von Waldbränden gezeichnete Kulturlandschaft entlässt.

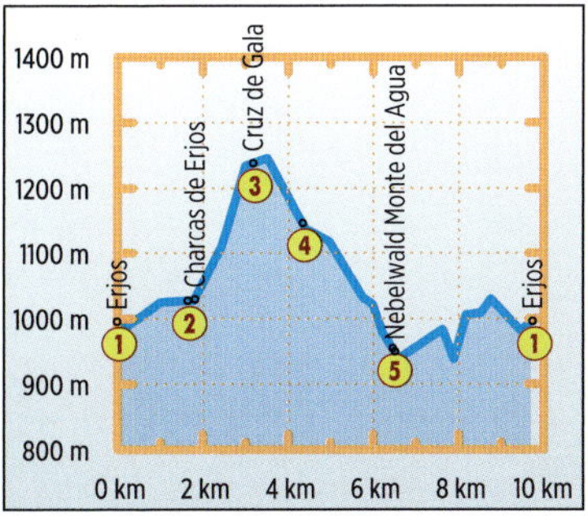

Tipp: Nehmen Sie ausreichend Getränke mit, denn unterwegs gibt es weder Einkehrmöglichkeiten noch Quellen!

Öffentliche Verkehrsmittel: Ab Puerto de la Cruz mit der Linie 325 nach Icod, dann weiter mit der Linie 460. Aus den Urlaubsorten im Süden der Insel mit der Linie 460.

Anfahrt: Erjos liegt an der Inselringstraße TF-82 zwischen Icod de los Vinos und Guía de Isora. Entlang der Ortsstraße gibt es zahlreiche Parkmöglichkeiten.

Erjos

Bar Abreu, TF-82, ✆ 922136197

Bar Criseli, Calle de D. Antonio Dorta Curbelo, 1

Der 1.000 Meter hoch gelegene Ort ist einer der höchstgelegenen auf der Nordseite Teneriffas und im Winterhalbjahr häufig Nebel und Niederschlägen ausgesetzt. Im Sommer 2012 reichten die Waldbrände um den Erjos-Pass bis unmittelbar an den Ortsrand heran.

1 0,0 (997) Von der Bushaltestelle aus gesehen links 50 m an der Straße entlang eine Treppe rechts bergab Richtung Las Portelas leicht rechts versetzt geradeaus gegen die Einbahnstraße (Wegweiser) nach 70 m in der Rechtskurve halb links weg auf einen Fußweg (Wegweiser Las Portelas) kurzer Abstieg zu einer Wegkreuzung zwischen Stützmauern, hier münden Sie später auf dem Rückweg wieder ein jetzt geradeaus (Wegweiser PR TF-51/Punta de Teno) einen Abzweig rechts liegen lassen 350 m später Einmündung in einen anderen Weg bei der Betonbrücke rechts am Talrand weiter (Wegweiser Punta de Teno) einen weiteren Rechtsabzweig ignorieren an einer Hofzufahrt links, dann gleich wieder rechts auf den weiß-gelb markierten Fußweg geradlinig bis zu einigen teichartigen Wasserbecken, die oft ausgetrocknet sind.

Temporäres Feuchtgebiet **Charcas de Erjos**. Die wie Baggerseen erscheinenden Becken wurden von Menschenhand geschaffen, um Erdreich für Anbauflächen zu gewinnen. In den wenigen Monaten, in denen sie Regenwasser stauen, werden sie zu wahren Feucht-

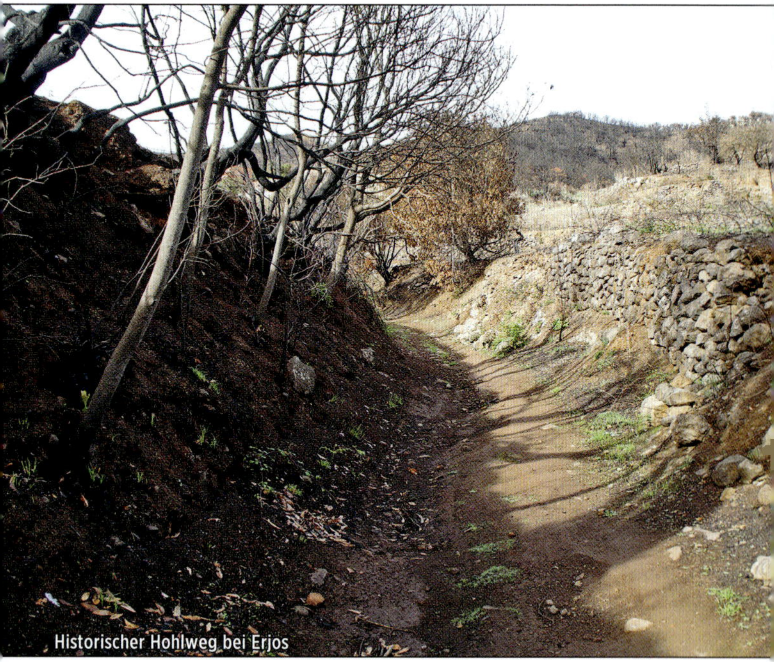

Historischer Hohlweg bei Erjos

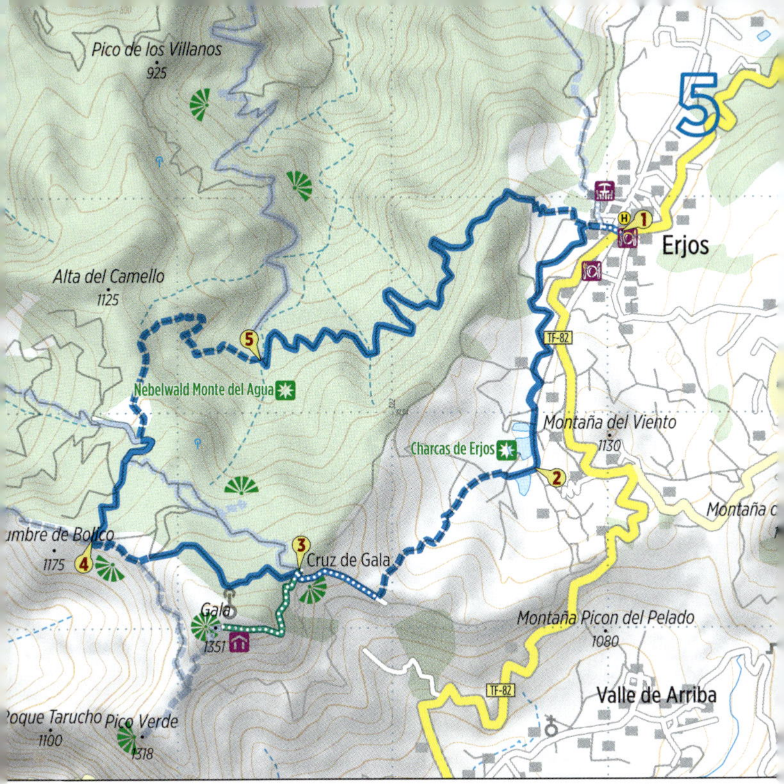

gebieten, die insbesondere für Vögel wichtig sind.

2 1,7 (1.028) Etwa 60 m nach einer Infotafel rechts zwischen den Seen hinauf (Wegweiser und Markierung) ⁓ der Weg wird bald rechts versetzt ⁓ an der Gabelung direkt dahinter links auf dem Damm weiter (weiß-gelb) ⁓ am Ende des letzten Beckens halb links auf dem Pfad weiter (Wegweiser Punta de Teno) ⁓ in Kehren bergauf zur Kammhöhe ⁓ hier auf einer unmarkierten, verfallenen Asphaltstraße rechts bergauf ⁓ nach 400 m, bei einem Betonkasten vor einer Rechtskehre, rechts weg zu einem Tor.

Cruz de Gala (Kreuzung am Gala)

AUSFLUG Möglichkeit zum Abstecher zum aussichtsreichen Gipfel des Gala, auf dem mehrere Antennen und ein Waldbrandbeobachtungsturm stehen. Sie werden allerdings im späteren Verlauf dieser Tour auch ohne Abstecher eine annähernd vergleichbare Aussicht bekommen.

Gala (1347 m)

3 3,2 (1.251) Hinter dem Tor auf der Piste nach links in den plötzlich beginnenden Lorbeer-Erikawald ⇝ 900 m leicht bergab ⇝ in einer Rechtskehre halb links auf einen unmarkierten Pfad mit Fahrrad-Verbotsschild ⇝ nach 40 m auf einem weiß-gelb markierten Querpfad nach rechts.

Cumbre de Bolico

Sie bewegen sich auf diesem kurzen Wegstück auf dem in Nord-Süd-Richtung verlaufenden Hauptkamm des Teno-Gebirges (Cumbre de Bolico). An seiner linken Flanke beginnen die Haupttäler zur Westküste der Insel. Die rechte Seite des Kamms besitzt eine gemäßigtere Morphologie und ist zudem mit dichtem Lorbeerwald bewachsen. Zu Ihrer Linken blicken Sie nun ins tief eingeschnittene obere Tal von Masca. Das Dorf selbst, an dem die bekannte Schlucht beginnt, versteckt sich jedoch hinter einem weiteren Bergrücken. Wegen der exponierten Kammlage dieses Weges bietet sich hier die Wassergewinnung aus der Luft an, wie sie auch vom Lorbeerwald und seinen Flechten praktiziert wird. Entsprechend wurde von Menschenhand eine Reihe Netze am Weg installiert, die die gleiche Funktion übernehmen sollen. Die trotz der Höhe günstige Lage verdeutlicht die nächste Kreuzung mit der Piste: Neben einem alten Dreschplatz am linken Rand der Plattform sehen Sie hier mehrere Hausruinen.

4 4,4 (1.157) Bei den Hausruinen auf der Piste rechts bergab (PR TF-56/El Palmar) ⇝ der weiß-gelb markierte Fahrweg führt 600 m geradlinig bergab ⇝ gepflasterte Linkskehre ⇝ dahinter rechts auf einen unmarkierten Weg mit Fahrrad-Verbotsschild ⇝ der Weg wird zu einem schmalen Pfad ⇝ zunächst durch offenes Buschland, dann durch Brombeerranken und schließlich in den Lorbeerwald hinein ⇝ im Wald an der ersten Gabelung rechts bergab ⇝ nach 400 m, nach einem steileren Abstiegsstück, an einer weiteren Gabelung rechts (Steinmann, linker Weg verwachsen) ⇝ etwas schmäler führt der Weg zum Talboden, umrundet und quert diesen ⇝ nach 150 m an zwei Gabelungen links bergab zum schon sichtbaren Fahrweg.

Nebelwald Monte del Agua s. S. 52

5 6,5 (965) Rechts auf der kurvenreichen Piste leicht ansteigen ⇝ nach ca. 2,5 km bei einer Informationstafel aus dem Wald hinaus ⇝ rechts noch 150 m auf der Piste weiter bis zu einem Wegweiser bei den Funkmasten ⇝ links die Stufen hinab Richtung Erjos ⇝ nach 5 Min. an der Kreuzung zwischen Stützmauern links bergauf ⇝ auf bekanntem Weg zurück in den Ort.

1 9,7 (997) Bei der Bushaltestelle am Dorfplatz ist das Ende der Wanderung erreicht.

Erjos

Tour 6 — 6,7 km

Der Fortaleza-Steig

Start/Ziel: Passhöhe Cruz de Hilda bei Masca (N 28,3114° W 16,8480°)

Aufstieg:	557 m	*Hartbelag:*	2 %
Abstieg:	557 m	*Wanderwege:*	10 %
Gehzeit:	3,5 - 4 Std.	*Wanderpfade:*	89 %

Charakteristik: Obwohl beim Blick auf die Karte scheinbar eine Parallelstrecke zur Mascaschlucht, stellt diese Tour das genaue Gegenteil dar: Auf einem schmalen, in einigen Abschnitten beidseitig senkrecht abbrechenden Grat gelangen Sie stets entlang der Kammhöhe bis zur vordersten Spitze, der Kuppe „Morro de la Galera" („Bugspitze der Galeere"). Nach dem spektakulär angelegten, oft gepflasterten, im zweiten Teil aber auch teils weglosen Camino ist der Ausblick von hier auf die 600 Meter tiefer gelegene Mascaschlucht ein toller Lohn für die Mühen, bevor Sie auf gleichem Weg zurück gehen – die manchmal empfohlene Alternativmöglichkeit, sich von hier an den Strand abzuseilen, ist nur ortskundigen Kletterern zu empfehlen.

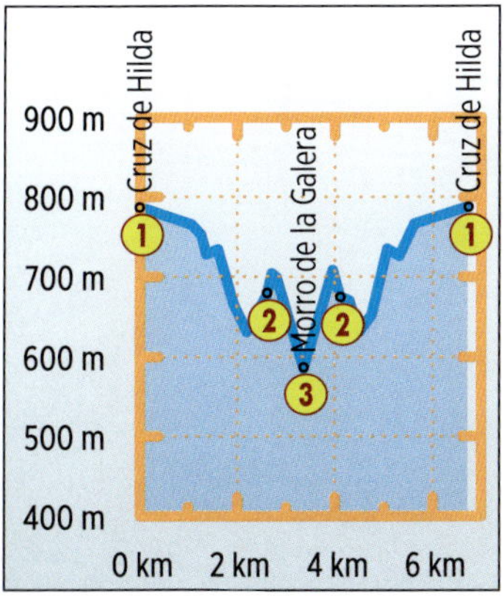

Tipp: Für diese Wanderung müssen Sie absolut schwindelfrei, tritt- und orientierungssicher sein. Die Tour darf wegen der hohen Steinschlaggefahr und ihrer häufigen Ausgesetztheit (schmale Gratabschnitte, Absturzgefahr) nicht bei oder nach Regenfällen und keinesfalls bei starkem Wind begangen werden. Planen Sie für die Anfahrt auf der sehr engen und kurvigen Straße genügend Zeit ein!

Öffentliche Verkehrsmittel: Die Buslinie 355 verkehrt im angenäherten Stundentakt zwischen Buenavista del Norte und Santiago del Teide und hält am Cruz de Hilda. Zu letztgenannten Orten gelangen Sie von den größeren Touristenorten jeweils mit den häufig fahrenden Küstenlinien (z. B. 363 von Puerto de la Cruz oder 460 von Los Cristianos). Die Anreise per Bus gestaltet sich insgesamt langwierig.

Anfahrt: **Von Los Cristianos Richtung Guía de Isora, dann Beschilderung Santiago del Teide (TF-82) und schließlich Masca/Buenavista del Norte (TF-436) folgen. Von Puerto de la Cruz nach Icod de los Vinos (Schnellstraße TF-5), von dort Richtung Buenavista del Norte (TF-42) und schließlich Richtung Masca (TF-436). Cruz de Hilda ist die westlich des Dorfes Masca gelegene Passhöhe mit Restaurant und Parkmöglichkeiten an der Straße.**

Cruz de Hilda (Masca)

Restaurant Cruz de Hilda, Carretera General de Masca, ✆ 620845139, ⏲ Sa-Do 10-19 Uhr, @ mil335

1 0,0 (769) Gegenüber des Restaurants und des Wegweisers nach Las Portelas auf eine Piste ⇝ zu einem Sendemast auf dem Kamm und daran vorbei ⇝ nach der Wendeplatte auf einem unmarkierten Fußweg weiter ⇝ links gut erkennbar und stellenweise sogar gepflastert am Berg entlang ⇝ bald über den Kamm, dann leicht rechts darunter ⇝ teils kleine Sättel passieren, die nach beiden Seiten hin offen und sehr schmal sind ⇝ bald stets rechts des Kamms ⇝ im Auf und Ab unter der steiler werdenden Wand entlang ⇝ bald über aufwendig in eine Felsspalte gemauerte Kehren mit sehr hohen Stützmauern bergauf ⇝ danach scharf rechts weiter, geradeaus ist nur ein Aussichtspunkt, der Weiterweg ist deutlich gepflastert ⇝ etwa 10 Min. später erreichen Sie unvermittelt die terrassierte Hochebene.

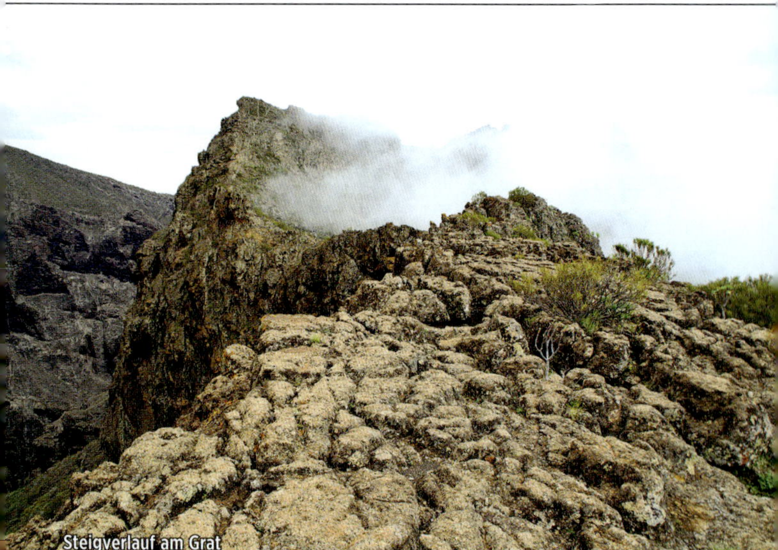

Steigverlauf am Grat

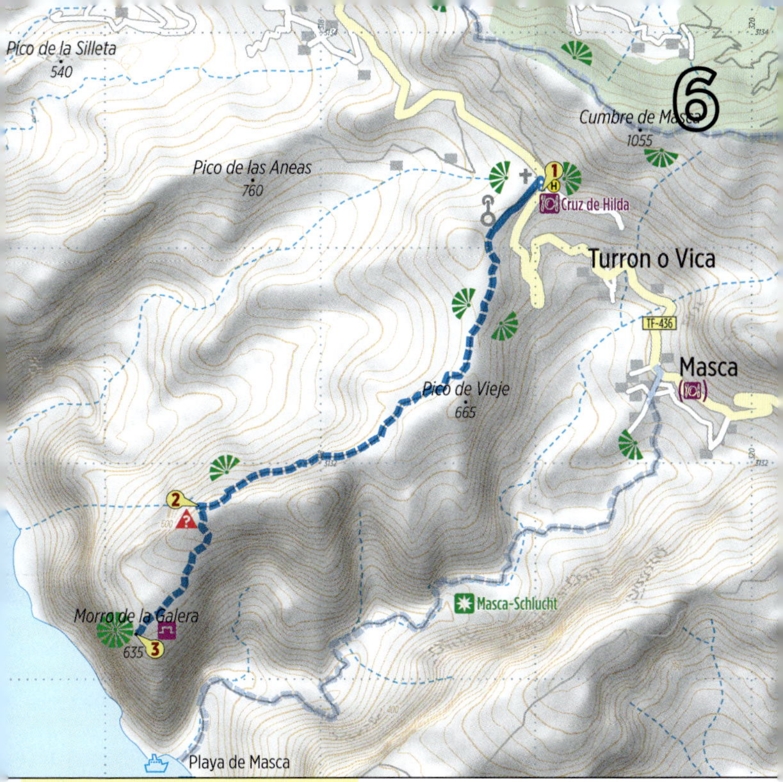

Fortaleza-Steig

Der mit großem Aufwand angelegte Fußweg hierher diente einzig dem Erreichen dieser Fläche, auf der bis ins 20. Jahrhundert Landwirtschaft betrieben wurde. Dieser Aufwand zeigt die Bedeutung und Knappheit ebener Flächen im Teno-Gebirge vor den Zeiten der Straßenanbindung. Auf dem Weiterweg passieren Sie Terrassenreste und einen alten Dreschplatz sowie einige Höhlenwohnungen, doch fehlen Wohnhäuser: Die Felder gehörten den Menschen von Masca, die zur Bewirtschaftung täglich den Weg hierher zu Fuß zurücklegten.

2 2,6 (732) Auf der Hochebene ohne erkennbaren Weg zur linken Seite der Hochebene orientieren ⁓ behalten Sie dabei die linke vorderste Kuppe im Blick, die Ihr Ziel ist, die zahlreichen Steinmänner führen in die Irre ⁓ am linken Rand der Fläche können Sie die Terrassen meist über herausgebrochene Stufen gut bergab queren ⁓ auf halber Strecke zu einem runden, von Steinmauern umgebenen Dreschplatz ⁓ diesen rechts

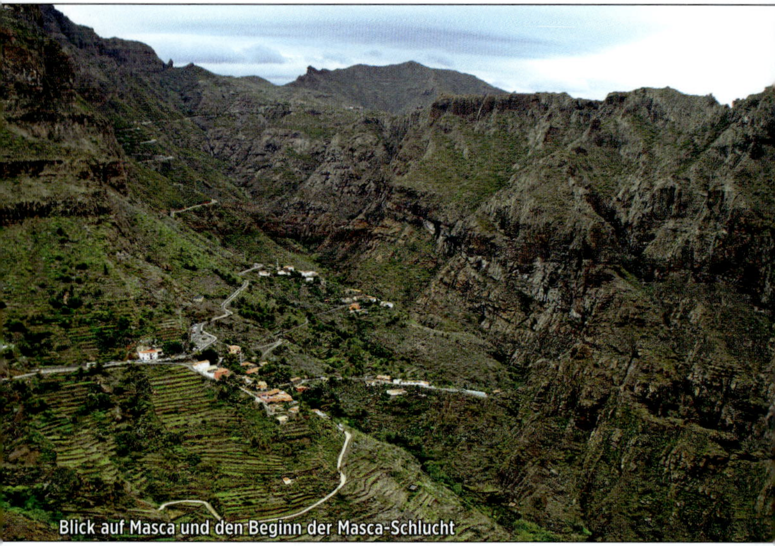

Blick auf Masca und den Beginn der Masca-Schlucht

umgehen ↝ dann aber wieder an den linken Rand orientieren ↝ dieser ist nach der kaktusbewachsenen Vorkuppe oft mit einer niedrigen Steinmauer befestigt, an der sich der Fußweg orientiert ↝ ab der Senke vor der letzten Kuppe auf dem Pfad gerade hinauf ↝ nun links um die Kuppe herum zu einer Höhle.

Die natürliche Höhle wurde von Hirten genutzt und besitzt sogar eine Tür.

Mit Hilfe der Hände können Sie außerdem vor dem nach links führenden Teil des Pfades die Kuppe besteigen und gelangen auf ihr kleines Gipfelplateau.

Morro de la Galera (635 m)

Der Ausblick von der „Galeeren-Bugspitze" ist einzigartig: Links unten sehen Sie den Talausgang der Mascaschlucht, geradeaus liegt das Meer so senkrecht unter Ihnen, dass Sie die Küstenlinie von hier nicht sehen können. Auf dem Bergrücken hinter der Mascaschlucht ist eine gegenüber liegende Hochfläche zu erkennen, die über den ganz ähnlichen, sogenannten Guergues-Steig ebenfalls zu Fuß erreichbar ist. Die gut sichtbaren Nachbarinseln La Gomera und La Palma (29 bzw. 93 Kilometer entfernt) scheinen von hier zum Greifen nah.

3 3,4 (577) Sie wandern auf demselben Weg zurück.

TIPP Achten Sie auf dem Abschnitt oberhalb des Dreschplatzes darauf, sich bald nach links zu orientieren, um den unscheinbaren, mit Steinmännern markierten Ausstieg aus der Hochfläche nicht zu verpassen.

1 6,7 (769) Auf der Passhöhe Cruz de Hilda endet die Tour.

Cruz de Hilda (Masca)

Tour 7 — 8,4 km

Masca-Schlucht

Start/Ziel: Masca, Bushaltestelle (N 28,3058° W 16,8403°)
Aufstieg: 634 m *Hartbelag:* 0 %
Abstieg: 634 m *Wanderwege:* 4 %
Gehzeit: 5,5 - 6 Std. *Wanderpfade:* 96 %

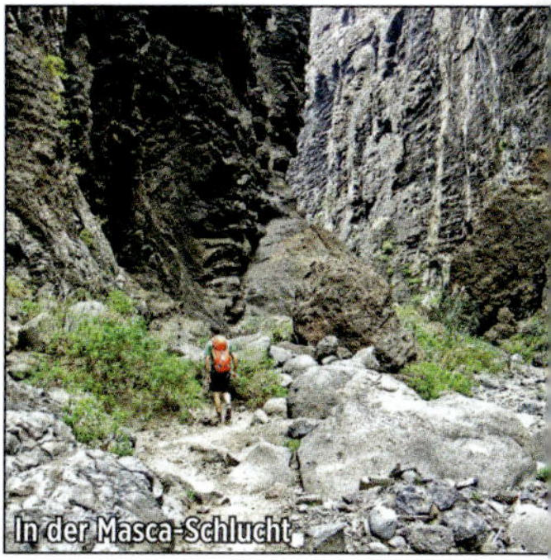
In der Masca-Schlucht

Charakteristik: Zu Recht ist die Schlucht von Masca eine der Standard-Wanderungen Teneriffas: Von dem unscheinbaren, 600 Meter hoch in den Bergen gelegenen Dorf Masca zieht sich Richtung Meer eine knapp 4 Kilometer lange Schluchtstrecke. Darin fühlen Sie sich zwischen mehrere hundert Meter hohen Felswänden, kleinen Wasserfällen und Badegumpen in eine andere Welt versetzt. Dabei bleibt das Gefälle auf dem schmalen, teils etwas rutschigen Weg stets moderat, doch bleiben keinem Wanderer kleine Klettereinlagen über Felsbrocken oder entlang kleiner Seen erspart. Das Naturerlebnis mündet schließlich in einen romantisch abgelegenen Strand (Bademöglichkeit!), der ebenfalls von hohen Felswänden eingefasst ist. Zurück nach Masca geht es entweder auf demselben Weg oder – wegen der tollen Aussicht auf die Steilküste von Los Gigantes empfehlenswert – per Boot und Bus.

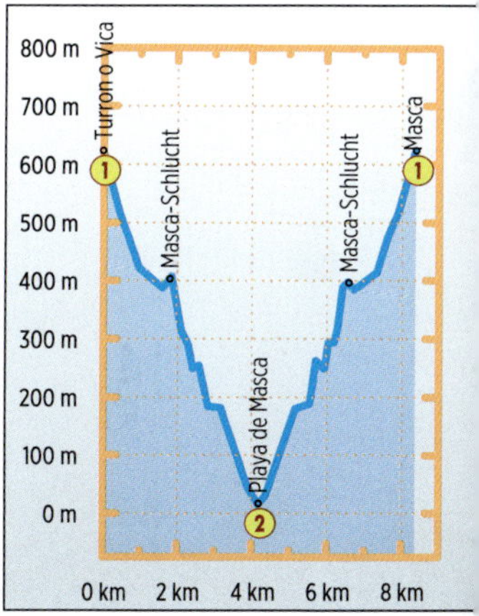

Wichtiger Hinweis: Seit Februar 2018 ist die Masca-Schlucht gesperrt, sie soll voraussichtlich Ende des Jahres 2019 wieder geöffnet werden. Allerdings sollen dann die Besucherzahlen begrenzt und evtl. eine Eintrittsgebühr verlangt werden. Bitte informieren Sie sich vor der Wanderung bei den örtlichen Tourist-Informationen oder unter www.trekkingmasca.com.

Tipp: Planen Sie für die Anfahrt auf der sehr engen und kurvigen Straße genügend Zeit ein!

Öffentliche Verkehrsmittel: Die Buslinie 355 verkehrt im angenäherten Stundentakt zwischen Buenavista del Norte und Santiago del Teide und hält direkt am Ausgangspunkt. Zu letztgenannten Orten gelangen Sie von den größeren Touristenorten jeweils mit den häufig fahrenden Küstenlinien (z. B. 363 von Puerto de la Cruz oder 460 von Los Cristianos). Die Anreise per Bus gestaltet sich insgesamt langwierig.

Anfahrt: Von Los Cristianos Richtung Guía de Isora, dann Beschilderung Santiago del Teide (TF-82) und schließlich Masca/Buenavista del Norte (TF-436) folgen. Von Puerto de la Cruz nach Icod de los Vinos (Schnellstraße TF-5), von dort Richtung Buenavista del Norte (TF-42) und schließlich Richtung Masca (TF-436). Parken entlang der Ortsstraße von Masca, zu Stoßzeiten Richtung Ortsrand ausweichen.

Alternative Rückkehr zum Ausgangspunkt: Per Boot nach Los Gigantes und weiter je nach Anbieter entweder mit einem eigenen Minibus oder mit der Buslinie 325 bis Santiago del Teide und mit der Linie 355 nach Masca. Die Rückfahrt dauert in der Regel länger als das Zurückwandern durch die Schlucht. Fahrscheine für das Boot können Sie in Masca oder – riskanter, aber günstiger – direkt am Strand kaufen. Infos unter www.trekkingmasca.com.

Masca

Masca lebt heute vor allem vom enormen Tagestourismus und hat keine sonstigen Sehenswürdigkeiten zu bieten. Ohne die Masca-Schlucht wäre der Ort mit seiner ungünstigen Gebirgslage wahrscheinlich bis heute nicht ans asphaltierte Straßennetz angeschlossen.

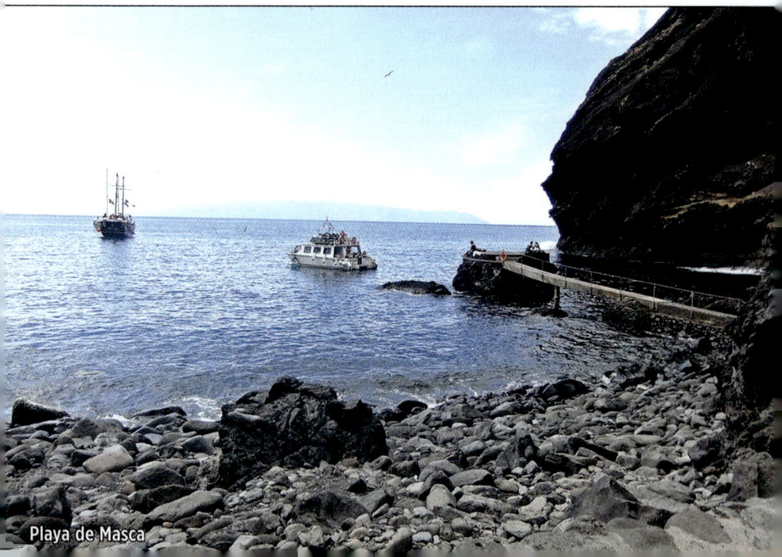

Playa de Masca

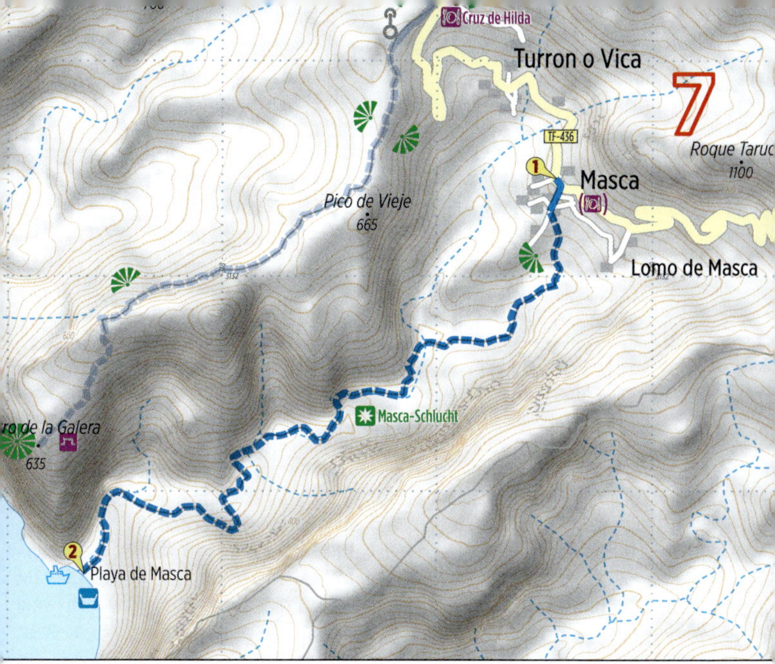

Dabei hat das 100-Einwohner-Dorf eine große Tradition: Insbesondere der Anbau und inselweite Vertrieb von Knoblauch und Zwiebeln brachte den Einwohnern einen gewissen Wohlstand. Das für die Landwirtschaft notwendige Wasser wurde in Stollen und Betonleitungen aus den Quellen des nahen Lorbeerwalds hergebracht.

1 0,0 (614) Auf dem von der Straße abzweigenden Fußweg hinunter zum Kapellenplatz ~ diesen rechts liegen lassen und gerade weiter bergab ~ an der Gabelung rechts auf dem schmäleren Weg bergab (links Wegweiser „Museo“, rechts Restaurant Chez Arlette) ~ eine Linkseinmündung ignorieren ~ 150 m nach der Kapelle, vor einem Warnschild, links auf einen unmarkierten, gepflasterten Treppenweg ~ gut erkennbar in steilen Kehren zunächst in den Talgrund ~ hier eine Holzbrücke überqueren ~ dahinter rechts weiter stetig bergab ~ weiter ohne Orientierungsschwierigkeiten stets dem Hauptpfad das Tal abwärts folgen, vereinzelt gibt es mehrere Wegmöglichkeiten, die jedoch immer wieder zusammentreffen ~ nach gut 2,5 Stunden ab Masca erreichen Sie den Talausgang.

Playa de Masca

2 4,2 (8) Sie wandern auf dem selben Weg zurück nach Masca.

1 8,4 (614) Bei der Bushaltestelle in Masca endet die Tour.

Masca

Tour 8 11,3 km

Vulkanpfade um Los Llanos

Start/Ziel: (San José de) Los Llanos, Dorfplatz (N 28,3274° W 16,7881°)
Aufstieg: 348 m *Hartbelag:* 7 %
Abstieg: 348 m *Wanderwege:* 23 %
Gehzeit: 3,5 - 4 Std. *Wanderpfade:* 70 %

Charakteristik: Das Gebiet um die beiden jüngsten Vulkane der Insel, den Garachico und den Chinyero, lässt sich alternativ zur anstrengenderen Tour 9 auch mit dieser Wanderung auf recht gemütlichen Wegen erschließen. Meist auf weichem Lavasand erwandern Sie sich im Verlauf der Rundtour von Los Llanos aus nicht nur die beiden mächtigen Vulkane und ihre beeindruckenden Lavazungen, sondern auch die Hochebene des östlichen Teno-Gebirges: Windumtoste Hochalmen, Steinmäuerchen, Kiefernwald und der architektonisch interessante Vergara-Kanal runden diese Tour ab.

Öffentliche Verkehrsmittel: Die Buslinie 360 verbindet Los Llanos mit Icod.

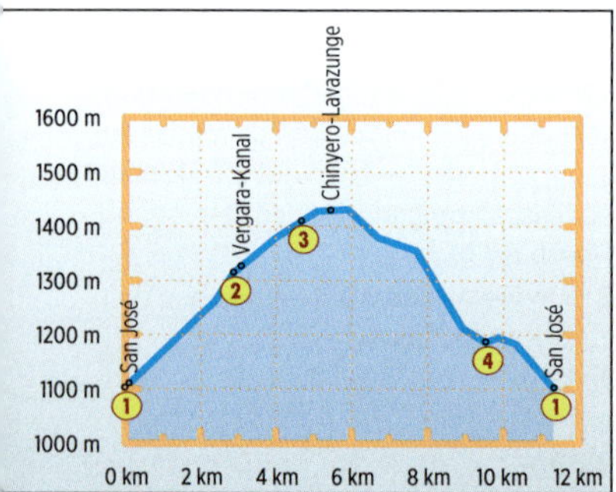

Anfahrt: Die TF-373 bildet eine Nebenstrecke der TF-82, welche Icod mit dem Südwesten der Insel verbindet. Sie erreichen Sie bei der Ausfahrt aus Icod auf der TF-82 (Richtung Guía de Isora) etwa 500 Meter nach dem ersten Ort Las Canales über einen scharfen Linksabzweig Richtung La Vega (danach der Straße folgen bis Los Llanos), von Süden auf der TF-82 über einen Rechtsabzweig knapp 500 Meter nach dem Erjos-Pass, Parkmöglichkeiten gibt es entlang der schmalen Ortsstraße von Los Llanos.

San Jose de los Llanos

Dorfkirche San José de Los Llanos. Von der Kirche aus dem 18. Jh. sind heute immerhin der Glockenturm und die Grundmauern im Originalzustand.

Bar Los Llaneros, direkt am Dorfplatz, ✆ 616210028

Der auf Straßenschildern stets nur als „Los Llanos" bezeichnete Ort befindet sich auf 1.100 Metern und ist damit die höchstgelegene Siedlung auf Teneriffas Nordseite. Der hübsche, enge Ortskern wird von einer Umgehungsstraße umfahren und daher von vielen Besuchern gar nicht wahrgenommen.

1 0,0 (1.105) Direkt gegenüber des Dorfplatzes die steile Straße bergauf (Wegweiser PR TF-43.1/Chinyero) ⤳ nach 200 m an der T-Kreuzung rechts ⤳ an der T-Kreuzung am Ortsrand links ⤳ nach 50 m bei dem Wegweiser rechts auf einem Pfad in den Wald, der gut erkennbare Weg ist stets mit Steinreihen eingefasst und an Kreuzungen weiß-gelb markiert ⤳ nach 400 m an einer Pfadkreuzung rechts ⤳ die nächsten 10 Min. kreuzen Sie stets gerade fünf Fahrwege ⤳ wo die seitlichen Steinreihen etwas lückenhafter werden, verliert sich der Weg auf einem kleinen Platz etwas, der Weiterweg halb rechts am Hang ist mit weiß-gelben Pfosten markiert ⤳ kurz darauf an einer Gabelung links ⤳ bald aus dem Wald heraus und in Kehren die schwarze Sandebene hinauf zum schon sichtbaren Wegweiser.

AUSFLUG

Der Garachico-Vulkan darf aus Naturschutzgründen nicht bestiegen werden. Dass Besteigungen dennoch stattfinden, zeigt der deutliche Aufstiegspfad, der am Wegweiser beginnt. Bitte beachten Sie, dass im Nationalpark die markierten Wege nicht verlassen werden dürfen. Sollten Sie dabei von einem Ranger erwischt werden, droht eine saftige Geldstrafe!

Vulkan Garachico (auch Montaña Negra)

Der beeindruckende Schlackekegel war Verursacher einer Katastrophe, die die Geschichte der Insel veränderte. 1706 förderte ein Vulkanausbruch so viel Lava an die Oberfläche, dass die bergab fließende Zunge den damaligen Hafen des 6 Kilometer entfernten Handelsstädtchens Garachico an der Nordküste völlig zerstörte. Heute können in Garachico nur noch Überreste des Hafentors und einiger Wellenbrecher sowie die bis heute beeindruckende Fließbahn der Lava an der Steilküste besichtigt werden. Da die Lava langsam floss, kamen bei der Zerstörung keine Menschen zu Schaden. Die Händler, die ihre Waren bis dahin über Garachico in den Norden Teneriffas gebracht hatten, wanderten jedoch ins damals unbedeutende Hafenstädtchen Puerto de la Orotava ab. Garachico ist seitdem ein unbedeutendes Dorf, wurde jedoch vollständig wieder aufgebaut. Puerto de la Orotava erlebte hingegen einen enormen Bedeutungsaufschwung und wurde gar zur selbstständigen Stadt Puerto de la Cruz. Erst ein königliches Dekret zur ausschließlichen Nutzung des Hafens von Santa Cruz zur Verschiffung von Waren von und nach Amerika beendete auch dessen Aufschwung.

Der geschlossene **Vergara-Kanal** transportiert Wasser von der Cumbre Dorsal und aus dem Orotava-Tal durch die trockene Landschaft bis an die Westküste um Los Gigantes. Damit sichert er nicht nur die regionale Landwirtschaft, sondern auch die Trinkwasserversorgung der Gegend. Der

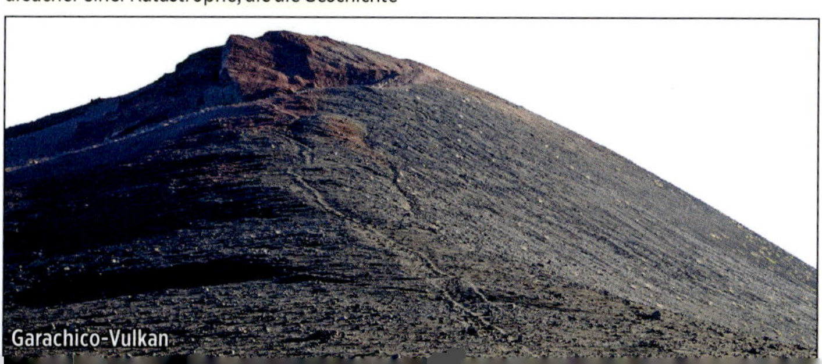

Garachico-Vulkan

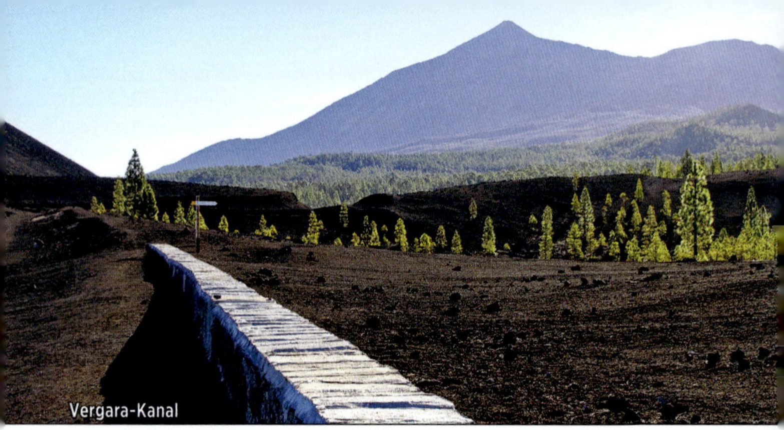
Vergara-Kanal

Kanal hat offiziell Trinkwasserqualität, schräg gegenüber des Wegweisers befindet sich eine Klappe.

2 2,9 (1.309) Auf dem Fahrweg 70 m nach links ⤳ beim nächsten Wegweiser rechts über den Kanal ⤳ auf dem Pfad in der Sandebene weiter Richtung Chinyero ⤳ der Weg wird etwas steiler und kreuzt einen Fahrweg ⤳ geradeaus an der Linkseinmündung von Arenas Negras vorbei Richtung Chinyero ⤳ 400 m später ist bei einer Wandertafel der Beginn des Rundwegs um den **Chinyero-Vulkan** erreicht.

TIPP Der Chinyero kann auf einer gut 5 km langen Wanderung umrundet werden (Wegführung und Infos s. Tour 9).

3 4,7 (1.410) Rechts auf den Fahrweg (Schild PR TF-43/Circular Chinyero) ⤳ nach 80 m links auf einem Pfad in die Lavazunge ⤳ diese in ca. 20 Min. durchqueren, dieser sehr beeindruckende Abschnitt ist etwas schwieriger zu begehen, aber stets weiß-gelb markiert ⤳ am Fuß des älteren, mit Kiefern bewachsenen Vulkankegels **Montaña de la Cruz** auf einem Fahrweg nach rechts (Wegweiser PR TF-43.2/Los Partidos) ⤳ nach 5 Min. rechts auf einen markierten Fußweg ⤳ 25 Min. darauf eine betonierte Wasserrinne übersteigen ⤳ zwei Schotterwege kreuzen ⤳ weiter bergab auf einem Pfad Richtung Los Partidos ⤳ zehnminütiger Steilabstieg ⤳ dann auf einem Fahrweg nach rechts Richtung Los Partidos ⤳ am Waldrand einen Rechtsabzweig ignorieren ⤳ 750 m leicht bergab durch offenes Gelände.

4 9,5 (1.186) An einer beschilderten Kreuzung rechts auf einen Fahrweg (PR TF-51/San José de los Llanos) ⤳ auf dem nächsten Kilometer erst zwei Linksabzweige, dann im Wald zwei Rechtseinmündungen ignorieren (Markierungen immer vorhanden) ⤳ bei einem weißen Wassertank links auf dem Asphaltweg bergab ⤳ 550 m gerade steil bergab zur Ortsstraße ⤳ rechts und nach 300 m zurück zum Ausgangspunkt.

1 11,3 (1.105) In Los Llanos sind Sie am Ende der Wanderung angelangt.

San José de los Llanos

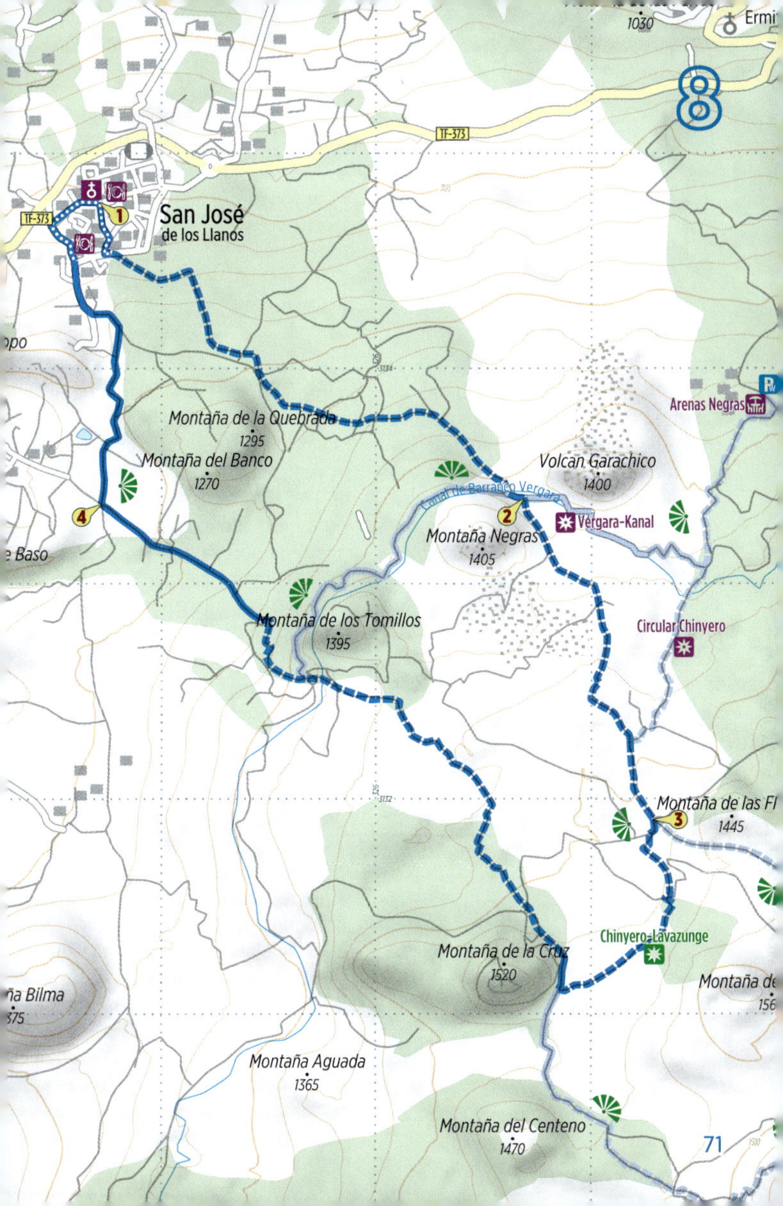
8
1030
Ermi
TF-373
TF-373
San José
de los Llanos
1
2
3
4
opo
e Baso
Montaña de la Quebrada
1295
Montaña del Banco
1270
Volcan Garachico
1400
Arenas Negras
Canal de Barranco Vergara
Vergara-Kanal
Montaña Negras
1405
Montaña de los Tomillos
1395
Circular Chinyero
Montaña de las Fl
1445
Chinyero-Lavazunge
Montaña de la Cruz
1520
Montaña de
156
ña Bilma
375
Montaña Aguada
1365
Montaña del Centeno
1470

Tour 9 13 km

Teneriffas jüngste Vulkane

Start/Ziel: Picknickplatz Arenas Negras nahe San José de Los Llanos (N 28,3198° W 16,7566°)

Aufstieg: 380 m *Hartbelag:* 0 %

Abstieg: 380 m *Wanderwege:* 30 %

Gehzeit: 3,5 - 4 Std. *Wanderpfade:* 70 %

Charakteristik: Fast in 100-Jahres-Schritten verschütteten Vulkanausbrüche Teile Teneriffas. Der jüngste Vulkan entstand 1909 und ist Ziel dieser Wanderung. Vom Parkplatz mit dem vielsagenden Namen „Arenas Negras" erwandern Sie auch weitere Schlote der Umgebung und einige nette Aussichtspunkte, die auch Blicke auf den großen Bruder aller Inselvulkane, den Teide, ermöglichen. Entlang einer heute noch benutzten Betonwasserleitung, die das Gelände in ganzer Länge quert, gelangen Sie schließlich zurück zum Ausgangspunkt.

Tipp: Dieses einsame Gebiet besitzt keine Einkehrmöglichkeiten, am Ausgangspunkt gibt es allerdings eine recht zuverlässige Quelle.

Öffentliche Verkehrsmittel: Die nur selten verkehrende Buslinie 360 fährt auf der TF-373 am Abzweig nach Arenas Negras vorbei und hält dort auf Nachfrage. Von dort sind es jedoch zusätzlich 2 Kilometer auf der Schotterpiste bergauf zum Ausgangspunkt, etwas unterhalb an der Straße setzt auch ein paralleler Wanderweg dorthin an.

Anfahrt: Die TF-373 bildet eine Nebenstrecke der TF-82, welche Icod mit dem Südwesten der Insel verbindet. Sie erreichen Sie bei der Ausfahrt aus Icod auf der TF-82 (Richtung Guía de Isora) etwa 500 m nach dem ersten Ort Las Canales über einen scharfen Linksabzweig Richtung La Vega (danach der Straße folgen bis Los Llanos), von Süden auf der TF-82 über einen Rechtsabzweig knapp 500 m nach dem Erjos-Pass. Oberhalb des Ortes La Montañeta (von Icod kommend) bzw. 2 Kilometer nach dem Kreisverkehr hinter Los Llanos (vom Erjos-Pass kommend) zweigt bergseitig ein

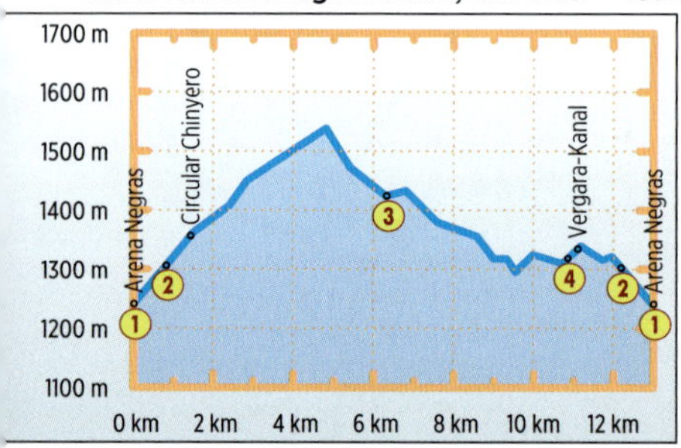

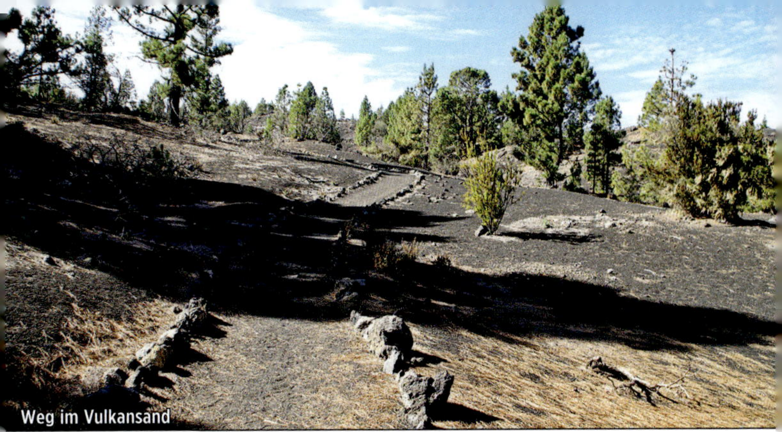

Weg im Vulkansand

mit „Arenas Negras" beschildertes Schottersträßchen ab, das Sie nach 2 Kilometern zu dem Picknickplatz bringt.

Arenas Negras (San Jose de los Llanos)

Die Bedeutung des Namens (übersetzt „Schwarze Sande") für einen Platz, der im grünen Kiefernwald liegt, erschließt sich erst ein Stück weiter oben, sehr plötzlich wechselt dann die Landschaft in eine kaum bewachsene, schwarze Sandebene um den Vulkan Garachico.

1 0,0 (1.256) Oberhalb des Parkplatzes von der Wandertafel nach links über den Spielplatz (Schild PR TF-43/Chinyero) ⁓ auf einem Fahrweg mit schlecht erkennbarer Markierung durch das Picknickgelände ⁓ bei einer weiteren Wandertafel auf einer Querpiste mit Randmauer rechts bergauf (Wegweiser) ⁓ nach 150 m rechts auf den Wanderweg (weiß-gelbe Markierung) ⁓ der Weg zwischen Steinreihen führt bald aus dem Kiefernwald in offenes, schwarzsandiges Terrain, hier ergibt sich ein toller Blick auf den Vulkan Garachico/Montaña Negra (s. S. 69).

2 0,8 (1.1319) Auf dem Fußweg weiter bergauf ⁓ der Markierung folgend einen Fahrweg und danach einen Wasserkanal überqueren ⁓ nach gut 10 Min. an einer T-Kreuzung links Richtung Chinyero (Rechtsabzweigung des Weges PR TF-43.1 ignorieren) ⁓ kurz darauf, an einer Kreuzung, geradeaus auf den beschilderten Rundweg um den Chinyero (**Circular Chinyero**).

TIPP: Sie gehen jetzt gut eine Stunde lang (4 km) im Uhrzeigersinn um den Vulkan herum. Viele Steigungen und gute Aussichtspunkte, die Abzweige und Querwege sind stets perfekt mit weiß-gelben Balken markiert.

Vulkan Chinyero

Der 1.556 Meter hohe markante Schlackekegel ist das Ergebnis der jüngsten vulkanischen Vergangenheit Teneriffas. Ein zehntägiger Ausbruch im November 1909 erzeugte nicht nur den Vulkan selbst und seine kleineren Nebenschlote, sondern auch eine gut 3 Kilometer lange Lavazunge Richtung Westen. Kurz vor dem Tal von Santiago del Teide kam die zähfließende, unaufhaltsame Lavazunge zum Stillstand, wofür die Bewohner mit der Errichtung einer kleinen Kapelle unmittelbar vor der abgekühlten Zungenspitze dankten. Da die 11 Kilometer lange Region zwischen Garachico-Vulkan, Chinyero-Vulkan und dem Pico Viejo am Teide in den letzten 300 Jahren Schauplatz sämtlicher Ausbrüche auf der Insel war, ist hier innerhalb der nächsten Jahrzehnte auch mit dem nächsten zu rechnen.

Am Rand großer Lavafelder dahin ↝ steiler An- und Abstieg an der Südspitze des Chinyero-Beckens ↝ 10 Min. darauf rechter Hand einen runden, steingepflasterten Versammlungsplatz im Kiefernwald passieren ↝ schließlich nach einem Stück am Rand der Lavafelder zu einer Kreuzung mit Wandertafel und Wegweiser (Abzweig El Calvario/PR TF-43.3).

3 6,3 (1.424) Rechts dem Circular Chinyero auf dem Fahrweg durch das Lavafeld folgen ↝ 10 Min. später geradeaus auf dem Fahrweg weiter (PR TF-43.2 Richtung Los Partidos), hier zweigt rechts der Rundweg auf einem Pfad ins Lavafeld ab ↝ wenig später auf einen Fußweg (weißgelbe Markierung Richtung Los Partidos) ↝ 25 Min. darauf eine betonierte Wasserrinne übersteigen ↝ kurz darauf einen Schotterweg queren ↝ 50 m bergab ↝ dem nächsten Schotterweg rechts bergauf folgen (Markierung verlassen) ↝ kurzer Anstieg ↝ parallel unterhalb der Wasserleitung dahin, hier eröffnen sich tolle Aussichten ins Teno-Gebrige und nach La Gomera ↝ nach 15 Min. eine Schranke passieren ↝ wieder auf den Vulkan Garachico zu.

Vulkan Garachico s. S. 69

4 10,8 (1.315) Am Vulkanfuß die beschilderten Abzweige ignorieren und dem Fahrweg direkt rechts am Vulkan entlang folgen ↝ der Fahrweg wendet sich vom Vulkan weg und führt neben einer Wasserrinne entlang ↝ nach etwa 700 m treffen Sie bei einer Kreuzung auf den Hinweg, hier links und auf dem bekannten Weg zurück nach Arenas Negras.

1 13,0 (1.256) Beim Picknickplatz haben Sie das Ende der Wanderung erreicht.

Arenas Negras (San Jose de los Llanos)

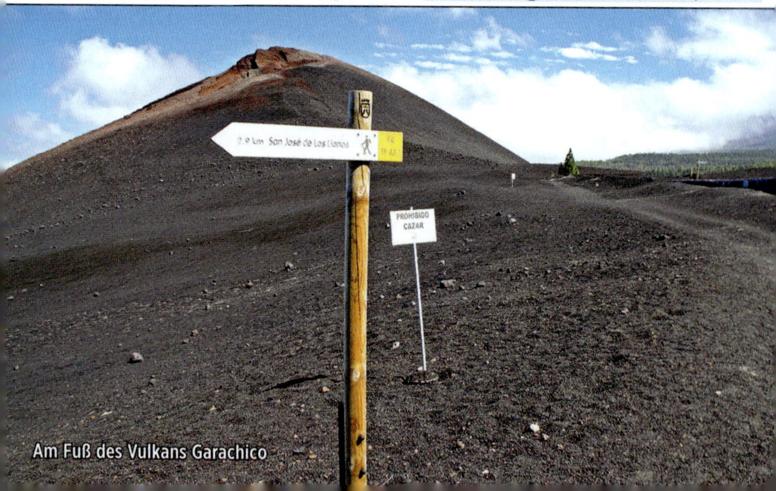

Am Fuß des Vulkans Garachico

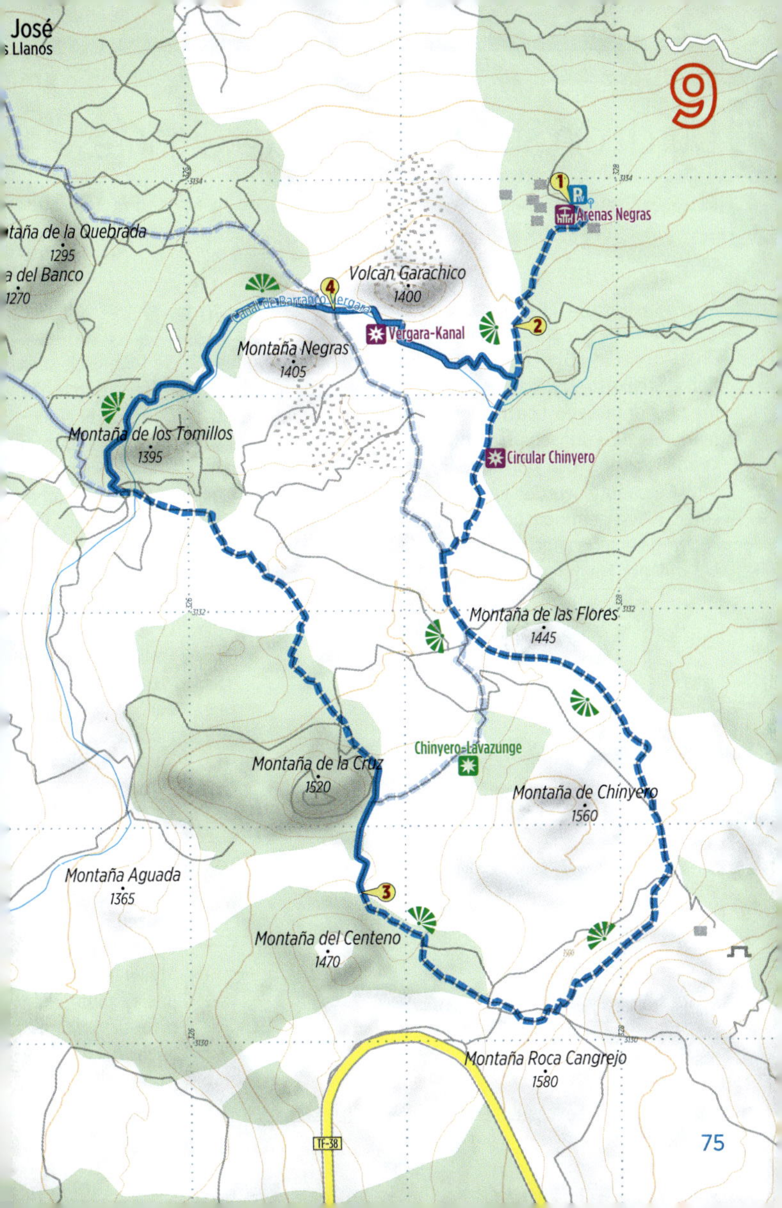

9
José
s Llanos
1
Arenas Negras
taña de la Quebrada
1295
a del Banco
1270
Volcan Garachico
1400
4
Canal de Barranco Vergara
2
Vergara-Kanal
Montaña Negras
1405
Montaña de los Tomillos
1395
Circular Chinyero
Montaña de las Flores
1445
Chinyero-Lavazunge
Montaña de la Cruz
1520
Montaña de Chinyero
1560
Montaña Aguada
1365
3
Montaña del Centeno
1470
Montaña Roca Cangrejo
1580
TF-38

Tour 10 — 15,5 km

Durch die Steilwand von Los Gigantes

Start/Ziel: El Molledo, Ortsmitte bei der Kapelle (N 28,2871° W 16,8137°)

Aufstieg: 883 m — *Hartbelag:* 26 %

Abstieg: 883 m — *Wanderwege:* 3 %

Gehzeit: 6 - 6,5 Std. — *Wanderpfade:* 70 %

Charakteristik: Die über 400 Meter hohe Steilküste zwischen Los Gigantes und dem Teno-Leuchtturm ist das markanteste Landschaftsmerkmal des Teno-Gebirges. Ein Teil der senkrechten Felswand wurde zur Erhaltung einer Wasserleitung sogar mit einem Fußweg versehen und durch einen Tunnel mit der Nachbarschlucht Barranco Seco verbunden. Diese technisch sehr anspruchsvolle Runde führt durch alle interessanten Abschnitte: von El Molledo zunächst in die steile, vollkommen einsame Schlucht Barranco Seco hinab, durch den unbeleuchteten Tunnel und auf dem Weg durch die Steilwand über dem Atlantik – mit besten Ausblicken auf Los Gigantes, La Gomera und bis zum Teno-Leuchtturm. Ein steiler Anstiegsweg bringt Sie zurück nach El Molledo.

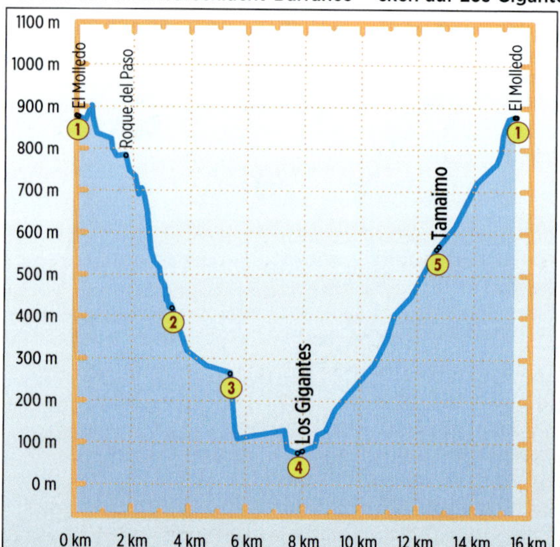

Tipp: Um die Verantwortung für Unfälle durch Steinschlag oder Absturz auf den Wanderer abzuwälzen, ist der Weg durch die Steilwand von Los Gigantes her offiziell gesperrt, auch der Tunnel ist auf der Südseite mit einem

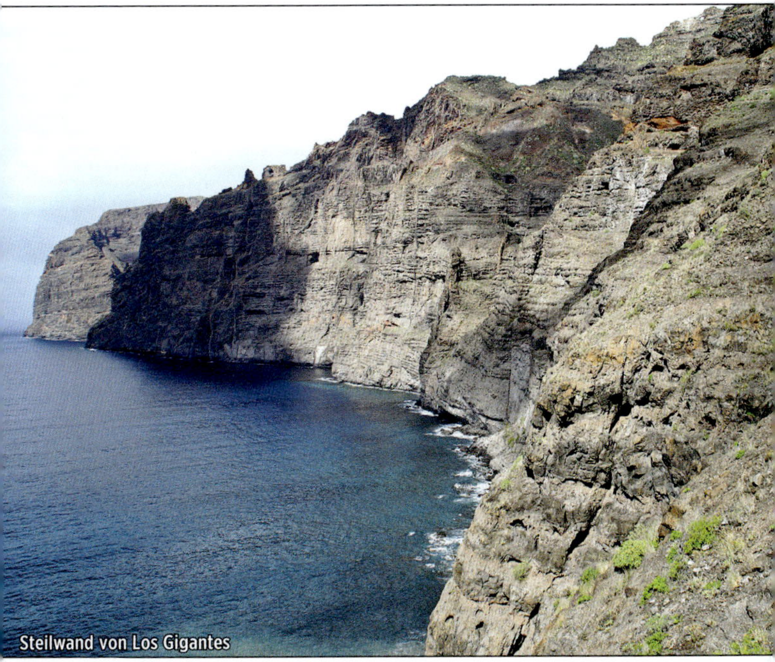

Steilwand von Los Gigantes

Betretungsverbotsschild versehen worden.
Die Wege sind jedoch überwiegend in gutem Zustand und das Wandern wird toleriert. Allerdings könnte der Zugang zum Tunnel durch die vorhandene Tür versperrt werden, was wegen der Beliebtheit der Route allerdings unwahrscheinlich ist. Aus diesem Grund sollten Sie die Wanderung in El Molledo und am Vormittag beginnen, damit im Absperrungsfall noch Möglichkeit und Zeit für eine Rückkehr bleibt. Die Wanderung sollte nur bei windstillem, trockenem Wetter und nicht nach Regenfällen begangen werden (Steinschlaggefahr), der Weg nach dem Tunnelausstieg war Ende 2012 bereits auf einem kurzen Abschnitt abgerutscht. Sie sollten für die Wanderung absolut schwindelfrei und trittsicher sein. Nehmen Sie für den Tunnel eine Taschenlampe pro Person mit und gehen Sie die Tour nicht allein. Von Los Gigantes können Sie auch mit den Buslinien 325 und 462 sowie mit dem Taxi nach El Molledo zurückkehren.

Öffentliche Verkehrsmittel: El Molledo wird von den Buslinien 325 und 462

(von Los Gigantes) und 460 (von Playa de las Américas nach Icod, von Puerto de la Cruz mit Umstieg in Icod) bedient. Achten Sie auf der Busfahrt auf unten beschriebene Erkennungsmerkmale des kleinen Ortes. Die Bushaltestelle liegt an der TF-82 nur 100 Meter vom Dorfplatz entfernt.

Anfahrt: El Molledo liegt an der Inselringstraße TF-82 zwischen Tamaimo/ Guía de Isora und Santiago del Teide. Von Tamaimo kommend liegt El Molledo eine Kehre nach dem Ortsende von El Retamal, von Santiago del Teide kommend sind es vom Ortsende gut 500 Meter bis El Molledo. Beidseitig sind die „Ortsschilder" lediglich mit Buchstaben versehene Kacheln. Die untere der beiden seitlich abzweigenden Ortsstraßen führt zur Ortsmitte und besitzt Parkstreifen.

El Molledo (Santiago del Teide)

Der unscheinbare Weiler El Molledo besteht aus drei Wohnstraßen und einem kleinen, aber idyllischen Dorfplatz mit der Dorfkapelle Ermita del Molledo. Ein kleiner Dorfladen versorgt die Bewohner zu unregelmäßigen Öffnungszeiten mit einigen Lebensmitteln.

1 0,0 (874) Vom Dorfplatz auf der Straße **Calle La Calzada** nach Westen ⤳ an einer T-Kreuzung rechts (weiß-gelbe Markierung) ⤳ durch das Bachbett und auf einem Fußweg zwischen Steinmauern bergauf ⤳ nach 50 m auf dem PR TF-65 halb rechts (Richtung Santiago del Teide) ⤳ an der nächsten Kreuzung halb links, geradeaus an der Holzbank vorbei, der Wegweiser zeigt in eine andere Richtung ⤳ nach 70 m an der letzten Gabelung links (Wegweiser PR TF-65.3/ Circular El Molledo) ⤳ 15 Min. dem Weg flach hinüber zur Sattelhöhe folgen, dort eine Rechtseinmündung ignorieren ⤳ kurz danach auf die rechte Kammseite ⤳ gerade daran entlang ⤳ wenig später auf einem weiteren Sattel rechts am Wegweiser vorbei, gerade weiter, der Wegweiser zeigt nicht in diese Richtung! ⤳ rechts des Kamms halten ⤳ nach 5 Min. an einer schlecht erkennbaren Gabelung rechts bergab, der andere Weg ist mit weißen Punkten markiert und gut sichtbar ⤳ in Kehren den Hang hinab ⤳ nach 15 Min. rechts auf die Abkürzung einer ausladenden Kehre ⤳ kurz darauf scharf rechts wieder auf den Hauptweg ⤳ gleich darauf eine schon lange vorher sichtbare Betonwasserrinne gerade überqueren (nicht seitlich auf die begehbare Wasserrinne abbiegen) ⤳ durch einen weißen Seitenzufluss ⤳ unter einer überhängenden Felswand in den Talboden mit der Wasserverteilanlage.

2 3,4 (411) Vor der Wasserrinne links ⤳ bald durch den Talboden und schräg gegenüber zu dem mit Steinmännern markierten Weiterweg ⤳ auf der rechten Talseite führt der Weg wieder nach links ⤳ 10 Min. einer abgedeckten Wasserrinne nach links folgen ⤳ entlang der Wasserrinne zum Tunneleingang.

TIPP

Der knapp 900 m lange Tunnel leitet Wasser des Barranco Seco und des benachbarten Barranco del Natero nach Los Gigantes. Die Anlagen sind bis heute in Betrieb. Der Tunnel ist breit und hoch genug für eine angenehme Begehung, wobei Sie das Tunnelende die ganze Zeit über sehen können. Sollte der Zugang versperrt sein, müssen Sie umkehren und zurück nach El Molledo, denn

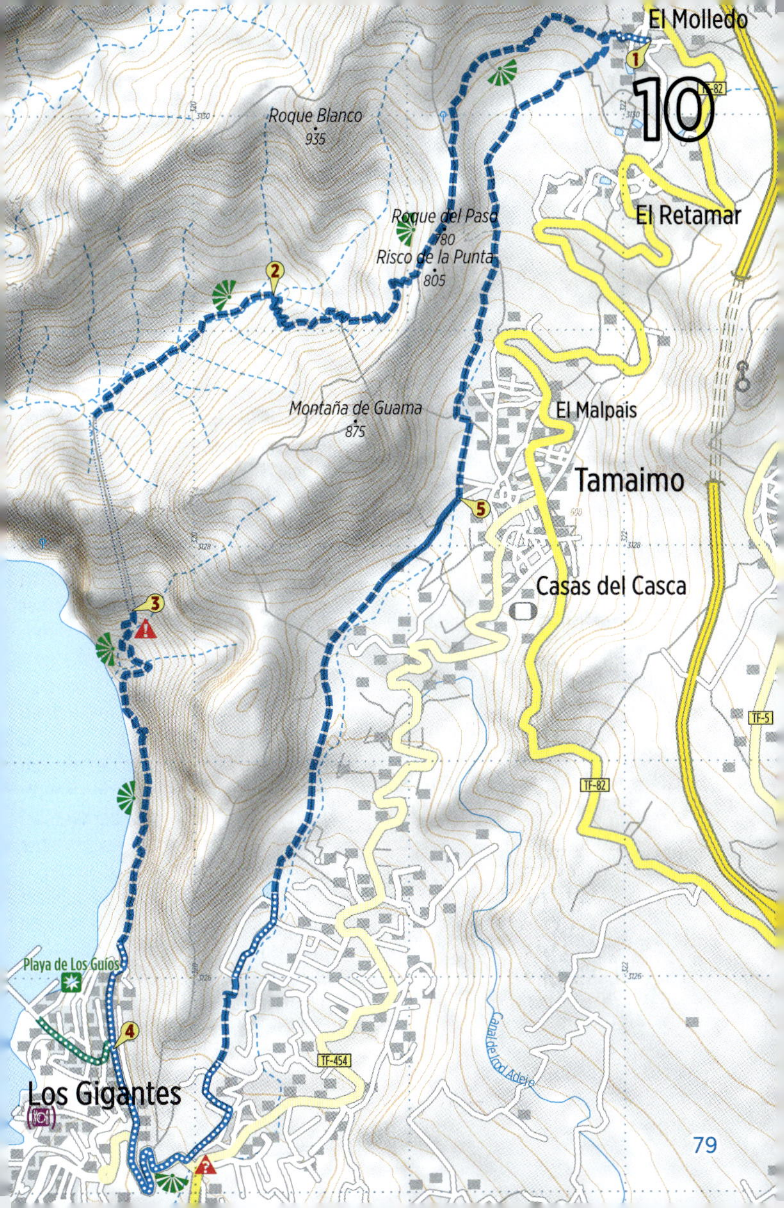

El Molledo
10
El Retamar
Roque Blanco
935
Roque del Paso
780
Risco de la Punta
805
Montaña de Guama
875
El Malpais
Tamaimo
Casas del Casca
TF-82
TF-5
TF-454
Playa de Los Guíos
Los Gigantes
Canal de Icod Adeje

es gibt keine Möglichkeit zur Umgehung. Sie können allerdings dem talabwärts führenden Camino bis zum Strand folgen und diesen besichtigen.

3 5,4 (258) Am Tunnelausgang ist der Weganfang abgerutscht.

Acantilado de Los Gigantes

Die „Steilwand der Riesen" genannte Westküste, die Sie eben durchquert haben, ist nicht nur aufgrund ihrer europaweit auf dem zweiten Platz liegenden Höhe von bis zu 450 m sehenswert. Auch ihre Funktion als bedeutendes Schifffahrtshindernis ist bemerkenswert. Zugänge zum Landesinneren bestanden für Schiffsreisende – außer durch die schmalen, in früheren Zeiten oft viel gefährlicheren Schluchten – nur von Puerto de Santiago aus, der nächste Hafen im Norden befand sich erst wieder in Garachico.

⚠ Zwischen den Grasinseln ca. 20 Höhenmeter geradeaus hinab ⤳ rechts auf dem Weg weiter ⤳ leicht fallend den Berg umrunden ⤳ noch vor einem Einschnitt mit Höhlen und Steinmauern scharf links bergab, nicht gegenüber bei den Höhlen den besser sichtbaren Weg hinauf ⤳ im Talboden – gerade unterhalb des Tunnelausgangs – halb rechts leicht bergauf (Steinmänner) ⤳ nach Umrundung der Bergnase durch einen weiteren Einschnitt ⤳ gegenüber leicht ansteigend wieder meerwärts, damit haben Sie die schwierigsten Abschnitte geschafft, der Weiterweg ist gut begeh- und erkennbar ⤳ 10 Min. später an einer grauen Felsstufe scharf links hinauf (Steinmänner, nicht geradeaus gehen!) ⤳ 25 Min. später erreicht der schmale Weg einen Fahrweg nahe den ersten Häusern ⤳ auf der ersten Asphaltstraße rechts bergab ⤳ nach 400 m ist bei einer Kreuzung der tiefste Punkt erreicht.

INS ZENTRUM: An dieser Stelle rechts bergab kommen Sie zum touristischen Ortskern. Mit den Buslinien 325 und 462 können Sie zurück nach El Molledo fahren.

Los Gigantes (Santiago del Teide)

ℹ **Oficina Los Gigantes (Tourist-Information)**, Avda. José González Forte, 10, ✆ 922868186, @ dvf278

✳ **Playa de Los Guíos.** Schmaler schwarzer Sandstrand direkt unter der Steilwand hinter dem Hafen.

Los Gigantes ist der touristische Hauptort im Westen Teneriffas, im Vergleich zu den Hotelburgen von Los Cristianos jedoch überschaubar geblieben. Hier starten Bootsausflüge zur Wal- und Delfinbesichtigung sowie zum Ausgang der nahen Masca-Schlucht.

Durch die spektakuläre und aussichtsreiche Lage von Los Gigantes haben hier viele wohlhabende Ausländer, insbesondere aus Großbritannien, ihren Zweitwohnsitz.

4 7,8 (91) Geradeaus auf der Straße ansteigen ⤳ nach 450 m auf der Hauptausfahrtsstraße halb links bergauf ⤳ eine Links- und eine Rechtskehre ⤳ an einem Aussichtspunkt vorbei ⤳ ⚠ 30 m nach dem Kilometerschild 6 bei einem Bushaltestellenschild links ein steiles Asphaltsträßchen hinauf ⤳ an einer T-Kreuzung links (weiß-gelb markiert) ⤳ nach 250 m zwischen Plantagen halb rechts dem markierten Fußweg folgen (PR TF-65 Richtung Santiago del Teide) ⤳ 10 Min. später an einem Asphaltweg rechts und gleich wieder links

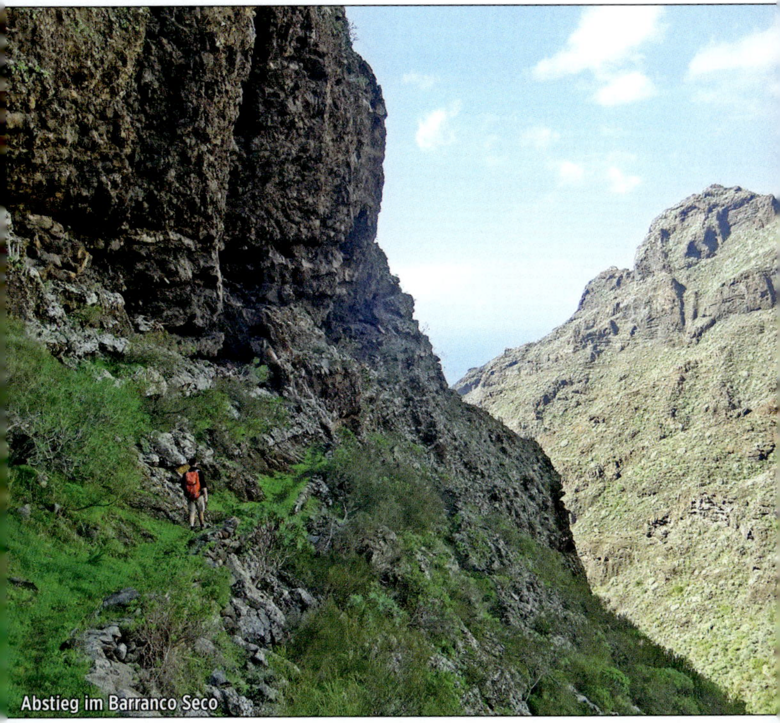

Abstieg im Barranco Seco

⇝ weiß-gelb markiert gerade zwischen den Plantagen hindurch ⇝ am Ende des Asphaltwegs geradeaus auf den Fußweg ⇝ nach etwa 30 Min. geht dieser wieder in einen Fahrweg über ⇝ bald an der Asphaltgabelung nach einem Haus links (weiß-gelb) ⇝ nach 5 Min. weiter auf dem Camino zwischen Steinmauern ⇝ unterhalb des Ortes Tamaimo auf der weiß-gelben Markierung im Talboden bleiben.

5 12,7 (544) An einem Wegweiser halb links Richtung Santiago del Teide ⇝ direkt danach den Talboden durchqueren ⇝ gegenüber steil zwischen Terrassenmauern bergauf ⇝ nach 100 m an einem Wegweiser gerade an einer Linkseinmündung vorbei ⇝ nun stets links des Talbodens hinauf, dabei drei demarkierte Querwege kreuzen ⇝ nach 45 Min. erreichen Sie neben den Häusern von El Molledo bei einem Wegweiser den Hinweg ⇝ hier rechts zurück zum Ausgangspunkt.

1 15,5 (874) Im Zentrum von El Molledo ist das Ende der Wanderung erreicht.

El Molledo (Santiago del Teide)

Süden und Südosten

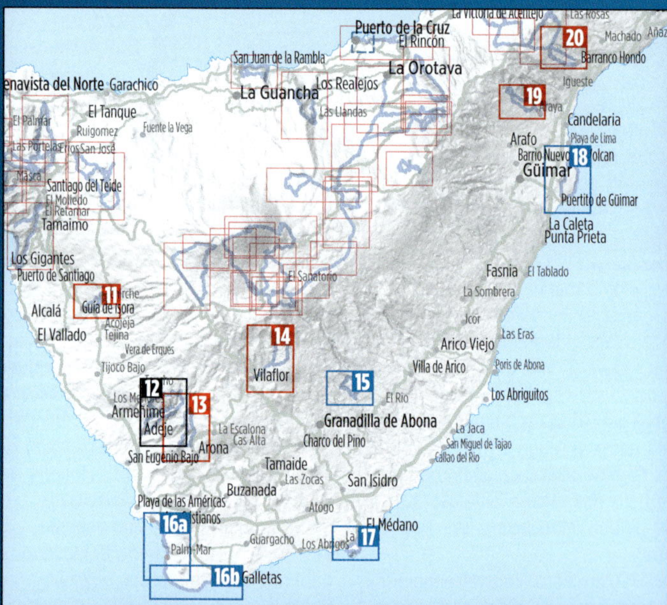

Tour 11 — 7,5 km

Guía de Isora und der Mirador de Chirche

Start/Ziel: Guía de Isora, Dorfplatz an der Hauptstraße (N 28,2091° W 16,7804°)

Aufstieg: 439 m — *Hartbelag:* 50 %

Abstieg: 439 m — *Wanderwege:* 5 %

Gehzeit: 3 - 3,5 Std. — *Wanderpfade:* 45 %

Charakteristik: Die steil von der Küste zum Teide-Nationalpark aufsteigende Region im Westen der Insel besitzt einige Wandermöglichkeiten, die die alte, nur dank menschlichem Einfluss wasserreiche Kulturlandschaft erschließen und auf historischen Wegen zu schönen Aussichtspunkten führen. Auf dieser kurzen, aber teils wegen des rauen Untergrundes etwas mühsam zu begehenden Runde zum oberen Ortsteil Chirche mit seinem schönen Aussichtspunkt erlangen Sie einen umfassenden Eindruck von der Kultur und Geschichte dieser „Isora“ genannten Gegend: Sie wird geprägt von den zahlreichen Wasserleitungsmechanismen, die die gesamte Gegend mit Wasser aus dem Teide-Hochland versorgen, von terrassierten Hängen, vielen Ziegelöfen und den kleinen hübschen Örtchen in vor den Winterwinden geschützten Lagen.

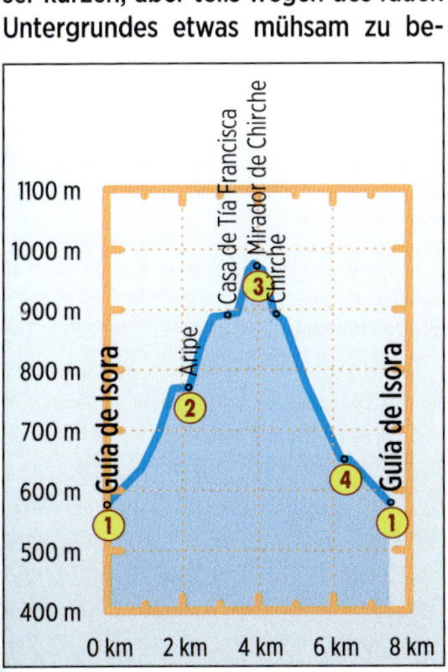

Öffentliche Verkehrsmittel: Die Hauptbushaltestelle von Guía de Isora namens „Frente Correos“ liegt direkt am Ausgangspunkt. Sie wird von den Linien 417, 460, 462, 490 und 492 bedient. Von Puerto de la Cruz müssen Sie in Icod auf die Linie 460 umsteigen.

Anfahrt: Guía de Isora ist sowohl vom Ende der Südautobahn TF-1 bei Adeje als auch vom Ende der Schnellstraße TF-5 in Icod beschildert. Folgen Sie dazu aus beiden Richtungen stets der TF-82. Direkt an der Ortsdurchgangsstraße liegt der neue Platz mit der Tourist-Information, Parkmöglichkeiten gibt es entlang der Straße.

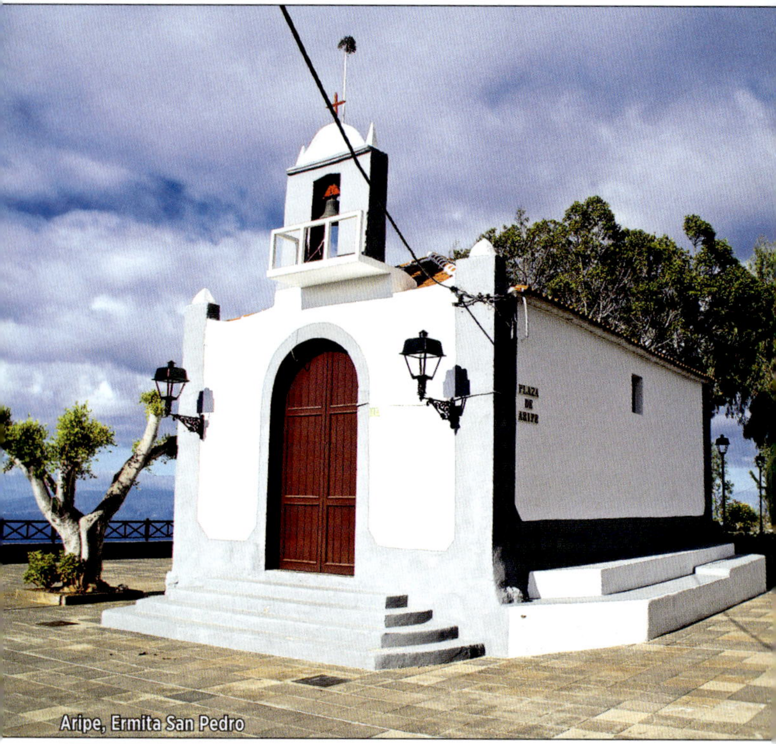

Aripe, Ermita San Pedro

Guia de Isora

Oficina Guía de Isora Casco (Tourist-Information), Av. Isora, im Centro Cultural, ✆ 922851222, @ pkg228

Nuestra Señora de la Luz, Calle Ayuntamiento, 1. Die dreischiffige Kirche wurde im 17. Jh. im Stil der Neorenaissance erbaut und besitzt eine überhohe Altarwand und eine Holzdecke. Außerdem schmücken mehrere barocke Marienstatuen den Innenraum und die Seitenaltäre. Jährlich am 21. September ist der Platz um die Kirche Schauplatz des Patronatsfests mit Prozession.

Bar Central, Calle El Ayuntamiento 6, bei der Kirche, ✆ 922850106, @ wnl385

Restaurante El Pilón, Calle el Pilón, 30, ✆ 922850487, @ vti127

1 0,0 (574) Vom Platz auf der Hauptstraße Richtung Santiago del Teide (Nordwesten) ~ nach 200 m, vor der Bank CajaSiete, rechts bergauf in die Straße **Guicios** ~ an der Kreuzung geradeaus gegen die Einbahnstraße weiter

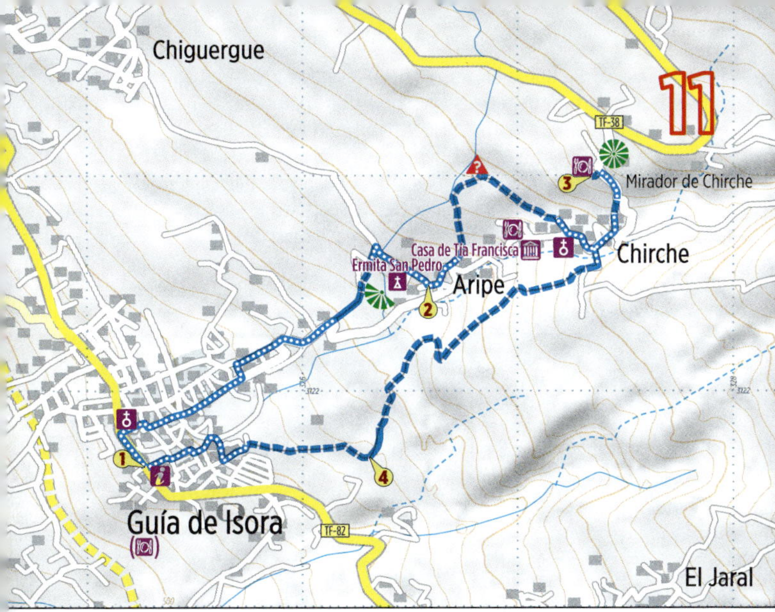

⤳ 60 m später, vor einem roten Haus, rechts und gleich wieder links in die Straße **Sor Larai** ⤳ ab der nächsten Kreuzung heißt die Straße **Villa Nueva**, stets geradeaus weiter ⤳ nach 450 m links in die Straße **La Margaza** (Schild „Colegio La Era") ⤳ die nächste Straße **La Era** rechts bergauf ⤳ Einmündung in eine breite Straße ⤳ dieser links 300 m bergauf folgen ⤳ vor einer Rechtskehre geradeaus auf einen mit Pollern abgesperrten Pflastersteinweg ⤳ dieser wird bald zu einem grobsteinigen Fußweg und führt 10 Min. entlang zahlloser Wasserrohre bergauf ⤳ bei einem Hof auf Asphalt weiter bergauf ⤳ auf dem querenden Asphalthöhenweg rechts zum schon sichtbaren Kapellenplatz.

Von der Kapelle **Ermita San Pedro** haben Sie eine tolle Aussicht nach Guía de Isora. Am 29. Juni wird hier Dorffest gefeiert.

An der Kapelle vorbei bergab.

Aripe (Guia de Isora)

Der Weiler existiert seit mindestens 1737 und ernährte seine Einwohner stets überwiegend durch Viehwirtschaft. Im Ort existieren mehrere historische Gebäude in traditioneller kanarischer Bauweise, die zum Kulturerbe der Insel gehören. In der Nähe von Aripe wurden Höhlen mit Gravuren der guanchischen Ureinwohner der vorkolonialen Zeit gefunden, die jedoch nicht öffentlich zugänglich sind.

2 2,2 (755) Nach 200 m im Ort links auf dem glatten Pflastersteinsträßchen **Santa Trinidad** bergauf ⤳ nach einer Linkskurve an einer Gabelung links ⤳ nach 100 m mündet der Asphaltweg an der

Straße links in die Kurve hinein ⁓ noch in der Kurve und vor dem Haus links auf einen mit grobem Lavagrus ausgefüllten Fußweg ⁓ geradlinig den etwas schwierig begehbaren Hang hinauf ⁓ nach 120 m zunächst links über die Wasserleitungen ⁓ an einer T-Kreuzung links über das dicke Bündel Wasserrohre ⁓ auf den weiß angesprühten Felsen auf der Anhöhe zu ⁓ danach flacher weiter ⁓ nach 100 m an einer Mehrfachkreuzung geradeaus ⁓ nach weiteren 100 m, vor einer großen Betonwasserleitung, ganz rechts halten, ⚠ also nicht rechts entlang der Betonleitung! ⁓ nach 200 m rechts weg ⁓ nach 10 Min. auf Pflaster nach **Chirche** hinein ⁓ zwischen den Häuser bergab ⁓ an einer T-Kreuzung links die Straße **San Felipe** bergauf zum Dorfplatz.

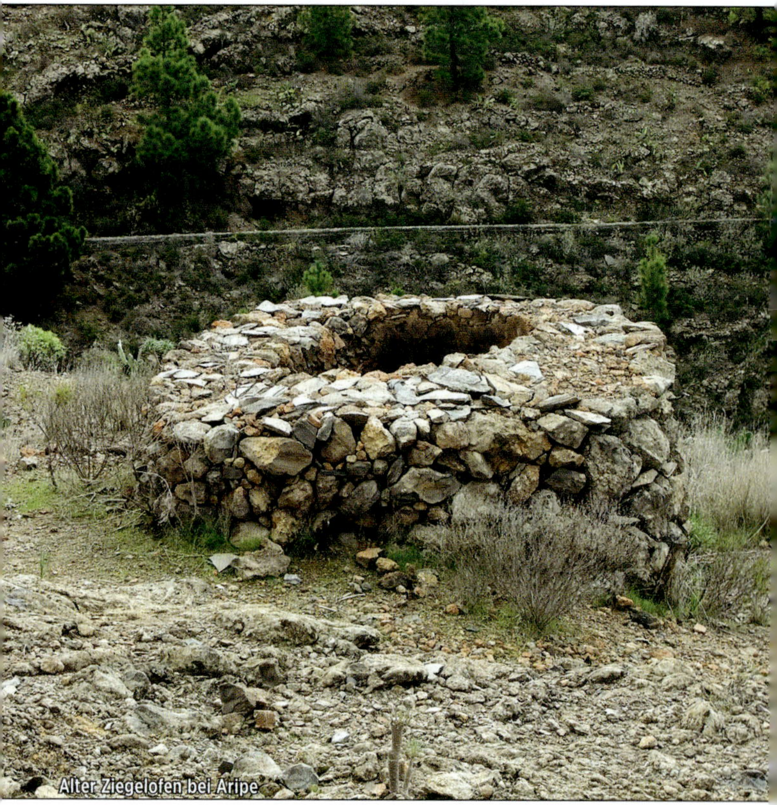

Alter Ziegelofen bei Aripe

Chirche (Guia de Isora)

Casa de Tía Francisca, Calle La Calzada. Das restaurierte Gebäude dient der Lehre und Schau alter Handwerkskunst, wie sie in der Region bis ins 20. Jh. hinein üblich war.

Iglesia San Felipe Neri

Brasas de Chirche, Camino Viejo 3, ✆ 922851138, tägl. 11-22.30 Uhr

Wie Aripe ist Chirche eine alte Bergbauernsiedlung, gegründet Mitte des 16. Jahrhunderts. Wegen der idyllischen alten Ortsstraße, der zahlreichen historischen Gebäude und der Überreste alter Ziegelöfen in der Umgebung wurde das Dorf und seine Umgebung ebenfalls zum Kulturerbe der Kanarischen Inseln erklärt.

Vor der Kirche weiter bergauf (Wegweiser PR TF-70.2/Aripe) ⇝ nach 50 m durch die Rechtskurve (weiß-gelb markiert) ⇝ wenige Schritte weiter, bei den Wandertafeln, links bergauf (Wegweiser PR TF-70/Boca Tauce) ⇝ 120 m steil die enge Ortsstraße bergauf ⇝ die Rechtskurve geradeaus zum Pflastersteinweg verlassen (weiß-gelb) ⇝ an dessen Ende bei den obersten Häusern gerade auf einem Fußweg weiter ⇝ an einer Asphaltstraße 180 m links bergauf, die Markierungen nun ignorieren ⇝ zum Aussichtspunkt mit Restaurant auf der Anhöhe.

Mirador de Chirche (Guia de Isora)

Restaurante Mirador de Chirche, Calle la rompida, ✆ 671202223, So-Fr 9-21 Uhr

3 4,0 (967) Auf demselben Weg zurück zu den Wandertafeln ⇝ nun links auf den Pflastersteinweg (Wegweiser PR TF-70/Guía de Isora) ⇝ gerade durch das Bachbett ⇝ auf dem Fahrweg noch 80 m weiter, dann rechts auf einen Fußweg (weiß-gelb markiert) ⇝ einen ersten Abzweig über die Wasserleitung rechts liegen lassen ⇝ 3 Min. später über die Leitung ⇝ nun rechts daran entlang bergab, nicht rechts auf den anderen Fußweg abbiegen, Markierung vorhanden ⇝ 10 Min. später, nach einer steileren Rechtskurve bei einigen Häusern, vorbei an einem beschilderten Abzweig nach Aripe ⇝ geradeaus bergab Richtung Guía de Isora ⇝ zu einem Fahrweg bei neueren Terrassen ⇝ die Markierung umgeht rechts oberhalb ein Tor ⇝ wenige Meter am Schotterweg weiter.

4 6,3 (648) Bei einem Wegweiser rechts weg auf einen Fußweg ⇝ bei den ersten Häusern auf Asphalt ⇝ 150 m auf der Straße bergab ⇝ bei einem Wegweiser rechts in die Straße **Manuel Gorillo** ⇝ nach 150 m vor einem Parkhaus links bergab ⇝ geradlinig auf den Kirchplatz zu ⇝ diesen rechts der Kirche überqueren ⇝ am rechten hinteren Ausgang geradeaus bergab zurück zum Ausgangspunkt.

1 7,5 (574) Bei der Tourist-Info endet die Tour.

Guía de Isora

Tour 12 15,2 km

Rund um den Barranco del Infierno

Start/Ziel: Adeje, Postamt in der Straße Calle Tinerfe (N 28,1181° W 16,7264°)

Aufstieg: 1.064 m *Hartbelag:* 9 %

Abstieg: 1.064 m *Wanderwege:* 17 %

Gehzeit: 5,5 - 6 Std. *Wanderpfade:* 74 %

Charakteristik: Der Barranco del Infierno (Höllenschlucht) ist eine der Sehenswürdigkeiten, die sehr nahe an den Urlaubszentren des Inselsüdens liegen. Die spektakuläre Schlucht mit ihren ungewöhnlich hohen Wänden kann mittlerweile wieder, nachdem sie nach einem Unfall für mehrere Jahre gesperrt war, auf einem einfachen Stich-Wanderweg begangen werden. Allerdings ist zum Schutz der Umwelt der Zugang in die Schlucht auf 300 Personen pro Tag beschränkt, eine Vorreservierung ist notwendig (www. barrancodelinfierno. es). Die Schönheit des Barranco del Infierno offenbart sich aber auch bei einer weitläufigen Umrundung der Schlucht, allerdings müssen Wanderer dafür gute Kondition mitbringen. Insbesondere der Aufstieg führt durch die nicht minder spektakulären Nachbarschluchten,

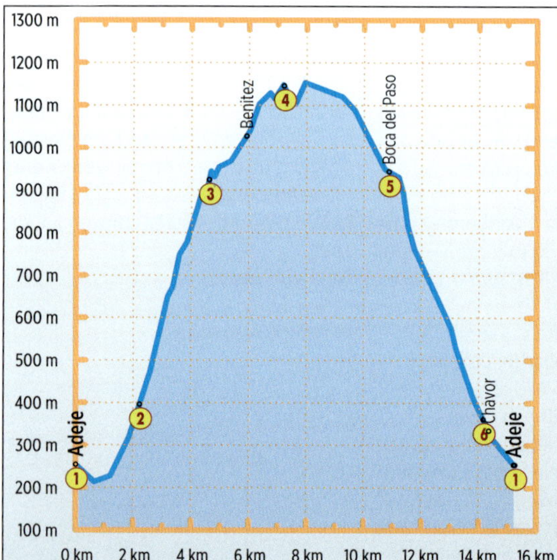

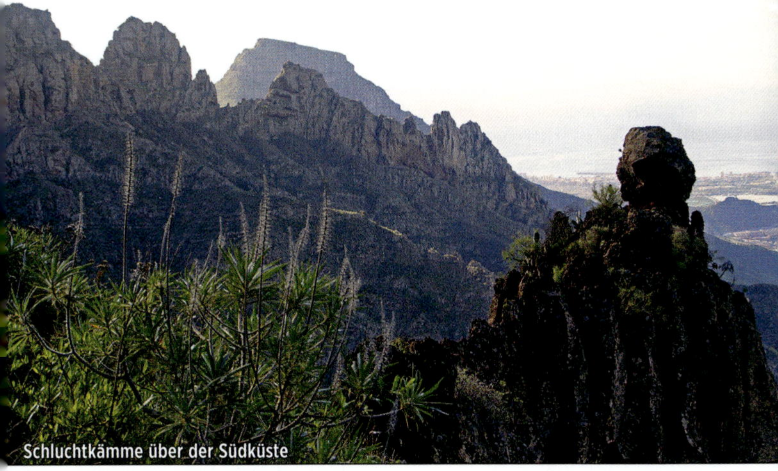

Schluchtkämme über der Südküste

bevor sich Wanderer plötzlich hoch über dem Wasserfall des Barranco del Infierno wiederfinden. Die Umrundung führt über weiche Kiefernwaldböden zu einer beliebten Absprungstelle von Drachenfliegern, von der aus Sie mit tollen Aussichten auf die Südküste zurück nach Adeje gelangen.

Tipp: Da Teile des Aufstiegswegs abgerutscht sind und der Weg derzeit nicht unterhalten wird, müssen Sie orientierungssicher sowie an einzelnen ausgesetzten Stellen trittsicher und schwindelfrei sein.

Öffentliche Verkehrsmittel: Adeje wird von Los Cristianos aus von den Buslinien 417, 447, 460 und 473 angefahren, alle Buslinien halten am Rand des Zentrums.

Anfahrt: Die Ausfahrt Adeje liegt am westlichen Ende der Südautobahn TF-1. Folgen Sie ab dort den Schildern Richtung Adeje und halten Sie sich an zwei Kreisverkehren jeweils halb rechts. An der Gabelung nach dem Friedhof rechts in die Calle Tinerfe, parken können Sie entlang der Straße.

Adeje

- **Oficina Costa-Adeje-Troya**, Avda. Rafael Puig Lluvina, 1, Costa Adeje (Adeje) @ hoq125
- **Iglesia de Santa Ursula y El Convento**, Plaza de España, 1. Das alte Gotteshaus besteht aus zwei Kirchenschiffen, die in unterschiedlichen Perioden entstanden sind. Die Rosario-Kapelle stammt aus dem 16. Jh., das Hauptschiff aus dem 17. Jh. Be-

sonders sehenswert sind die Dachkonstruktion im Mudejar-Stil und die Sgraffiti.

Restaurante Oasis, Calle Grande 5, 922780827, Do-Di 13-22.30 Uhr. Schmackhafte Hühnchengerichte.

Adeje ist Verwaltungssitz der Touristenhochburgen Playa de la Américas und Playa Fañabé. Den Überlieferungen zufolge war Adeje schon zu vorspanischer Zeit Sitz der Guanchenkönige und speziell des Königs Tinerfe El Grande, dessen Nachkommen die ursprünglich vereinte Insel schließlich in neun unabhängige Reiche spalteten.

1 0,0 (248) Von der Post auf der Straße 200 m bergab ~ die erste Möglichkeit links abzweigen ~ links um die Ecke und auf Schotter bergab in den Talboden.

TIPP: Falls das Tor am Zugang geschlossen sein sollte, darf es überstiegen werden.

Ein Bachbett queren ~ an der Pistenkreuzung unmittelbar danach geradeaus ~ auf dem Schotterweg nun rechts die Talflanke hinauf ~ durch eine Linkskehre ~ auf der Höhe, beim Rechtsknick vor einem Wasserrohr, scharf links auf den schmäleren Fahrweg ~ über das Rohr ~ auf dem breiten Fahrweg bergauf ~ er verschlechtert sich deutlich ~ 150 m nach einer größeren Pflastersteinfläche zur Rechten geradeaus auf einen Fußweg (Steinmänner) ~ kurvig, aber gut erkennbar nahe der rechten Talkante bergauf ~ einem Querweg 10 m rechts bergauf folgen ~ scharf links wieder auf einen Fußweg (Steinmänner, weiß-weiße bzw. grün-weiße Balkenmarkierung) ~ wenig später erreichen Sie vor einer verfallenen Wasserrinne wieder den Fahrweg ~ auf diesem kurz rechts dann links hinauf zur Betonrinne (markiert mit rotem Sprühpfeil) ~ an dieser Stelle über die Rinne ~ hangaufwärts setzt sich der Weg fort.

TIPP: Die alte Betonwasserrinne ist Teil eines früheren, aufwendigen Wasserleitungsnetzes zur Versorgung der Landwirtschaft im Inselsüden. Das Wasser stammte nicht nur aus dem wasserreichen Barranco del Infierno, sondern wurde teilweise in Druckstollen aus den Höhenlagen des heutigen Teide-Nationalparks und sogar über Tunnel im Teno-Gebirge aus dem Norden der Insel herüber geleitet. Heute übernehmen geschlossene Rohre auf anderen Strecken diese Aufgabe.

2 2,2 (382) Gut 30 Min. in zahlreichen Kehren an der linken Talseite ansteigen ~ den Talboden queren ~ entlang des Kamms auf der Höhe mehrere Nachbartäler umgehen ~ der gut markierte Weg wird nach oben verwachsener und ungepflegter.

ACHTUNG: Einzelne Stellen sind verfallen und müssen auf den vorhandenen Trampelpfaden oder – unangenehm ausgesetzt – auf der alten Wasserleitung umgangen werden.

Sie erhalten bald Einblick in die schmalen, beinahe senkrechten Trennwände mehrerer Schluchten ~ wo sich der Blick auf ein breites Tal und die gegenüberliegenden Häuser von Ifonche öffnet, links auf dem Hauptweg aufwärts ~ zur orangeroten Felsnase nahe dem Sattel halten ~ kurz vor der Sattelhöhe an einer Linksabzweigung vorbei ~ auf der sandigen Sattelhöhe vor der steilen Felsnase auf die linke Seite wechseln, hier öffnet sich der Blick auf die **Höllenschlucht**.

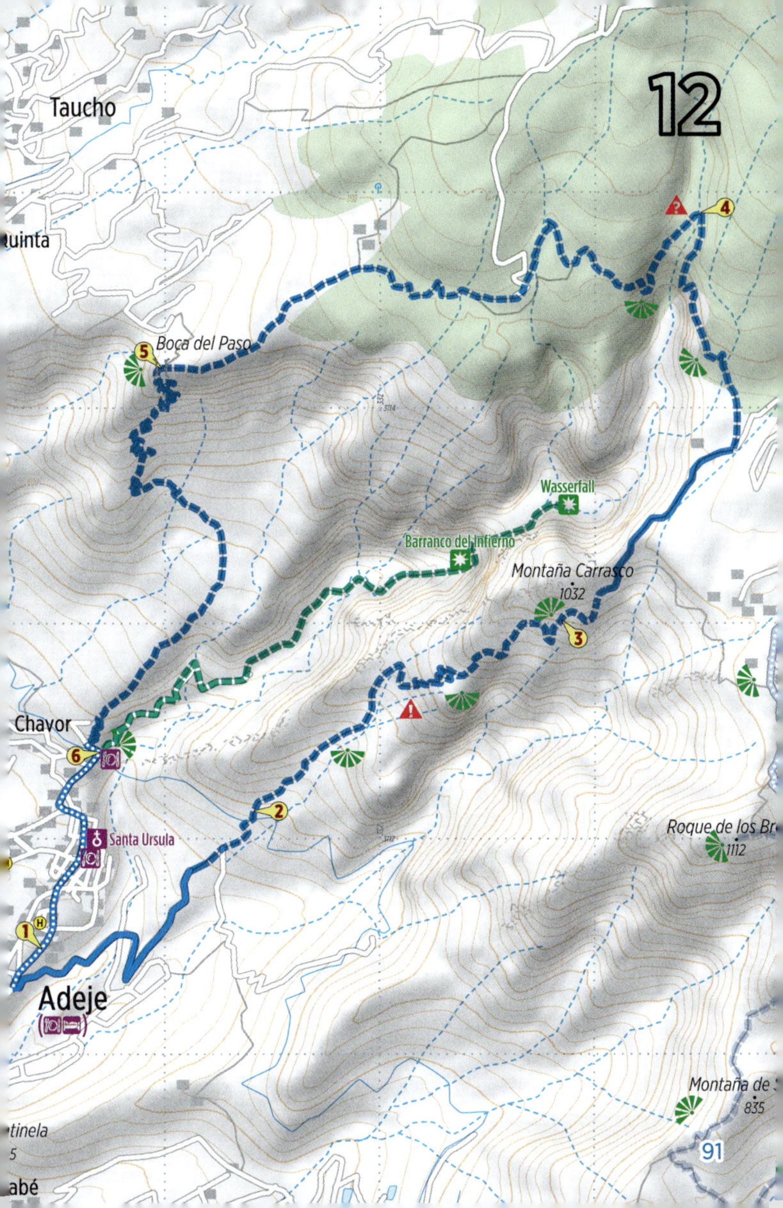

12
Taucho
Quinta
Boca del Paso
Wasserfall
Barranco del Infierno
Montaña Carrasco
1032
Chavor
Santa Ursula
Adeje
Roque de los Br
1112
Montaña de
835
tinela
abé

Der **Barranco del Infierno** (dt. „Höllenschlucht") ist eine der sehr steil eingeschnittenen Schluchten Teneriffas und besitzt schon seit guanchischer Zeit große Bedeutung zur Versorgung der Landwirtschaft und der Bevölkerung mit Wasser. Die spektakuläre Landschaft des unteren Teils steht heute unter Naturschutz, sodass theoretisch nur der flache Wanderweg im unteren Schluchtteil, der bei dem hörbaren Wasserfall endet, begangen werden darf. Allerdings ist der Zugang zur Schlucht begrenzt, es dürfen maximal 300 Personen pro Tag den Barranco del Infierno besuchen. Nähere Informationen und Buchungsmöglichkeiten finden Sie im Internet unter www.barrancodelinfierno.es.

TIPP Der Rundweg, auf dem Sie die Schlucht nun umrunden, ist aber kein bloßer Kompromiss: Von oben lässt sich die großartige Landschaft der Schlucht bestens betrachten, ebenso haben Sie einen Blick bis hinauf zu den Talschultern und auf den meist blauen Himmel, was Ihnen im Schluchtgrund oft verwehrt wird.

3 4,6 (915) 10-minütiger Quergang ⤳ zur Kammhöhe ansteigen ⤳ auf einem Fahrweg geradeaus weiter ⤳ einen rechts abzweigenden Fahrweg ignorieren ⤳ zu den weißen Häusern und davor rechts bergab ⤳ 150 m nach den Häusern an einer unmarkierten Wegkreuzung links auf den anfangs breiten Pfad abbiegen ⤳ wenig später eine Rinne queren und in den von Bränden gezeichneten Wald hinein ⤳ im Talboden an einer Gabelung links bergauf (grüne Sprühmarkierung) ⤳ nach einer Anhöhe gehen Sie wieder an der Flanke der obersten Höllenschlucht ⤳ 5 Min. später an einer Gabelung rechts auf dem breiteren, untermauerten Pfad bergauf (grüner Punkt) ⤳ nach kurzem Anstieg in den Talboden der Höllenschlucht.

4 7,2 (1.137) Weglos den Talboden nach links queren (⚠ Sprühmarkierungen und Steinmänner helfen) ⤳ hier setzt sich nach links talauswärts ein Pfad fort ⤳ knapp 10 Min. später wendet sich der Weg nach einigem Anstieg nach rechts über den Rücken von der Höllenschlucht endgültig ab ⤳ in einer Rechtskurve über die Anhöhe in ein flaches Nebental (Steinmänner) ⤳ auf dem flachwelligen Pfad mehrere Nebentäler queren, orientieren Sie sich stets an den grün-weißen Balkenmarkierungen sowie den grünen Sprühpunkten ⤳ kurz nach Passieren eines Felsbrockens mit Pfeil und dem Wort „Taucho" an einer Wegteilung rechts bergauf ⤳ 2 Einmündungen ⤳ an einer Gabelung halb rechts markiert hinauf ⤳ auf der Anhöhe vom unbeschrifteten Wegweiser halb links bergab ⤳ entlang einer in den Fels gehauenen Wasserrinne über die Felsplatte ⤳ später auf einem rinnenparallelen Trittweg abwärts ⤳ bald nach rechts von der Rinne weg ⤳ auf roter Erde höhehaltend weiter ⤳ am Ende des Bergrückens in eine Scharte mit Holzwegweiser.

Boca del Paso

An dieser Scharte überschreitet der alte Handelsweg zwischen Adeje und Taucho den Kamm. Die Aussicht von hier auf die Südküste und das nahe, aber weit unten liegende Adeje ist einmalig. Richtung Taucho sehen Sie bei guter Windlage oft Drachenflieger starten, die sich an dem Hang, an dem Sie nach Adeje

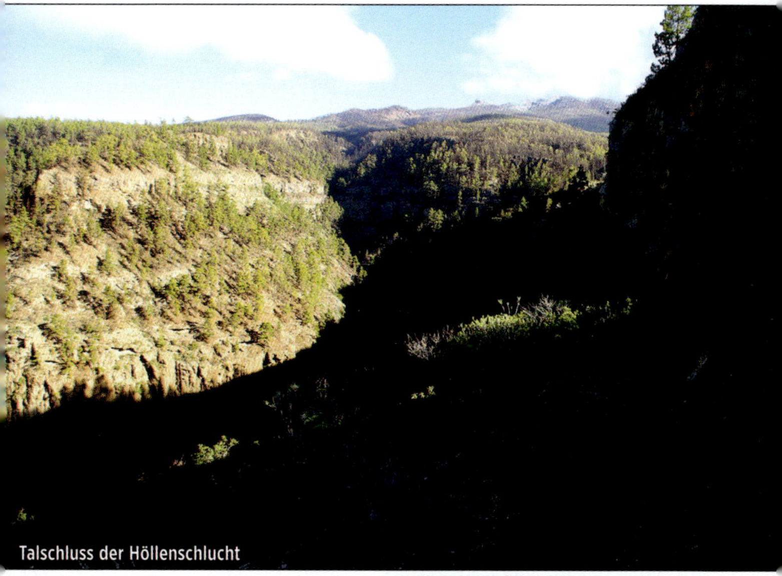

Talschluss der Höllenschlucht

absteigen, mit dem notwendigen Aufwind „versorgen".

5 10,8 (947) Auf die linke Bergseite wechseln ⁓ auf dem gepflasterten Fußweg bergab, er ist später stellenweise etwas verfallen ⁓ in sehr flachen Kehren talwärts ⁓ dann auf dem Bergrücken geradlinig auf Adeje zu ⁓ nahe des Ortes auf dem Hauptweg bleiben ⁓ bei zwei Funkmasten zahlreiche Kehren ⁓ wenig später einem Betonweg scharf links folgen ⁓ nach 100 m erreichen Sie eine Aussichtsplattform mit Restaurant.

Restaurante Otelo, Calle de los Molinos, 44, ✆ 618242553, tägl. 11-22.30 Uhr, @ jcv244

VARIANTE: Sofern Sie eine Reservierung gemacht haben, können Sie hier die Wanderung in die Schlucht hinein beginnen. Die Route ist als Variante in der Karte verzeichnet.

6 14,1 (344) Vor der Aussichtsplattform rechts die steile Straße hinab in den Ort ⁓ immer geradeaus ⁓ an einer Kreuzung mit Kanone links zur Kirche ⁓ direkt davor rechts bergab ⁓ auf der teils alleeartigen Hauptstraße 400 m bergab ⁓ halb links über einen runden Platz mit Palmen in die Straße **Calle Tinerfe** ⁓ auf dieser in 300 m zurück zum Ausgangspunkt.

1 15,2 (248) Bei der Post in Adeje endet die Tour.

Adeje

Tour 13 9,5 km

Höhenwege über Arona

Start/Ziel: Ifonche, Restaurante El Dornajo (N 28,1350° W 16,6900°)

Aufstieg: 512 m *Hartbelag:* 26 %

Abstieg: 512 m *Wanderwege:* 19 %

Gehzeit: 3 - 3,5 Std. *Wanderpfade:* 56 %

Charakteristik: An der Grenze zwischen den Kiefernwäldern um Vilaflor und der wüstenhaften Umgebung der südlichen Ferienzentren Teneriffas liegt idyllisch der Weiler Ifonche, an dem Sie diese Runde starten. Doch nur wenige Schritte trennen den Ort von spektakulären Schluchten und orange leuchtenden „Marlboro-Felsen", die einen offenen Blick in die Küstenebene gewähren. Vom Gipfel des Roque de los Brezos, einem der markanteren Gipfel der Gegend, ist das geschäftige Treiben von Los Cristianos und Co. so fern, dass man sich die dicht bebaute Region den ganzen Tag anschauen könnte. Doch ein spannender Abstieg entlang der steilen Bergflanke, eine kleine Schluchtdurchquerung und ein anstrengender Aufstieg zurück in den Kiefernwald warten, bevor gleich mehrere Einkehrmöglichkeiten zur Rast einladen.

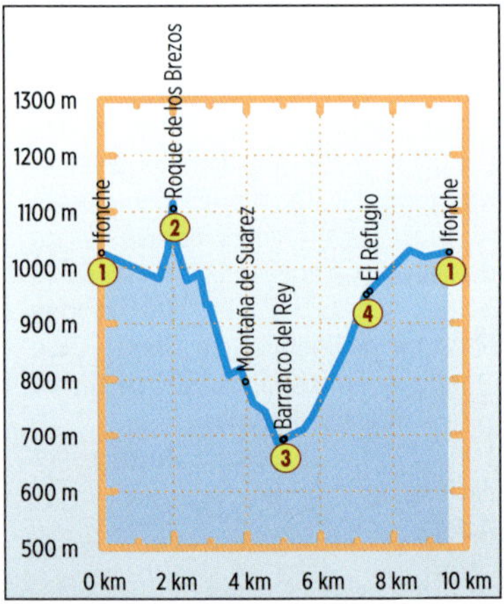

Öffentliche Verkehrsmittel: Die Buslinie 482 (zusätzlich morgens und nachmittags die Linie 342) verbindet Los Cristianos in recht dünnem Takt mit Vilaflor. Sie können im Weiler La Escalona aussteigen und der 3 Kilometer langen Straße nach Ifonche zum Tourstart folgen (Ausstiegshaltestelle: Cruz de Ifonche) oder besser den Busfahrer bitten, Sie kurz hinter dem Weiler Las Casas am links liegenden Wanderparkplatz aussteigen zu lassen (1,4 Kilometer nach der Tankstelle in Arona), sodass Sie unten kurz nach dem Wegpunkt 3 in die Runde einsteigen können.

Anfahrt: Die Hauptstraße TF-51 (Los Cristianos-Arona-Vilaflor-Teide) besitzt 6 Kilometer oberhalb der Tank-

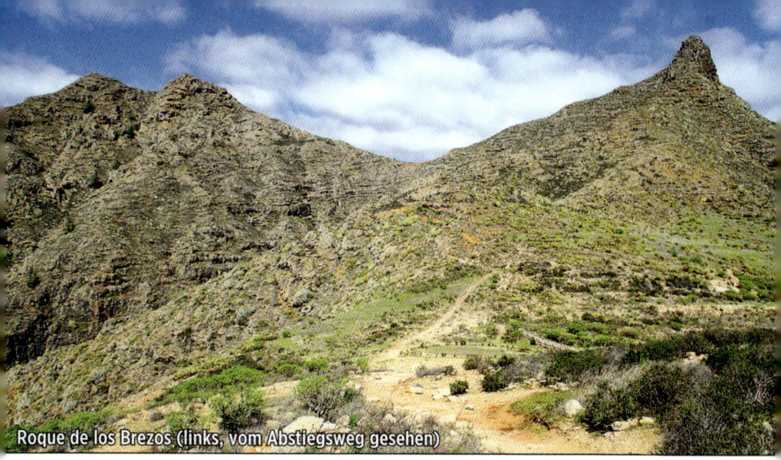

Roque de los Brezos (links, vom Abstiegsweg gesehen)

stelle in Arona einen Abzweig zum Ort Ifonche. Die kleine Höhenstraße endet nach 3 Kilometern beim Restaurant El Dornajo, es kann auch gegenüber auf der Anhöhe geparkt werden. Der unten an der Runde liegende Wanderparkplatz knapp oberhalb von Arona bietet nur Platz für drei Fahrzeuge und ist meist schon früh belegt.

Ifonche (Adeje)

Restaurante El Dornajo, Lugar Ifonche, 1, 922725000, Fr-Mi ab 13 Uhr. Das abgelegene Restaurant bietet stets frisches Kaninchen- und Schweinefleisch sowie das typische Gericht Escaldon aus Gofio.

1 0,0 (1.026) Auf der Straße nach links (Süden) bergab (Wegweiser GR-131/Arona) ⁓ nach 150 m an der Gabelung rechts ⁓ die nächsten 1,3 km stets auf Asphalt bergab (weiß-rote Balkenmarkierung) ⁓ am Straßenende beim letzten Hof rechts auf den Fußweg Richtung Arona ⁓ 250 m leicht fallend auf den Sattel zwischen den beiden Gipfeln zu ⁓ ⚠ orientieren Sie sich an diesem Ziel, da die zahlreichen abzweigenden Pfade sonst verwirren ⁓ direkt vor dem Sattel (mit Dreschplatz) scharf rechts.

VARIANTE: Der linke Gipfel (Roque Imoque) ist zwar auch von hier aus erreichbar, jedoch geübten Kletterern vorbehalten.

Auf dem breiten Pfad zwischen Steinreihen in Richtung des rechten Berggipfels ⁓ bald steil in Kehren bergauf (Steinmänner, grüne Sprühpunkte und weiße Vermessungskegel) ⁓ im obersten Bereich ist etwas Trittsicherheit gefragt.

Roque de los Brezos (1.115 m)

Der Ausblick auf die Südküste um Las Américas und Los Cristianos ist ebenso beeindruckend wie die Ansicht des 30 Kilometer entfernten La Gomera. Zur Linken unterhalb sehen Sie die erstaunlich steil eingeschnittene Schlucht Barranco de Fañabé, deren Flanke Sie später noch ein Stück begleiten werden. Die übernächste Schlucht zur Rechten ist der bekannte Barranco del Infierno („Höllenschlucht") oberhalb von Adeje. Weiter vorn am selben Kamm befindet sich Aronas Hausberg, der massige Conde (1.002 m).

TIPP Folgen Sie dem Pfad nicht weiter über den Kamm, da er sich in einem Pfadgewirr mit Kletterabschnitten verliert.

2 2,0 (1.115) Auf gleichem Weg zurück zum Dreschplatz ⇝ rechts daran vorbei ⇝ an der rechten Flanke des Roque Imoque dem mit Holzgeländer abgesicherten Fußweg folgen (GR-131/Arona) ⇝ der Weg erreicht bald eine weitere Sattelhöhe bei gepflegten, höheren Terrassen, und führt weiter unterhalb des Kamms entlang ⇝ 25-minütiger, gegen Ende steiler Abstieg.

TIPP Vor Ihnen steigt der Kamm zum Conde und einigen Terrassen deutlich an, ignorieren Sie den Pfad geradeaus.

Auf dem weiß-rot markierten Hauptweg links bergab ⇝ ausladende Linkskurve ⇝ wo der Weg vor einem quer verlaufenden Barranco nach rechts zu den Häusern von Arona hinführt, links auf einen schmäleren, unmarkierten, aber deutlich erkennbaren Fußweg ⚠ ⇝ nach kurzem Aufstieg scharf rechts in den Barranco hinein (Steinmänner, alte Steinpflasterung) ⇝ in zahlreichen Kehren in den Talboden.

Barranco del Rey. Dieses unscheinbare Trockental mit seinen senkrechten, etwa 40 m hohen Seitenwänden ist typisch für den Inselsüden. Das Tal mündet in Las Américas in den Atlantik. Parallel verlaufende, schluchtartige Täler dieser Art finden sich im Abstand von wenigen hundert Metern bis einigen Kilometern an der gesamten Süd- und Ostküste Teneriffas und sind neben dem trockenen Klima ein wesentliches Hemmnis für Besiedlung, Infrastruktur und Landwirtschaft, sind aber für Wanderer attraktiv.

3 5,0 (700) Im Bachbett 50 m talabwärts ⇝ scharf links auf dem weiß-grün markierten Pflastersteinweg die Talflanke hinauf ⇝ einige Kehren ⇝ in der ausladenden Linkskurve auf der Talschulter mehrere Terrassenabzweige ignorieren ⇝ an einem alten Hofgebäude auf dem Hauptweg leicht hangaufwärts ⇝ bald bei einer Absperrkette auf einem Fahrweg geradeaus ⇝ nach 250 m an einer Wegkreuzung halb links bergauf zu dem Wasserspeicher (Wegweiser Ifonche por el Camino de Topo)

VARIANTE Rechts befindet sich der meist überlastete kleine Wanderparkplatz (keine offizielle Haltestelle, Busse halten hier aber auf Handzeichen).

Der gut erkennbare, aber unmarkierte Pfad führt an der Kante des nächsten Barrancos meist parallel zu Wasserrohren bergauf ⇝ bei einem alten Hofgebäude einen Fahrweg kreuzen und geradeaus direkt am Hof entlang ⇝ gegenüber auf einem Fahrweg halb rechts bergauf ⇝ 300 m später die beiden Wasserleitungen nach rechts queren ⇝ auf dem fortsetzenden Pfad etwas steilerer Aufstieg (weiße Sprühpunkte und -pfeile) ⇝ nach 15 Min. auf einem Fahrweg geradeaus bergauf ⇝ bald am **Restaurant El Refugio** vorbei.

Restaurante El Refugio, Barranco del Rey El Topo 34, ✆ 922725894, ⏲ So-Do 11-17 Uhr, @ rhj431

4 7,3 (947) Auf dem Fahrweg immer geradeaus bergauf ⇝ nach 15 Min. auf der Straße links ⇝ in weiteren 15 Min. zum Ausgangspunkt zurück.

1 9,5 (1.026) In Ifonche sind Sie am Ende der Wanderung angelangt.

Ifonche (Adeje)

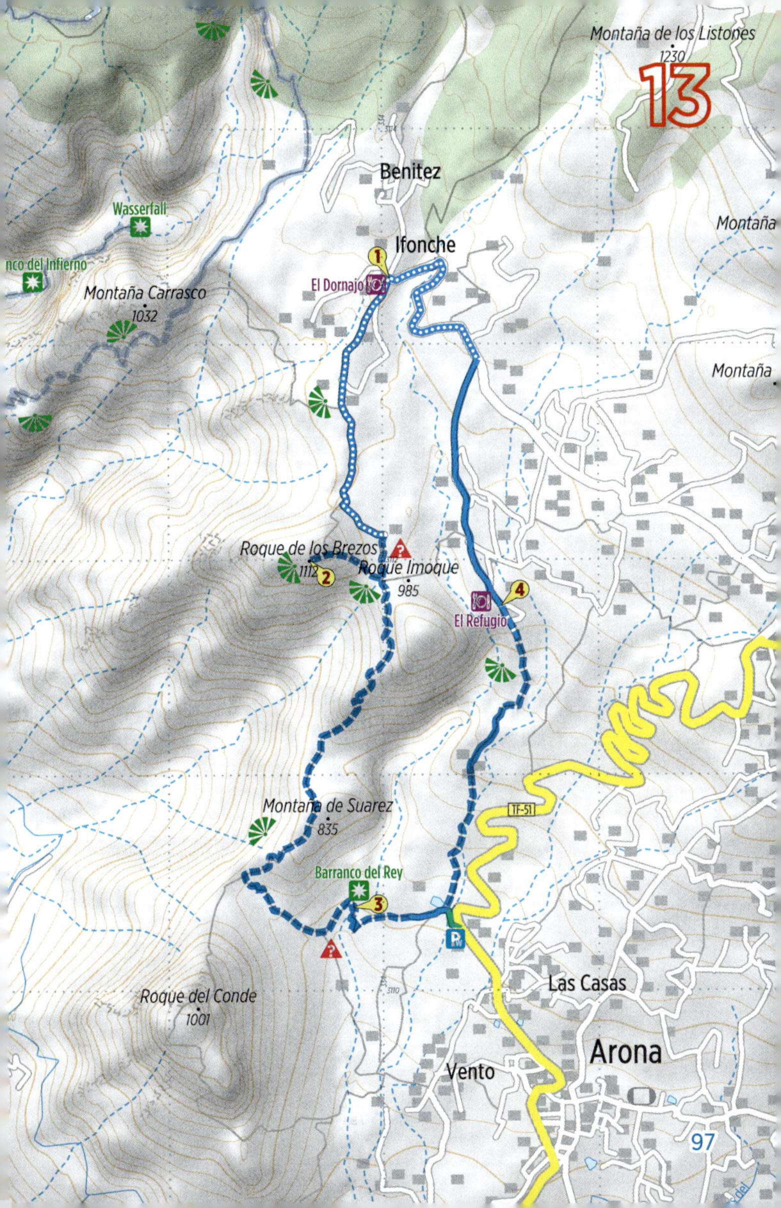

Montaña de los Listones
1230
13
Benitez
Wasserfall
Montaña
Ifonche
nco del Infierno
El Dornajo
Montaña Carrasco
1032
Montaña
Roque de los Brezos
1112
Roque Imoque
985
El Refugio
TF-51
Montaña de Suarez
835
Barranco del Rey
Las Casas
Roque del Conde
1001
Arona
Vento

MITTEL

Tour 14 12,8 km

Die Mondlandschaft von Vilaflor

Start/Ziel: Vilaflor, Dorfplatz/Calle Castaños (N 28,1594° W 16,6365°)

Aufstieg: 653 m *Hartbelag:* 7 %

Abstieg: 653 m *Wanderwege:* 2 %

Gehzeit: 4 - 4,5 Std. *Wanderpfade:* 91 %

Charakteristik: Die als Mondlandschaft (Paisaje Lunar) beworbene Gesteinsformation, die sich auf knapp 2.000 Metern auf dem Weg zwischen Vilaflor und dem Caldera-Randberg Guajara befindet, ist Höhepunkt einer auch kulturlandschaftlich interessanten Wanderung. Vom „Talort“ Vilaflor aus überwinden Sie auf dem 500 Jahre alten Verbindungsweg Camino de Chasna zunächst einige Höhenmeter durch Kiefernwald. Hier geben Siedlungsüberreste auch einen Einblick in die schwierigen Lebensbedingungen der Menschen in dieser enormen Höhenlage. In einem Taleinschnitt wartet schließlich ein bizarrer, geologisch interessanter Aufschluss weißen Aschegesteins, dessen zerfressene Form tatsächlich an ein Mondgebirge erinnert. Der panoramareiche Abstieg mit Ausblicken bis an die Südküste schließt die vielseitige Runde ab.

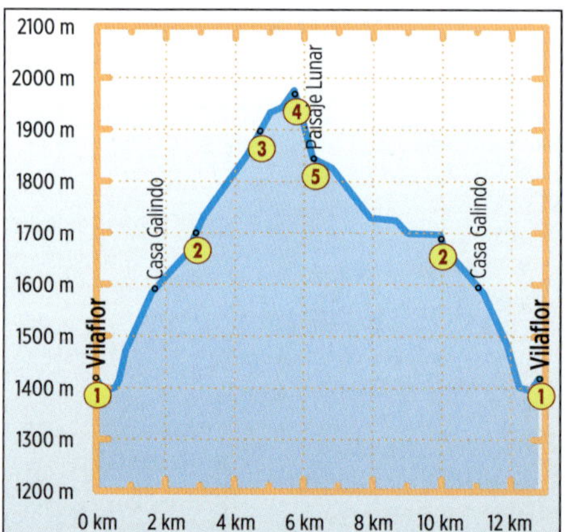

Öffentliche Verkehrsmittel: Anreise mit dem ÖPNV nur aus dem Inselsüden empfehlenswert. Von Los Cristianos mit den Linien 342 (einmal täglich) und 482 (dreimal täglich).

Anfahrt: Vilaflor liegt an der Straße TF-21, die vom gesamten Inselsüden aus mit „El Teide“ beschildert ist. Von Puerto de la Cruz aus kommend durchqueren Sie zunächst den Teide-Nationalpark und halten sich an der Kreuzung Boca Tauce geradeaus Richtung Autopista Sur. Der oberste Abzweig von der TF-21 in Richtung Zentrum beim Restaurant La Paz führt geradlinig in die Straße Calle Castaños mit dem Dorfplatz, parken können Sie in den Seitenstraßen.

Vilaflor

- **San Pedro Apóstol**. Die heutige Pfarrkirche wurde auf den Fundamenten der gleichnamigen Kapelle von 1533 errichtet. Besonders der Altar ist sehenswert.
- **Restaurante Casa Pana**, Calle Castaños 7, ✆ 922709070, @ clm476
- **Restaurante Fuente Hermano Pedro**, Calle Francisco Ortuno, 7 , am unteren Ende des Dorfplatzes, ✆ 922709360

Vilaflor wurde um 1530 unter dem Namen Chasna (heute dem Namen für die umgebende Region) gegründet und war ab 1602 ein sogenanntes Majoratsgut, dessen Einwohner der Gründerfamilie zu Abgaben ihrer landwirtschaftlichen Erzeugnisse verpflichtet waren. Heute lebt die Gemeinde – übrigens die höchstgelegene Siedlung Teneriffas – vom Tages- und Durchgangstourismus zum Teide-Nationalpark sowie vom kommerziellen Abfüllen zweier Trinkwasserquellen, deren größere „Fuente Alta" Sie bereits auf der Herfahrt passiert haben. Die Mineralwässer von Vilaflor werden auf allen Kanarischen Inseln im Lebensmittelhandel verkauft.

1 0,0 (1.410) Die anfangs gepflasterte Dorfstraße hinunter ⁓ nach dem letzten Haus links.

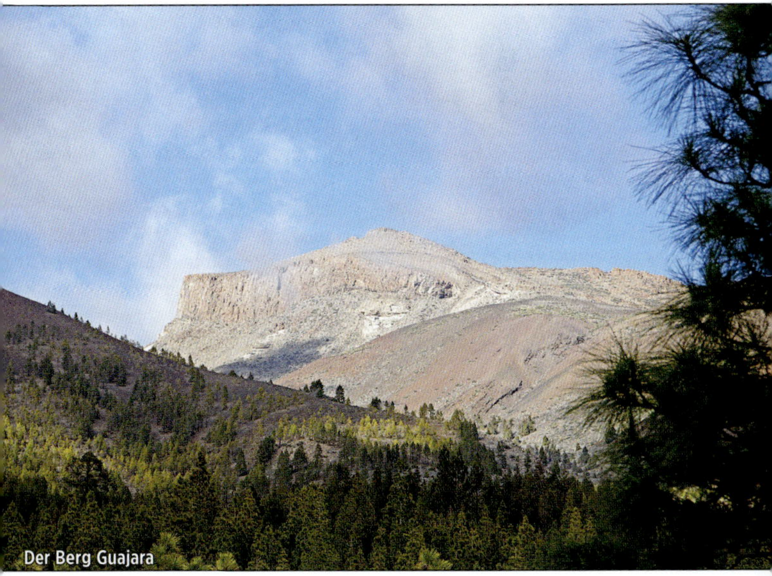

Der Berg Guajara

TIPP Sie folgen bis zum Wegpunkt 4, dem höchsten Punkt der Wanderung, der weiß-rot-gelben Balkenmarkierung des GR-131 Richtung Guajara, zusätzlich helfen rote Wegweiser und Holzpfosten mit roter Banderole.

An der Gabelung links, kurz darauf wieder links bergauf ⤳ nach 20 m rechts auf den Fußweg ⤳ in einen Talgrund ⤳ einen Fahrweg kreuzen und wieder ein Stück bergauf ⤳ einem weiteren Fahrweg kurz bergauf folgen ⤳ nach 60 m scharf rechts einen gepflasterten Fußweg hinauf (Markierung) ⤳ auf dem breiten, meist gepflasterten Fußweg in Kehren aufsteigen, die kleinen Abzweige sind immer demarkiert ⤳ Sie passieren die **Finca Galindo**, die als einzige heute noch bewirtschaftet wird ⤳ etwas schmalerer Weg in einen Talgrund ⤳ wieder sanft bergauf ⤳ 10 Min. später an einer Schotterpiste scharf rechts und gleich scharf links auf dem Fußweg weiter (Wegweiser) ⤳ in 5 Min. zum Beginn der eigentlichen Runde bei einem Wegweiser, von rechts kommen Sie später auf dem Rückweg wieder hierher.

2 2,9 (1.707) An der Kreuzung links ⤳ 2 Fahrwege kreuzen ⤳ beim zweiten geradeaus auf dem Weg mit der Schranke weiter ⤳ nach 150 m passieren Sie alte Hausruinen.

Die ehemalige Finca **El Marrubial** war bis in die 1940er Jahre Heimat einer Viehzüchterfamilie. Die Hochebene war zu jener Zeit mit Pflanzen bewachsen, die den Ziegen Nahrung boten. Die Ziegen wiederum waren Lebensgrundlage für die Bewohner dieser über 1.800 m hoch gelegenen Landschaft, deren saure Böden und Klima für Landwirtschaft kaum geeignet waren.

3 4,7 (1.887) 15 Min. später vorbei an einer weißen Felsformation wie aus einer Mondlandschaft ⤳ weiter bergauf ⤳ nach 10 Min. flacher, hier eröffnet sich ein guter Blick auf die Sattelhöhe am Guajara-Berg ⤳ beachten Sie in der Ebene einen mit Holzpfosten markierten Rechtsabzweig, dem Sie folgen müssen ⤳ 2 Min. später eine Reihe Querpfade und eine alte Kanalanlage passieren.

4 5,7 (1.952) An der nächsten Kreuzung rechts auf dem PR TF-72 Richtung Los Escurriales steil bergab, der GR-131 wendet sich hier links bergauf ⤳ nach 5-minütigem Abstieg an einer Linksabzweigung vorbei ⤳ auf dem breiten Hauptweg zu einer Aussichtsplattform.

Paisaje Lunar (Mondlandschaft von Vilaflor). Bei dem weißen Material handelt es sich um Asche aus Vulkanausbrüchen, die vor rund 500.000 Jahren die Hänge der Inselsüdseite formten. Spätere Ausbrüche überlagerten und verdichteten das Material, doch an dieser Stelle wurde es durch die Erosion des schluchtartigen Tals freigelegt. Die hohe Standfestigkeit ließ ähnlich wie bei Karstformen glatte, spitz zulaufende und teils überhängende Formen entstehen, die entsprechend der Ablagerung zur Entstehungszeit schräg hellbraun gebändert sind und tatsächlich stark an eine Mondlandschaft erinnern. Die extrem trittempfindliche Landschaft um die weißen Felsen herum darf nicht betreten werden, weshalb sich auch der Wanderweg in gebührender Distanz hält und sogar eine Sperre gegen Ziegen eingerichtet wurde.

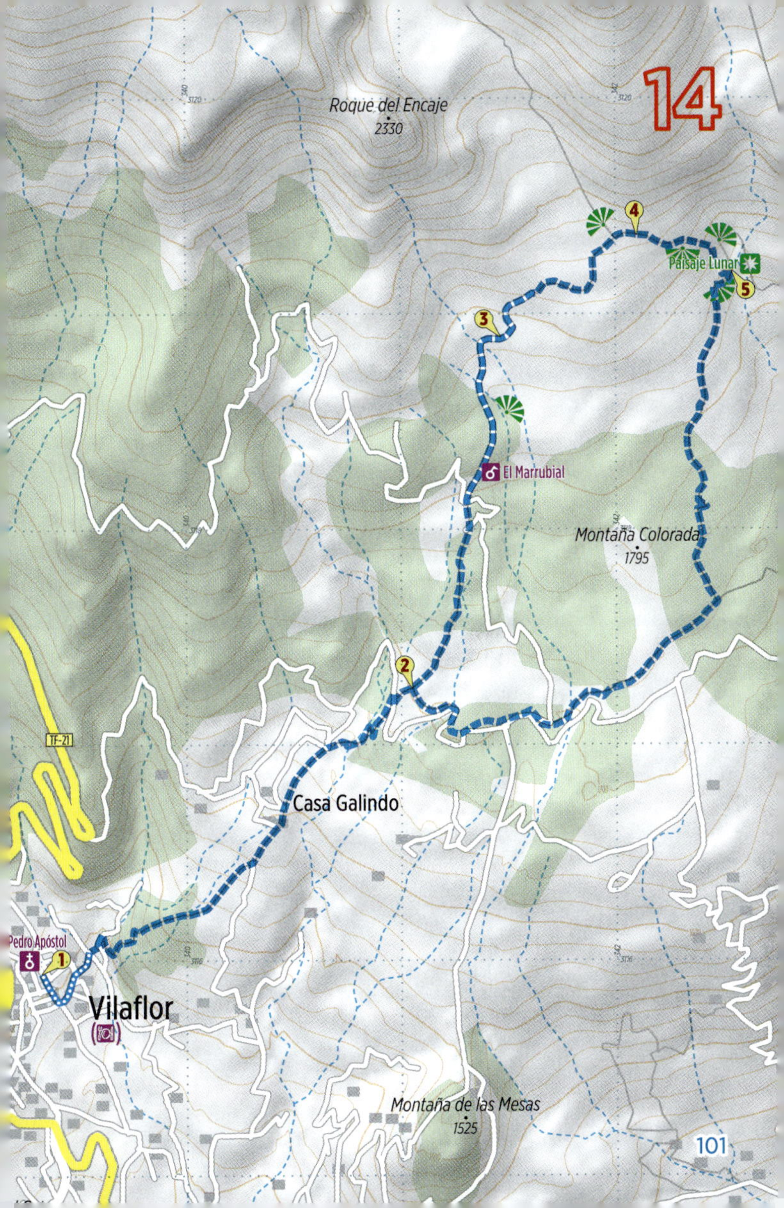

14
Roque del Encaje
2330
Paisaje Lunar
El Marrubial
Montaña Colorada
1795
TF-21
Casa Galindo
Pedro Apóstol
Vilaflor
Montaña de las Mesas
1525

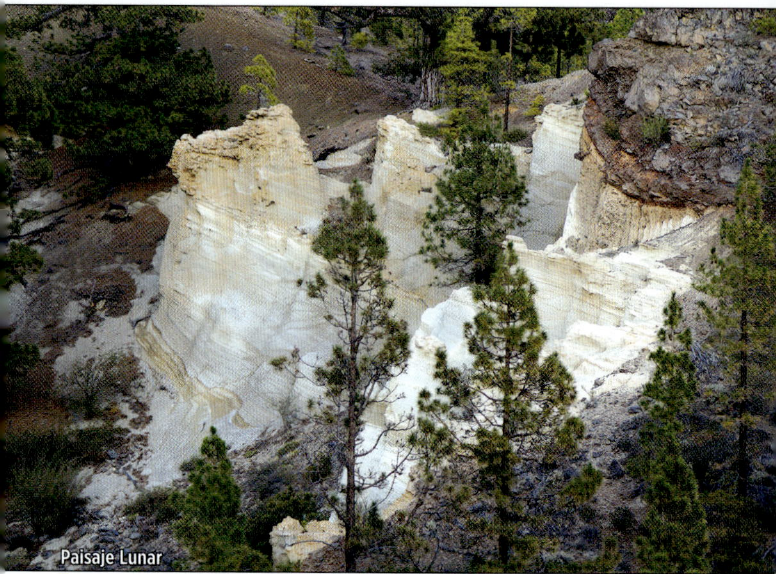

Paisaje Lunar

5 6,3 (1.836) An der Aussichtsplattform rechts, ab hier bis zurück zum Wegpunkt 2 beschildert mit PR TF-72/Vilaflor ⇝ auf dem anfangs etwas steinigen, später angenehm breiten und flachen Pfad durch lichten Kiefernwald, tolle Aussichten zur Südküste ⇝ nach 25 Min. an einer Doppelkreuzung mit zwei Wegweisern halb rechts auf dem flachen, breiten Weg Richtung Vilaflor ⇝ bald eine weitere Abzweigung links liegen lassen ⇝ vor einer Schotterpiste rechts ⇝ diese zweimal kreuzen ⇝ bei drei verfallenen Steinhäusern rechts weg von der Piste (weiß-gelbe Markierung) ⇝ 2 Min. einer anderen Piste nach rechts durch die Kurve folgen ⇝ danach rechts auf dem markierten Pfad hinauf in den Wald.

2 10,0 (1.707) 5 Min. danach sind Sie zurück am Beginn der Runde, jetzt links ⇝ auf bekanntem Weg zurück zum Ausgangspunkt.

1 12,8 (1.410) In Vilaflor endet die Wanderung.

Vilaflor

Tour 15 **7,4 km**

Die Wasserwege von Las Vegas

Start/Ziel: Las Vegas, Dorfstraße nahe der Kapelle (N 28,1454° W 16,5468°)

Aufstieg: 369 m *Hartbelag:* 3 %

Abstieg: 369 m *Wanderwege:* 24 %

Gehzeit: 2,5 - 3 Std. *Wanderpfade:* 74 %

Charakteristik: Ähnlich wie sein großer US-amerikanischer Namensvetter ist der im Süden Teneriffas liegende Weiler Las Vegas eine „Oase in der Wüste“: Die fruchtbaren Talauen in der Umgebung des Ortes zogen bereits die ersten spanischen Siedler an; hier wurden landwirtschaftliche Produkte für ein größeres Umland produziert. Diese gemütliche Rundtour führt zu verschiedenen Orten, die die wasserwirtschaftliche Bedeutung und die verschiedenen Leitungs- und Speichertechniken veranschaulichen. Ganz nebenbei erwandern Sie eine sehr attraktive Region mit seichten Hügeln, duftendem Kiefernwald und tollen Ausblicken zur Südküste.

Öffentliche Verkehrsmittel: Keine Busverbindung

Anfahrt: Südautobahn TF-1, Ausfahrt 49 (Chimiche/El Río, östlich des Südflughafens), hangaufwärts Richtung Chimiche, nach der Durchfahrt des Straßendorfes Chimiche an der Querstraße geradeaus und auf schlechter Straße nach Las Vegas, Parkmöglichkeiten gibt es an der Dorfstraße.

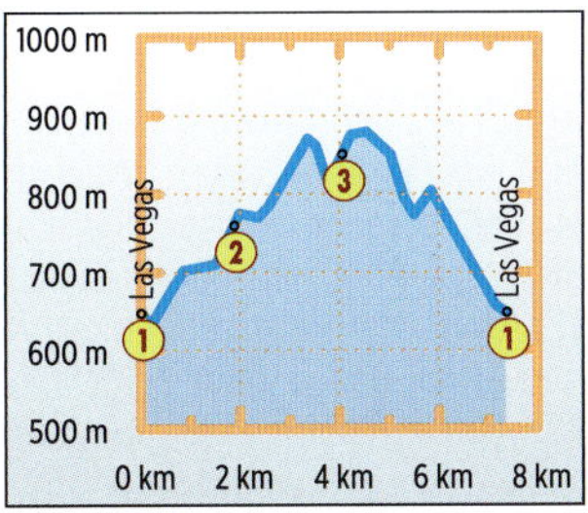

Las Vegas (Granadilla de Abona)

Las Vegas wurde zu Beginn des 16. Jahrhunderts von Suárez de Quesada gegründet, dem große Teile des unfruchtbaren Inselsüdens als Siedlungsraum zugesprochen worden waren. Standortfaktor für diesen Ort im landwirtschaftlich ertragreichsten Teil der „Abona“ genannten Region waren die stellenweise annähernd flachen Talauen (Vegas), die meist Wasser führten und im Winterhalbjahr sogar gelegentlich überschwemmt wurden.

1 0,0 (644) Auf der Zufahrtsstraße ortsauswärts ~ kurz hinter dem Ortsschild links einen Erdweg hinauf zu einer einzeln stehenden Kiefer ~ rechts daran vorbei zu einem Holzpfahl am Rand der Ebene ~ hier auf einem Fußweg hinab zur Straße ~ unmittelbar davor Linksknick ~ etwas später hinauf zur Straße ~ 50 m geradeaus ~ an einem Wegweiser scharf links über Felsstufen hinauf, Sie folgen bis zum Ende der Tour der gelb-weißen

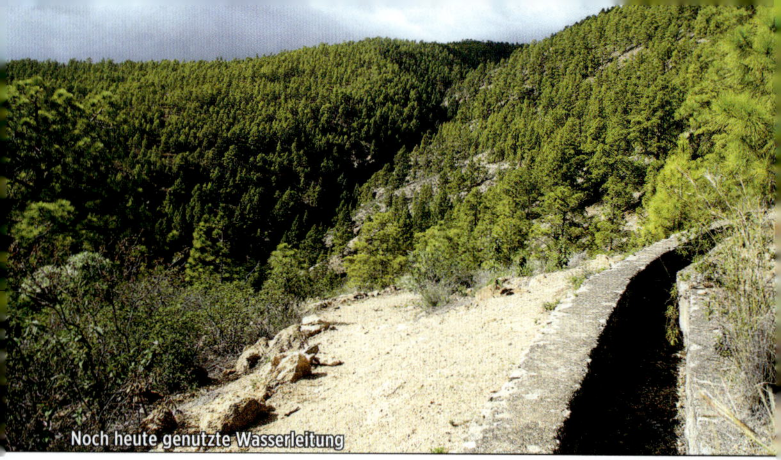

Noch heute genutzte Wasserleitung

Balkenmarkierung ⁓ zwei Abzweige rechts liegen lassen ⁓ im Aufstieg einen Fahrweg kreuzen, danach eine Wasserrinne überqueren ⁓ nach der Kuppe passieren Sie eine Häusergruppe und einige dahinter liegende, noch bewirtschaftete Terrassen ⁓ nach Überschreitung des nächsten flachen Kamms tritt der Weg in einen schroffen, von Kiefern bewachsenen Talgrund ein.

TIPP Dieses Tal ist eine der kürzeren und weniger tiefen Schluchten, doch ihr Wasser reichte aus, um die heute zugewachsenen, „Nateros" genannten Felder im eigentlichen Talgrund zu bewirtschaften.

2 1,9 (756) Auf der Gegenseite in Kehren ansteigen ⁓ auf dem Kamm auf einem Fahrweg links bergauf ⁓ einen Abzweig links liegen lassen, durch eine enge Linkskurve und über eine Wasserrinne ⁓ nach 10 Min. bei einem Wegweiser links auf einen Fußweg abbiegen, hier verlassen Sie den markierten GR TF-83.3 und folgen nun dem GR TF-83.4 in Richtung Las Vegas ⁓ nach wenigen Schritten wendet sich der Weg von der Betonwasserleitung ab ⁓ etwas steiler in einigen Kehren bergab ⁓ den Talboden ein zweites Mal queren und auf der Gegenseite bergauf ⁓ auf einem Fahrweg rechts bergauf ⁓ bei einem großen Wassertank kreuzen Sie bei einer Informationstafel wieder die obere Wasserleitung.

Ehemalige Getreidemühle. Das Wasser für den Antrieb kam aus dem oberen Caldera-Randgebirge in das übernächste, östlich angrenzende Tal Barranco del Río und von dort über die obere Leitung zur Mühle. Heute wird dieses Wasser in einem Stausee aufgefangen und zur Wasserversorgung des Inselsüdens verwendet.

3 4,0 (856) Kurz danach links auf einen flachen Fußweg (Markierung) ⁓ mit tollen Aussichten 10 Min. auf der Höhe durch Kiefernwald ⁓ in einen grünen Talgrund ⁓ talauswärts ⁓ an der Rechtseinmündung von Los Escurriales geradeaus Richtung Las Vegas ⁓ kurz danach einen weiteren Rechtsabzweig ignorieren ⁓ 150 m später bei einem Wegwei-

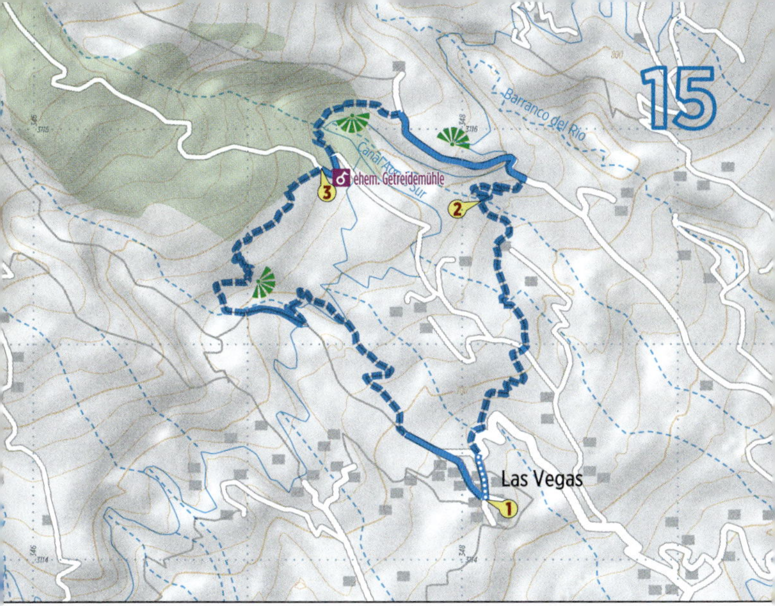

ser scharf links ~ durch zwei kleinere Seitentäler mit mehreren Wasserrinnen sowie zwei Höhlenhäusern ~ danach dem Bergkamm halb rechts folgen ~ 10 Min. später an einer T-Kreuzung rechts ~ erneuter Abstieg ins rechte Tal ~ an einem modernen Wasserspeichergebäude rechts vorbei ~ kurz darauf auf dem Fahrweg links bergab ~ bei den ersten Häusern auf Asphalt ~ gerade vorbei an der Linksabzweigung des Circular Las Vegas ~ ins Dorf hinein und zurück zum Ausgangspunkt.

1 7,4 (644) In der Nähe der Kapelle ist das Ende der Wanderung erreicht.

Las Vegas (Granadilla de Abona)

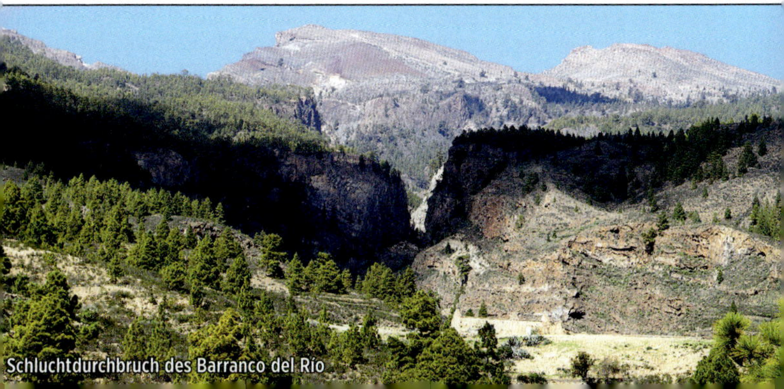

Schluchtdurchbruch des Barranco del Río

Tour 16 — 12,2 km

Von Los Cristianos um die Südspitze Teneriffas

Start: Los Cristianos, Strand im Hafenbecken (N 28,0510° W 16,7187°)
Ziel: Las Galletas, Hafen

Aufstieg:	140 m	*Hartbelag:*	23 %
Abstieg:	140 m	*Wanderwege:*	10 %
Gehzeit:	3,5 - 4 Std.	*Wanderpfade:*	67 %

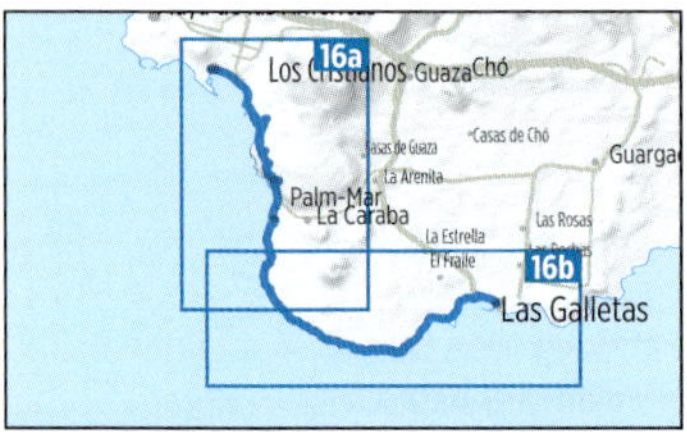

Charakteristik: Nicht nur Puerto de la Cruz im Norden Teneriffas hat eine beliebte Küstenwanderung zu bieten. Die Tour bei Los Cristianos ist sogar wesentlich näher am Meer und landschaftlich auf ihre Weise exotisch. Haben Sie erst einmal den etwas ruppigen Einstieg über das Guaza-Plateau geschafft, führt der Weiterweg durch das Schutzgebiet „Malpaís de Rasca" und vorbei am Leuchtturm Faro de Punta de Rasca zu dem geschäftigen Urlauberdorf Las Galletas. Dabei gibt es Aussichten auf Berge und Meer, Brandung und Bademöglichkeiten und einen sehr kurzweiligen Weg durch eine erstarrte und doch wild-lebendige Lava-Landschaft.

Öffentliche Verkehrsmittel: Die meisten Buslinien des Südens fahren nach Los Cristianos, nur wenige allerdings direkt zum Hafen. Von der Hauptbushaltestelle des Ortes in der Avenida Juan Carlos I. folgen Sie der breiten Avenida bergab Richtung Meer und queren an beliebiger Stelle die letzte Häuserreihe zur Strandpromenade, auf der die Wanderung dann nach links beginnt. Von Las Galletas zurück nach Los Cristianos mehrmals stündlich mit der Buslinie 467.

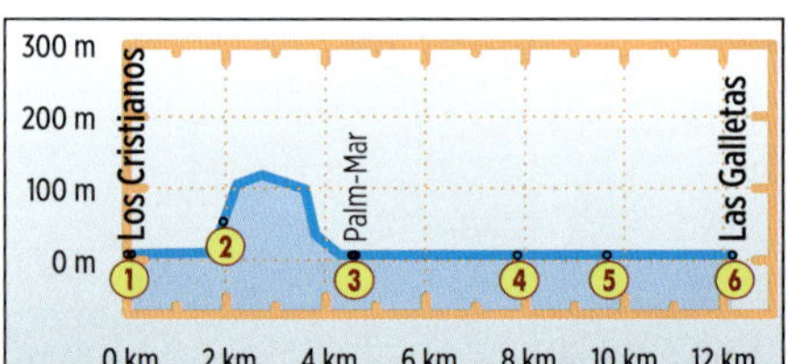

Anfahrt: Los Cristianos liegt an der Südautobahn TF-1,

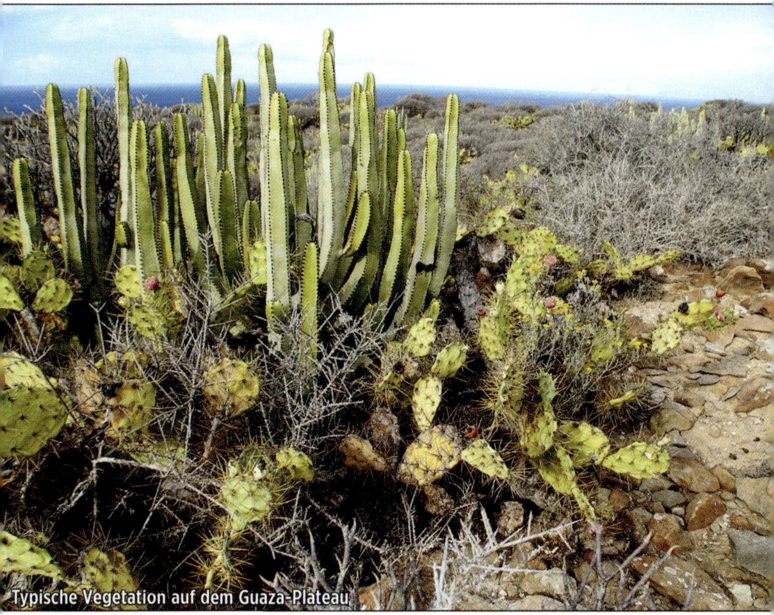
Typische Vegetation auf dem Guaza-Plateau

zahlreiche Parkplätze entlang der Ortsstraße. Günstig für den Tourstart sind z. B. die Avenida de Londres und die Avenida Juan Carlos I.

Los Cristianos (Arona)

Officina Arona – Playa de las Vistas, Paseo las Vistas, ✆ 922787011, @ pjb565

Im Gegensatz zu seinen Nachbarsiedlungen besitzt Los Cristianos einen historischen Kern aus seiner Vergangenheit als Fischersiedlung. Erste Nennungen des Hafens gehen auf das 15. Jahrhundert zurück, doch wegen der vielen Piratenüberfälle siedelten sich erst in den 1860er Jahren Fischer an. Anfang des 19. Jahrhunderts wurde Los Cristianos zum Umschlagplatz für den Süden Teneriffas, es gab z. B. eine Destillerie und eine Salzmine. Ab 1914 wurde das Umland über eine Wasserleitung aus Vilaflor gar bewässert, sodass trotz der Trockenheit Arbeitsplätze in der Landwirtschaft – v. a. Tomaten- und Bananenanbau – entstanden.

Der ab 1957 einsetzende Tourismus wuchs Jahr für Jahr und in den 1970er Jahren trieb der Bau des tinerfenischen Südflughafens unweit von Los Cristianos die Besucherzahlen weiter in die Höhe. Seit den 1980er Jahren wächst Los Cristianos deutlich in die Fläche: vor allem Hotelburgen und Apartmentanlagen ziehen sich bis weit ins Inland. Der Ort verfügt über sämtliche Infrastruktur für den Badetourismus und ist – wegen der guten Anbindung ans Busnetz – auch ein vorteilhafter Ausgangsort für Bergwanderungen. Hier befindet sich auch der zweite Haupthafen Teneriffas, an dem alle Personenfähren auf die Nachbarinseln La Gomera, La Palma und El Hierro an- und ablegen. Dies macht ihn für Reisende insbesondere auf die kleinen Inseln zum Durchgangsort und häufig sogar zum Zwischenstopp für eine Nacht.

Wegen des ganzjährig ariden und sehr sonnigen Klimas ist Los Cristianos auch Wohnsitz oder Zweitwohnsitz vieler Nordeuropäer geworden.

1 0,0 (9) Folgen Sie der Strandpromenade nach links (Südosten) ⤳ am Ende des Badestrands drängt sich eine Reihe Gebäude zwischen Promenadenweg und Meer, der küstenparallele Weg ist jedoch stets gut zu verfolgen ⤳ bald wieder nah am Lavastrand entlang ⤳ am Ende, bei einem friedhofsähnlichen Gelände, am fortsetzenden Schotterweg links leicht bergauf ⤳ geradlinig auf einen letzten Strand zu ⤳ diesen auf dem Hauptzugang betreten ⤳ dann küstenparallel unterhalb einer Natursteinmauer weiter ⤳ vor dem Berg links zwischen Natursteinmauern bergauf („Monumento Natural"-Schild) ⤳ Linkskehre ⤳ danach an der Gabelung rechts auf dem breiteren Weg bergauf ⤳ nun 200 m ohne Kehren stets auf dem Hauptweg gerade ansteigend durch das Pfadnetz.

2 2,0 (54) Von der Straße her münden von links und vorn zwei Wege ein, dort scharf rechts bergauf („Monumento Natural"-Schild) ⤳ nach 50 m in einer Linkskehre geradeaus auf einen kaum erkennbaren Fußsteig (vereinzelte weiße Sprühpunkte) ⤳ auf dem ungepflegten Weg geradlinig meerwärts den Hang hinauf ⤳ oben flacher an einer Linkseinmündung vorbei ⤳ flach 20 Min. auf der Hochfläche dahin ⤳ drei Nebentäler umrunden ⤳ Palm-Mar kommt in Sicht ⤳ zwei Abzweigungen ignorieren ⤳ leicht bergab auf das nächste Nebental zu ⤳ in dieses hinein, dann scharf rechts wieder meerwärts ⤳ steiler Abstieg mit vielen abzweigenden Trampelpfaden ⤳ ⚠ achten Sie auf weiße und grüne Sprühmarkierungen und orientieren Sie sich grob zum Ende der Strandpromenade ⤳ auf der Promenade ortseinwärts.

Palm-Mar (Arona)

Palm-Mar gehört zur Gemeinde Arona und ist ein eher neues, ruhiges Touristenzentrum mit zahlreichen Villen und Apartmentgebäuden. Einen gewachsenen Kern oder Sehenswürdigkeiten sucht man hier vergeblich.

3 4,5 (8) Auf der Strandpromenade bis zu ihrem Ende ⤳ rechts auf eine Straße ⤳ vor dem runden Steinbau auf der Anhöhe rechts auf einen Fußweg und an dem Gebäude vorbei ⤳ immer küstennah zum bald sichtbaren Leuchtturm **Faro de Rasca**, ⚠ an sämtlichen Abzweigen auf dem breiten Hauptweg bleiben, der oft Randsteine hat ⤳ an einer Einmündung links hinauf zum Leuchtturm.

Faro de Rasca. Der aus den 1970er Jahren stammende Leuchtturm ersetzte einen Vorgängerbau aus dem Jahr 1899. Er ist 32 m hoch und steht nah am südlichsten Punkt Teneriffas, der etwas weiter östlich liegt.

4 7,8 (8) Zwischen dem Leuchtturm und dem Nebengebäude hindurch ⤳ geradlinig und parallel zur Küste auf dem Fußweg weiter ⤳ nach 15 Min., bei einer Bananenplantage, Einmündung in eine

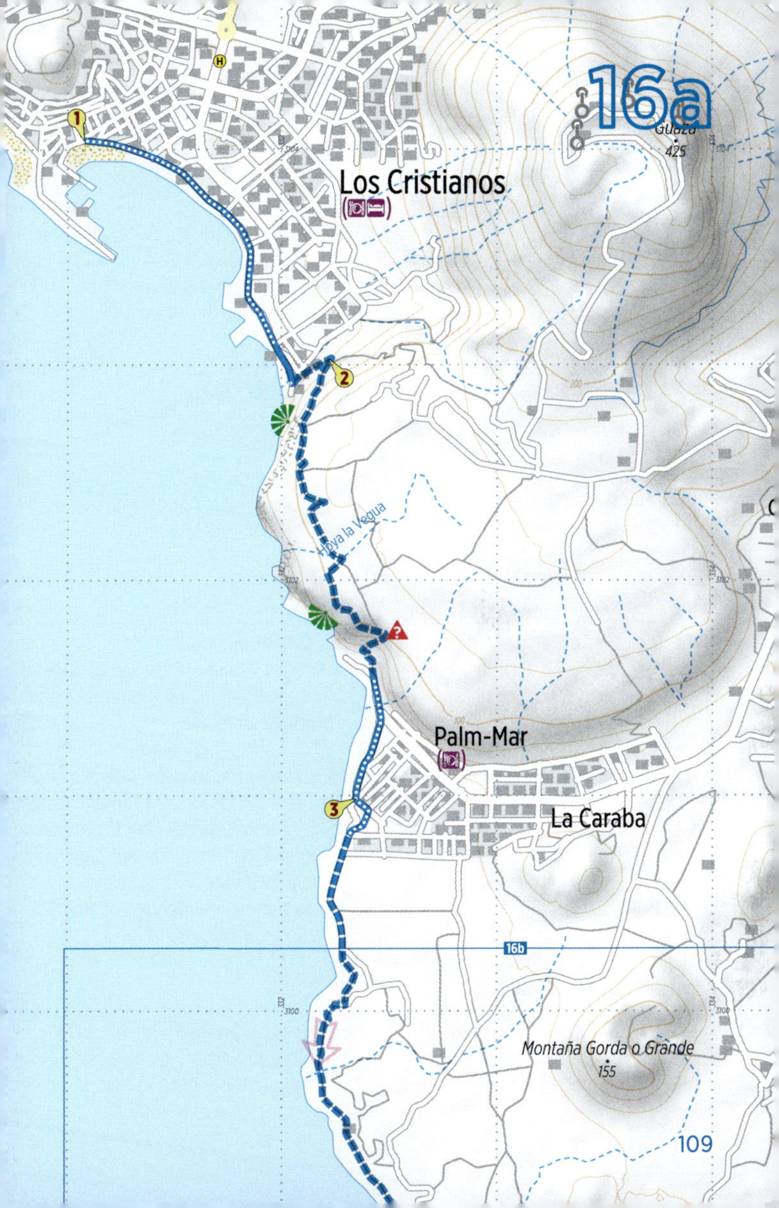
16a
Guaza
425
Los Cristianos
Hoya la Vegua
Palm-Mar
La Caraba
16b
Montaña Gorda o Grande
155

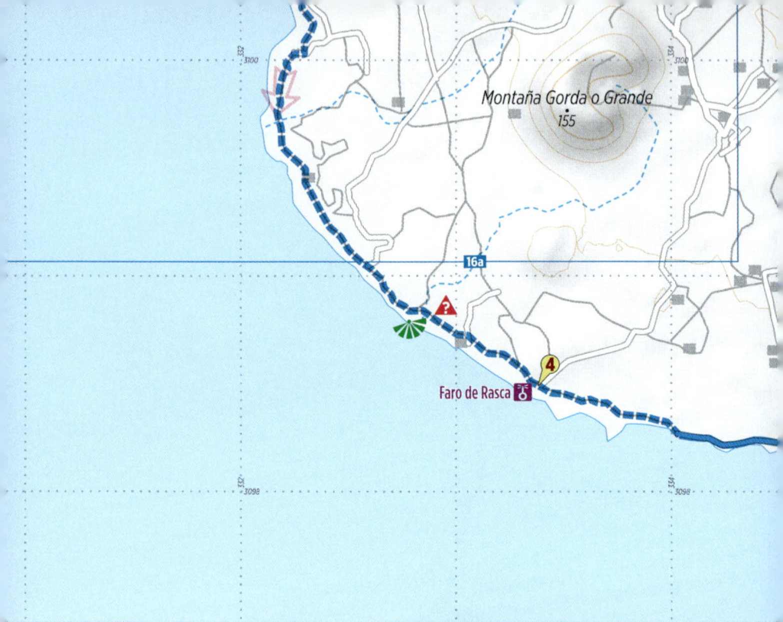

Schotterpiste mit Palmenallee ⤳ auf dieser geradeaus bis zu ihrem Ende.

5 9,7 (8) Rechts eines Steinmäuerchens auf dem küstenparallelen Pfad weiter ⤳ später mit Steinreihen markiert, ⚠ orientieren Sie sich weiterhin küstenparallel ⤳ nach 25 Min. links auf eine Schotterpiste ⤳ schon nach 50 m wieder rechts weg ⤳ bei einem kleinen Sandstrand mit zeitweise geöffneter Strandbar ins quirlige **Las Galletas** ⤳ noch geradeaus über den Hügel zum ersten Gebäude ⤳ links zur Hauptstraße ⤳ auf dieser rechts ⤳ auf der Hafenpromenade zum Ortskern, der um den Hafen herum liegt.

6 12,2 (8) Die Tour endet am Hafen in Las Galletas.

Las Galletas (Arona)

Officina Arona – Playa de las Galletas, Paseo Marítimo Dionisio González Delgado, Strandpromenade, ✆ 922730133, @ dmq467

Der Hafen des ehemaligen Fischerdorfes wird zwar heute immer noch von Fischern benutzt, die ihren Fang anschließend an der Promenade verkaufen – der Tourismus und Tagestourismus mit der starken Gastronomie dominieren aber mittlerweile den überschaubaren Ort.

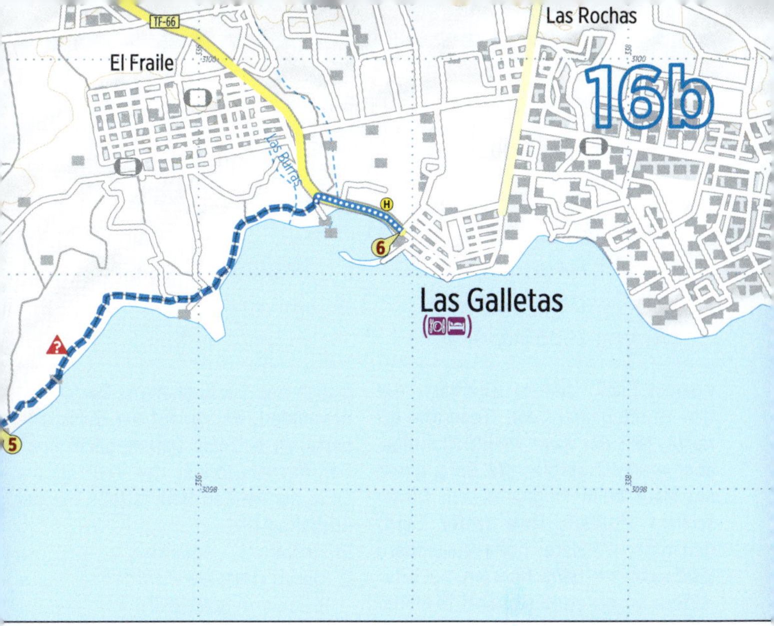

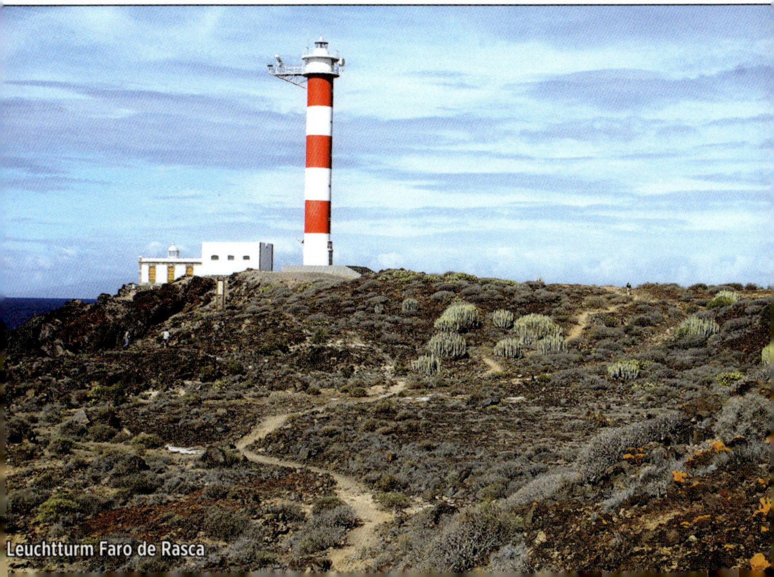

Leuchtturm Faro de Rasca

Tour 17 6,8 km

Auf den Berg Montaña Roja

Start/Ziel: El Médano, Bushaltestelle am Strand Playa Chica (N 28,0441° W 16,5360°)

Aufstieg: 154 m *Hartbelag:* 6 %

Abstieg: 154 m *Wanderwege:* 0 %

Gehzeit: 2 - 2,5 Std. *Wanderpfade:* 94 %

Charakteristik: Jedem Fluggast, der den Südflughafen von Teneriffa erreicht, fällt der zwar wenig anmutige, aber markant spitze rote Berg direkt am Meer beim Flughafen auf. Dieser schlicht Montaña Roja (roter Berg) genannte, 173 Meter hohe Vulkanberg lässt sich vom benachbarten, bei Kitesurfern beliebten Küstendorf El Médano aus besteigen - nirgends sonst an der Küste bietet sich ein so schöner Ausblick auf den Südflughafen und die umgebende Südküste Teneriffas. Ein anschließender Abstecher zum bewachten Sandstrand La Tejita am Fuß des Montaña Roja rundet die Tour ab.

Öffentliche Verkehrsmittel: Linien 470 und 483 von Los Cristianos. Sie können auch an der Autobahn-Bushaltestelle bei Granadilla aus der Linie 111 (Santa Cruz-Costa Adeje)aussteigen und mit der Linie 470 nach El Médano fahren.

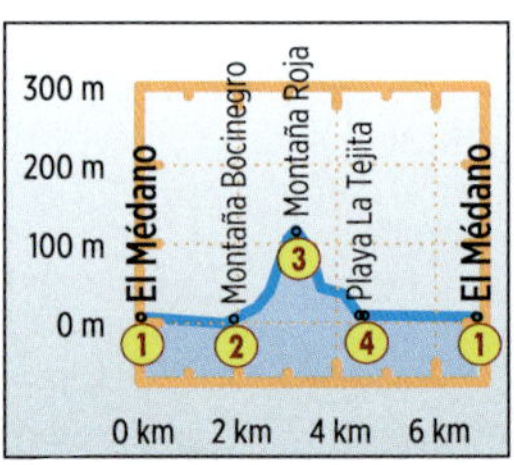

Anfahrt: El Médano besitzt gemeinsam mit Granadilla auf der Südautobahn TF-1 eine Ausfahrt östlich des Südflughafens. Der Ort ist beschildert, im Verlauf der Ortsstraße bestehen einzelne Parkmöglichkeiten. Der Ausgangspunkt der Tour ist am Ende der breiten Hauptstraße bei der Bushaltestelle.

El Medano (Granadilla de Abona)

Oficina El Médano, Plaza de los Principes de España, ✆ 922176002

Der nur wenig touristisch erschlossene Ort mit seiner freundlichen Strandpromenade ist vor allem in der Surfer- und Kitesurfer-Szene bekannt, weil hier mit dem konstantesten und stärksten Wind der Insel zu rechnen ist. Außerdem liegen direkt bei El Médano die längsten Sandstrände Teneriffas - wovon Sie sich auf dieser Wanderung selbst überzeugen können.

1 0,0 (5) Von der Bushaltestelle meerwärts ⤳ direkt auf den westlichen Strand zu ⤳ etwas rechts davon, hinter der ersten Häuserreihe durch die Fußgängerzone **Paseo García** nach Westen ⤳ nach 100 m an der Kreuzung geradeaus ⤳ am Dorfplatz halb links, gerade am Strand entlang wei-

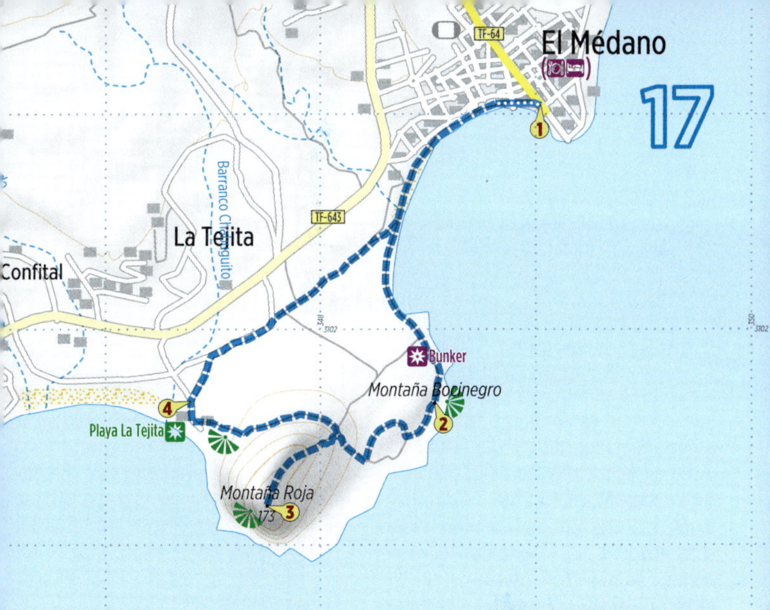

ter ~ dem geschwungenen Strand nun 1,2 km in Richtung des Berges Montaña Roja folgen ~ an seinem deutlich felsigeren Ende setzt sich entlang einiger Holzpfosten geradeaus ein Fußweg fort ~ nach einem Bunker an der Wegteilung beim Wegweiser geradeaus Richtung Montaña Bocinegro ~ zum Fuß des unscheinbaren Berges und gut erkennbar hinauf ~ unterwegs bei einem weiteren Bunker links halten, von hier aus wurde im Zweiten Weltkrieg die Küste um El Médano überwacht und auch geschossen ~ auf der Höhe des kleinen Berges befindet sich eine Informationstafel.

Montaña Bocinegro. Der unscheinbare, nur 38 m hohe Nebenhügel des Montaña Roja ist der Überrest eines stark erodierten Nebenschlots. Obgleich der Hügel selbst wenig beeindruckt, lassen sich hier viele vulkanische Erscheinungsformen gut erkennen: Die meerseitige Flanke beider Hügel ist durch die Brandung wesentlich steiler erodiert als die landseitige. Das durch Oxidation (Rost) stark rot gefärbte Gestein des Montaña Roja ist im unteren Bereich teilweise mit weißen Schichten überdeckt, die aus vulkanischem Staub aus den „großen" Vulkanen im Inselinneren bestehen.

2 1,9 (22) Geradeaus auf der anderen Bergseite hinunter ~ nach 150 m an einem Wegweiser rechts ~ in einer ausladenden Kurve auf den Hauptberg Montaña Roja zu ~ an einer T-Kreuzung mit Wegweiser links ~ 20 m später an einer Gabelung rechts hinauf ~ von Steinreihen eingefasst und flach gut 200 m am Montaña Roja entlang ~ auf ei-

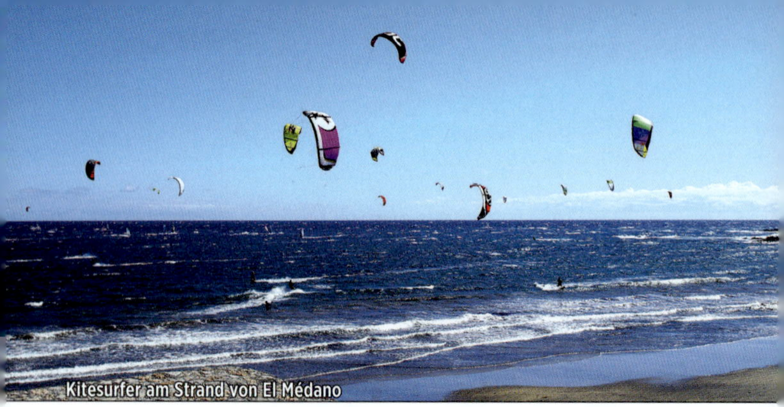

Kitesurfer am Strand von El Médano

nem schlecht erkennbaren Trampelpfad scharf rechts bergauf ⇝ der schmälere, nicht eingefasste Weg teilt sich nach 5 Min., hier links steil bergauf ⇝ nach wenigen Schritten auf dem breiten Hauptaufstiegspfad zum Montaña Roja links bergauf ⇝ zum Gipfelplateau.

Montaña Roja (173 m)

Der Gipfel ist der Kern des kleinen Naturschutzgebietes und ein großartiger Aussichtsplatz. Sie haben von hier einen guten Blick über die Südküste und den Südflughafen bis hinauf zum Teide-Gipfel.

3 3,2 (173) Auf gleichem Weg zurück zur Einmündung Ihres Aufstieges in den Hauptweg ⇝ nun dem Hauptweg links noch 40 m folgen ⇝ direkt vor einer kurzen kniehohen Steinmauer links auf einen schmalen, aber gut erkennbaren Pfad ⇝ etwa Höhe haltend um den Berg herum ⇝ nach knapp 10 Min. kommt der Strand La Tejita in Sicht ⇝ bald (bei einem Haufen dunkler Steine) zieht ein Pfad über einen hellen Rücken hinunter ⇝ zwischen die beiden Gebäude am Rand des Strandes.

Playa La Tejita. Im Vergleich zum oft von Kitesurfern belagerten Strand direkt bei El Médano ist es hier bei gleicher Badequalität etwas geruhsamer.

TIPP Das kleine gelbe Gebäude ist ein altes Kabelhaus und war früher Ausgangspunkt des Tiefseekabels von Teneriffa in den Senegal. Heute ist es, zusammen mit dem kleinen alten Flughafentower, an dem Sie am Weiterweg vorbei kommen, nur noch ein Kulturdenkmal, das an vortouristische Zeiten der Insel erinnert.

4 4,5 (7) Unmittelbar vor dem rechten, gelben Gebäude rechts auf einen Fußweg Richtung Parkplatz ⇝ nach wenigen Schritten rechts weg ⇝ nach 5 Min. auf einem breiten Querweg rechts ⇝ nach weiteren 10 Min., an einer Dreifachgabelung bei einem Wegweiser nahe dem kleinen Tower, geradeaus auf dem Hauptweg Richtung Playa Leocadio Machado ⇝ an der nächsten Kreuzung geradeaus ⇝ 5 Min. später erreichen Sie wieder den Strand vor El Médano ⇝ nach links in den Ort.

1 6,8 (5) Bei der Bushaltestelle endet die Wanderung.

El Medano (Granadilla de Abona)

Tour 18 **8,6 km**

Die Vulkanlandschaft von Güímar

Start/Ziel: El Socorro, unterer Kapellenplatz (N 28,3286° W 16,3639°)

Aufstieg: 111 m *Hartbelag:* 9 %

Abstieg: 111 m *Wanderwege:* 19 %

Gehzeit: 2,5 - 3 Std. *Wanderpfade:* 72 %

Charakteristik: Unterhalb des Dorfes Güímar an der Südostküste befindet sich am Fuß eines Vulkankegels mit dem schlichten Namen Montaña Grande (deutsch „großer Berg“) eine Lavalandschaft, die in ihrer unbeeinflussten Form und ihrer Pioniervegetation einzigartig und daher als Naturschutzgebiet „Malpaís de Güímar“ geschützt ist. Die einfache Wanderung auf bequemen, lediglich recht grobsteinigen Wegen umrundet das schöne Naturschutzgebiet von dem charmanten, touristisch völlig unerschlossenen Küstendorf El Socorro aus.

Tipp: Wer die kurze Wanderung mit etwas Kultur kombinieren möchte, sollte sich die berühmten Pyramiden von Güímar ansehen, die wohl die archäologische Hauptattraktion Teneriffas sind.

Öffentliche Verkehrsmittel: Die Buslinien 122 und 124 halten, von Santa Cruz kommend, direkt am Ortsrand von El Socorro.

Anfahrt: El Socorro ist Teil der Gemeinde Güímar und liegt unterhalb eines großen Gewerbegebiets direkt am Meer. Südautobahn TF-1, Ausfahrt 20 (Arafo/El Socorro), durch 4 bzw. 5 Kreisverkehre immer meerwärts und hinter dem letzten der einzigen Fahrtrichtung folgend rechts zu dem kleinen Örtchen. Die Straße Calle del Drago endet an der unteren Dorfkapelle, wo geparkt werden kann.

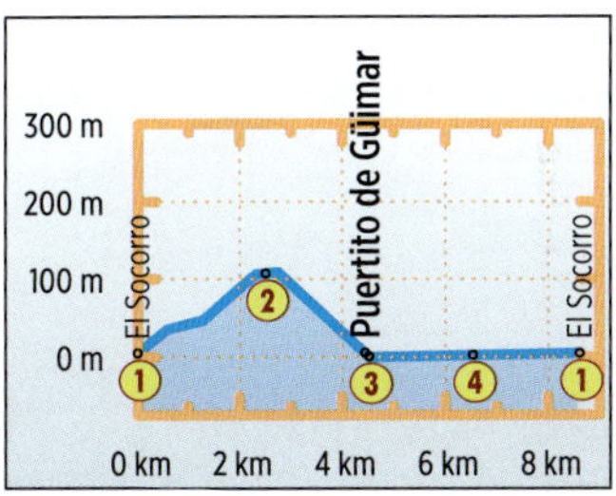

El Socorro (Guimar)

Pyramiden von Güímar, Calle Chacona, Guimar, ✆ 922514510 Ⓣ Die recht niedrigen, aus schwarzen Lesesteinen errichteten Stufenpyramiden befinden sich am oberen Ortsrand des ansonsten wenig sehenswerten Hauptortes Güímar. Der norwegische Forscher Thor Heyerdahl sah bei den Pyramiden wegen ihrer astronomischen Ausrichtung einen Zusammenhang mit den Bauwerken der Inka, die Theorie ist jedoch umstritten. Das Zentrum bietet audiovisuelle Räume und zusätzliche Ausstellungen namens „Geheimgarten“ mit giftigen Pflanzen aus aller Welt und „Osterinsel“. @ kih643

Bar Casa Jesús, C/ Aulaga, 7. Barrio de El Socorro, ✆ 922502206, ◷ Okt.-April, 8.30-21.30 Uhr, Mai-Sept., 8-23 Uhr

Das authentische und etwas verschlafene Dörfchen El Socorro versteckt sich unterhalb eines großen Gewerbegebietes, dem es vielleicht seine geringe Attraktivität für Investoren aus dem Tourismussektor verdankt.

1 0,0 (5) Auf der Doppelstraße **Calle El Cardon** gerade von der Kapelle weg ⤳ durch die Rechtskurve bergauf ⤳ nach 250 m aus dem Ort hinaus ⤳ in einem Rechtsknick geradeaus auf den beschrankten Schotterweg ⤳ 300 m entlang einer Mauer bergauf ⤳ auf Höhe eines Kreisverkehrs links durch einen Mauerdurchlass auf einen rechtwinklig abzweigenden Fahrweg, ⚠ die folgenden 20 Min. zweigen von diesem Fahrweg öfters Trampelpfade ab ⤳ orientieren Sie sich aber stets zu den niedrigeren Hügeln an der linken Flanke des markanten Vulkanberges vor Ihnen ⤳ nach 5 Min. auf dem schlechteren Weg geradeaus zu einem Wasserbehälter ⤳ unterhalb vorbei ⤳ dahinter in eine Linkskurve ⤳ gleich rechts dem breiteren Weg folgen und den Geradeausabzweig ignorieren ⤳ 5 Min. danach an einem deutlichen Querweg rechts ⤳ einen breiten Abzweig links liegen lassen und geradeaus bergauf weiter ⤳ nach 3 Min. bei einer höhlenartigen Grube zur Rechten auf dem Hauptweg durch die Linkskurve ⤳ entlang einer offenen Betonwasserleitung ⤳ 150 m später einem breiteren Weg nach links folgen, der von einem Mäuerchen begleitet wird.

AUSFLUG Eine Besteigung des Vulkanberges ist aus Naturschutzgründen zwar nicht vorgesehen, wird aber toleriert, weshalb es mehrere Trampelpfade zum Kraterrand gibt. Wenn Sie an dieser Kreuzung geradeaus gehen und sich nach 80 m halb links auf den schon sichtbaren Aufstiegsweg halten, gelangen Sie zum Kraterrand.

Kurz darauf durch eine weitere Absperrung und fortan auf einem leicht ansteigenden Pfad weiter ⤳ 5 Min. danach bei einem Holzpfosten mit Wegzeigern geradeaus Richtung El Puertito ⤳ 10 Min. danach erreicht der nun deutliche Weg eine Aussichtsplattform an der höchsten Stelle.

Malpaís de Güímar. Der Begriff „Malpaís" ist eine wörtliche Übersetzung des geologischen Begriffes „Badland", mit dem jung vulkanisch überformte Landschaften bezeichnet werden, die sich für keinerlei wirtschaftliche Nutzung durch den Menschen eignen und damit schlichtweg „schlecht" sind. Badlands unterschiedlichen Alters finden wir überall auf Teneriffa, doch entwickeln sie sich in jeder Höhenlage und abhängig von den klimatischen Bedingungen anders. Das Malpaís de Güímar ist das wohl niedrigste so gut erhaltene Badland Teneriffas, in dem sich aufgrund des warm-

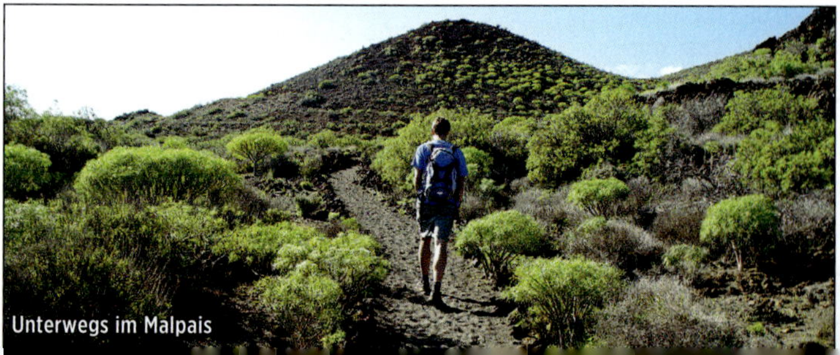
Unterwegs im Malpais

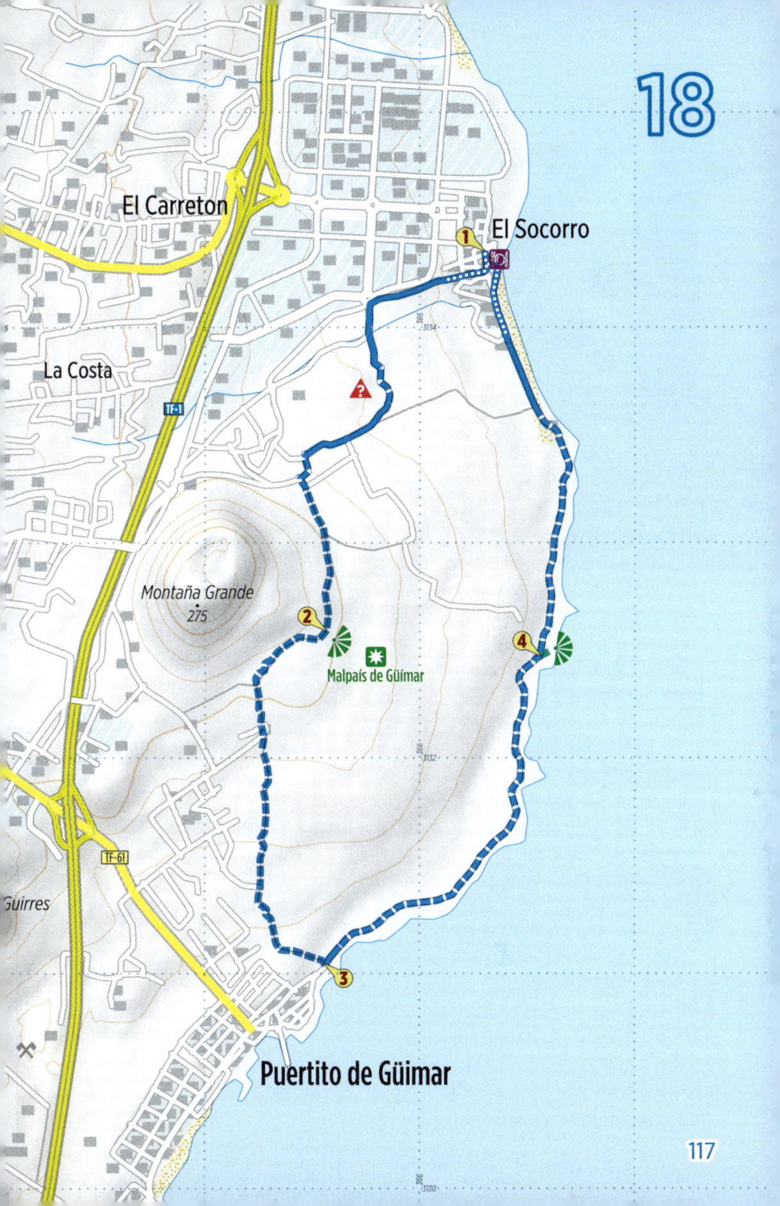
18
El Carreton
El Socorro
La Costa
TF-1
Montaña Grande
275
Malpaís de Güimar
TF-61
Guirres
Puertito de Güimar
1
2
3
4

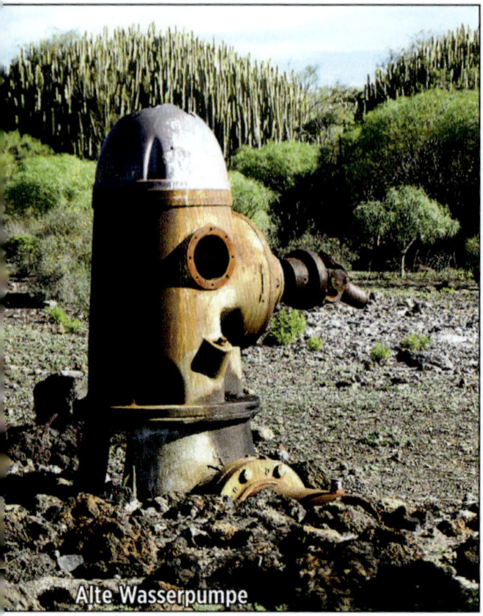
Alte Wasserpumpe

trockenen Klimas schützenswerte Bestände der Cardonal-Tabaibal-Formation, zwei Gruppen der Wolfsmilchgewächse, entwickeln können. Diese Sukkulenten können nicht nur zwischen der Lava wachsen, sie entwickeln das harte Gestein über geologische Zeiträume hinweg auch zu einem Boden weiter, der auch für weitere Pflanzen nutzbar ist. Sie bilden damit auch die Lebensgrundlage erster Tiere wie Insekten und kleiner Vögel.

TIPP Entlang des Rückwegs an der Küste treffen Sie außerdem auf salzliebende Gewächse und auf erste Formen der menschlichen Nutzung in Form kleiner ehemaliger Salzverdunstungsbecken.

2 2,5 (110) Gerade auf dem Weg weiter ⇝ nach 300 m an einer deutlichen, unmarkierten Gabelung links ⇝ einen schmalen Abzweig links liegen lassen (der Hauptweg ist rechts mit Steinreihen ausgelegt) ⇝ kurz darauf bei einem Wegweiser geradeaus Richtung El Puertito ⇝ Sie passieren eine alte Wasserpumpe ⇝ die folgenden 30 Min. in Richtung der ersten Häuser der touristisch ausgebauten Strandsiedlung **El Puertito**.

Puertito de Güímar (Guimar)

3 4,5 (4) Bei einer Infotafel auf dem breiten Querweg links Richtung El Socorro ⇝ den Abzweig zu den Häusern rechts liegen lassen und links leicht bergauf ⇝ bei den letzten Verschlägen auf einem Pfad entlang der Küste weiter ⇝ stets nah am Wasser entlang durch die schöne Lavalandschaft ⇝ nach 30 Min., vor einem steil ins Wasser abfallenden, etwas höheren Lavaberg, an der Gabelung links ⇝ auf dem breiteren Pfad alle Rechtsabzweige ignorierend auf den kleinen Berg hinauf.

AUSSICHT Auf der Anhöhe können Sie rechts hinauf zu einer Aussichtskanzel gelangen.

4 6,5 (22) Auf dem breiten Pfad küstenparallel weiter ⇝ ein Zwischental durchqueren ⇝ auf der nächsten Anhöhe an einer beschilderten Wegkreuzung geradeaus Richtung El Socorro ⇝ 15 Min. später bei einigen Fischerhütten auf einem pistenartigen Weg zum schon sichtbaren Ort ⇝ stets am Meer bleibend entlang der ersten Häuser weiter ⇝ vorbei an einer links abzweigenden Sackgasse ⇝ 50 m danach links ein weißes Treppchen zwischen den Häusern hinauf ⇝ rechts zurück zum Ausgangspunkt der Tour.

1 8,6 (5) Beim Kapellenplatz endet die Tour.

El Socorro (Guimar)

Tour 19 **8 km**

Wilde Schluchten über Araya

Start/Ziel: Araya, Cruz del Camino, T-Kreuzung beim Ortsschild (N 28,3670° W 16,3979°)

Aufstieg: 722 m *Hartbelag:* 17 %

Abstieg: 722 m *Wanderwege:* 21 %

Gehzeit: 3,5 - 4 Std. *Wanderpfade:* 62 %

Charakteristik: Die beeindruckende Schluchtenlandschaft um das Dorf Araya ist Schauplatz einer empfehlenswerten Rundtour. Von dem verschlafenen, am steilen Hang „klebenden" oberen Ortsteil Cruz del Camino geht es hinauf zur Grenze des Kiefernwalds am Höhenrücken Cumbre Dorsal. Auf steilen, aber angenehm begehbaren Wegen umrunden Sie das tief eingeschnittene Haupttal Barranco El Rincón und Teile des Nachbartals Barranco La Florida und erhalten tolle Aussichten auf die Südküste, den Nachbarort Güímar und das Teide-Observatorium auf dem Cumbre Dorsal. Der beliebte Picknickplatz Los Brezos lädt unterwegs zur Pause ein.

Tipp: Die gesamte Tour ist sehr gut mit weißgrünen Balken und Wegweisern als Route SL TF-294 markiert.

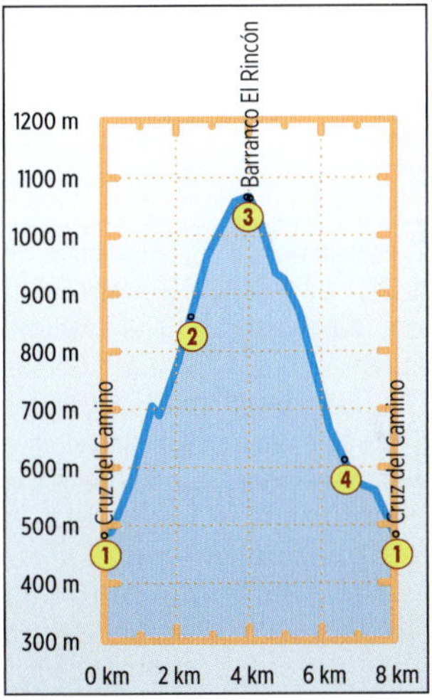

Öffentliche Verkehrsmittel: Die Buslinie 123 fährt mehrmals täglich von Santa Cruz nach Araya. Von Süden kommend können Sie in Candelaria auf die Linie 123 umsteigen. Die Haupthaltestelle Araya liegt 850 Meter (und 150 Höhenmeter) vom Ausgangspunkt entfernt.

Anfahrt: Südautobahn TF-1, Ausfahrt 17 (Candelaria/Araya). Folgen Sie der Beschilderung nach Araya, im Ort hinter der Bar Casa Cándido rechts die steile Straße hinauf Richtung Plaza de Araya/ Monte Los Brezos. Der Ausgangspunkt ist die T-Kreuzung nach 850 Meter am Ortsschild „Cruz del Camino", allerdings gibt es dort wenige Parkmöglichkeiten. Parken Sie bereits an der steilen Auffahrtsstraße, z. B. auf dem Parkstreifen vor den dunkelroten Reihenhäusern.

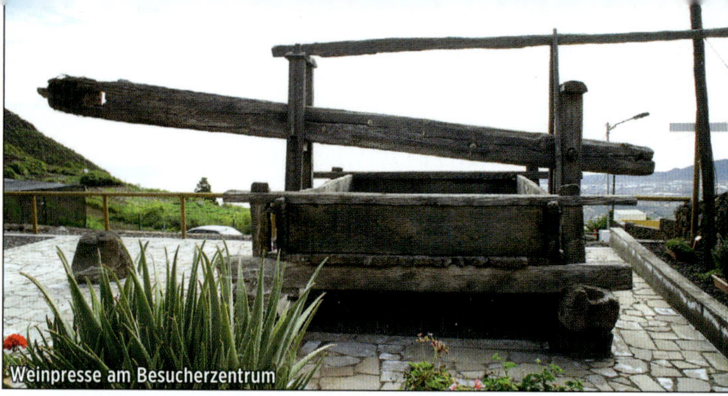
Weinpresse am Besucherzentrum

Cruz del Camino (Candelaria)

Casa Cándido, Calle Morra los Valitos, 118, ✆ 922501201

1 0,0 (471) An der Kreuzung am Wegweiser rechts Richtung Igonce/Los Brezos (SL TF-294) ⇝ sogleich den Abzweig bei dem Marienschrein links liegen lassen ⇝ nach 100 m an einer weiteren Kreuzung geradeaus ⇝ auf Asphalt in den Talgrund ⇝ direkt nach der Brücke links einen Pfad hinauf ⇝ oben auf einer Asphaltstraße scharf links bergab, nicht ganz links die Hauszufahrt ⇝ am Straßenende vorbei an der **Finca de los Haciendas**.

Finca de los Haciendas im kanarischen Baustil, mit einer historischen Weinpresse auf dem Vorplatz. Wird zu einem kleinen Besucherzentrum umgebaut.

Direkt dahinter an einem Wegweiser links Richtung Los Brezos ⇝ auf dem Fahrweg ein Stück ins Tal und wieder ansteigen ⇝ auf einem Pfad geradeaus über eine abgedeckte Betonwasserleitung ⇝ 5 Min. danach auf einer Schotterpiste links bergauf Richtung Los Brezos.

AUSFLUG: Rechts 50 m versetzt steht ein alter Ziegelofen aus orangerotem Vulkanstein.

Auf der Piste bergab in ein Tal ⇝ nach kurzem Wiederaufstieg auf dem Asphaltweg scharf rechts (Wegweiser) ⇝ nach einem längeren geraden Stück rechts auf den markierten Pfad ⇝ kurz darauf an einer Asphaltstraße 10 m rechts versetzt weiter ⇝ über eine Treppe zum **Picknickplatz Los Brezos**.

Picknickplatz Los Brezos

Der schön gelegene Picknickplatz wurde 2011 mit Fördermitteln stark ausgebaut (Kinderspielplatz, Toiletten, Grillanlagen und Wasserversorgung) und ist an Wochenenden gut besucht.

Ermita San Isidro. Die kleine Kapelle wurde ursprünglich in den 1970er Jahren von Bewohnern Arayas als Wallfahrtskapelle errichtet und ist jährlich Ende Mai Ort eines Wallfahrtsfestes.

2 2,4 (836) Geradeaus die Parkfläche hinauf (Wegweiser Piedras de Carcho/Araya) ⇝ an einigen Versorgungsgebäuden vorbei gerade auf einen steilen Schotterweg ⇝ jetzt alle Abzweige ignorieren ⇝ nach 300 m, bei einer Schotterkehre, geradeaus bergauf ⇝ eine erste Schotterpiste kreuzen ⇝ auf der zweiten Piste rechts ⇝ nach 250 m, in Sichtweite der

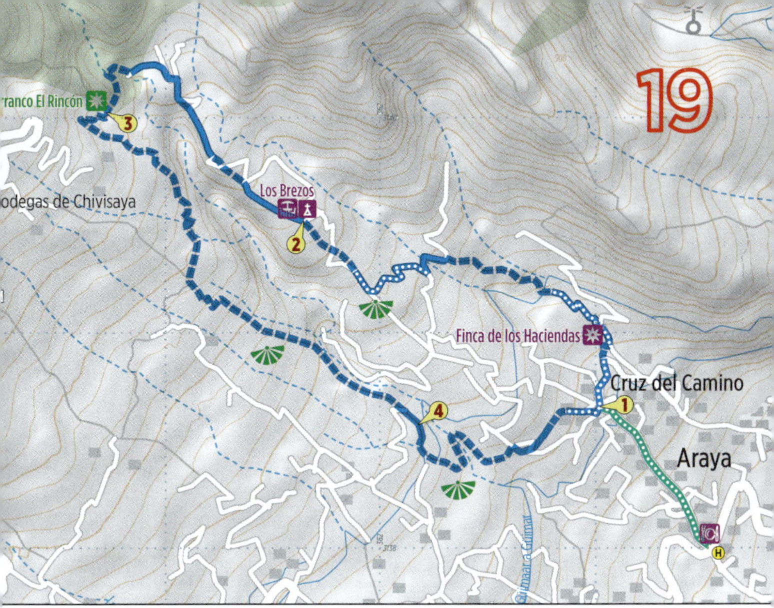

markanten orangen Felswand Risco de la Vera, links auf einen markierten Pfad ~ am nächsten Schotterweg links ~ nach 100 m links zu einer Hausruine hin ~ an einer Dreiteilung des Schotterwegs auf der mittleren Möglichkeit sanft bergab (Sperrkette), hier ist der höchste Punkt erreicht ~ nach kurzem Abstieg in den Talgrund halb rechts auf einem markierten Pfad bergauf ~ bald durch den trockenen, schattigen Talgrund.

Barranco de El Rincón (auch Barranco de las Goteras). Die Schlucht erreicht hier beeindruckende Dimensionen und ist unterhalb aufgrund ihrer Tiefe ein bedeutendes Verkehrshindernis. Der Fluss durchbricht die hintere Felswand in mehreren Mäandern. Das Grundwasser wird in zahlreichen

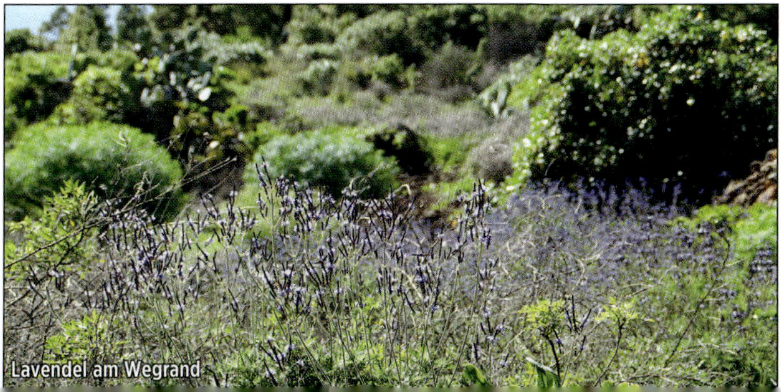
Lavendel am Wegrand

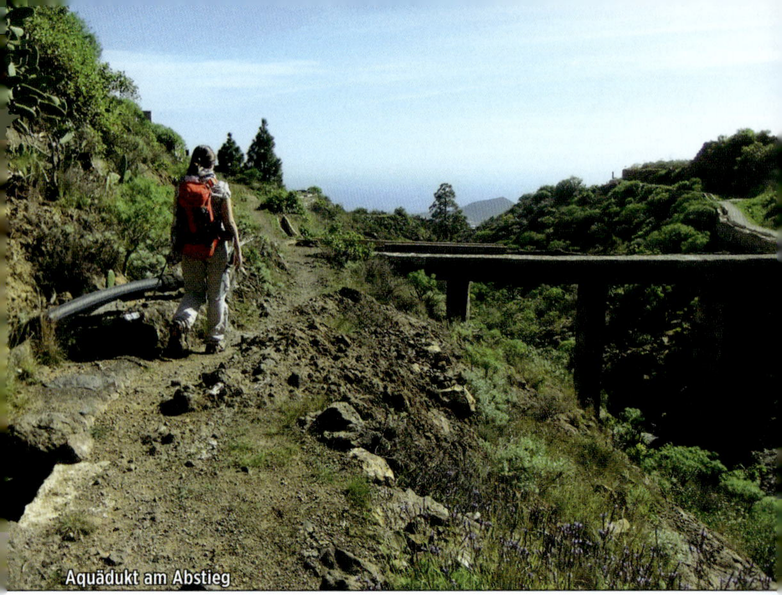

Aquädukt am Abstieg

Wasserrinnen und -leitungen aufgefangen und war früher Lebensgrundlage der Bewohner von Araya. Die vielen, meist verfallenen Wasserverteilungsanlagen am Weg deuten auf die Bedeutung hin.

3 3,9 (1.065) Leicht ansteigend aus dem Talboden hinaus ⤳ einen alten Dreschplatz überqueren ⤳ der eindeutige Weg führt nun meist fallend, manchmal unangenehm schlüpfrig wieder Richtung Araya ⤳ nach 30 Min. an einer Pfadkreuzung links (weiß-grün) ⤳ nach weiteren 20 Min. bei einem Strommast geradeaus auf dem Pfad bergab.

4 6,6 (608) Kurz darauf auf dem Fahrweg links bergab ⤳ bald an einer T-Kreuzung vor einem Garten rechts ⤳ nach 100 m an einer Kreuzung mit Wegweiser scharf links zu dem Aquädukt ⤳ bald die begleitende Betonrinne geradeaus überqueren ⤳ in einer Linkskurve in den Talgrund hinein ⤳ gegenüber talauswärts wieder bergauf ⤳ auf der gegenüberliegenden Talschulter eine Einmündung von links ignorieren und gerade bergab ⤳ nach 150 m den Abzweig zur Quelle Fuente La Gotera rechts liegen lassen ⤳ bald einer Asphaltstraße halb links bergauf folgen ⤳ nach 50 m, vor der Kurve, geradeaus auf den Fahrweg (weiß-grün) ⤳ links auf einem Pfad an einem Haus vorbei ⤳ dahinter in Stufen hinab auf einen Kreuzungsplatz ⤳ diesen geradeaus überqueren ⤳ die steile Betonrampe hinunter zur Asphaltstraße ⤳ auf dieser gerade bergab ⤳ an der T-Kreuzung links zurück zum Ausgangspunkt.

1 8,0 (471) In Cruz del Camino ist das Ende der Wanderung erreicht.

Cruz del Camino (Candelaria)

Tour 20 12,3 km

Von Barranco Hondo nach Las Raíces

Start/Ziel: Barranco Hondo, Dorfplatz (N 28,4027° W 16,3607°)

Aufstieg:	809 m	*Hartbelag:*	37 %
Abstieg:	809 m	*Wanderwege:*	13 %
Gehzeit:	4 - 4,5 Std.	*Wanderpfade:*	50 %

Charakteristik: Der magische Esperanza-Wald am Cumbre Dorsal kann auch aus der Küstenebene um Santa Cruz erwandert werden. Diese Runde führt Sie vom charmanten Bergdorf Barranco Hondo durch lichten Kiefernwald und vorbei an tollen Aussichtspunkten hinauf in den Esperanza-Wald, wo die fast flache, von Kiefernwald bestandene Hochfläche Sie schnell zum Ziel in Las Raíces leitet. Hier kann in einer netten Bar Kraft für den etwas mühsameren Abstieg getankt werden – der historische Saumweg entlässt Sie erst unmittelbar am Dorfplatz in Barranco Hondo wieder in die Zivilisation.

Öffentliche Verkehrsmittel: Barranco Hondo wird werktags dreimal von Santa Cruz aus mit der Linie 142 bedient. Die etwas häufiger verkehrende Linie 127 verbindet die Orte Taco und Güimar via Barranco Hondo miteinander; auf diese Linie können Sie von Los Cristianos oder Santa Cruz kommend (bspw. von der Linie 111) umsteigen, wenn Sie an der Autobahnhaltestelle Las Caletillas aussteigen und 200 Meter zur westlich verlaufenden Straße TF-28 gehen, auf der die Linie 127 fährt. Die Endhaltestelle beider Linien in Barranco Hondo liegt 100 Meter südlich des Dorfplatzes.

Anfahrt: Südautobahn TF-1, Ausfahrt 11 (Bco. Hondo), folgen Sie der Beschilderung nach Barranco Hondo (TF-287, dann TF-28 und TF-254) in zahlreichen Kehren 3,1 Kilometer den Berg hinauf. Oben im Ort links in die flache Straße

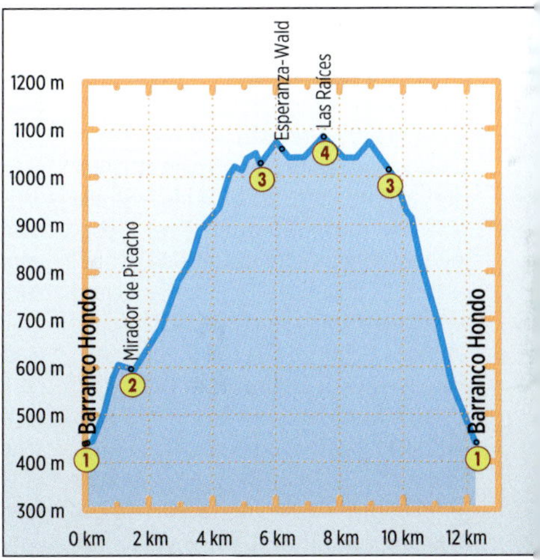

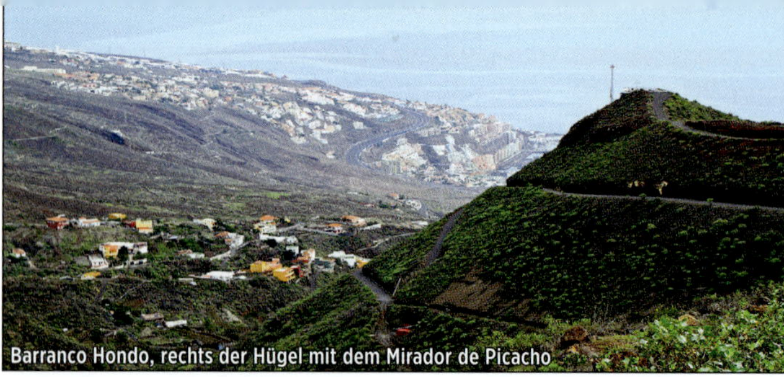

Barranco Hondo, rechts der Hügel mit dem Mirador de Picacho

„Calle Llano de la Rosa" abbiegen und in einem weiten Rechtsbogen 1,2 Kilometer bis zu einer T-Kreuzung am Ortsrand. Hier rechts Richtung La Plaza. Unmittelbar am Dorfplatz kann geparkt werden.

Barranco Hondo (Candelaria)

San José, Calle la Plaza. Die kleine Kirche liegt direkt am Dorfplatz und bildet mit dem nebenliegenden Kulturzentrum den Dorfmittelpunkt. Jährlich am 19. März findet das Dorffest zu Ehren des heiligen Josef statt.

Bar Los Cazadores, Plaza de Barranco Hondo Candelaria, direkt am Dorfplatz, ✆ 822509010, ✆ 618278693, @ nyc513

Bar Portugues, Calle La Calzadita 61, ⏲ tägl. 10-15 Uhr und 17-23 Uhr

1 0,0 (432) Vom Dorfplatz auf der Straße **Calle La Calzadita** nach Süden ~ hinter der Bar Portugués rechts die steile Straße hinauf ~ nach 250 m, an einer Gabelung zwischen Betonmauern, rechts ~ sofort auf einer Querstraße scharf rechts bergauf ~ direkt am Straßenschild „Calle El Cabuco" scharf links auf einen Betonweg ~ einen Grundstücksabzweig links liegen lassen, der Betonweg wird kurz darauf zum Pfad ~ nach 200 m an einer Gabelung links über ein Wasserrohr ~ unmittelbar dahinter gabelt sich der Weg erneut, nun rechts ~ gut 5 Min. später auf einer Asphaltstraße rechts zum Aussichtspunkt.

Mirador de Picacho. Die Aussichtsplattform ist ein beliebtes Ausflugsziel der Dorfbewohner. Die Aussicht reicht von Barranco Hondo über die Südautobahn bis nach Santa Cruz und in der anderen Richtung nach Candelaria. Am Horizont sehen Sie das über 60 km entfernte Gran Canaria. Links erkennen Sie schon den vor Ihnen liegenden Anstieg: der gemächlich ansteigende Hang ist im unteren Teil nur mit Gestrüpp bewachsen, nach oben hin kommen einzelne Kiefern hinzu, die sich in größerer Höhe zu einem geschlossenen Wald verdichten.

2 1,5 (591) Auf der Zufahrtsstraße zurück ~ vorbei an der Einmündung des Weges ~ weiter dem Asphaltband folgen, dabei wenige Schritte später eine Rechtseinmündung ignorieren ~ die so gut wie unbefahrene Straße steigt nun steil und aussichtsreich den Hang hinauf ~ über drei Serpentinenabschnitte ~ oberhalb eines Schuppens nach der dritten Kehre des dritten Serpentinenabschnittes rechts auf den alten, deutlich als Einschnitt im Gebüsch erkennbaren Fußweg ~ am Ende des Gebüsches im etwas weglosen Gelände eher links bergauf zu den Agaven halten ~ hier erreichen Sie

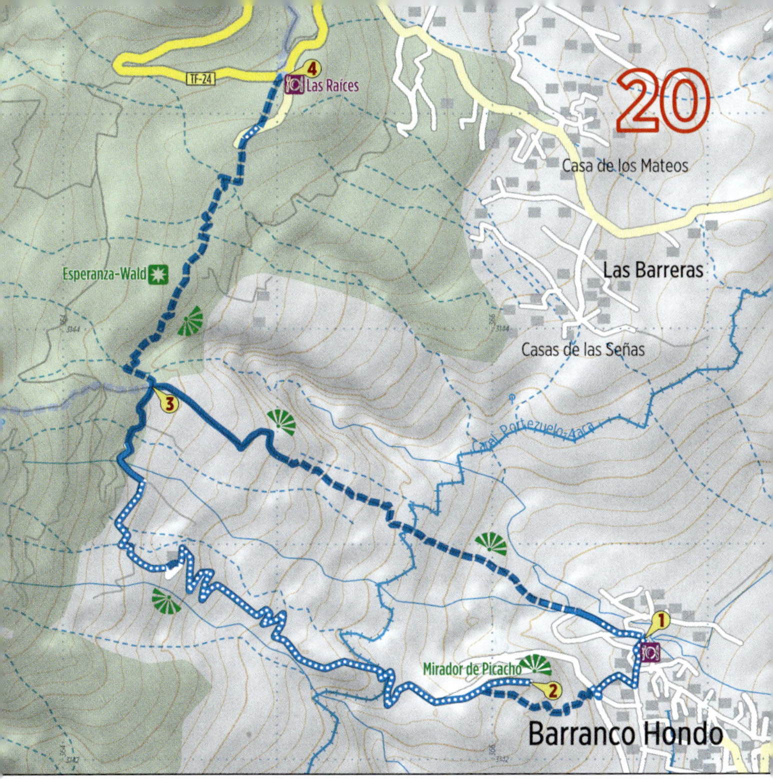

wieder den Asphalt ⇝ nach rechts nun fast flach weiter ⇝ 400 m später wechselt der Belag auf einem Höhenstück mit toller Aussicht zu Schotter, unmittelbar danach eine Rechtseinmündung ignorieren ⇝ weitere 200 m später auf einer Querpiste nach rechts (Schild „Sin Salida") ⇝ nach 300 m zu einer Wendeplatte mit Wanderwegmarkierungen.

VARIANTE Die folgenden 2 km zum Restaurant Las Raíces sind eine Stichstrecke am Rand der Hochfläche des Esperanza-Waldes. Sie durchqueren dabei einige kleine Geländeeinschnitte, die weiter unten in Meeresnähe zu tiefen Schluchten werden, wie Sie auf dem Abstieg sehen können. Wenn Sie die Wanderung verkürzen möchten, lassen Sie den Abstecher einfach weg und halten sich jetzt gleich rechts.

Esperanza-Wald. Der Bergrücken, der sich östlich des Teide-Nationalparks bis nach La Laguna fortsetzt, wird auf Teneriffa „Cumbre Dorsal" genannt, der sehr ursprüngliche Wald heißt nach dem höchstgelegenen Dorf an seinem Rand Esperanza-Wald. Die Inselregierung erschließt dieses bislang bei Wanderern nur wenig bekannte Gebiet mit gut markier-

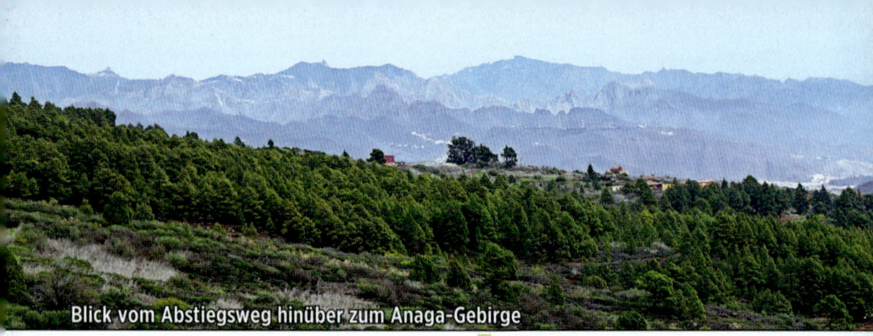

Blick vom Abstiegsweg hinüber zum Anaga-Gebirge

ten Wanderwegen, da es neben der klassischen kanarischen Vegetationsabfolge (auf einer Höhe von über 600 m Lorbeerwald, darüber Fayal-Brezal-Formation, zwischen 1.000 und 2.000 m Kiefernwald) auch schöne Schluchten und gute Ausblicke zu bieten hat. Im Winter liegt der Kamm des Esperanza-Waldes oft ganztägig unter Passatwolken.

3 5,6 (1.028) Folgen Sie dem linken, weiß-gelb markierten Weg bergab, nicht den ganz links bergauf führenden, grün-gelb-weiß markierten Pfad nehmen! ⇝ gleich darauf erneut links halten ⇝ nach einem Seitental links halten ⇝ vor einem Steinmäuerchen links bergauf ⇝ nun auf einer Ebene die nächsten 30 Min. stets der weiß-gelben Markierung leicht abwärts folgen ⇝ dabei fünf Querwege kreuzen und vier Einschnitte umrunden ⇝ nach dem vierten Einschnitt in einer Linkskurve hinauf zu einer Fahrstraße ⇝ auf dieser zur Wendeplatte bei Las Raíces ⇝ der Zufahrtsstraße bergauf folgen ⇝ 30 m nach der ersten Rechtskurve links den kaum sichtbaren Trittspuren auf einen Pfad von der Straße weg folgen ⇝ dieser weitet sich bald und führt nach 5 Min. zum **Restaurante.**

Las Raíces (El Rosario) **s. S. 208**

Restaurante La Terraza de Betty, C-824, 647872852, Mi-Mo 10-19 Uhr, @ rlt187

4 7,5 (1.083) Auf gleichem Weg zurück zur Wendeplatte am Waldrand.

3 9,6 (1.028) Nun halb links bergab, bis zum Aussichtspunkt folgen Sie der weiß-grünen Markierung ⇝ zunächst auf einem Fahrweg, bald auf einem von Steinmauern eingefassten Betonweg aus dem Wald heraus ⇝ am Ende des Betonwegs geradeaus auf einem Erdweg bergab ⇝ am Wegende leicht links auf einem Pfad weiter bergab ⇝ stets entlang des Bergkamms absteigen, bei mehreren Pfadspuren ist der Hauptweg oft gepflastert und immer der breiteste Weg ⇝ nach 20 Min. über eine verfallene Betonwasserrinne ⇝ 15 Min. später, bei einem Garten, geradeaus auf einen Erdweg ⇝ bald auf Asphalt ⇝ bei den ersten Häusern einen scharfen Rechtsabzweig ignorieren ⇝ nach 250 m bei einer Rechtskehre geradeaus der betonierten Anwohnerstraße folgen ⇝ über Stufen wieder auf Asphalt ⇝ hier links und sofort scharf rechts ⇝ rechts hinunter zum Stoppschild, die Dorfkirche ist als Orientierungspunkt bereits sichtbar ⇝ links zum Dorfplatz.

1 12,3 (432) In Barranco Hondo sind Sie am Ende der Wanderung angelangt.

Barranco Hondo (Candelaria)

Nationalpark „Las Cañadas del Teide“

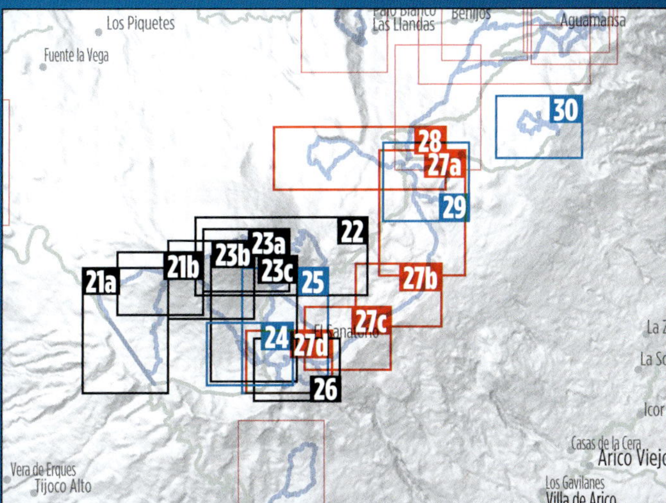

Tour 21 — 15,8 km

Von Westen zum Pico Viejo

Start/Ziel: Aussichtspunkt Mirador de Chio an der Straße TF-38 (N 28,2387° W 16,6989°)

Aufstieg: 1.088 m | *Hartbelag:* 18 %

Abstieg: 1.088 m | *Wanderwege:* 32 %

Gehzeit: 6,5 - 7,5 Std. | *Wanderpfade:* 50 %

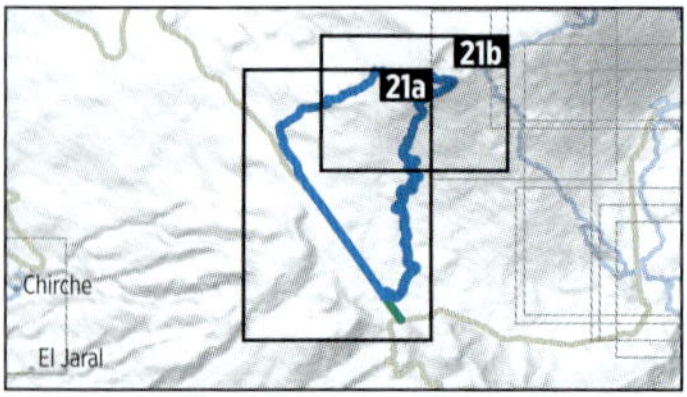

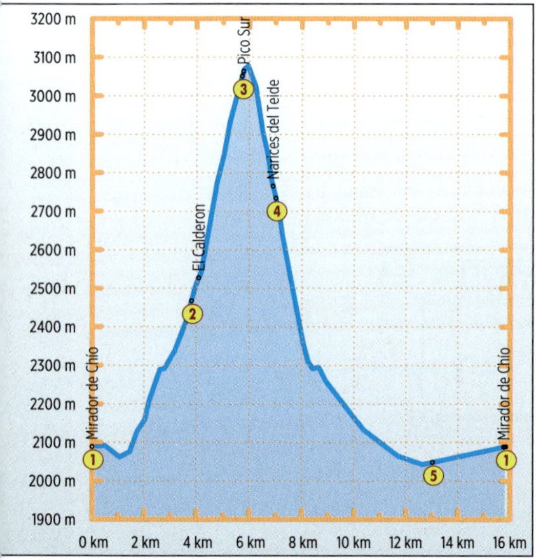

Charakteristik: Diese schwere Tour führt Sie vom Aussichtspunkt Mirador de Chío am Grund des Kraters im Nationalpark die Flanke des Pico Viejo hinauf zu seinem steilen Kraterrand auf 3.135 Metern. Von unten wirkt dieser Nebenvulkan unscheinbar, im Aufstieg entpuppt er sich jedoch als höchst abwechslungsreiche Tour. Von hier überblicken Sie den gesamten Westen Teneriffas und den halben Nationalpark. Direkt an den jüngsten Ausbruchskratern des Nationalparks, den Narices del Teide vorbei, führt der schwarzsandige Abstiegspfad Sie wieder hinunter. Zuletzt geht es über die schnurgerade Straße 2,8 Kilometer durch junge Lavafelder zum Ausgangspunkt zurück.

Tipp: Unterwegs gibt es weder Einkehrmöglichkeiten noch Quellen! Unternehmen Sie die Wanderung nur bei klarem Wetter, Trockenheit und Windstille. Ein guter Orientierungssinn wird wegen der teils unmarkierten Trampelpfade empfohlen.

Öffentliche Verkehrsmittel: Die TF-38 wird nicht mit öffentlichen Verkehrsmitteln bedient. Die Haltestelle der Linie 342 von Los Cristianos zum Teide (wird nur einmal täglich pro Richtung angefahren) liegt bei der Kreuzung Boca Tauce am östlichen Eingang zum Nationalpark und 600 Meter von der Runde entfernt. Von dort bietet sich für den Touranfang an, die 3,3 schnurgeraden Straßenkilometer per Anhalter zurückzulegen. Von Puerto de la Cruz keine geeignete Verbindung!

Anfahrt: Auf der Insel ist von fast überall „El Teide" beschildert. Am westlichen Ende des Nationalparks liegt die „Boca Tauce" genannte Kreuzung, an der Sie in Richtung Los Gigantes auf die TF-38 abbiegen. Von dort sind es 3,3 Kilometer zum ersten Aussichtspunkt, dem Mirador de Chío, mit Parkplatz rechts der Straße. Wenn Sie die TF-38 von Los Gigantes herauf kommen, ist der Mirador de Chío der erste Aussichtspunkt in der Hochebene außerhalb des Waldes und liegt links der Straße.

Mirador de Chio (Guia de Isora)

Es handelt sich hier um einen der wenigen Aussichtspunkte der Insel, an denen Sie keinen Ausblick nach unten, sondern nach oben haben. Hier offenbart sich die volle Sicht nicht nur auf den allgegenwärtigen Teide, sondern auch auf den davor liegenden Pico Viejo mit den Narices del Teide und den sich daraus ergießenden Lavazungen, die sich bis zum Mirador hin erstrecken. Der Mirador de Chío liegt zudem am Ende des längsten kurvenlosen Straßenabschnittes Teneriffas. Der Anfang an der Kreuzung Boca Tauce ist 3,3 Kilometer entfernt.

1 0,0 (2.085) Am linken (nördlichen) Ende des Aussichtspunktes, bei einer kleinen Infotafel, auf den Wanderweg 9, dieser Markierung folgen Sie bis zum Weg-

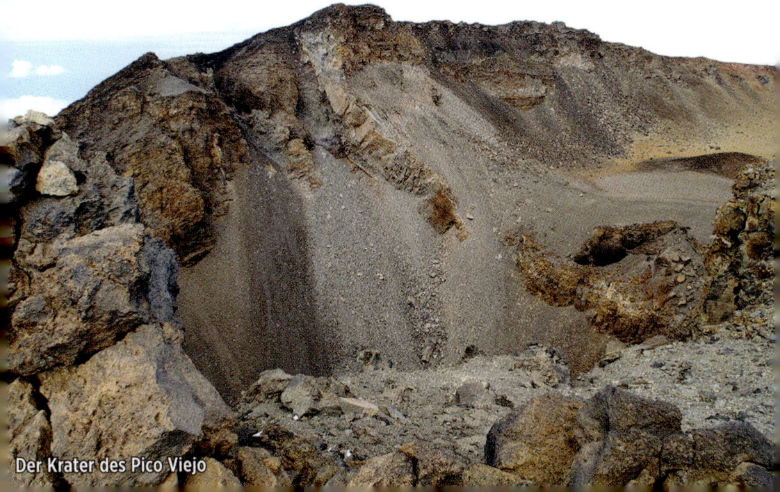

Der Krater des Pico Viejo

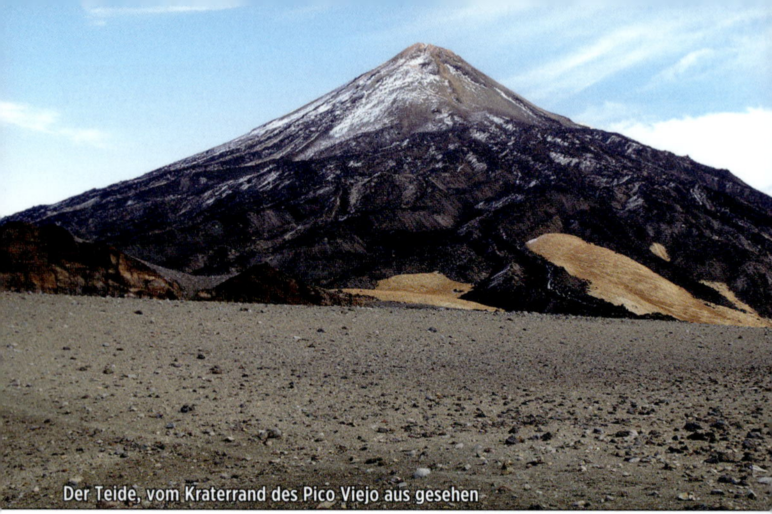

Der Teide, vom Kraterrand des Pico Viejo aus gesehen

punkt 2 ~ anfangs fast straßenparallel, dann leichtes Auf und Ab ~ nach 20 Min. einem breiteren Weg nach rechts folgen ~ 3 Min. später – 10 m vor einer weiteren Informationstafel – rechts bergauf ~ der Pfad führt deutlich erkennbar zunächst über die offene Ebene, dann in ein Tal hinein, das in einem Krater zu enden scheint ~ aber nach links aus dem Krater hinaus in eine schwarzsandige Landschaft ~ 10 Min. später an einem Steinhaufen der Markierung nach rechts folgen ~ in knapp 20 Min. zu einem weiteren unscheinbaren Krater zur Linken und zu einer Verzweigung danach.

TIPP Der offizielle Wanderweg 9 führt hier nach rechts. Er umgeht den Kraterrand des Pico Viejo und führt stattdessen durch die jungen Ausbruchskrater Narices del Teide, die Sie auf dem Rückweg dieser Tour besichtigen werden. Da der weitere Weg nicht offiziell markiert ist, achten Sie noch einmal auf das Wetter: ziehen Nebel oder Regen auf oder ist der Weiterweg schneebedeckt, verzichten Sie besser auf den Aufstieg und folgen stattdessen Weg Nr. 9.

2 3,8 (2.466) Auf dem schmalen Pfad gerade den Hang hinauf ~ 5 Min. später, an einer Gabelung, halb links die flache Böschung hinauf ~ kurz darauf an einem tiefen Krater rechts vorbei ~ nun steiler einen felsigen Hang bergauf (viele Steinmänner) ~ nach einigem Anstieg durch einen sehr steilen und schlüpfrig-sandigen, mit bunten Steinchen gesprenkelten Hang auf einen hellen Felsblock zu ~ dahinter wächst in einer kurzen Verflachung vor dem unmittelbaren Kraterrand ein Ginsterfeld ~ hier teilt sich der Weg, wenden Sie sich nach rechts zu dem ansteigenden Quergang ~ dieser endet nach 15 Min. an einer massiven, stark gekippten Felsplatte ~ ab hier in gerader Linie durch die griffige Felsplatte weiter, vereinzelte Steinmänner

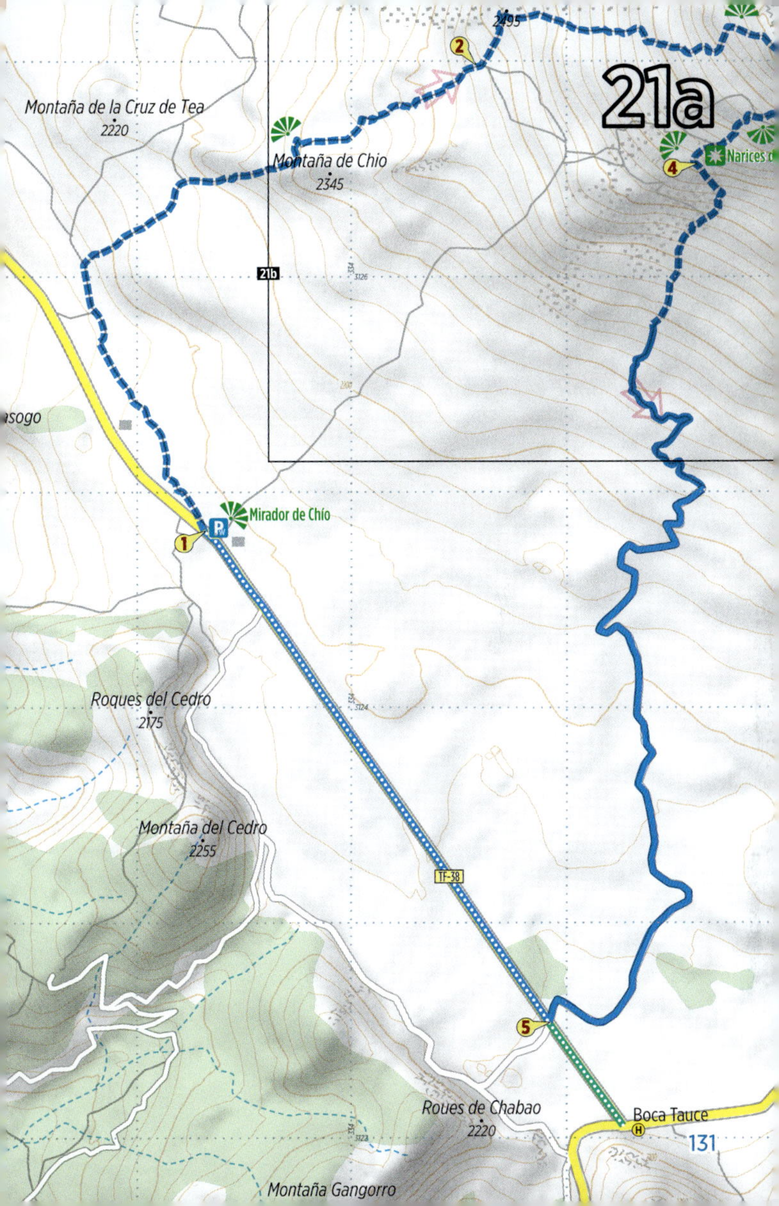
21a
2495
2
Montaña de la Cruz de Tea
2220
Montaña de Chio
2345
4
Narices d
21b
asogo
1
Mirador de Chío
Roques del Cedro
2175
Montaña del Cedro
2255
TF-38
5
Roues de Chabao
2220
Boca Tauce
Montaña Gangorro

markieren die problemlosen Varianten ⁓ am linken oberen Rand der Felsplatte stehen Sie unmittelbar am Kraterrand.

Pico Viejo (La Orotava)

Der 3.135 Meter hohe Teide-Nebengipfel ist nicht nur der zweithöchste Berg der Kanarischen Inseln, er ist auch Zeugnis der jüngeren vulkanischen Vergangenheit. Die schwarzen Lavazungen von den Flankenkratern weg („Narices del Teide", „Nasenlöcher des Teide") entstanden erst bei einem Ausbruch im Jahr 1798. Der Krater des Pico Viejo selbst ist ein ebensolcher Flankenkrater des Teide mit bis zu 800 Meter Durchmesser und rund 180 Meter Tiefe.

Es kommt bei Vulkanen regelmäßig vor, dass ein aktiver Magmenkanal sich nicht auf den Hauptausbruchskrater beschränkt, insbesondere wenn dieser große Höhen erreicht hat und ein Weg durch die Flanke kürzer und einfacher ist. So führte zunächst das Eigengewicht erstarrter Lava im Teide-Schlot zur Bildung des Pico Viejo, welcher seinerseits die jungen Seitenkrater Narices del Teide hervorbrachte.

AUSFLUG Sie befinden sich hier am südlichen Kraterrand nahe dem Pico Sur, schräg gegenüber sehen Sie den höchsten Punkt des Kraterrandes, den Pico Viejo selbst. Für seine Besteigung von hier aus sollten Sie für die teils weglose halbe Umrundung des Kraters eine gute Stunde Zeit einplanen.

3 5,7 (3.082) Halb rechts neben dem Krater am rechten Rand einer grauen Sandebene entlang ⁓ bis zum Steinmann an der höchsten Stelle der Felsplatte, auf der Sie aufgestiegen sind.

Pico Sur (3.106 m)

Zu einem Sattel gut 50 m dahinter ⁓ zwischen zwei Steinmännern auf einem Pfad rechts bergab ⁓ dieser verliert sich nach 15 Min. am Rand eines langen Ginsterfeldes ⁓ hier etwa am linken Rand des Ginsterfeldes geradlinig den Hang hinab ⁓ auf einem gut erkennbaren Querweg rechts bergab (stellenweise mit Nr. 9 markiert) ⁓ am rechten Rand der Ebene geradlinig den Hang hinab, deutlich erkennbarer Weg ⁓ auf einen der

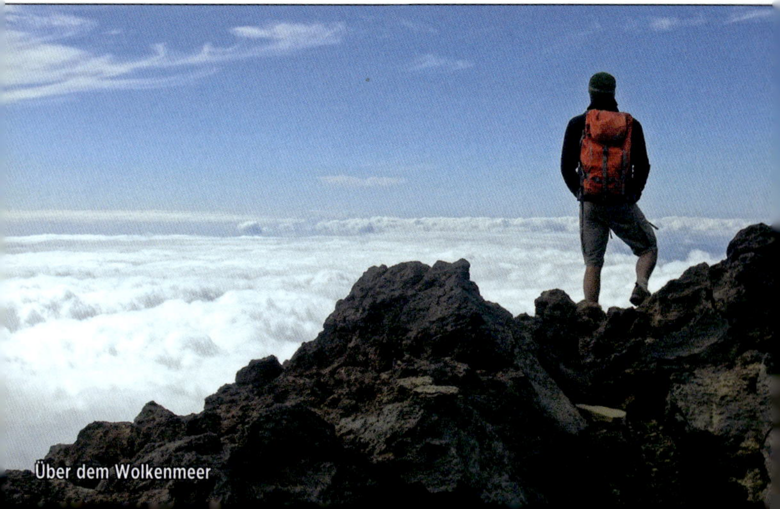

Über dem Wolkenmeer

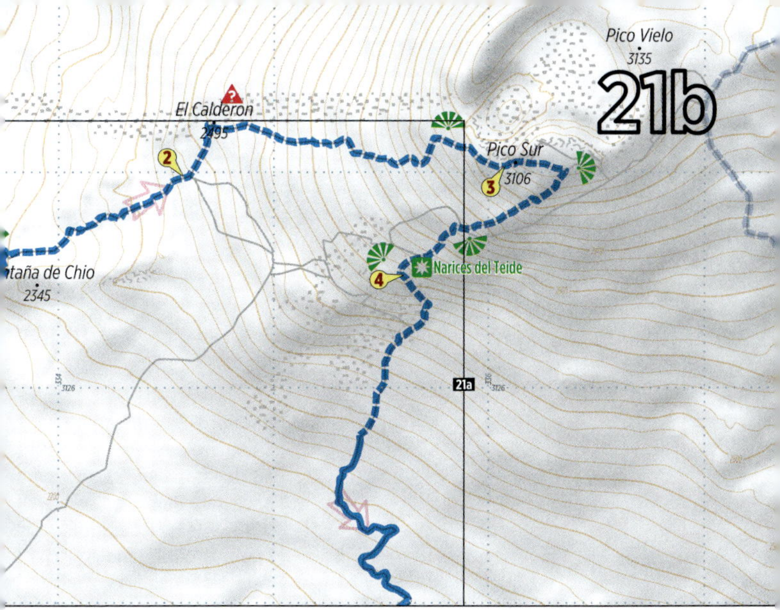

schwarzen Ausbruchskrater der **Narices del Teide** zu ⤳ 100 m vor dem Krater, an einer Informationstafel, auf dem Weg Nr. 28 links bergab ⤳ zum Kraterrand.

Die **Narices del Teide** („Teide-Nasenlöcher") entstanden erst 1798. Die bis heute unverändert schwarz erscheinenden, sehr grob erstarrten Lavazungen ergossen sich in die halbe Caldera, während der eigentliche Kraterrand aus tiefschwarzem, feinkörnigem Sand besteht.

ACHTUNG Keinesfalls den Kraterboden begehen – nicht nur aus Naturschutzgründen, sondern auch wegen der Instabilität dieses Untergrunds im Schlotbereich.

4 7,0 (2.714) Links bergab (Wegweiser 28) ⤳ nach 20 Min. an zerfallenden schwarzen Felsbrocken vorbei, das sind vulkanische Bomben des Ausbruchs von 1798 ⤳ kurz darauf auf einen Fahrweg weiter unten zu ⤳ eine Kuppe links durch ein kleines Tal umgehen, der Steinmann auf der Kuppe ist in Wahrheit ein spitzer Felsen ⤳ auf dem Fahrweg meist leicht bergab (Markierung 28) ⤳ nach 15 Min. an einer Kreuzung scharf rechts bergab auf einen Fahrweg (Wegweiser) ⤳ eine halbe Stunde auf dem Hauptweg bleiben (kurze abzweigende Fahrspuren, die mit Steinreihen ausgelegt sind) ⤳ in 10 Min. kommen Sie zur Straße.

5 13,0 (2.048) Auf der **TF-38** scharf rechts ⤳ in 2,7 km zurück zum Ausgangspunkt.

1 15,8 (2.085) Beim Aussichtspunkt endet die Wanderung.

Mirador de Chio (Guia de Isora)

Tour 22 — 11,9 km

Über Montaña Blanca auf den Teide

Start/Ziel: Parkplatz Montaña Blanca an der Straße TF-21 bei km 41 (N 28,2592° W 16,6038°)

Aufstieg: 1.424 m — *Hartbelag:* 24 %

Abstieg: 327 m — *Wanderwege:* 39 %

Gehzeit: 7 - 8 Std. — *Wanderpfade:* 32 %

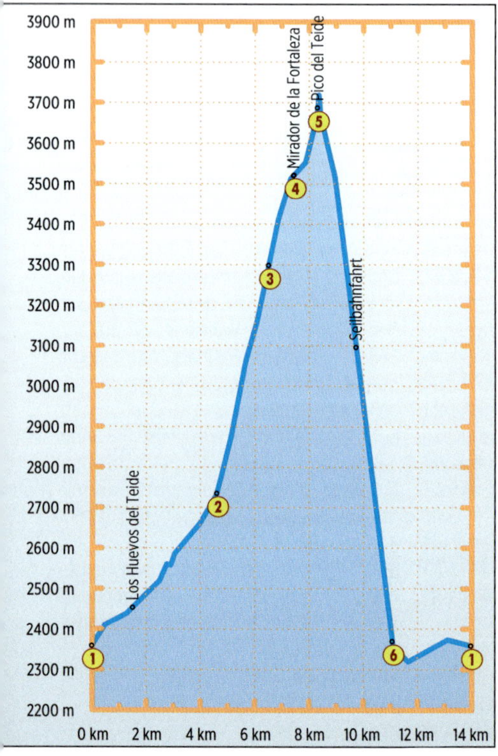

Charakteristik: Den höchsten Berg Teneriffas und ganz Spaniens besteigt man nicht nur für das Gefühl, auf einem höchsten Punkt gewesen zu sein. Es ist auch das großartige Erlebnis, die Mondlandschaft des Nationalparks Cañadas del Teide aus eigener Kraft unter sich gelassen zu haben, um den Rest der Insel und den ganzen Kanarischen Archipel zu sehen – eine unvergleichliche Aussicht. Schon der Weg hinauf ist anstrengend: zunächst ein grober Fahrweg, später unendlich viele Kehren eines Fußweges in der gigantischen Felsenwelt der erstarrten Lavaströme hinauf zur Bergstation. Wer die Gondelbahn nimmt, kann all diese Eindrücke gar nicht wahrnehmen. Und wenn Sie dann in Gipfelnähe auf Schneereste und Schwefeldämpfe treffen, ist die beworbene „Lebenserfahrung Vulkan" perfekt.

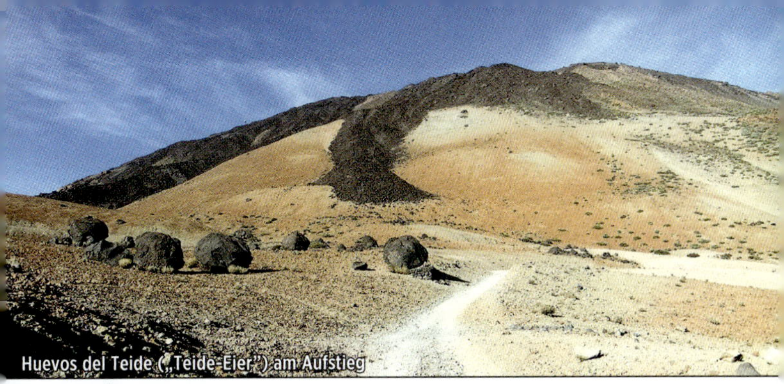
Huevos del Teide („Teide-Eier") am Aufstieg

Tipp: Bei Übernachtung im Refugio Altavista mit Tour 23 kombinierbar (Reservierung notwendig, s. Datenblock).

Der obere Teil des Weges besteht aus Lavaplatten inmitten eines Meeres aus Lavagestein. Bei Schneelage (möglich von Nov.-Feb., am wahrscheinlichsten im Jan. u. Feb.) kann dieser nicht markierte Weg unkenntlich werden; auch die Wanderer vor Ihnen werden kaum Spuren hinterlassen, da die starke Sonneneinstrahlung und die Nachtfröste den Schnee zu einer steinharten und zudem gefährlich zu begehenden Oberfläche werden lassen. Die Nationalparkverwaltung lässt den Weg zwar ganzjährig geöffnet, doch sollten Sie nach starken Schneefällen und bei Sturm auf den Aufstieg verzichten.

Wenn Sie beim Aufstieg Anzeichen der Höhenkrankheit wie Übelkeit oder Schwindel verspüren, machen Sie eine Pause, um dem Körper ein Einstellen auf die reduzierte Sauerstoffzufuhr zu ermöglichen. Tritt keine Besserung ein, steigen Sie unbedingt wieder ab, da die Höhenkrankheit im schlimmsten Fall auch tödlich verlaufen kann. Zum Besteigen der obersten 170 Höhenmeter zum Gipfel ist eine kostenlose Erlaubnis erforderlich. Vor allem in der Hochsaison rechtzeitig reservieren, da nur 200 Personen pro Tag eine Erlaubnis erhalten! (www.reservasparquesnacionales.es, Link „Teide", oder Nationalparkbüro in La Orotava unter ✆ 922922371). Ansonsten ist eine Gipfelbesteigung nur vor 9 Uhr (praktisch also nur bei Übernachtung im Refugio Altavista) möglich, da die Kontrollstelle und die Teide-Seilbahn erst um 9 Uhr öffnen. Achten Sie zudem auf die letzte Talfahrt der Seilbahn gegen 17 Uhr!

Öffentliche Verkehrsmittel: Von Puerto de la Cruz mit der Buslinie 348, von Los Cristianos mit der Buslinie 342 (jeweils nur einmal täglich, bis zur Zielhaltestelle „Montaña Blanca"). Zurück nach Los Cristianos bzw. Puerto de la Cruz ab Teide-Seilbahn Talstation ebenfalls nur einmal täglich, am mittleren Nachmittag.

Anfahrt: An allen größeren Kreuzungen auf der Insel ist „El Teide" ausgeschildert. Von den Touristenzentren im Norden und Süden erreichen Sie die Hochfläche

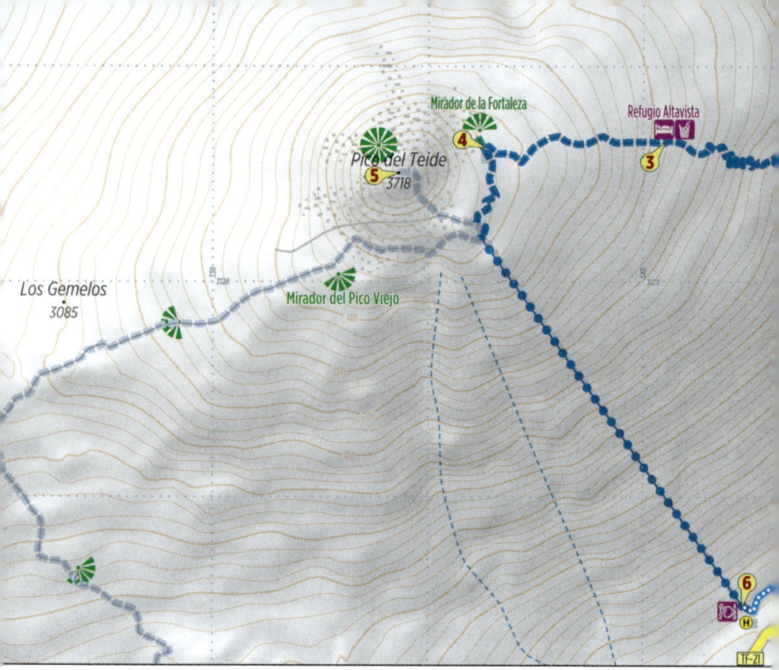

um den Teide auf der TF-21. Von Puerto de la Cruz kommend sehen Sie kurz nach Kilometerschild 41 rechts der Straße einen kleinen Parkplatz mit großer, steinummauerter Wander-Informationstafel am hinteren Ende. Von Los Cristianos kommend sind es nach dem Abzweig zur Teide-Seilbahn noch 2,5 Kilometer.

Parkplatz „Montaña Blanca"

Der unscheinbare Wanderparkplatz liegt am Fuß des gleichnamigen, unspektakulären Teide-Nebengipfels. Er ist wie viele von hier aus sichtbare niedrigere Hügel ein alter Vulkan, der vermutlich in den vergangenen 20.000 Jahren ausgebrochen ist.

1 0,0 (2.344) Vom Parkplatz auf der Schotterpiste bergauf.

TIPP: Vereinzelt finden sich von hier bis kurz vor dem Gipfel grüne Wegweiser mit der Routennummer 7.

Nach 15 Min. an einer Gabelung links halten ⤳ nun 1 Std. den Kehren und weiten Kurven der Schotterpiste folgen, dabei die zahlreichen abzweigenden Pfade ignorieren.

Los Huevos del Teide („Teide-Eier"). Wie riesige schwarze Murmeln liegen die größeren, kompakten Lavabrocken verstreut in der beigen Sandlandschaft. Bei den Ausbrüchen des Teide trennten sie sich von der übrigen zähfließenden Lavamasse und rollten über die Lavazungen hinaus.

2 4,6 (2.723) Bei einer Infotafel auf einen Pfad.

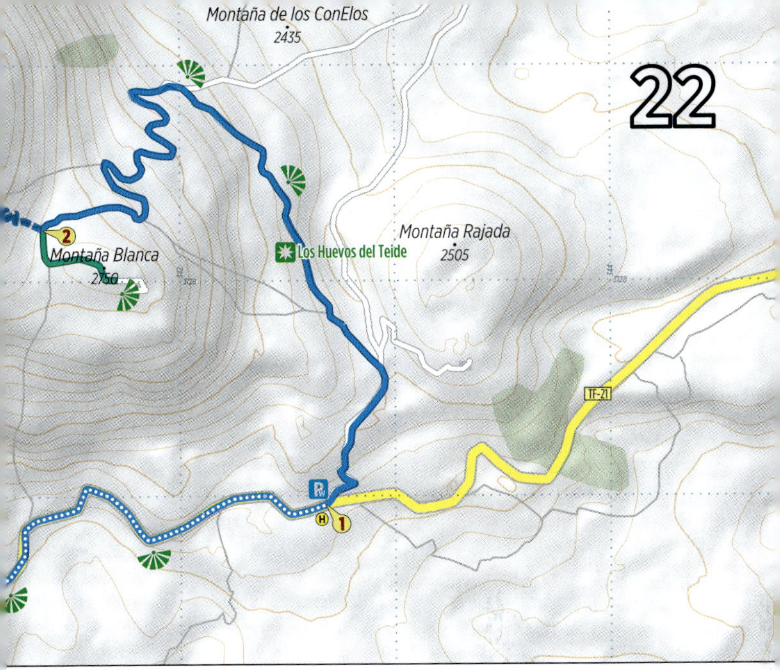

AUSSICHT Zum 600 m entfernten „Gipfel" der Montaña Blanca links der flachen Piste vom Teideweg folgen, toller Ausblick in die Caldera.

Anfangs zwischen zwei schwarzen Lavaströmen in zahllosen Kehren bergan ⤳ zunächst über Lavagrus ⤳ dann durch einen buschbewachsenen Abschnitt ⤳ schließlich in etwas weiteren Kehren über eine feste Lavaplatte ⤳ in 60 Min. ab der Infotafel zum **Refugio Altavista**.

Refugio Altavista (La Orotava)

Refugio Altavista, ✆ 922010444, ⏲ tägl. 17-9 Uhr, @ egl641

Das 1893 gegründete, kürzlich renovierte Schutzhaus ist ein beliebter Übernachtungsplatz für all jene, die den Teide-Gipfel am nächsten Morgen vor Sonnenaufgang erreichen möchten. In der Zeit um Vollmond herum ist dies sogar ohne Taschenlampe möglich.

TIPP Untertags gibt es Automaten für Kaffee und Getränke sowie Sitzmöglichkeiten im Inneren. Bei Übernachtung können Sie Küche und Geschirr benutzen, Verpflegung ist von den Gästen selbst mitzubringen! Vor allem in der Hochsaison unbedingt reservieren.

3 6,5 (3.295) Links am Refugio vorbei dem Hauptweg bergauf folgen ⤳ die folgenden 40 Min. verläuft der Weg teils aufwendig gepflastert mitten durch die Lavaströme.

4 7,4 (3.522) An einer T-Kreuzung mit dem stark frequentierten Aussichtsweg, der von der Seilbahn kommt, links.

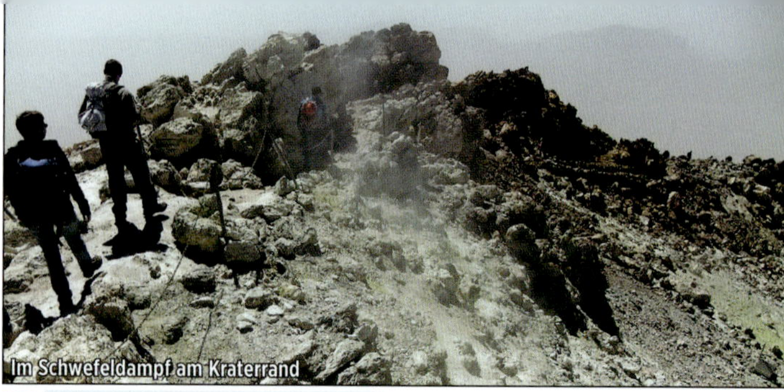

Im Schwefeldampf am Kraterrand

AUSSICHT Nach rechts bietet sich nach 70 m am Wegende ein toller Ausblick auf den Inselnorden an.

Mirador de la Fortaleza

In 500 m auf der viel begangenen „Touristenmeile" zum ersten kleinen Gebäude, hier müssen Sie die Erlaubnis zur Gipfelbesteigung vorzeigen ⤳ rechts auf einen Weg und in Kehren auf den Gipfel.

Pico del Teide (La Orotava)

Der Name des 3.718 Meter hohen Pico del Teide, dem höchsten Berg Spaniens, geht auf den Guanchen-Begriff „Echeyde" zurück. Dem Glauben der Ureinwohner nach wurde der Sonnengott von einem Dämonen im Inneren des Teide gefangen gehalten, bis die oberste Gottheit Achamán ihn befreite und den Dämonen verjagte. Erst seitdem sei der Krater des Berges mit einem weißen Stopfen verschlossen worden, dessen Name „Pilón" im lokalen Sprachgebrauch auch für den ganzen Vulkan verwendet wird. Der Teide wurde bereits in der Antike mehrfach von Gelehrten wie Herodot und Plinius dem Älteren erwähnt, im Mittelalter diente seine weithin sichtbare Spitze den Seefahrern Richtung Afrika oder Südamerika als wichtiger Orientierungspunkt. Heute ist der Teide Zentrum und Hauptanziehungspunkt eines der meistbesuchten Nationalparks der Welt. Vom Gipfel können Sie bei sehr guter Sicht die übrigen sechs Kanarischen Inseln erblicken, selbst bei mäßiger Sicht erkennen Sie fast immer La Gomera im Westen und Gran Canaria im Osten. Im nicht betretbaren Krater sehen Sie verschiedene Messgeräte, die die vulkanischen Aktivitäten rund um die Uhr aufzeichnen und bei Bedarf Alarm schlagen können. Der starke Schwefelgeruch zeigt, dass der Teide lediglich ein „schlafender Vulkan" ist. Ein nächster Ausbruch kann schon innerhalb der nächsten Jahrzehnte stattfinden – wenngleich dieses Ereignis über eine der Flanken, insbesondere im Nordwesten, wesentlich wahrscheinlicher ist.

5 8,4 (3.718) Auf gleichem Weg zurück zur Kontrollstelle ⤳ rechts zur Bergstation der Teide-Seilbahn ⤳ Talfahrt.

TIPP Den Fahrschein bekommen Sie nicht beim Ticketkauf, sondern unten beim Ausstieg, um damit durch das Drehkreuz zu gelangen.

Teléferico del Teide (La Orotava)

s. S. 140

6 9,0 (2.335) Auf der Zufahrtsstraße hinunter zur Hauptstraße ⤳ hier links ⤳ in 2,5 km zurück zum Ausgangspunkt.

1 11,9 (2.344) Beim Parkplatz endet die Tour.

Parkplatz „Montaña Blanca"

Tour 23 15,2 km

Teide-Abstieg über den Pico Viejo

Start/Ziel: Talstation der Teide-Seilbahn „Teleférico" (N 28,2702° W 16,6389°)

Aufstieg: 449 m | *Hartbelag:* 8 %

Abstieg: 1.610 m | *Wanderwege:* 1 %

Gehzeit: 6 - 6,5 Std. | *Wanderpfade:* 87 %

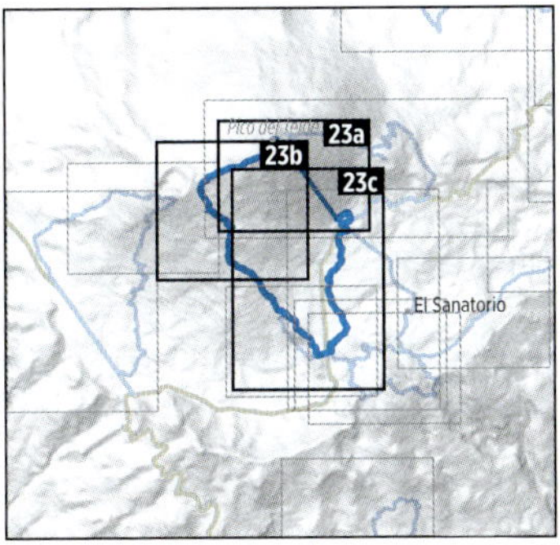

Charakteristik: Dass die Mondlandschaft des Teide-Nationalparks aus mehr als dem Hauptvulkan besteht, können Sie auf dieser Rundtour mit Seilbahnunterstützung besonders eindrucksvoll erleben. Nach der Besteigung des Gipfels verlassen Sie den Vulkankegel über seine Westflanke. Allein der anstrengende Abstieg über die beeindruckenden schwarzen Lavaströme dauert eine gute Stunde, bevor Sie das hellere Feld um den Nachbarschlot Pico Viejo erreichen. Der weitere, technisch ebenfalls anspruchsvolle Abstieg zu den bekannten Roques de García zeigt dann Lava in ihren verschiedensten Erstarrungsformen. Zuletzt wandern Sie auf dem Rückweg vom Parador-Hotel zur Talstation durch die beinahe ebene Hochfläche der Cañadas.

Tipp: Bei Übernachtung im Refugio Altavista mit Tour 22 kombinierbar (Reservierung notwendig, Daten s. Tour 22). Beachten Sie unbedingt die Hinweise zur wetter- und gesundheitsabhängigen Begehbarkeit des Weges und zur Teide-Gipfelbesteigung bei Tour 22.

Öffentliche Verkehrsmittel: Von Puerto de la Cruz mit der Buslinie 348, von Los Cristianos mit der Buslinie 342 (jeweils nur einmal täglich, bis zur Zielhaltestelle „Montaña Blanca"). Zurück nach Los Cristianos bzw. Puerto de la Cruz ab Teide-Seilbahn Talstation ebenfalls nur einmal täglich, am mittleren Nachmittag.

Beachten Sie das enge Zeitfenster zwischen Hin- und Rückfahrt und verzichten Sie ggf. auf die Gipfelbesteigung, um den Rest der Runde zwischen Bergstation und Parador-Hotel bequem bewältigen zu können.

Anfahrt: **An allen größeren Kreuzungen auf der Insel ist „El Teide" ausgeschildert. Von den Touristenzentren im Norden und Süden erreichen Sie die Hochfläche um den Teide auf der TF-21. Die Seilbahn ist über einen gut sichtbaren Abzweig von der Straße erreichbar, parken können Sie entlang der Zufahrt.**

Teléferico del Teide (La Orotava)

Teléferico (Teide-Seilbahn), ✆ 922010440, Nov.-Juni, tägl. 9-17 Uhr, Juli-Sept., tägl. 9-19 Uhr, Okt., tägl. 9-18 Uhr. Reservierung empfohlen! @ wou557

Restaurante, Talstation, tägl. 9-17 Uhr. Kleines, eher teures Restaurant.

Die Teide-Seilbahn überbrückt gut 1.200 Höhenmeter zur Bergstation, wo die Besucher diverse Aussichtsplattformen in alle Richtungen genießen können. Jährlich werden rund 300.000 Fahrgäste befördert, bei großem Andrang entstehen Wartezeiten.

Auffahrt mit der Seilbahn.

1 0,0 (3.544) Bei der Bergstation der Seilbahn 50 m weiter zum Nachbargebäude, hier müssen Sie die Erlaubnis zur Gipfelbesteigung vorzeigen ⤳ dahinter links abzweigen und an der Schranke vorbei ⤳ in Kehren auf den Gipfel hinauf.

Pico del Teide (3.718 m) s. S. 138

2 0,6 (3.718) Auf gleichem Weg zurück zur Bergstation ⤳ unterhalb des Seilbahngebäudes entlang ⤳ gegenüber wieder die Stufen hinauf ⤳ dem anfangs gut gepflasterten Fußweg ohne Höhenunterschiede folgen.

Mirador del Pico Viejo

Am Aussichtspunkt links hangabwärts Richtung Pico Viejo ⤳ geröllig und teils steil über den Lavastrom ⤳ 60 Min. über Lavageröll absteigen.

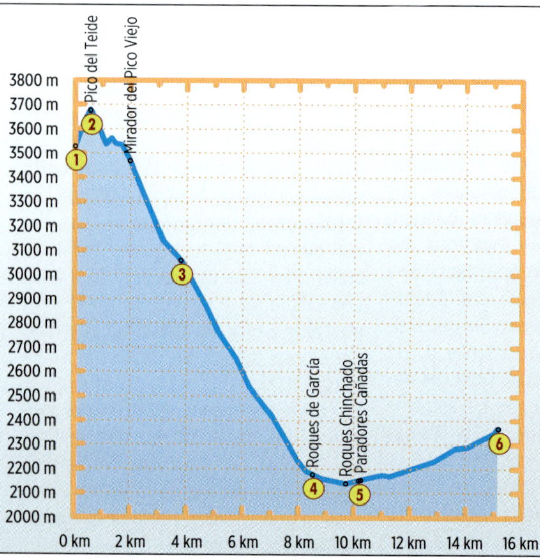

TIPP ⚠ Nehmen Sie sich für den Abstieg Zeit und achten Sie auf den Wegverlauf (stellenweise mit der Nr. 9 markiert).

Am Ende der Lavazunge setzt sich der Weg wesentlich angenehmer auf hellbraunem Untergrund fort ⤳ nach 700 m erreichen Sie eine unscheinbare Pfadkreuzung mit Infotafel vor dem Krater des Pico Viejo.

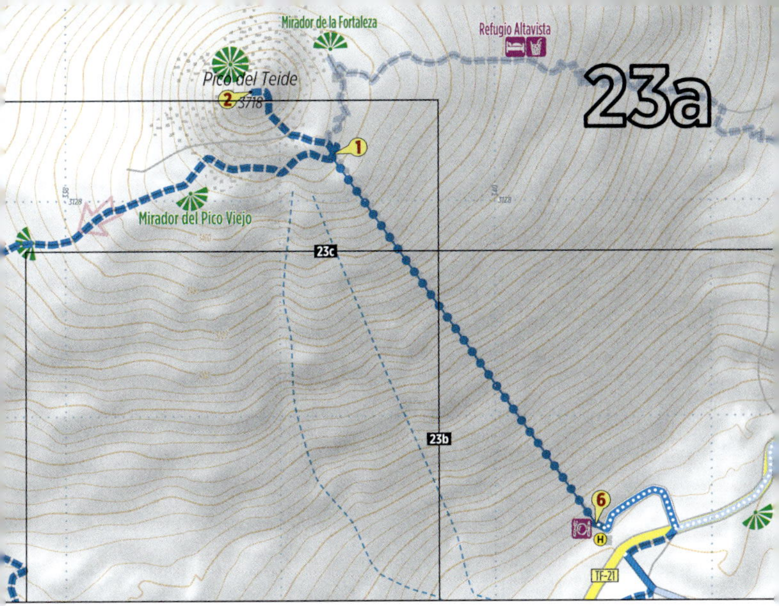

Pico Viejo (3.135 m) s. S. 132

3 3,7 (3.047) Links bergab (Markierung 23) ⁓ 90 Min. dem gut erkennbaren, aber schwierig zu begehenden Pfad bergab folgen ⁓ noch zweimal queren Sie dabei schmale Lavazungen, meist aber führt der Weg durch älteres, weicheres Auswurfmaterial und Buschland ⁓ auf einem schlecht erkennbaren Wegabschnitt über harte Basaltplatten geradlinig auf die Felsengruppe **Roques de García** zu.

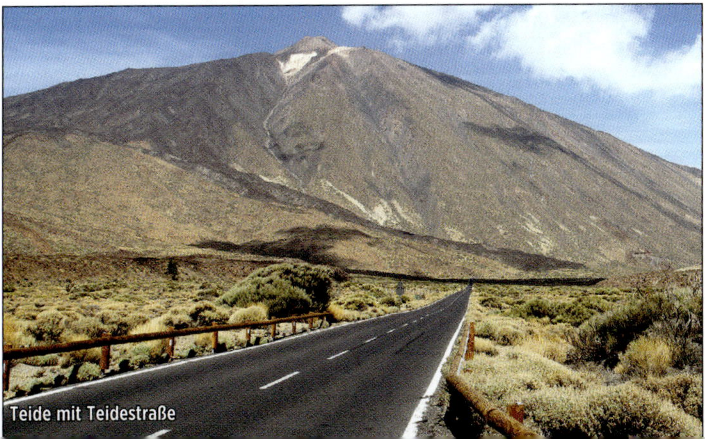
Teide mit Teidestraße

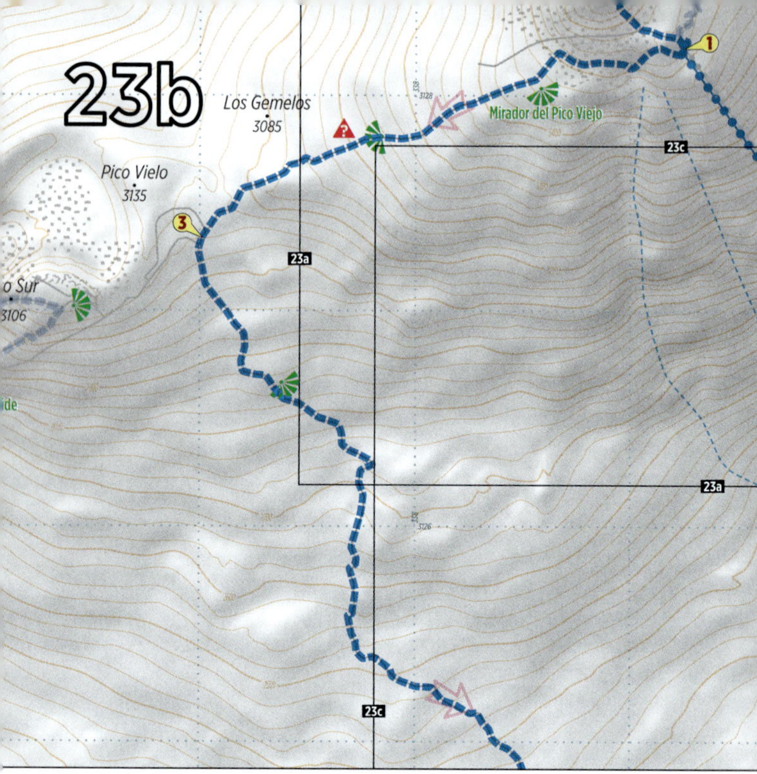

Die bizarren Felsen **Roques de García** sind alte, von der Erosion herauspräparierte Vulkanschlote in verschiedensten Entwicklungsstufen. Die meisten Einzelfelsen tragen eigene Namen, der bekannteste und mit rund 200 m höchste Felsen nach dem Roque Chinchado ist das etwas abgesetzte Massiv La Catedral, das auch bei Kletterern beliebt ist.

4 8,4 (2.167) Unmittelbar vor der Felsengruppe am Rundweg links (Markierung 3) ~ nun sanft bergab zum Parkplatz am **Roque Chinchado**.

Der **Roque Chinchado** mit dem Teide im Hintergrund ist "das" Paradefotomotiv Teneriffas und das Wahrzeichen der Insel.

Links auf der Zufahrtsstraße zur Hauptstraße.

AUSSTIEG: Wenn Sie mit öffentlichen Verkehrsmitteln angereist sind, können Sie ab hier den Bus nehmen.

Gerade hinüber und gerade zum Hotel **Parador Nacional**.

Cañada Blanca (La Orotava)

Ermita de las Nieves. Das Wallfahrtskirchlein ist der Hl. Maria Schnee geweiht und

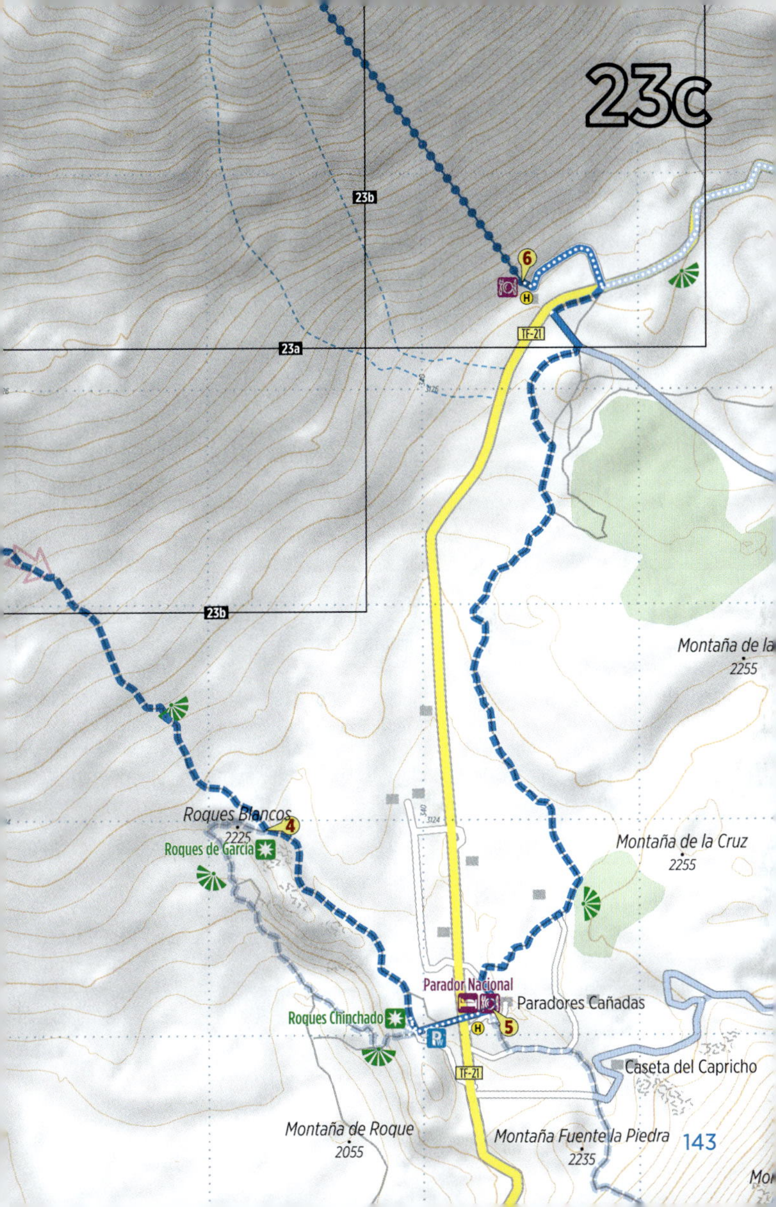
23c
23b
23a
23b
6
TF-21
Montaña de la
2255
Roques Blancos
4
2225
Roques de García
Montaña de la Cruz
2255
Parador Nacional
Paradores Cañadas
Roques Chinchado
5
TF-21
Caseta del Capricho
Montaña de Roque
2055
Montaña Fuente la Piedra
2235

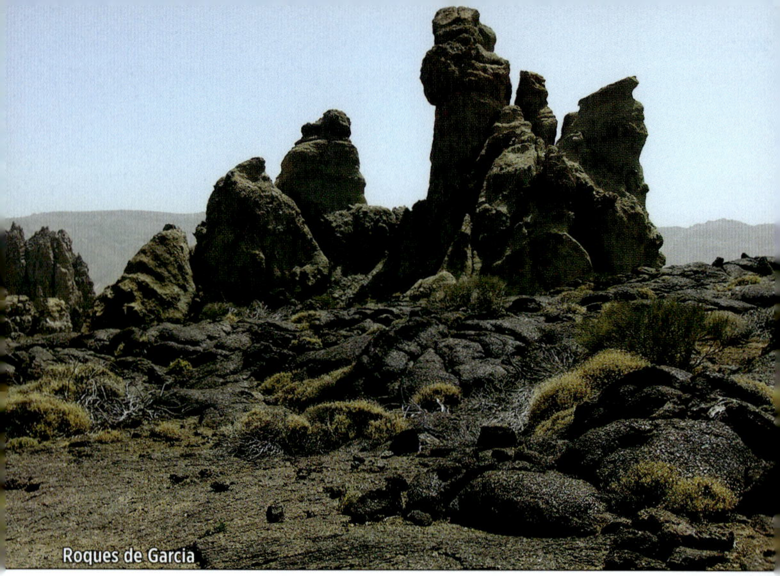

Roques de Garcia

gilt als die höchstgelegene katholische Kirche in Spanien.

Nationalpark-Besucherzentrum Cañada Blanca, ✆ 922373391, ⌚ tägl. 9-16 Uhr. Das kleine Besucherzentrum im Seitenteil des Hotels befasst sich insbesondere mit dem Einfluss des Menschen im Nationalpark, beginnend mit dem Leben der Guanchen.

Hotel Parador Nacional, Las Cañadas del Teide, ✆ 922386415. Die Anlage ist Teil der staatlichen spanischen Hotelkette und die einzige Übernachtungsmöglichkeit im Nationalpark. @ imd757

Café & Bar Los Roques, Carretera General 821, 38, ✆ 922386415

5 10,1 (2.148) Vor der Besucherterrasse links Richtung Teide am Parkplatz entlang ~ auf der schmalen Zufahrtsstraße vom Hotel weg ~ nach 100 m rechts auf einen Fußweg (Wegweiser „Teleférico") ~ auf dem stets mit Steinreihen begrenzten Fußweg 60 Min. in Richtung der schon sichtbaren Seilbahn, teilweise mit der Nr. 19 markiert ~ vor einem hohen gelben Tuffhügel nach links ~ 3 Min. später weist ein Wegweiser Sie rechts um ein Gebüsch herum, Sie müssen jedoch hier links dem Hauptweg folgen ~ am Rand des gelben Hügels entlang ~ an einem querenden Fahrweg links zur Hauptstraße ~ unmittelbar davor rechts auf einen Trampelpfad (Schild „Teleférico") ~ über zwei Parkplätze ~ dazwischen dem straßenparallelen Pfad folgen ~ links über die Straße in die Seitenstraße ~ auf dieser zur Seilbahnstation zurück.

6 15,2 (2.344) Bei der Seilbahn-Talstation endet die Wanderung.

Teléferico del Teide (La Orotava)

Tour 24 **3,4 km**

Paraderunde um die Roques de García

Start/Ziel: Parkplatz Roques des García an der Straße TF-21 (N 28,2233° W 16,6309°)

Aufstieg:	186 m	*Hartbelag:*	7 %
Abstieg:	186 m	*Wanderwege:*	0 %
Gehzeit:	1,5 Std.	*Wanderpfade:*	93 %

Charakteristik: Die markante Felsengruppe Roques de García liegt in der Mitte des Teide-Nationalparks und bildet zusammen mit der benachbarten Einkehrmöglichkeit am Parador-Hotel einen beliebten Zwischenstopp für alle motorisierten Besucher, mit dem Bus angereiste Wanderer und auch Sportkletterer. Das Motiv des wie ein Finger in die Luft zeigenden Einzelfelsen Roque Chinchado vor dem Hintergrund des Teide-Vulkans ist wohl das beliebteste Fotomotiv Teneriffas, doch auch die anderen, teils bizzar geformten Felsen der Gruppe sind ein Grund dafür, warum die Umrundung des Komplexes zu Fuß einer der Wanderklassiker des Teide-Nationalparks ist.

Öffentliche Verkehrsmittel: Mit der Linie 348 von Puerto de La Cruz, von Los Cristianos mit der Linie 342. Beide Linien fahren nur einmal täglich, morgens zum Hotel Parador Nacional und nachmittags wieder zurück.

Anfahrt: Der Parkplatz liegt an der Nationalpark-Höhenstraße TF-21, direkt gegenüber des Hotels Parador Nacional und 4 Kilometer südlich der Teide-Seilbahn.

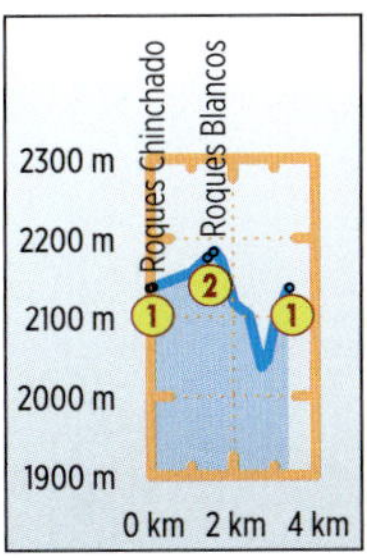

Parkplatz Roques de García

Cañada Blanca (La Orotava) s. S. 142

1 0,0 (2.138) Zur Wendeplatte am Parkplatzende ⁓ dort halb rechts zunächst über Stufen hinauf zur Aussichtsplattform auf den Felsen **Roque Chinchado**.

Der **Roque Chinchado** mit dem Teide im Hintergrund ist "das" Paradefotomotiv Teneriffas und das Wahrzeichen der Insel.

Zurück zur Wendeplatte ⁓ nun scharf links auf den Fußweg am Felsenrand ⁓ unterhalb des Roque Chinchado entlang ⁓ die Felsengruppe gegen den Uhrzeigersinn eng an den Steilwänden entlang umrunden (Wanderweg 3) ⁓ nach 20 Min., bei einer Infotafel, die Markierung 23 rechts liegen lassen.

2 1,4 (2.172) Links auf dem Weg 3 zum vereinzelt stehenden letzten Felsen.

Roques de García s. S. 142

In einem Linksbogen um den letzten Felsen herum ⁓ dann – teils etwas rutschig

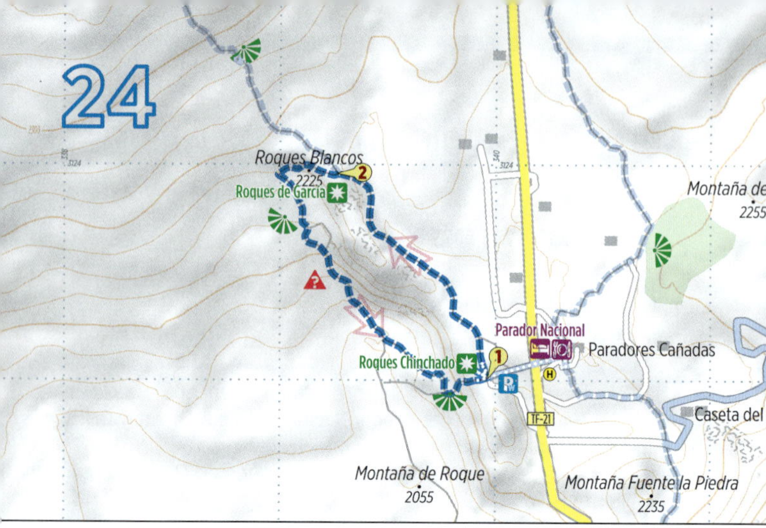

– bergab in die Ebene **Llano de Ucanca** ⁓ nach 10 Min. über ein schwarzes Lavafeld, dessen Felsplatten den Weg teils kaum erkennen lassen, ⚠ achten Sie hier auf Steinmännchen! ⁓ 15 Min. später, an der Gabelung vor dem vereinzelten Felsblock **La Catedral**, links dem Weg Nr. 3 folgen ⁓ ansteigend zu einer T-Kreuzung, hier links, rechts können Sie an einem Aussichtspunkt nochmals die Ucanca-Hochfläche sehen.

In 10 Min. zurück zum Parkplatz.

1 3,4 (2.138) Am Parkplatz endet die Wanderung.

Parkplatz Roques de García

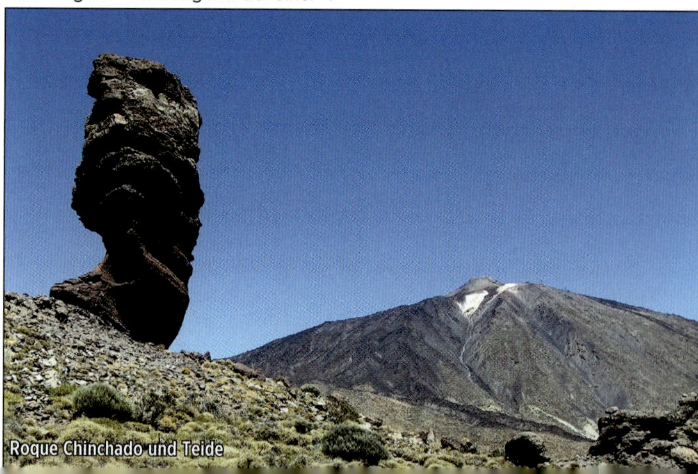

Roque Chinchado und Teide

Tour 25 11,5 km

Durch die Cañadas del Teide

Start/Ziel: Hotel Parador Nacional, Restaurantterrasse (N 28,2243° W 16,6273°)

Aufstieg: 242 m
Abstieg: 242 m
Gehzeit: 3 - 3,5 Std.

Hartbelag: 2 %
Wanderwege: 59 %
Wanderpfade: 39 %

Charakteristik: Die charakteristische Mondlandschaft der Cañadas del Teide, der „Täler des Teide“, lässt sich nirgends näher und zugleich bequemer erleben als auf einer Rundwanderung vom Parador-Hotel zur Talstation der Teide-Seilbahn, weiter quer durch das alte, beinahe eben anmutende Lavafeld, das die Fläche der Cañadas ausfüllt und in dem es sogar ein altes Luftkurhaus gibt, bis hin zum Randgebirge mit seinen bizarren Felsformationen und an den Fuß des „Gipfels“ Guajara. Die Tour verläuft anfangs auf einem alten, gut gepflegten Verbindungspfad, später dann auf gemütlichen ehemaligen Fahrpisten mit stets gutem Blick zum Teide und anderen Gipfeln der Umgebung.

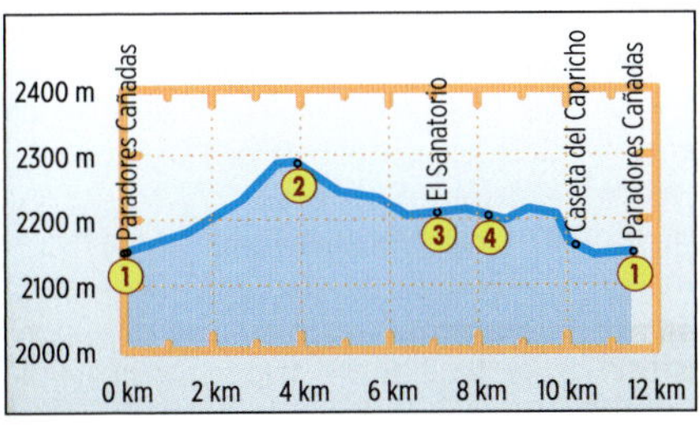

Öffentliche Verkehrsmittel: Mit der Linie 348 von Puerto de La Cruz, von Los Cristianos mit der Linie 342. Beide Linien fahren nur einmal täglich, morgens zum Parador Nacional und nachmittags wieder zurück.

Anfahrt: Das Hotel und Restaurant Parador Nacional liegt an der Nationalpark-Höhenstraße TF-21 4 Kilometer südlich der Teide-Seilbahn. Von der Seilbahn kommend, zweigt etwa 200 Meter vor dem Hotel halb links ein Sträßchen ab, das zu einem Parkplatz führt. Aus der Gegenrichtung ist ein Parkplatz unmittelbar vor dem Hotel beschildert.

Cañada Blanca (La Orotava)

Ermita de las Nieves. Das Wallfahrtskirchlein ist der Hl. Maria Schnee geweiht und gilt als die höchstgelegene katholische Kirche in Spanien.

Nationalpark-Besucherzentrum Cañada Blanca, ✆ 922373391, ⏲ tägl. 9-16 Uhr. Das kleine Besucherzentrum im Seitenteil des Hotels befasst sich insbesondere mit dem Einfluss des Menschen im Nationalpark, beginnend mit dem Leben der Guanchen.

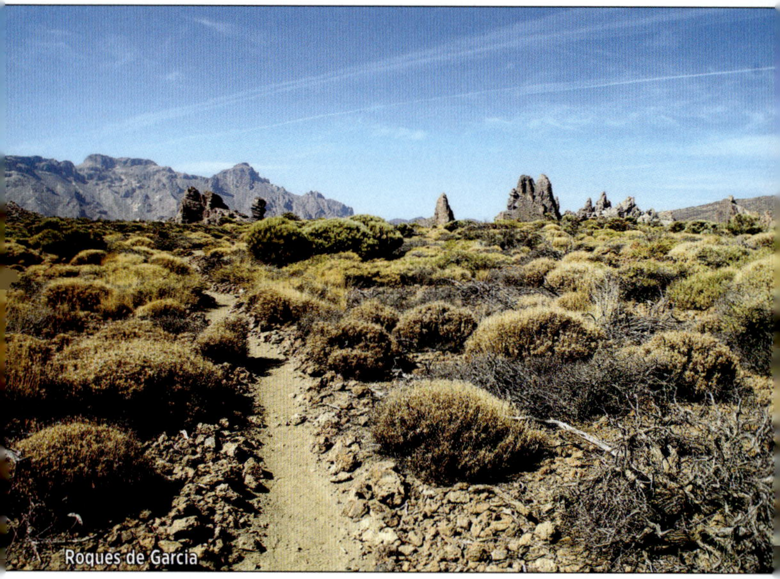

Hotel Parador Nacional, Las Cañadas del Teide, ✆ 922386415. Die Anlage ist Teil der staatlichen spanischen Hotelkette und die einzige Übernachtungsmöglichkeit im Nationalpark. @ imd757

Café & Bar Los Roques, Carretera General 821, 38, ✆ 922386415

1 0,0 (2.148) Vor der Terrasse Richtung Teide (Norden) am Parkplatz entlang ⤳ auf der kleinen Zufahrtsstraße vom Hotel weg ⤳ nach 100 m rechts auf einen Fußweg (Wegweiser „Teleférico") ⤳ auf dem stets mit Steinreihen begrenzten Fußweg 60 Min. in Richtung der schon sichtbaren Seilbahn, teilweise mit der Nr. 19 markiert ⤳ vor einem hohen gelben Tuffhügel nach links ⤳ wenig später weist ein Wegweiser Sie rechts um ein Gebüsch herum, Sie müssen jedoch hier links dem Hauptweg folgen ⤳ am Rand des gelben Hügels entlang zu einem querenden Fahrweg.

TIPP: Links geht es zur Talstation der Teide-Seilbahn, einer der touristischen Hauptattraktionen Teneriffas (s. Tour 23).

2 3,9 (2.287) Rechts Richtung Sanatorio (grünes Schild Nr. 16) ⤳ dem markierten Fahrweg für 45 Min. ungefähr in Richtung des markanten Randgebirgsgipfels Guajara folgen ⤳ nach einer langen Geraden zum ehemaligen Sanatorium.

El Sanatorio (La Orotava)

Sanatorio (Sanatorium). Die wie Hirtenhäuser oder ein verlassenes Dorf wirkenden Steinhütten inmitten der Lavaströme haben in Wahrheit eine jüngere Geschichte. Sie

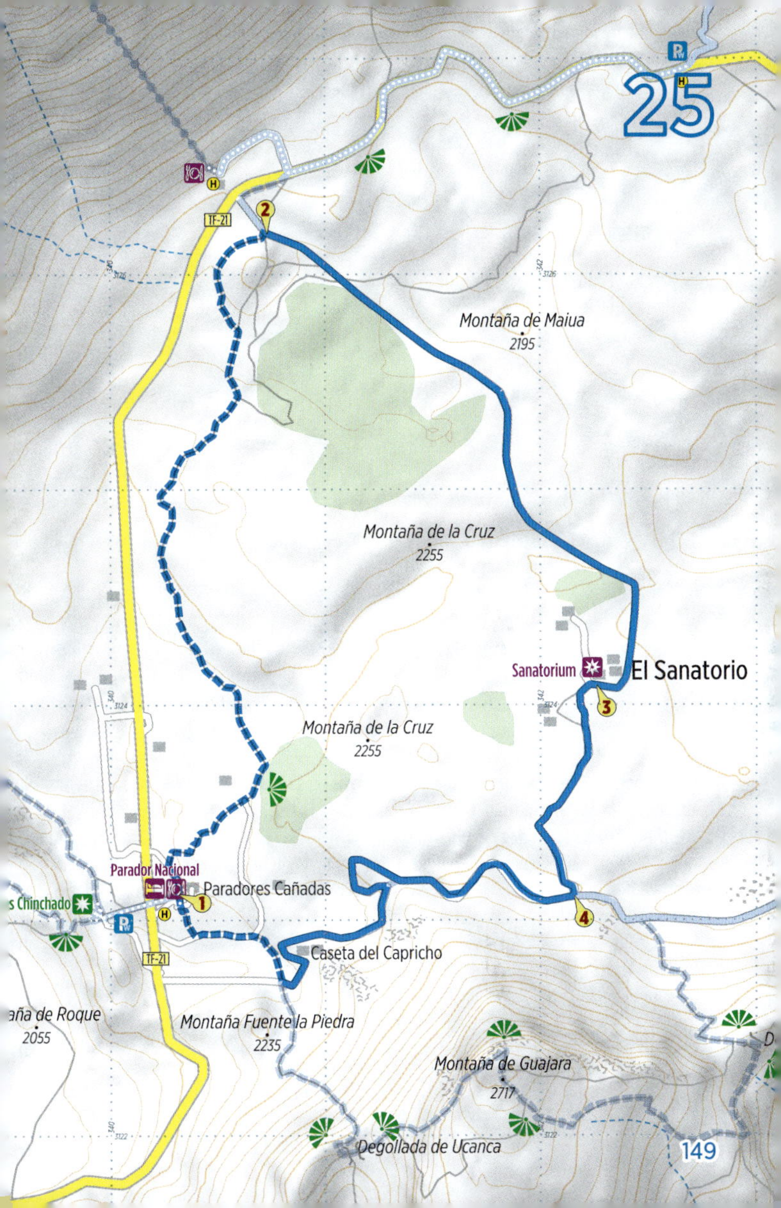
25
TF-21
Montaña de Maiua
2195
Montaña de la Cruz
2255
Sanatorium
El Sanatorio
Montaña de la Cruz
2255
Parador Nacional
Paradores Cañadas
s Chinchado
Caseta del Capricho
TF-21
aña de Roque
2055
Montaña Fuente la Piedra
2235
Montaña de Guajara
2717
Degollada de Ucanca

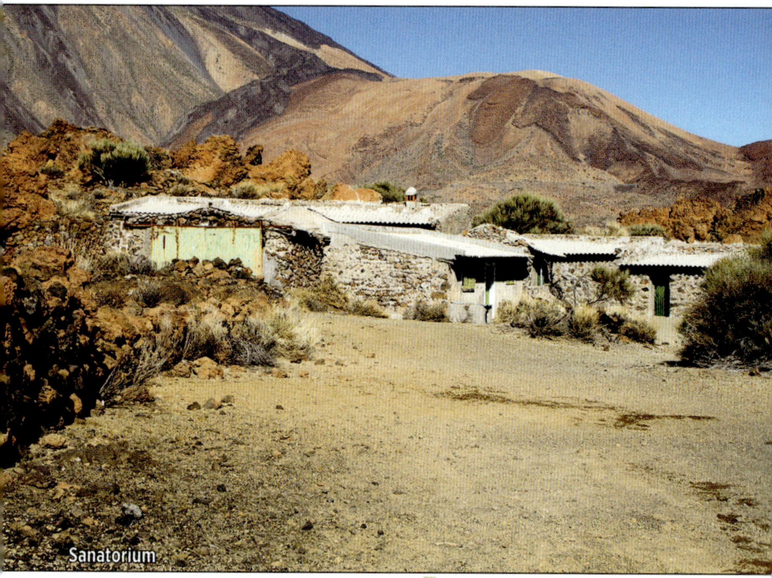
Sanatorium

wurden ab 1910 errichtet, um europäische Atemwegs- und Tuberkulosekranke in dem trockenen, staubfreien Klima der Teide-Region zu behandeln. Der Bau war bereits 1906 von der Bevölkerung der Insel abgelehnt worden, sodass auch diese später erzwungene Sanatoriumssiedlung nie das Ausmaß erreichte, für das sie ursprünglich gedacht war. Tuberkulosekranke wurden hier nie behandelt.

3 7,1 (2.209) An den Sanatoriumsgebäuden vorbei ⁓ nach 100 m einen Rechtsabzweig ignorieren ⁓ 15 Min. danach an einer Wegkreuzung halb links auf den schmäleren Weg (Markierung 16) ⁓ 5 Min. danach erreichen Sie den Querweg entlang der Innenwand des Kraterrandes.

4 8,2 (2.205) Hier nach rechts Richtung Cañada Blanca/Parador (Weg Nr. 4 mit rot-gelb-weißer Markierung) ⁓ nach 2,5 km der aussichtsreichen Piste folgen ⁓ in Sichtweite des Parador-Hotels rechts auf einen markierten Pfad ⁓ leicht ansteigend zurück zum Ausgangspunkt.

1 11,5 (2.148) Beim Hotel Parador schließt sich der Kreis dieser Rundtour.

Cañada Blanca (La Orotava)

Tour 26 9,1 km

Besteigung des Randgebirges

Start/Ziel: Hotel Parador Nacional, Restaurantterrasse (N 28,2243° W 16,6273°)

Aufstieg: 687 m *Hartbelag:* 1 %

Abstieg: 687 m *Wanderwege:* 25 %

Gehzeit: 4 - 4,5 Std. *Wanderpfade:* 74 %

Charakteristik: Heute ist der Teide der höchste Punkt der Insel, doch ist die Existenz eines viel älteren, größeren Vulkans an seiner Stelle nicht nur hinreichend bekannt, sondern auch für alle Besucher unzweifelhaft erkennbar, die den äußersten, untersten Rand des ansonsten verschwundenen Vulkankegels betrachten. Diese Außenwände dieses Ur-Teide – mit seinen unglaublichen bis zu 19 Kilometer Seitenlänge und 5 bis 6 Kilometer Höhe – verdecken heute die Sicht vom Hochplateau hinunter ans Meer, doch sie lassen sich an mehreren Stellen besteigen. Die höchste Stelle dieses Caldera-Randgebirges stellt heute der Berg Guajara dar, der mit 2717 Metern genau 1001 Meter niedriger als der Teide, aber von unten betrachtet kaum weniger prägnant ist. Die beeindruckend entlang eines steilen Felsbandes an seiner Vorderseite verlaufende Aufstiegsstrecke verlangt vom Wanderer einiges an Trittsicherheit und Schwindelfreiheit – und belohnt mit Ausblicken auf den Teide und sein Vorland einerseits und die Nachbarinseln andererseits.

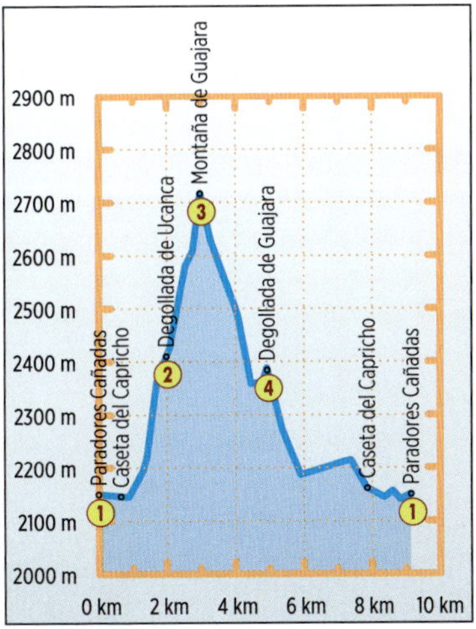

Öffentliche Verkehrsmittel: Mit der Linie 348 von Puerto de La Cruz, von Los Cristianos mit der Linie 342. Beide Linien fahren nur einmal täglich, morgens zum Parador Nacional und nachmittags wieder zurück.

Anfahrt: Das Hotel und Restaurant Parador Nacional liegt an der Nationalpark-Höhenstraße TF-21 4 Kilometer südlich der Teide-Seilbahn. Von

der Seilbahn kommend, zweigt etwa 200 Meter vor dem Hotel halb links ein Sträßchen ab, das zu einem Parkplatz führt. Aus der Gegenrichtung ist ein Parkplatz unmittelbar vor dem Hotel beschildert.

Cañada Blanca (La Orotava) s. S. 142

1 0,0 (2.148) Von der Besucherterrasse in südlicher Richtung (auf den Guajara zu) zur Wendeplatte mit den Wandertafeln ⤳ links daneben dem Pfad Richtung Vilaflor, Villa de Arico folgen ⤳ den guten weiß-rot-gelben Markierungen folgen ⤳ leicht bergab einmal links, später rechts halten ⤳ nach 10 Min. einen Fahrweg überqueren und gegenüber auf einem unmarkierten Pfad bergauf ⤳ am rechten Rand der Senke bergauf.

TIPP Stellenweise mit grau übersprühten, ehemals grünen Punkten und Steinmännern markiert.

Geradlinig auf die Passhöhe an der rechten Schulter des Guajara zu ⤳ vom Sattel zum rechten, gelbsandigen Berg ⤳ hier links halten ⤳ teils in Kehren dem Bergrücken entlang.

TIPP ⚠ Wenn Sie am Rücken den Hauptweg verlieren, wird einer der zahlreichen Trampelpfade ihn wahrscheinlich bald wieder treffen.

Weiter oben taucht erstmals eine Markierung des ehemaligen Wanderwegs 31 (grünes Schild) auf ⤳ direkt dahinter scharf links der Kehre folgen ⤳ nun auf dem deutlicheren Hauptweg in Kehren direkt unter die Steilwand ⤳ an dieser entlang ⤳ bald in einer ausholenden Linkskehre etwas davon weg und auf den nicht beschilderten Pass hinauf.

Degollada de Ucanca (2.421 m)

Hier ist einer der beiden Pässe, über die die historischen Saumpfade vom Bergdorf Vilaflor in die Caldera des Teide hineinführen. (Den zweiten, fast gleich hohen Pass namens Degollada de Guajara begehen Sie auf dem Rückweg.) Die historischen Handelswege hatten vor allem

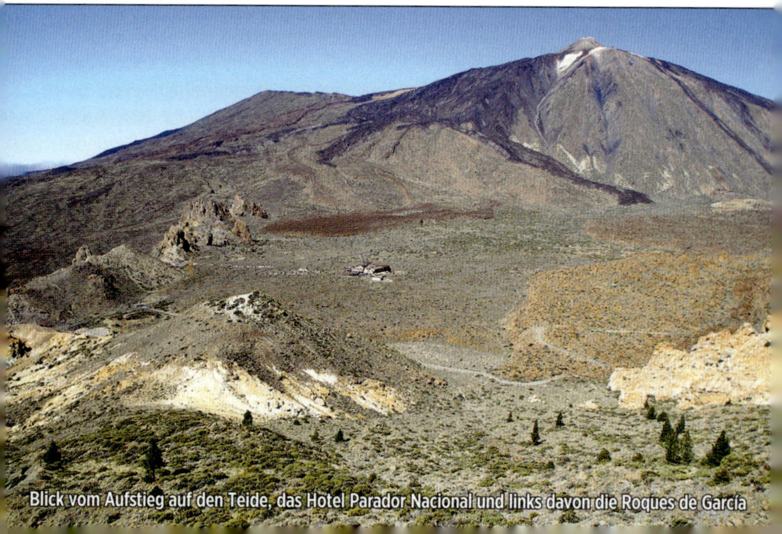

Blick vom Aufstieg auf den Teide, das Hotel Parador Nacional und links davon die Roques de García

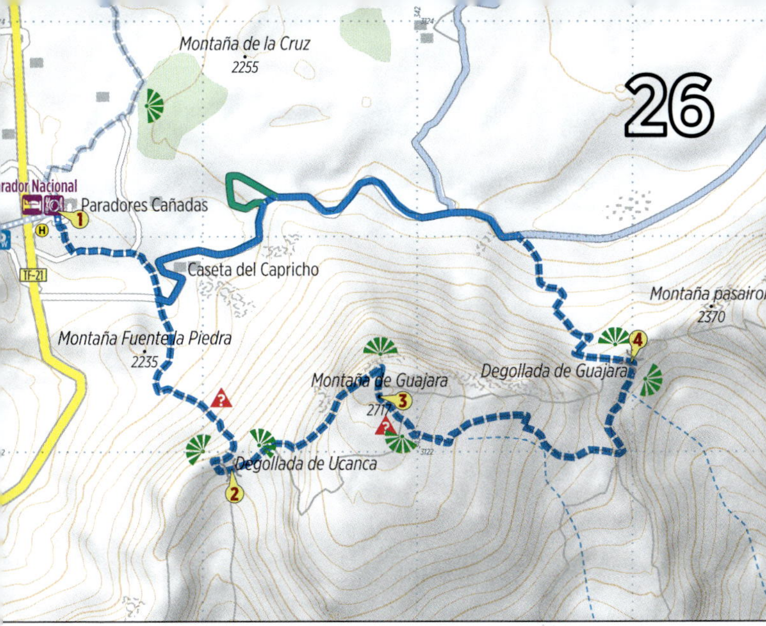

den Zweck, die lebensfeindliche Caldera auf möglichst kurzem Weg zu durchqueren, wobei die Richtung stets das Orotavatal war. Bei klarem Wetter können Sie von der Passhöhe nicht nur wunderbar in die Caldera hinein-, sondern auch bis an die Südküste blicken.

2 2,0 (2.421) Anfangs leicht bergab ~ bald steiler ~ erneut mit zahlreichen Nebenwegen den Hang hinauf, grüne Sprühpunkte an Steinen helfen bei der Orientierung ~ im oberen, sehr verblockten Bereich müssen Sie teils die Hände zu Hilfe nehmen ~ stets leicht links auf die oberste Verflachungsstufe unter der Steilwand zu ~ dort wird der Pfad besser begehbar ~ in einem leicht ansteigenden Quergang in 30 Min. zu einer Anhöhe mit Vermessungspunkt ~ dort scharf rechts den grünen Sprühpunkten weiter folgen ~ durch den verblockten Hang hinauf zum steinernen Windschutz am höchsten Punkt.

Guajara (2.717 m)

Der Gipfel ist die höchste Erhebung des Randgebirges am Teide-Kessel. Nach dem Aufstieg durch die steile Innenwand ist das sanftere Gefälle zum Meer hin erstaunlich: Man kann sich förmlich vorstellen, wie die flach ansteigende Oberfläche vor Beginn der erosiven Tätigkeiten in Richtung Teide immer höher wurde und so einen weitaus massigeren Berg als den heutigen Teide formte.

3 3,0 (2.717) Rechts um den Windschutz herum ~ danach links halten zum Abstiegsweg (grüne Schilder mit der Nr. 15, ⚠ Achten Sie auf die Wegnummer, da noch ein anderer, sehr steiler Abstieg weiter links existiert! ~ 30 Min. teils in

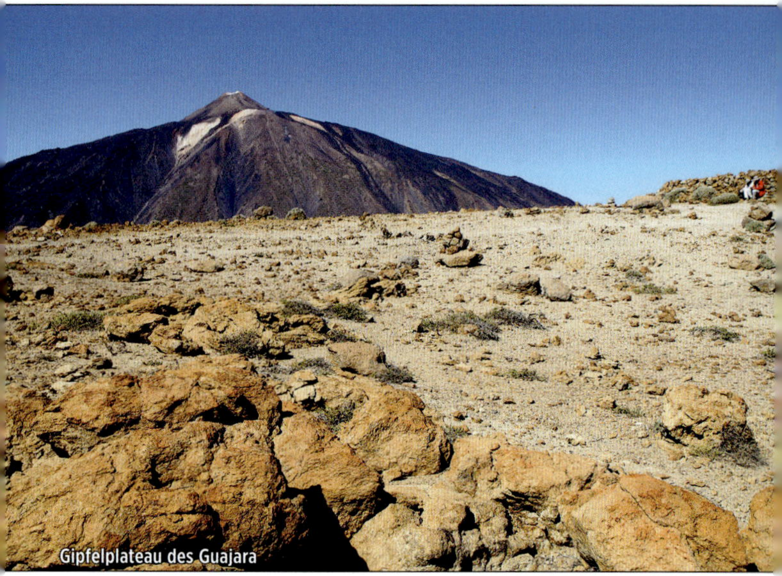
Gipfelplateau des Guajara

Kehren, teils geradlinig den vergleichsweise flachen Hang auf der Guajara-Rückseite hinab ⤳ an einer T-Kreuzung, die mit einer Metallstange markiert ist, links (weiß-rote Balkenmarkierung) ⤳ auf dem Höhenpfad um die Schlucht herum ⤳ zum nächsten Kamm.

Degollada de Guajara (2.388 m)

4 4,9 (2.388) Zunächst rechts zu den Schildern ⤳ links den Pfad hinab auf den Teide zu (Richtung Parador, Cañada Blanca) ⤳ auf dem bequemen Abstiegspfad in 20 Min. zu einem Schotterweg ⤳ auf diesem links Richtung Parador ⤳ wenig später den Abzweig zum Sanatorium rechts liegen lassen ⤳ nach 15 Min. einen Abkürzungspfad links die Böschung hinunter.

VARIANTE: Bequemer, aber länger geht es auf der Piste um eine Felsnase herum und eine weite Linkskurve bergab.

Einige Kehren ⤳ unten auf der Piste links weiter leicht bergab.

TIPP: Wo Sie zum ersten Mal rechts das Hotel Parador sehen können, führt ein weiterer, allerdings unwegsamer und nicht empfehlenswerter Pfad links an einem runden Felsen vorbei sehr steil hinunter.

Nach 10 Min. erreichen Sie die Kreuzung mit dem Hinweg ⤳ hier rechts Richtung Parador ⤳ auf dem leicht ansteigenden Weg zurück zum Ausgangspunkt.

1 9,1 (2.148) Beim Hotel Parador endet die Wanderung.

Cañada Blanca (La Orotava)

Tour 27 15,8 km

Um den Teide

Start: El Portillo, Nationalpark-Besucherzentrum (N 28,3040° W 16,5663°)
Ziel: Hotel Parador Nacíonal
Aufstieg: 315 m — *Hartbelag:* 0 %
Abstieg: 218 m — *Wanderwege:* 95 %
Gehzeit: 4 - 4,5 Std. — *Wanderpfade:* 5 %

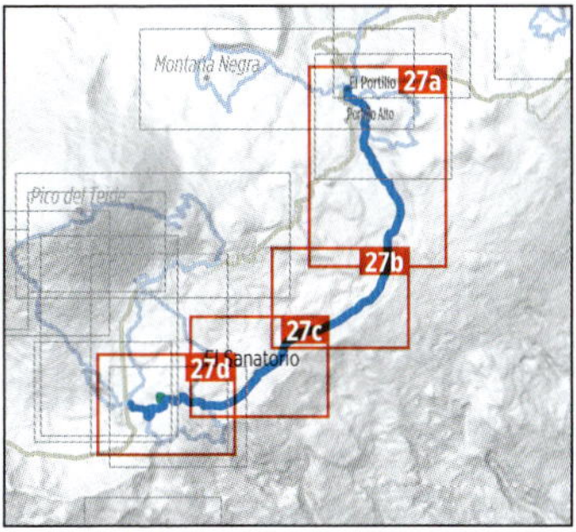

Charakteristik: Ein gemütlicher, fast steigungsfreier Wanderweg mit Sonnengarantie in über 2.000 Metern Höhe? Das gibt es nur auf Teneriffa.

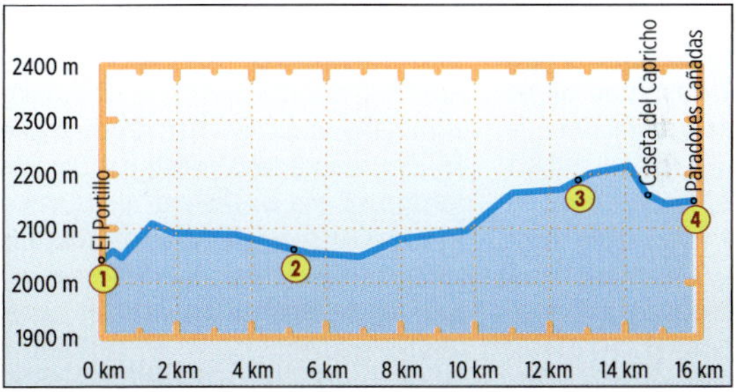

Die sieben Täler am Fuß des Teide, die „Siete Cañadas", sind eine klassische Tour im Teide-Nationalpark. Nur richtige Täler sollten Sie hier nicht erwarten - im tinerfenischen Sprachgebrauch steht der Begriff „Cañada" eher für eine Verebnungsfläche, ein deutlich geformtes Tal wird als „Barranco" bezeichnet. Diese Wanderung erlaubt es auch Ungeübten, die Gegend um den Inselgipfel in allen Facetten zu erleben. Stets auf bequemen Fahrwegen umrunden Sie den Teide dabei zur Hälfte und bewegen sich stets zwischen der beeindruckenden Abbruchkante des Caldera-Randgebirges zur Linken und den zum Stillstand gekommenen, völlig unterschiedlich ausgeformten Lavamassen zur Rechten.

Tipp: Auf der ganzen Tour gibt es kaum Schatten, achten Sie auf ausreichend Sonnenschutz.

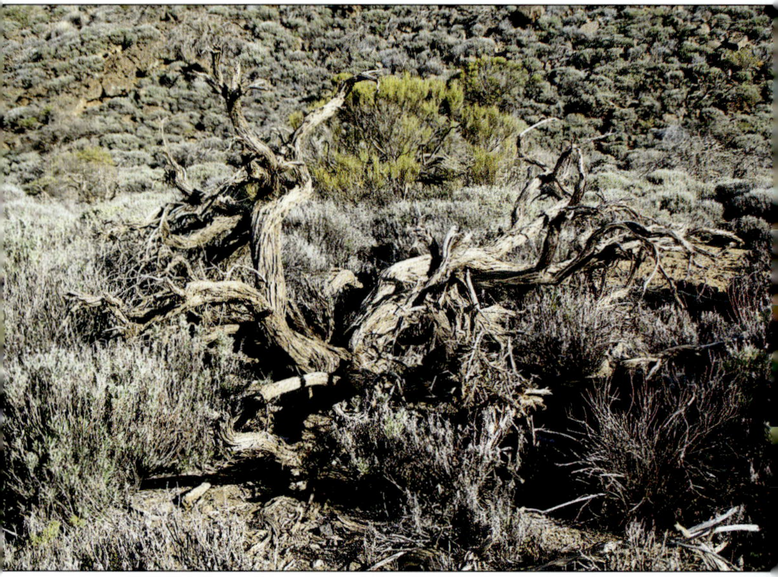

Öffentliche Verkehrsmittel: Von Los Cristianos mit der Buslinie 342, von Puerto de la Cruz mit der Buslinie 348.

Anfahrt: Von Los Cristianos oder Puerto de la Cruz auf der TF-21 bis zum Hotel Parador Nacional. Von dort fährt am Vormittag die Buslinie 342 zur Endstation El Portillo. Von Puerto de la Cruz kommend können Sie alternativ schon in El Portillo parken und nach der Wanderung am Nachmittag mit der Linie 348 zurück zum Auto fahren.

El Portillo (La Orotava)

Centro de Visitantes (Nationalpark-Besucherzentrum), Carretera del Teide, ✆ 922356000, tägl. 9-16 Uhr. Ausstellung zur Geologie und Entstehungsgeschichte des Parks und seiner speziellen Flora und Fauna, außen können auf kleinem Raum fast alle Pflanzen des Nationalparkgebiets besichtigt werden – es fehlt lediglich das erst ab 3.500 m Höhe wachsende Teide-Veilchen.

Restaurante El Portillo, TF-21, direkt an der Kreuzung gelegen, ✆ 922356006, tägl. 9-18 Uhr. Gute Gerichte in großen Portionen, @ era333

Die aus drei Gruppen bestehende Siedlung El Portillo besitzt keine Wohnhäuser, sondern lediglich Restaurants und eine Waldbrandwachtstation im mittleren Teil. Wie der größte Teil des Nationalparks gehört der Ort zum Stadtgebiet von La Orotava, orographisch endet das Orotava-Tal exakt an der Kreuzung mit dem untersten Restaurant El Portillo, wo auch die Baumgrenze wie mit dem Lineal gezogen erscheint.

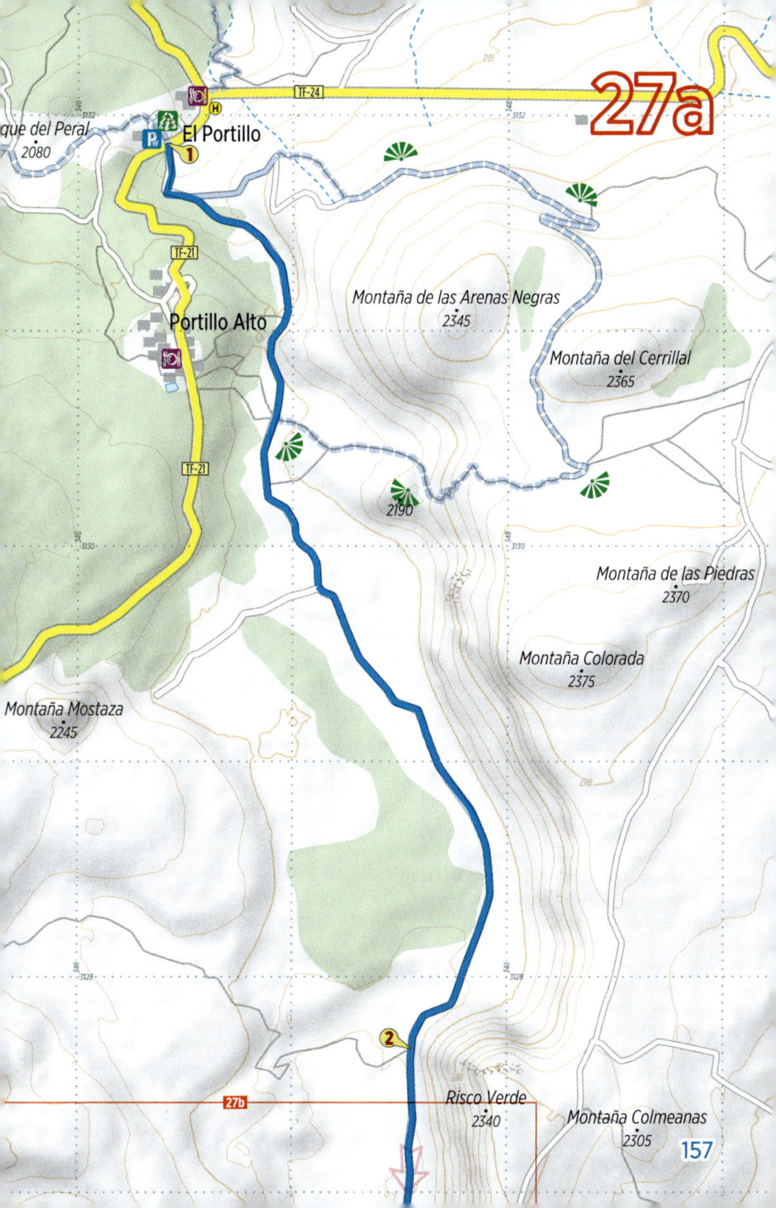
27a
TF-24
TF-21
TF-21
El Portillo
que del Peral
2080
Portillo Alto
Montaña de las Arenas Negras
2345
Montaña del Cerrillal
2365
2190
Montaña de las Piedras
2370
Montaña Colorada
2375
Montaña Mostaza
2245
Risco Verde
2340
Montaña Colmeanas
2305
27b
1
2

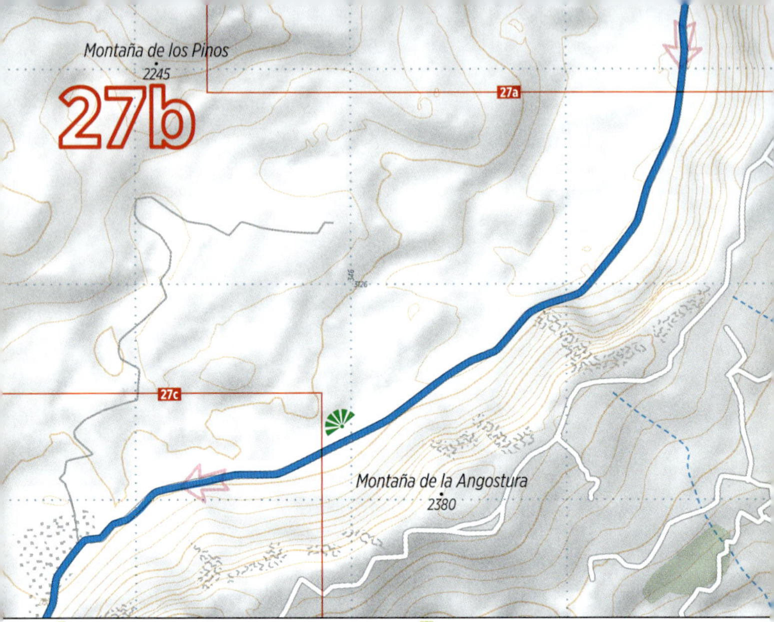

1 0,0 (2.047) Gegenüber des Besucherzentrums an einer Schranke vorbei auf eine Schotterpiste (Schild „Siete Cañadas“ und Wandertafel) ⇝ bergab und wieder bergauf ⇝ an der Gabelung vor einem Stein mit Wegweisern rechts, Sie folgen nun bis zum Ende der Tour dem Weg Nr. 4. ⇝ auf dem Fahrweg über eine Kuppe ⇝ nach einer Schranke bergab ⇝ unten den abzweigenden Weg Nr. 2 links liegen lassen ⇝ weitere 3,5 km der abzweiglosen Piste geradeaus durch die Ebene folgen.

2 5,1 (2.058) Bei einem Wegweiser den Weg Nr. 30 rechts liegen lassen ⇝ der Weg führt anschließend 7,5 km lang ohne weitere Abzweige durch die Cañadas, zwischendurch münden lediglich bei einigen Steinhütten Trampelpfade ein.

3 12,8 (2.189) An einem Kreuzungsplatz mit mehreren Schildern an der Linksabzweigung des Fernwanderweges GR-131 links vorbei.

> **TIPP** Dieser Weg überschreitet den Kamm des Randgebirges Richtung Vilaflor über die Passhöhe Degollada de Guajara, mit 2.388 m einer der tiefsten Punkte des Randgebirges. Der Pfad ist die alte Fußverbindung aus dem 1.400 m hoch gelegenen „Talort“ in die Cañadas und weiter durch die Teide-Caldera ins Orotava-Tal.

Geradeaus auf dem Fahrweg Richtung Cañada Blanca, Parador ⇝ den Abzweig zum Sanatorium rechts liegen lassen ⇝ wenig später einen Abkürzungspfad links die Böschung hinunter.

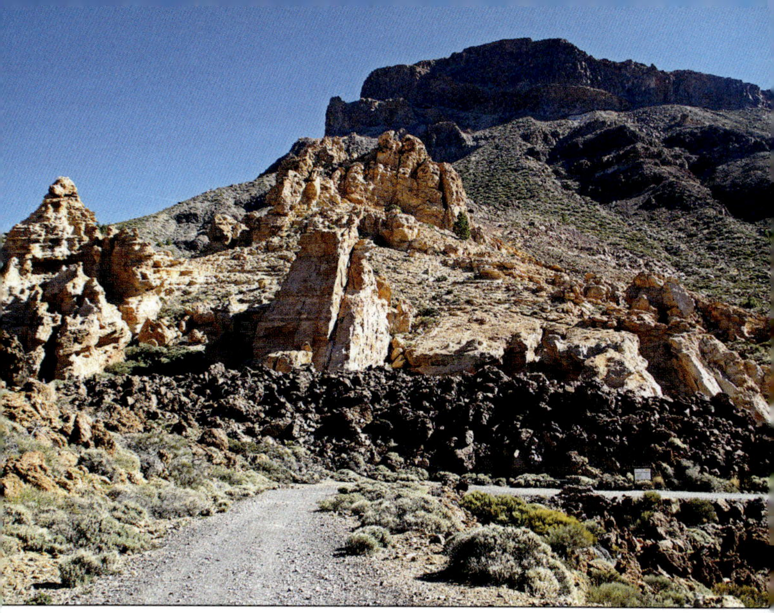

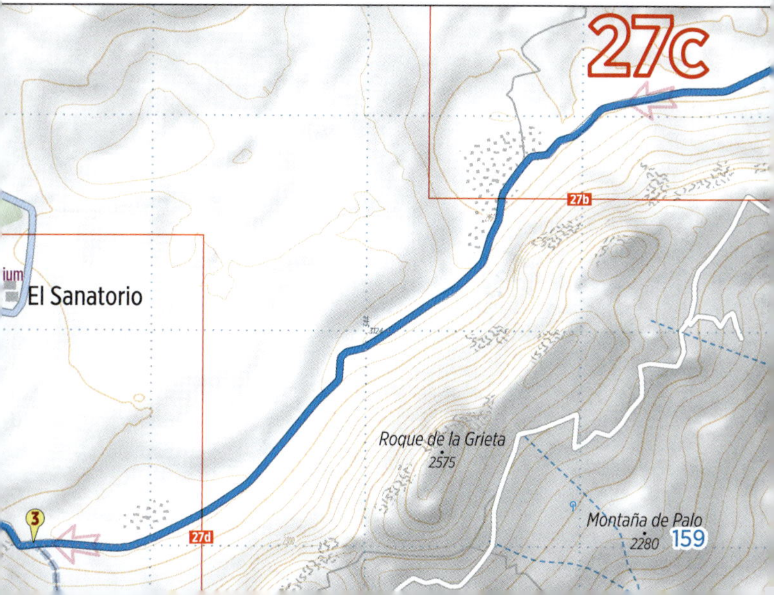
27c
27b
El Sanatorio
27d
3
Roque de la Grieta
2575
Montaña de Palo
2280

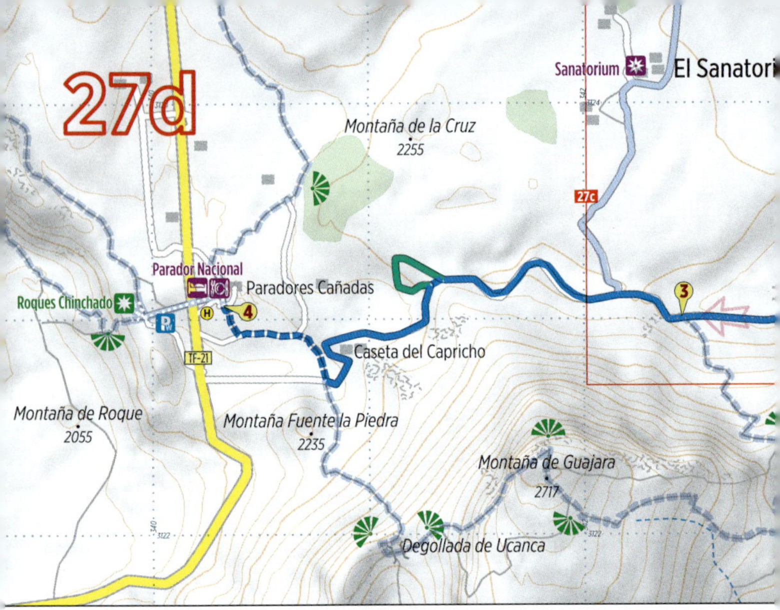

VARIANTE Bequemer, aber länger geht es auf der Piste um eine Felsnase herum und eine weite Linkskurve bergab.

Einige Kehren ⏦ unten auf der Piste links weiter leicht bergab ⏦ an einer Kreuzung, rechts Richtung Parador ⏦ auf dem leicht ansteigenden Weg zum Hotel Parador Nacional.

4 15,8 (2.144) Beim Hotel Parador ist das Ende der Wanderung erreicht.

Cañada Blanca (La Orotava)

Ermita de las Nieves. Das Wallfahrtskirchlein ist der Hl. Maria Schnee geweiht und gilt als die höchstgelegene katholische Kirche in Spanien.

Nationalpark-Besucherzentrum Cañada Blanca, ✆ 922373391, ⏲ tägl. 9-16 Uhr. Das kleine Besucherzentrum im Seitenteil des Hotels befasst sich insbesondere mit dem Einfluss des Menschen im Nationalpark, beginnend mit dem Leben der Guanchen.

Hotel Parador Nacional, Las Cañadas del Teide, ✆ 922386415. Die Anlage ist Teil der staatlichen spanischen Hotelkette und die einzige Übernachtungsmöglichkeit im Nationalpark. @ imd757

Café & Bar Los Roques, Carretera General 821, 38, ✆ 922386415

Tour 28 12,6 km

Zur „Festung“ La Fortaleza

Start/Ziel: Eö Portillo, Nationalpark-Besucherzentrum (N 28,3040° W 16,5663°)

Aufstieg: 354 m *Hartbelag:* 0 %

Abstieg: 354 m *Wanderwege:* 0 %

Gehzeit: 3,5 - 4 Std. *Wanderpfade:* 100 %

Charakteristik: Obwohl wenig bekannt, bietet das Felsmassiv der Fortaleza (spanisch für „Festung“) ein dankbares Ziel für eine beeindruckende Wanderung im Norden des Nationalparks. Neben dem oft hellrot leuchtenden Felsmassiv, das seine Umgebung um etwa 100 Meter überragt, machen vor allem die „Cañadas“ den Reiz dieser Wanderung aus. Diese kleinen Täler sind eigentlich die Senken zwischen den Lavazungen. Außerdem bieten sich tolle Aussichten auf die steile Nordflanke des Teide und die Nordküste.

Öffentliche Verkehrsmittel: El Portillo wird nur einmal täglich jeweils aus und nach Puerto de la Cruz (Linie 348) und Los Cristianos (Linie 342) bedient.

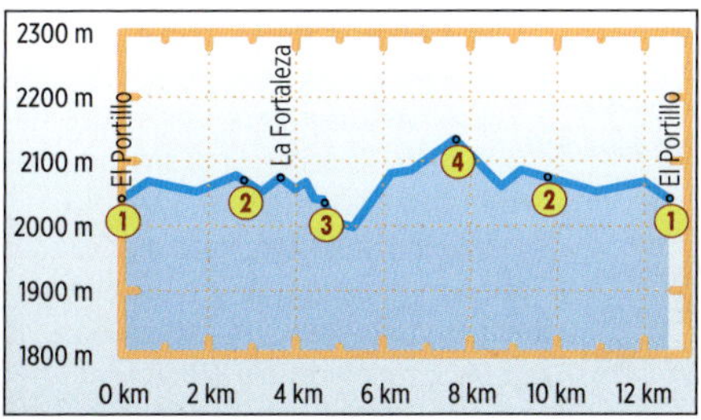

Anfahrt: El Portillo ist der Name der Straßenkreuzung der TF-21 (Puerto de la Cruz-Teide) mit der TF-24 (La Laguna-Teide) an der Nordost-Grenze des Teide-Nationalparks. Oberhalb befindet sich direkt an der Straße das Nationalpark-Besucherzentrum mit zahlreichen Parkmöglichkeiten.

El Portillo (La Orotava) s. S. 92

1 0,0 (2.047) Unmittelbar links neben dem Eingang des Nationalpark-Besucherzentrums über Stufen auf den Wanderweg 1 (grünes Schild), dieser Markierung folgen Sie bis zum Wegpunkt 3 ⤳ nach kurzem Auf- und Abstieg an einer T-Kreuzung links ⤳ durch ein Sperrgatter ⤳ nach weiterem Abstieg an einer Gabelung rechts ⤳ nach 10 Min. geradeaus an der Linksabzweigung des Weges Nr. 6 vorbei ⤳ wenig später bei einer Wandertafel einen weiteren Linksabzweig ignorieren.

TIPP ⚠ Im weiteren Verlauf zweigen öfters Pfade nach rechts zum Kiefernwald ab, die jedoch keine offiziellen Wanderwege sind.

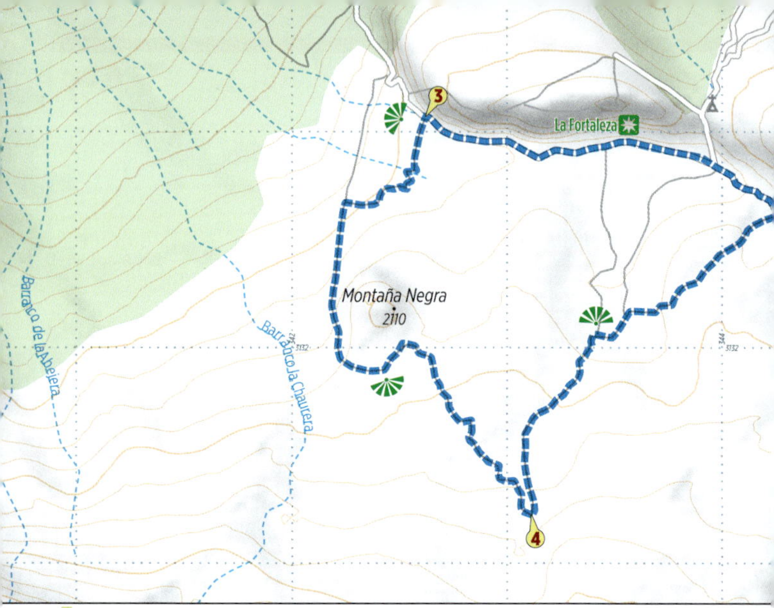

2 2,8 (2.047) 25 Min. später, auf einer Anhöhe mit Sicht auf den Fortaleza-Berg, an zwei abzweigenden Wegen vorbei, der Weg 22 wird später Ihr Rückweg sein ⇝ bald am Fuß des Fortaleza auf einer schwachen Wegspur über eine Sandebene ⇝ den anfänglich bei einer Wandertafel rechts bergauf abbiegenden Pfad Nr. 29 ignorieren.

TIPP Dieser Weg ermöglicht über den Sattel an der rechten Schulter des Berges, den sogenannten Cedro-Pass, eine Besteigung seines Gipfels sowie einen Abstieg zur Küste. Als historische Ein- und Ausstiegsmöglichkeit in das lebensfeindliche Teide-Umland hat die Kreuzung nicht nur den Namen Cruz de Fregel, sondern sogar eine kleine Kapelle auf der Passhöhe erhalten, an der Durchreisende noch einmal für eine gesunde Ankunft beten konnten.

La Fortaleza. Die „Festung" ist ein markantes Überbleibsel des ehemaligen Caldera-Randgebirges. Dieses umgab ursprünglich wahrscheinlich den ganzen Komplex des heutigen Teide und räumte auf der Nordseite beim Abrutschen die Täler von Icod und Orotava aus. Die enorme Standfestigkeit der alten Basaltsäulen, die so deutlich von der Erosion freigelegt wurden, ließ den Berg und die direkt unterhalb von ihm liegende gesamte westliche Talschulter des Orotavatals von den großen Trümmerlawinen verschont bleiben, sodass La Fortaleza heute als markanter Gipfel insbesondere vom Tal von Icod aus sichtbar ist.

Die folgenden 20 Min. flach am Fuß der Fortaleza entlang ⇝ bis zu einer Kreuzung mit zwei Wandertafeln, an der sich der Blick zum Meer hin öffnet.

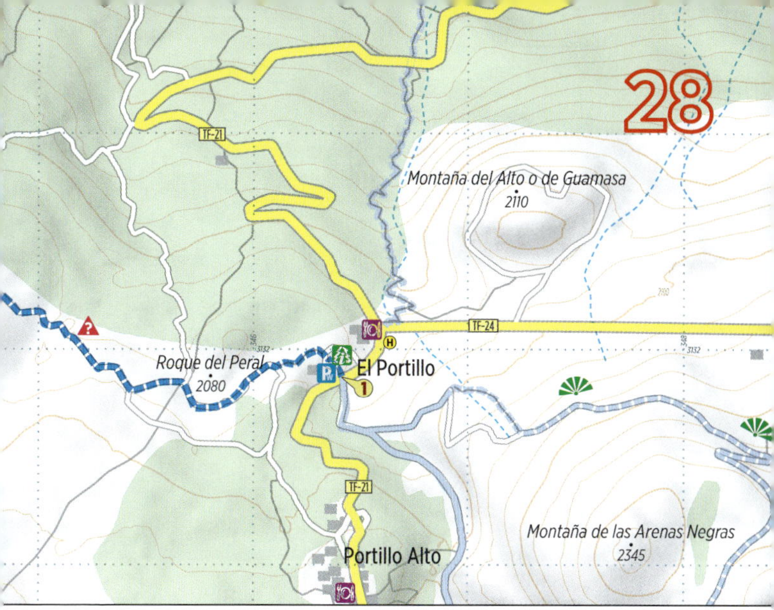

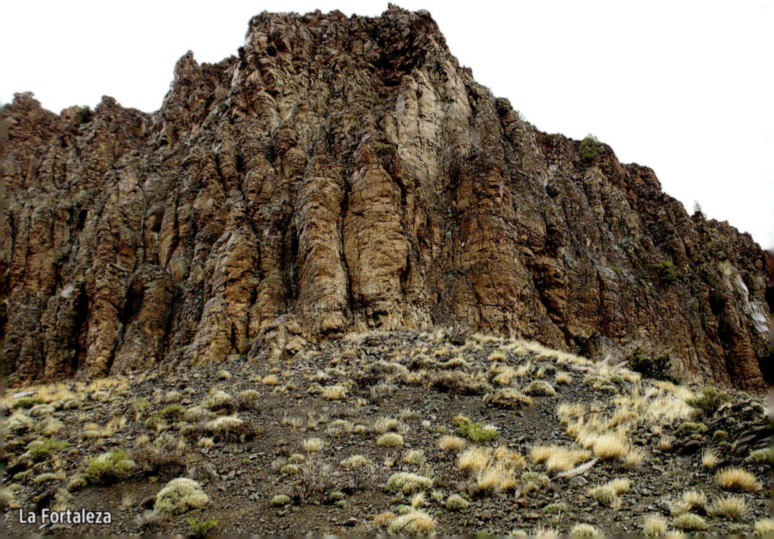
La Fortaleza

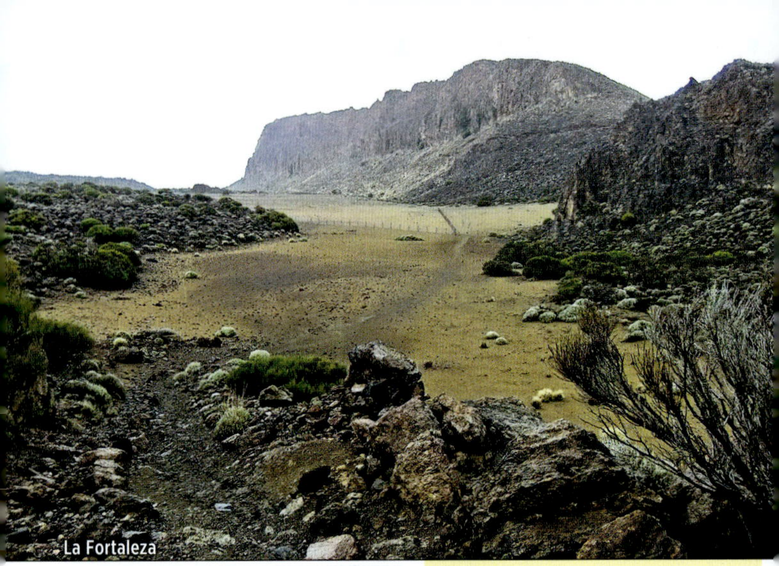

VARIANTE Wenn Sie den folgenden, etwas mühsamen Abschnitt vermeiden wollen, können Sie bequemer auf dem gleichen Weg zum Ausgangspunkt zurückkehren.

3 4,6 (2.038) Vor der linken Wandertafel auf den von Steinen eingefassten, aber deutlich schlechter erkennbaren Wanderpfad abbiegen (Wegnummer 33) ⤳ in stetem Auf und Ab mühsam durch die von Buschbrand gezeichnete Lavalandschaft ⤳ in Richtung des unscheinbaren doppelkuppigen Berges **Montaña Negra** ⤳ nach 10 Min. zu einem tieferen Querweg hinunter ⤳ auf diesem links bergauf ⤳ konstant ansteigend rechts am Montaña Negra vorbei (gute Markierung mit grünen Schildern Nr. 33, weißen Sprühpunkten und Steinmännern) ⤳ nach 50 Min. erreichen Sie vor einer markanten Lavastromwand bei einer weiteren Wandertafel eine Wegkreuzung.

Caldera

Sie befinden sich jetzt inmitten der nördlichen Caldera, die den Teide umgibt. Die grobsteinigen Lavazungen führen stets in leichtem Gefälle vom Vulkan weg. Sie sind mit dem typischen Teide-Ginster bewachsen, der hier nach mehreren Buschbränden teils wiederaufgeforstet wird.

4 7,6 (2.140) Scharf links auf den Pfad 22 Richtung La Fortaleza, El Portillo ⤳ anfangs bequem bergab auf die Fortaleza zu ⤳ nach 10 Min. kurz in Kehren etwas steiler hinab ⤳ anschließend an einer Gabelung rechts auf dem Hauptweg bleiben ⤳ kurz darauf auf eine Lavazunge hinauf und auf ihr 10 Min. weiter.

2 9,7 (2.074) Von der Kreuzung rechts auf bekanntem Weg zurück zum Ausgangspunkt.

1 12,6 (2.047) Beim Besucherzentrum ist das Tourenende erreicht.

El Portillo (La Orotava)

Tour 29 — 7,8 km

Von El Portillo um den Berg Arenas Negras

Start/Ziel: El Portillo, Nationalpark-Besucherzentrum (N 28,3040° W 16,5663°)

Aufstieg: 276 m — *Hartbelag:* 0 %

Abstieg: 276 m — *Wanderwege:* 32 %

Gehzeit: 2,5 - 3 Std. — *Wanderpfade:* 68 %

Charakteristik: „Die Pforte" lautet eine sinngemäße Übersetzung des Namens El Portillo, und tatsächlich ist El Portillo nicht nur für den heutigen Autotouristen der Ein- und Ausgang von Norden und Osten in den Teide-Nationalpark, sondern auch der historische Wasserabfluss eines Teils der alten Caldera, welcher heute nur durch die Straßenkreuzung verbaut ist. Von dieser niedrigen Stelle des alten Kraterrandes aus besteigen Sie auf dieser bequemen, nur einmal kurz steilen Runde die ersten Kuppen des Caldera-Randgebirges, das östlich der Straße beginnt – der Sinn des Namens „Montaña Negra" (Schwarzer Berg) erschließt sich auf dem Rückweg vollständig. Die Aussicht von diesem Berg, der gleichzeitig die Kammhöhe des Calderarands darstellt, erlaubt einen ganz anderen Blick auf den Teide, die „Siete Cañadas" genannte Talsenke am Calderarand und die Pforte von El Portillo.

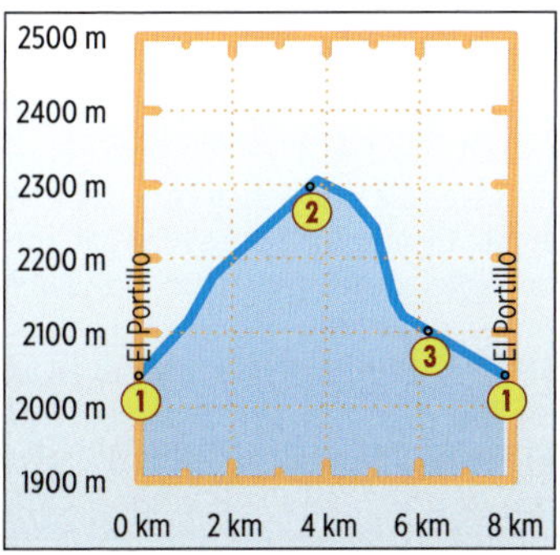

Öffentliche Verkehrsmittel: El Portillo wird nur einmal täglich jeweils aus und nach Puerto de la Cruz (Linie 348) und Los Cristianos (Linie 342) bedient.

Anfahrt: El Portillo ist der Name der Straßenkreuzung der TF-21 (Puerto de la Cruz-Teide) mit der TF-24 (La Laguna-Teide) an der Nordost-Grenze des Teide-Nationalparks. Oberhalb befindet sich direkt an der Straße das Nationalpark-Besucherzentrum mit zahlreichen Parkmöglichkeiten.

El Portillo (La Orotava) s. S. 156

1 0,0 (2.047) Gegenüber des Besucherzentrums an einer Schranke vorbei auf

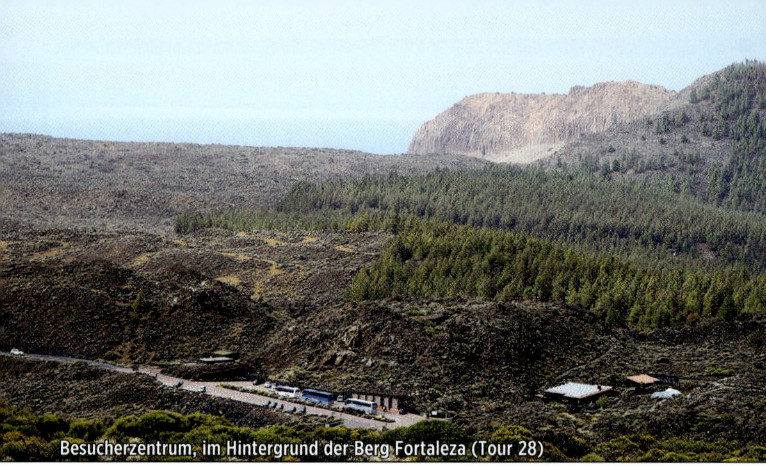
Besucherzentrum, im Hintergrund der Berg Fortaleza (Tour 28)

eine Schotterpiste (Schild „Siete Cañadas“ und Wandertafel) ⤳ bergab und wieder bergauf ⤳ an der Gabelung vor einem Stein mit Wegweisern links, Sie folgen nun bis zum Wegpunkt 3 dem Wanderweg Nr. 2 ⤳ leicht ansteigend auf einer Sandpiste weiter ⤳ diese nach 500 m nach links zu einem Pfad hin verlassen (Wegweiser „Sendero 2“ auf einem Stein) ⤳ durch ein kleines Seitental ⤳ vorbei an einer Aussichtsstelle auf den Teide ⤳ in zwei ausladenden Kehren mit Aussicht auf die Nordküste bergauf zur Sattelhöhe neben der Kuppe des Montaña Negra.

TIPP Hier befinden Sie sich in einer interessanten Übergangszone zur grauweißen, später fast unbewachsenen Hochebene „Llano Maja“, die bereits Teil der Rückseite des Caldera-Randgebirges ist. Hier sind zur Zeit der Frühlings- und Sommerblüte oft zahlreiche Bienenstöcke aufgestellt und manchmal auch Imker bei der Arbeit zu beobachten. Auf Ihrem weiteren Weg passieren Sie eine beeindruckend erodierte Stelle dieser Hochfläche, bevor Sie über den schwarzsandigen Berg wieder ins Tal absteigen.

2 3,7 (2.305) Vor der umzäunten Hochebene Llano Maja durch eine scharfe Rechtskurve ⤳ deutlich erkennbar am linken Rand eines Seitentals entlang ⤳ wo sich am schwarzsandigen Rand des Berges der Blick nach El Portillo öffnet, halten Sie sich rechts auf der von Fußpfaden durchzogenen Bergflanke abwärts (Schild) ⤳ stets dem breitesten Pfad folgend in Kehren hinab (etwas rutschig) ⤳ rechts in die Tiefebene ⤳ aus dem Tal hinaus.

3 6,2 (2.093) Nach 700 m einem geschotterten Querweg nach rechts folgen (Schild „Sendero 4“) ⤳ auf einer Kuppe passieren Sie eine Schranke ⤳ dahinter an der Einmündung Ihres Hinwegs vorbei ⤳ geradeaus zum schon sichtbaren Ausgangspunkt.

1 7,8 (2.047) Beim Besucherzentrum endet die Tour.

El Portillo (La Orotava)

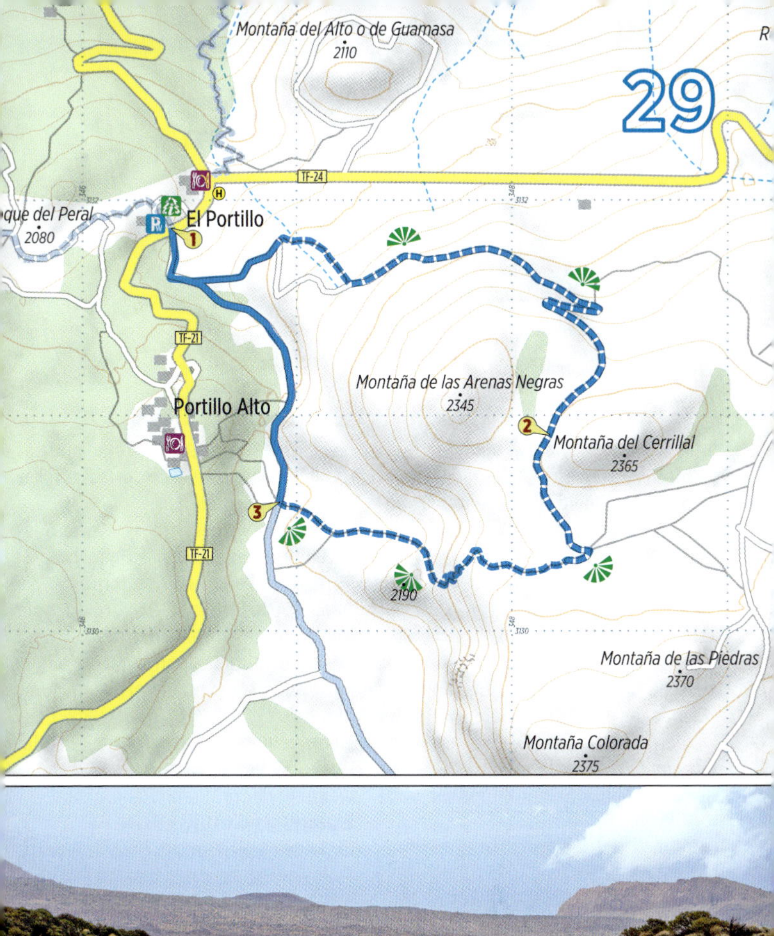

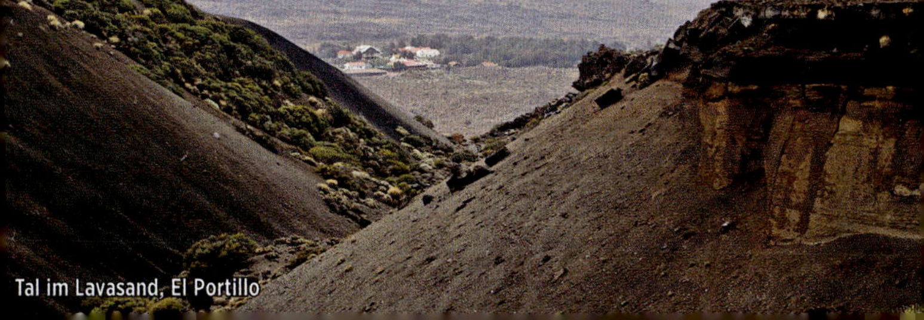

Tal im Lavasand, El Portillo

Tour 30 7,9 km

Zwischen Teide-Observatorium und Montaña Limón

Start/Ziel: Esperanza-Straße TF-24, Parkbucht bei km 34,8 (N 28,3169° W 16,4956°)

Aufstieg: 334 m *Hartbelag:* 0 %

Abstieg: 334 m *Wanderwege:* 45 %

Gehzeit: 2,5 - 3 Std. *Wanderpfade:* 55 %

Charakteristik: Die rotsandige Kuppe des Vulkanberges Montaña Limón thront unauffällig zwischen dem Inselhauptkamm Cumbre Dorsal und der Oberkante des Orotava-Tals. Von der Höhenstraße kommend lässt sich der Gipfel in eine bequeme und mit zahlreichen tollen Aussichten garnierte Rundtour einbinden, bei der Sie zwischen der Ginster bestandenen Hochfläche und dem Kiefernwald auf kleinem Raum viele Landschaftstypen erleben. Schließlich erhalten Sie von der 2.105 Meter hohen Kuppe die volle Sicht ins Orotavatal, zum Teide und auf das leuchtend weiße Teide-Observatorium auf dem Kamm.

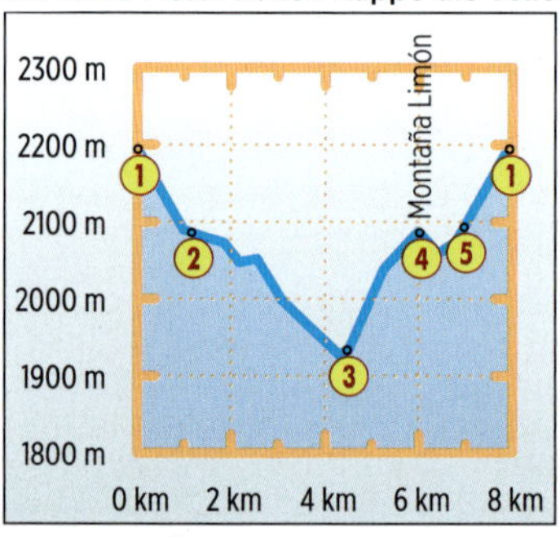

Öffentliche Verkehrsmittel: Keine Busverbindung, die nächste Haltestelle El Portillo ist 8 Kilometer entfernt.

Anfahrt: Die Straße TF-24 verbindet die Kreuzung El Portillo am Ostausgang des Teide-Nationalparks mit La Laguna. 8 Kilometer von El Portillo entfernt gibt es nördlich der Straße (links) bei einer kleinen grünen Informationstafel Platz zum Parken (alternativ 200 Meter weiter in der größeren Parkbucht).

Esperanza-Straße TF-24

Teide-Observatorium, ✆ 922329110, ÖZ: Mo-Fr 10-14 Uhr u. n. V. Das Observatorium befindet sich auf dem höchsten Punkt des Hauptkamms neben der Straße und wurde ab 1964 zur nächtlichen Himmelsbeobachtung eingerichtet. Die seitdem enorm gewachsene Bevölkerung Teneriffas verursacht jedoch inzwischen ein so starkes Streulicht, dass die Beobachtungsbedingungen nicht mehr optimal sind. Das Teide-Observatorium hat daher seinen Schwer-

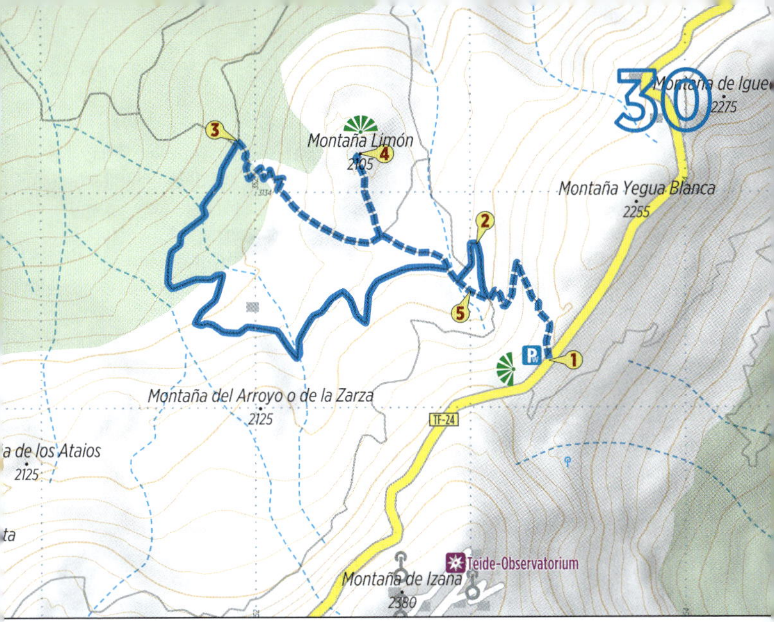

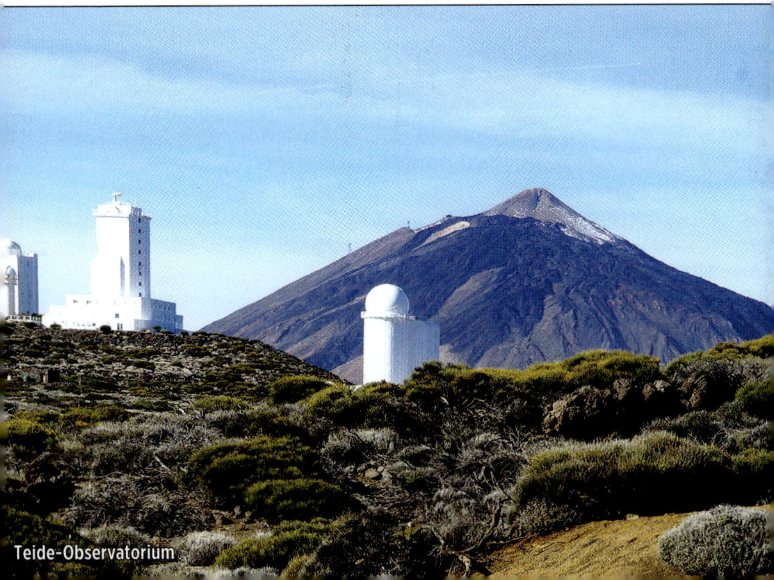

Teide-Observatorium

punkt inzwischen auf Sonnenbeobachtung verlegt, während das gleich hoch gelegene Observatorium auf der Nachbarinsel La Palma für die Himmelsbeobachtung zuständig ist. Dazu wurde auf La Palma ein Gesetz erlassen, das eine Abstrahlung öffentlicher und privater Nachtbeleuchtung zum Himmel verbietet.

Die 42 Kilometer lange Straße verläuft stets auf dem Inselhauptkamm „Cumbre Dorsal" und durchquert dabei verschiedene Vegetationszonen. Im Nordosten erreicht sie schließlich die Orte La Esperanza und La Laguna. Die Straße hat trotz ihrer enormen Länge und aufwendigen Bauweise fast ausschließlich touristischen Nutzen, da sie keine Ortschaften miteinander verbindet.

1 0,0 (2.195) Bei dem Schild auf einem Pfad bergab (Wegweiser „Montaña Limón") ⇝ nach wenigen Metern an der Gabelung links hinunter (Wegnummer 21) ⇝ durch einige Kehren bergab ⇝ auf einer Querpiste rechts weiter bergab.

2 1,1 (2.085) Linkskehre, danach einen Abzweig mit Schranke ignorieren ⇝ in der Rechtskurve den Weg Nr. 34 links liegen lassen, das wird später Ihr Rückweg sein ⇝ auf der Piste rechts bergab ⇝ nach 70 m nochmal den Pfad Nr. 34 ignorieren ⇝ auf der leicht fallenden Piste anfangs einige Taleinschnitte umrunden und später in den Kiefernwald hinein ⇝ nach ca. 3 km zu einer deutlichen Kreuzung (Metallpfosten und kleine Beschriftungsplanen an zwei Bäumen).

3 4,4 (1.937) Scharf rechts auf dem steilen Pfad bergauf ⇝ links an einer Steinbarriere vorbei ⇝ auf dem deutlichen Pfad stets bergauf, in den Kehren die sehr steilen Abkürzungen meiden ⇝ nach 20 Min. wieder aus dem Wald hinaus ⇝ halb um die Kuppe des Montaña Limón ⇝ wo sich der deutliche Pfad vom Berg abwendet (grünes Schild Nr. 34) nach links ⇝ auf dem undeutlichen, mit Steinreihen ausgelegten Trampelpfad geradlinig zum Gipfel.

Montaña Limón (La Orotava)

Der mit rotem Sand bedeckte und mit kleinen Felsen gekrönte Hügel mit einer Seehöhe von 2.105 Metern ist ein alter Schlackekegel eines Vulkanausbruchs. Im Umland können Sie mehrere solcher Kuppen entdecken, die teils sogar deutliche Innenkrater erkennen lassen. Die exponierte Lage des Montaña Limón über dem Orotava-Tal, die vor dem Abrutschen nur durch einen kleinen vorgelagerten Hügel geschützt wird, macht den Berg zu einem idealen Aussichtspunkt ins Tal – vorausgesetzt, die Sicht wird nicht von den häufig gegen Mittag aufziehenden Wolken behindert.

4 6,0 (2.082) Vom Gipfel zurück zum Querweg Nr. 34 ⇝ jetzt links ⇝ wenig später auf einem Fahrweg nach links ⇝ nach 70 m in einer Linkskurve gerade auf den Weg 34 (grünes Schild).

5 7.0 (2.104) Die Kehre des Hinwegs abschneiden ⇝ den Fahrweg überqueren und geradeaus auf den Pfad Nr. 21, den Sie vom Hinweg kennen ⇝ nach 15 Min. gelangen Sie zurück zum Ausgangspunkt.

1 7,9 (2.195) Beim Parkplatz sind Sie am Ende der Wanderung angelangt.

Esperanza-Straße TF-24

Orotavatal und Cumbre Dorsal

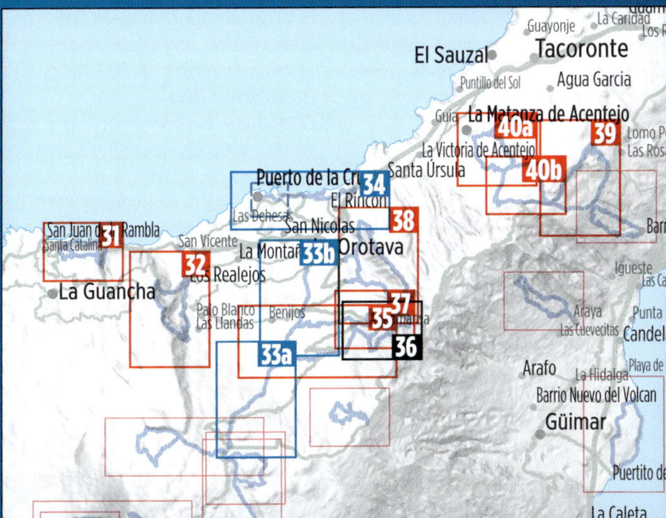

Tour 31 — 8,1 km

Durch den Barranco de Ruiz nach San Juan de la Rambla

Start/Ziel: Picknickplatz Barranco de Ruiz an der TF-5 bei San Juán de la Rambla (N 28,3910° W 16,6267°)

Aufstieg: 443 m | *Hartbelag:* 62 %

Abstieg: 443 m | *Wanderwege:* 7 %

Gehzeit: 2,5 - 3 Std. | *Wanderpfade:* 31 %

Charakteristik: Der Barranco de Ruiz ist eins der versteckten Naturparadiese der Nordküste: Die tief eingeschnittene Schlucht steigt steil ins Hinterland an und beeindruckt durch Steilwände, überhängende Felsen und urwaldartige Vegetation. Diese Rundtour vereint dabei Berge und Meer wie keine andere: Nach dem Ersteigen des Barrancos durchstreifen Sie die Terrassenfelder oberhalb von San Juan de la Rambla – immer mit herrlicher Aussicht auf den Ozean. Von dem beschaulichen Dorf San Juan mit seinen zahlreichen alten Gebäuden und dem schön gelegenen Meerwasserpool wandern Sie dann auf einem malerischen Camino an der Küste entlang zurück an den Ausgang des Barranco de Ruiz.

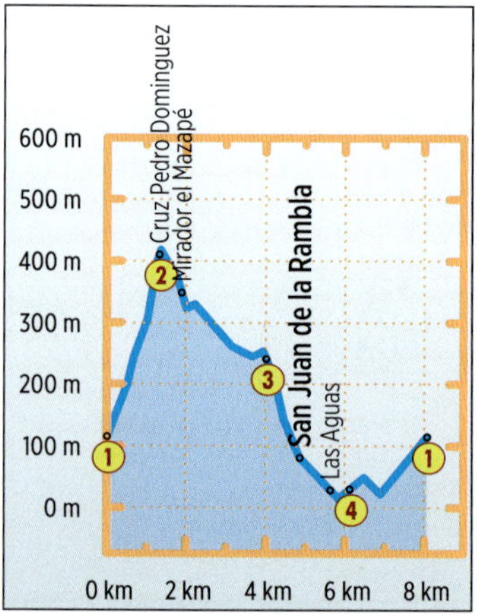

Öffentliche Verkehrsmittel: Die Buslinien 107, 108, 325 und 363 halten direkt am Ausgangspunkt.

Anfahrt: Die Schnellstraße TF-5 überquert die Schlucht mit Hinweisschild „Barranco de Ruiz“ auf einer Brücke zwischen Kilometer 44 und 45, knapp 5 Kilometer westlich des Autobahnendes und kurz nach der auffälligen Cepsa-Tankstelle mit Aussichtspunkt, parken bergseitig am Picknickplatz.

Picknickplatz Barranco de Ruiz

Mehrere Kioske und ein kleiner Biergarten, ÖZ: tägl.

Die zur Nordküste entwässernde Schlucht bietet aufgrund ihrer enormen Größe Platz für verschiedene Lebensräume von felsigen Steilwänden bis zu kleinen Urwaldabschnitten, in denen viele endemische Pflanzen und insbesondere viele Vögel leben. Unter Wanderern ist der Barranco bislang ein Geheimtipp, obwohl der an Wochenenden gut besuchte Rastplatz am Talausgang bei Einheimischen schon lange als toller Aussichtspunkt bekannt ist.

1 0,0 (115) Am westlichen (talaufwärts gesehen rechten) Ende des Picknickgeländes über Stufen einen Weg in der Felswand hinauf (Holzschild „Icod El Alto") ~ am Treppenende links ~ eine Rechtseinmündung ignorieren ~ 40 Min. an der rechten Talflanke zunächst geradlinig, später steil in Kehren hinauf zu einem Dorfplatz auf der Hochfläche.

Cruz Pedro Dominguez. Der kleine, aussichtsreiche Dorfplatz gehört zur Häusergruppe La Vera in der Gemeinde San Juán de la Rambla. Die verstreuten oberen Ortsteile sind nach Westen auf der abfallenden Hochfläche gut zu erkennen, der Barranco de Ruiz ist die scharfe Ostgrenze des Gebiets. Der Dorfplatz ist zugleich Kreuzung alter Saumwege, die von der Hochfläche durch die Schlucht an die Küste führen.

2 1,3 (418) Vor zur Asphaltstraße bei der Kapelle, hier rechts auf das bergabführende Sträßchen ~ nach der Rechtskurve zwischen den Terrassenfeldern bergab ~ in Kurven an dem Aussichtspunkt **Mirador El Mazapé** vorbei, hier eröffnet sich ein herrlicher Blick auf die Küste ~ der Straße folgen ~ nach der Linkskehre mit Tiefblick weiterhin der Straße folgen.

VARIANTE Nach etwa 1,2 km haben Sie beim Abzweig zum Hotel Finca San Juan die Möglichkeit, auf einem einfacheren Weg nach San Juan de la Rambla abzusteigen. Dafür zweigen Sie scharf rechts ab Richtung Hotel, folgen dann nach der Anlage und vor dem Tennisplatz dem Linksbogen der Asphaltstraße, wenden sich an deren Ende nach rechts auf den reizvollen Camino und kommen schließlich

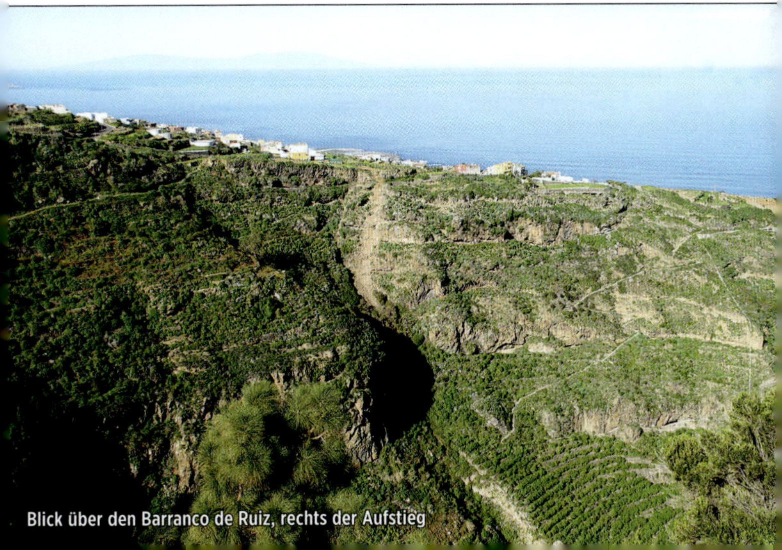

Blick über den Barranco de Ruiz, rechts der Aufstieg

bei der Brücke über die TF-5 wieder auf die Hauptroute.

Auf der Hauptroute überqueren Sie nach gut 600 m in einer Rechtskehre einen breiten Barranco.

3 4,0 (238) Wenig später rechts auf den Weg zum Trafoturm, der neben der Straße steht ⤳ geradeaus auf dem Wanderweg weiter ⤳ vorbei an einem Strommasten ⤳ der Pfad führt zwischen zwei Barrancos auf einem Bergrücken hinab ⤳ wenig später geht es auf der linken Seite weiter ⤳ bleiben Sie am Rand des Barranco ⤳ bei den ersten Häusern von San Juan rechts in die Straße einbiegen ⤳ auf der Brücke über die TF-5 hinüber, dann am Ende rechts den Fußweg hinab ⤳ an der T-Kreuzung nach rechts in die **Calle Antonio Oramas** ⤳ kurz vor der T-Kreuzung geht es links zur Plaza mit der Kirche.

San Juan de la Rambla

San Juán Bautista, Plaza del Rosario Oramas, 2. Die Johannes dem Täufer geweihte Kirche stammt aus dem 16. Jh. Im Inneren sind der barocke Altar und die schöne Kassettendecke sehenswert.

Charco de la Laja. Der Meerwasserpool ist eine natürliche Mulde, die von Felsen vor den Wellen des Ozeans geschützt ist. Die malerische Badestelle am westlichen Ortsrand ist über einen schönen Weg vom gleichnamigen Aussichtspunkt erreichbar.

San Juan de la Rambla liegt direkt an der Nordküste von Teneriffa und besticht durch zahlreiche alte Gebäude im typisch kanarischen

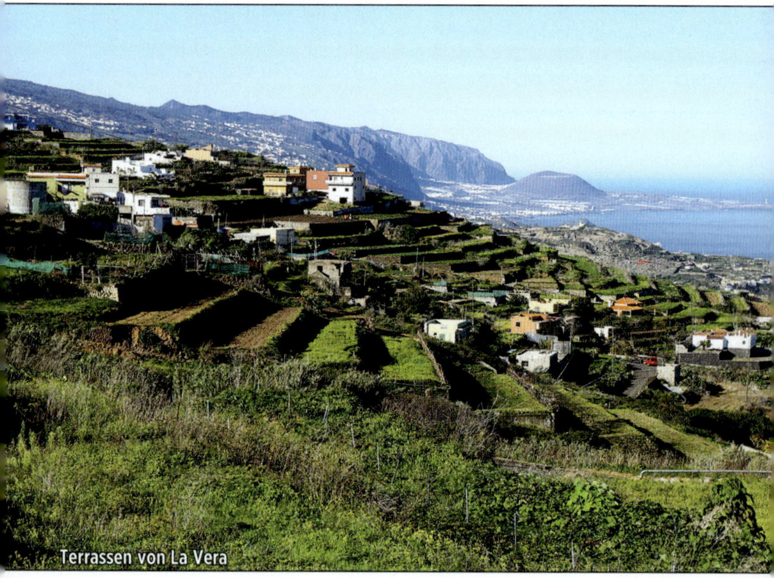

Terrassen von La Vera

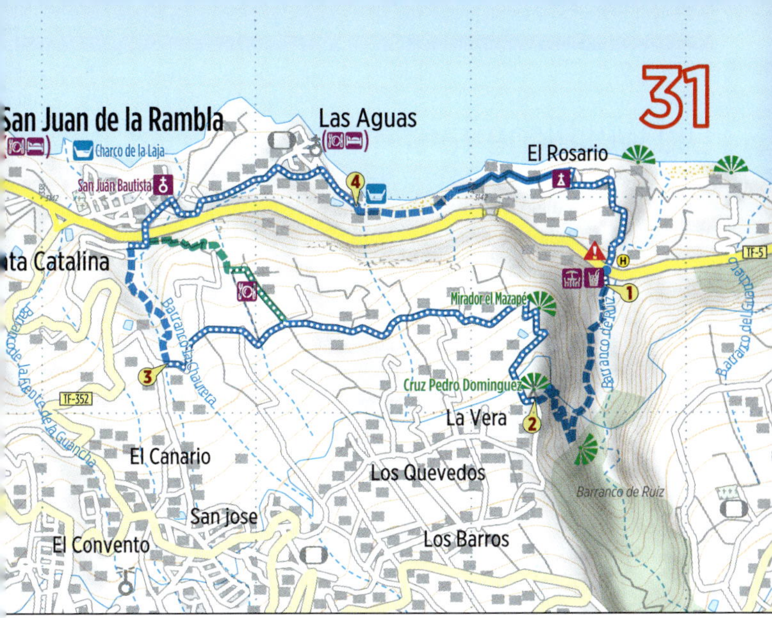

Stil aus dem 17. und 18. Jahrhundert. Auf dem Platz bei der Kirche spielt sich das Leben des beschaulichen Dorfes ab. Die Einwohner leben hauptsächlich von der Landwirtschaft, vor allem von den umliegenden Bananenplantagen. Die Hauptroute zweigt an der T-Kreuzung rechts ab (**Calle el Sol**) ⇝ kurz vor der Vorfahrtsstraße TF-5 bei der Bushaltestelle links abbiegen ⇝ am Ortsrand entlang zur Promenade, mehrere Restaurants und Bars laden zu einer Rast ein.

Las Aguas (San Juan de la Rambla)

4 6,1 (21) An der Gabelung, an der es links zum kleinen Kiesstrand geht, rechts halten ⇝ am Ende der Straße gerade auf den Wanderweg, der reizvoll an der Steilküste entlang führt ⇝ an einzelnen Häusern vorbei immer in Küstennähe bleiben bis in den Ortsteil El Rosario.

El Rosario (San Juan de la Rambla)

Ermita de Nuestra Señora del Rosario, Calle el Rosario. Die Marienkapelle der Einsiedelei stammt aus dem 17. Jh.

Gleich nach der Kapelle rechts über Stufen hinauf ⇝ gerade auf die Straße, dann an der T-Kreuzung links und aus dem Ort hinaus ⇝ die Straße führt in Kurven zur TF-5, hier bei der Bushaltestelle die Straße überqueren, ⚠ Vorsicht, schneller Verkehr!

1 8,1 (115) Am Picknickplatz endet die Rundtour.

Picknickplatz Barranco de Ruiz

Tour 32 — 12,8 km

Die westliche Talschulter

Start/Ziel: Realejo Alto, Kirchplatz Ecke Calle del Medio de Arriba/Calle Godínez (N 28,3805° W 16,5851°)

Aufstieg: 1.009 m — *Hartbelag:* 22 %

Abstieg: 1.009 m — *Wanderwege:* 25 %

Gehzeit: 5 - 5,5 Std. — *Wanderpfade:* 53 %

Charakteristik: Die Westschulter des Orotavatals, die im Spanischen den Namen „Ladera de Tigaiga" trägt, scheint nur aus der Ferne ein Spiegelbild der Ostschulter zu sein – wer sie erklimmt, erlebt eine deutlich sanftere Topographie und gänzlich andere Aussichten, und wer im Zuge dieser Tour wieder absteigt, fühlt sich bald in einem schluchtartigen Tal gefangen, dessen Wände in den Himmel zu wachsen scheinen. Die Gegensätze könnten auf einer so überschaubaren Tour kaum krasser sein – und das auch noch auf überaus angenehm zu begehenden Wegen mit vielen Rastmöglichkeiten.

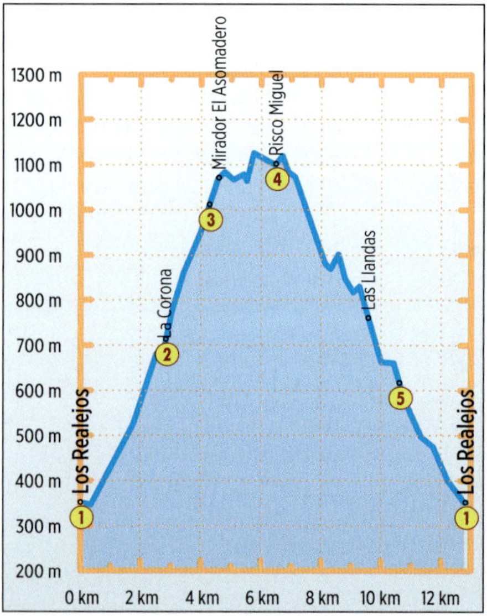

Öffentliche Verkehrsmittel: Die Linien 352 und 354 verbinden Puerto de la Cruz und La Orotava mit Los Realejos. Die Haltestelle Iglesia San Agustin liegt unterhalb, Cruce Icod El Alto oberhalb des Ausgangspunktes.

Anfahrt: Nordautobahn TF-5, Hauptabfahrt Los Realejos (Nr. 39), an zwei Kreisverkehren jeweils links Richtung Los Realejos, am kleinen Zentralkreisel im Ort geradeaus und gleich auf die linke Spur. Am nächsten Kreisel geradeaus und am übernächsten rechts (Icod El Alto). Unterhalb der

Kirche rechts herum abbiegen (Viera y Clavijo), in der Straße und der rechts abzweigenden Calle Godínez kann geparkt werden.

Los Realejos

Oficina Los Realejos, Calle la Unión, ✆ 922346181, @ brg765

Santiago Apóstol. Die 1496 erbaute Kirche gilt als die älteste Kirche Teneriffas.

Cafeteria Tasca el laurel, Calle Godinez, 1, ✆ 682059311, ⏲ tägl. 7-21 Uhr

Los Realejos ist nach La Orotava mit 38.000 Einwohnern die zweitgrößte Stadt des Orotava-Tals und des Inselnordens. Die Stadt besteht aus den vormals unabhängigen Teilen Realejo Alto und Realejo Bajo sowie einigen küstennah gelegenen Orten. Insbesondere der rund 70 Termine umfassende Festkalender des Ortes ist unter den Einheimischen bekannt und beliebt. Am Ort des heutigen Realejo Alto wurden die Ureinwohner Teneriffas 1496 endgültig geschlagen, der Lagerplatz des spanischen Heers (spanisch „Real") gab dem Ort seinen Namen. Da hier in Folge auch eine der ältesten spanischen Siedlungen auf der Insel gegründet wurde, bestand ein ursprünglich reiches architektonisches Erbe u. a. aus mehreren Klöstern, das jedoch in der Zwischenzeit durch mehrere Brände stark dezimiert wurde. Zu früheren Zeiten war Los Realejos ein Zentrum der Stickerei und Korbflechterei, dessen Produkte inselweit verkauft wurden. Zu Beginn des 20. Jahrhunderts wurden die Stickereien von Los Realejos gar bis Großbritannien exportiert, was in Anbetracht des damaligen lokalen Entwicklungsstandes und der Verkehrslage beachtlich ist. Im Ortszentrum existieren heute noch mehrere Handarbeitsbetriebe mit Verkaufsbereich.

1 0,0 (352) Direkt bei der Bar rechts auf die schmale Straße **Calle Godínez** ⤳ einen Talboden durchqueren ⤳ gegenüber an einer Querstraße scharf links bergauf (Schild „Icod el Alto") ⤳ Rechtsknick nach 250 m ⤳ an der Einmündung in die Hauptstraße scharf links ⤳ nach 20 m

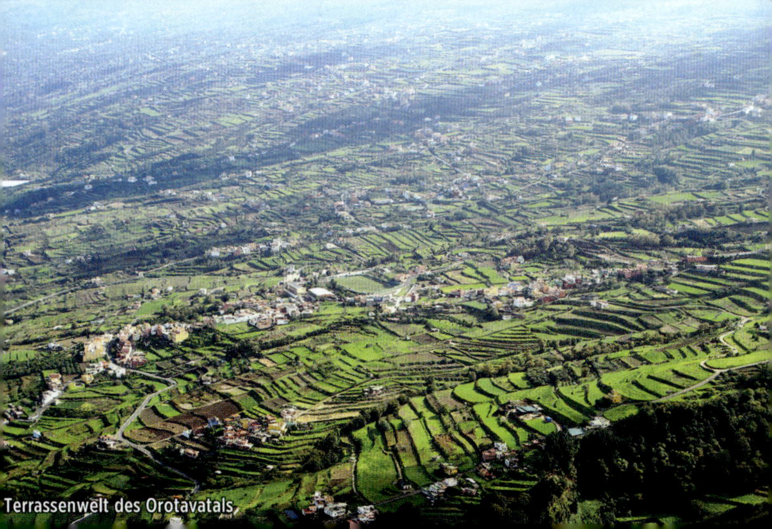

Terrassenwelt des Orotavatals

rechts in die extrem steile Einbahnstraße **Calle Tanque Arriba** ⤳ 250 m weiter, nach Hausnummer 46, rechts ⤳ sofort an der Gabelung links ⤳ die Hauptstraße gerade überqueren ⤳ gegenüber auf dem Betonweg zu den Häusern ⤳ zwischen den Häusern einen Abzweig rechts liegen lassen ⤳ die Hauptstraße noch zweimal geradeaus überqueren ⤳ auf dem Sträßchen **Camino Madre Juana** bergauf ⤳ nach 5 Min. eine Zufahrt zu den Häusern rechts liegen lassen ⤳ an der letztmaligen Einmündung in die Hauptstraße rechts ⤳ nach 180 m, unmittelbar vor einer Brücke, links in ein Sträßchen ⤳ an dessen Gabelung rechts bergauf ⤳ 20 m danach links auf einen Fußweg (Holzschild „La Corona / Icod El Alto") ⤳ nach 5 Min. an der Wegteilung nach an einer Quelle rechts bergauf ⤳ in 25 Min. zum Aussichtspunkt an der Kammspitze.

La Corona, beeindruckender Blick über das gesamte untere Orotava-Tal, Puerto de la Cruz und bis zur Weinbauregion Acentejo auf der gegenüberliegenden Seite. Der grüne Bereich neben dem Aussichtspunkt wird von Drachenfliegern wegen der Aufwinde und des unmittelbaren Steilabbruchs gern als Startplatz genutzt.

TIPP Sie stehen hier an der Spitze der westlichen Talschulter, die nach der gigantischen Trümmerlawine noch stehen blieb. Dieser vorderen Abbruchkante werden Sie von hier aus relativ geradlinig und mit weiteren Aussichtsmöglichkeiten aufwärts folgen.

2 2,8 (721) Gerade an der Hangkante bergauf zu den Funkmasten ⤳ bald auf Asphalt geradeaus ⤳ halb links an der Kante halten ⤳ nach 50 m auf einem Erdweg weiter ⤳ nach 80 m an einer Gabelung links ⤳ etwas später bei weiteren Funkmasten eine Kreuzung gerade überqueren ⤳ der verwachsene Fahrweg mündet in eine breite Piste, hier halb links bergauf ⤳ direkt nach der Kurve links dem sehr steilen Weg folgen ⤳ nach 50 m bei einem Holzwegweiser auf dem kleinen Stichpfad rechts hinab zum idyllischen Quellplatz, der Pfad sollte nur bei Trockenheit begangen werden!

Fuente Pedro, „Petrusquelle" mit zahlreichen Marienstatuen, Kerzen und einem Waldkreuz. Die eigentliche Quelle befindet sich halb links in einem Stollen unter dem Fahrweg.

3 4,3 (1.012) Auf dem Trampelpfad zurück zum Fahrweg ⤳ jetzt weiter bergauf ⤳ nach 5 Min. eine Kurve eines breiteren Fahrwegs tangieren und sogleich links weiter (Holzschild „Mirador El Asomadero") ⤳ auf dem Fahrweg zum Aussichtspunkt (Wegweiser PR TF-40, Chanajiga).

Mirador El Asomadero, exzellente Sicht ins gesamte Orotavatal und bis hinauf zum über 2.000 m hoch gelegenen Teide-Observatorium.

Am Aussichtspunkt vorbei dem Fahrweg 200 m sanft bergauf folgen ⤳ beim Wegweiser „PR TF-40, Chanajiga" links weg auf einen Pfad ⤳ der weiß-gelb markierte Weg führt in stetem Auf und Ab mitten durch die bewaldete Steilwand ⤳ nach 25 Min. auf der Fahrpiste geradeaus Richtung Chanajiga folgen ⤳ mit wenigen Schritten zur Schutzhütte **Choza Risco Miguel**.

Die Schutzhütte **Risco Miguel** (Michaelsfelsen) wurde 2008 errichtet und ist dem tinerfenischen Wegepionier Enrique Talg Wyss gewidmet, tolle Sicht ins Orotavatal.

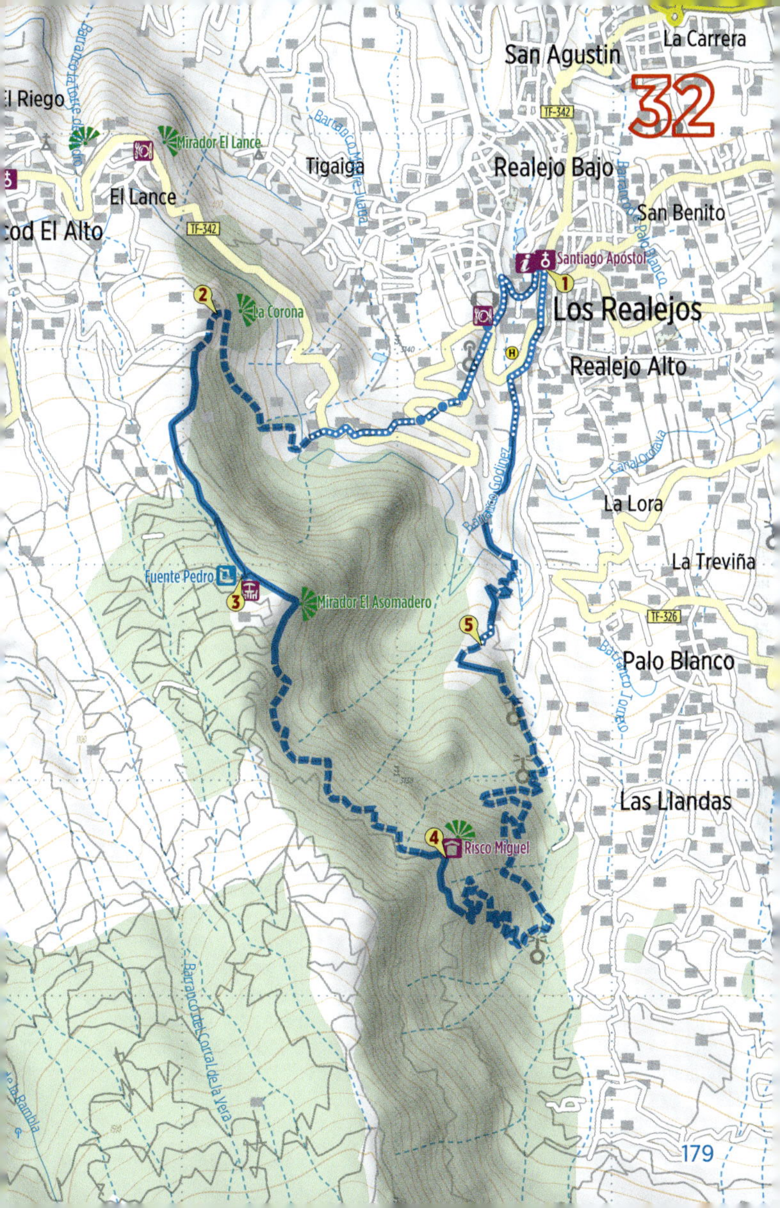

32
San Agustín
La Carrera
El Riego
Barranco la Torre
Mirador El Lance
El Lance
cod El Alto
TF-342
Barranco Mariajuana
Tigaiga
Realejo Bajo
Barranco del Palo Blanco
San Benito
Santiago Apóstol
Los Realejos
La Corona
Realejo Alto
Canal Orotava
Barranco Godínez
La Lora
La Treviña
Fuente Pedro
Mirador El Asomadero
TF-326
Palo Blanco
Barranco Jorado
Las Llandas
Risco Miguel
Barranco del Cortal de la Vera
La Rambla
1
2
3
4
5

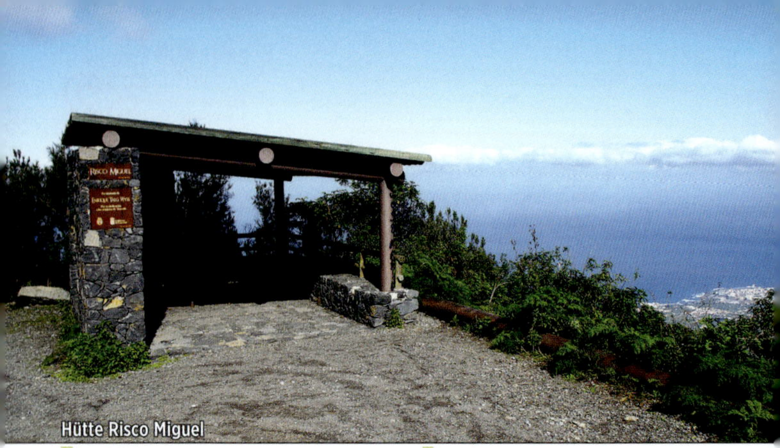

Hütte Risco Miguel

4 6,5 (1.098) Nach 300 m auf dem flachen Fahrweg auf einem Pfad links bergab Richtung Bco. La Calera (PR TF-40.1) ↝ in vielen Kehren 30 Min. durch geschlossenen Lorbeerwald bergab ↝ im Talgrund des Quertals **Barranco La Calera** an einer Pfadkreuzung links bergab Richtung Realejo Alto (PR TF-40) ↝ 80 m danach an einem weiteren Wegweiser links Richtung Realejo Alto ↝ 10 Min. merklich bergan und wieder in den Talboden ↝ 30 Min. nach dem letzten Wegweiser, bei einer Sitzbank am Waldrand, scharf links (weiß-gelbe Balkenmarkierung) ↝ 10 Min. später an einem Fahrweg halb links steil bergauf Richtung Realejo Alto ↝ nach 5 Min. flacher ↝ am Ende einer Terrasse rechts einen Trampelpfad bergab Richtung Realejo Alto ↝ bald bei Gärten auf Beton und später auf Asphalt.

TIPP
Sie erreichen jetzt die oberen Gärten von Realejo Alto und dem Weiler Palo Blanco, die von ihren Besitzern nur durch den sehr tiefen Barranco de La Calera erreicht werden können.

5 10,6 (624) Stets bergab ↝ vor einem mehrstöckigen gelben Haus vor zum Wegweiser ↝ geradeaus links an dem Haus vorbei bergab ↝ 200 m auf dem Schotterweg ↝ vor einem letzten Gebäude scharf rechts auf einen Pfad (Wegweiser PR TF-40, Realejo Alto) ↝ 100 Höhenmeter in den schluchtartigen Barranco La Calera hinein, in dem Sie sich wie in einem Krater fühlen ↝ im Talgrund eine Links- und eine Rechtsabzweigung ignorieren ↝ halb rechts entlang der Mauer bergab (weiß-gelb) ↝ unten am Fahrweg rechts 200 m talauswärts ↝ an einer T-Kreuzung rechts abwärts Richtung Realejo Alto ↝ auf dem Fahrweg immer talauswärts ↝ nach 500 m an einer Asphaltkehre halb rechts bergab ↝ nahe der Hauptstraße am rechten Talrand leicht bergan nach Realejo Alto ↝ an der ersten Kreuzung links bergab ↝ auf 450 m an zwei Kreuzungen geradeaus bergab und zurück zum Ausgangspunkt.

1 12,8 (352) Das Ende der Wanderung ist in Los Relejoas erreicht.

Los Realejos

Tour 33 13,1 km

El Portillo – La Orotava

Start: El Portillo, Straßenkreuzung (N 28,3061° W 16,5644°)
Ziel: La Orotava, Busbahnhof
Aufstieg: 35 m *Hartbelag:* 36 %
Abstieg: 1.717 m *Wanderwege:* 3 %
Gehzeit: 4 - 4,5 Std. *Wanderpfade:* 60 %

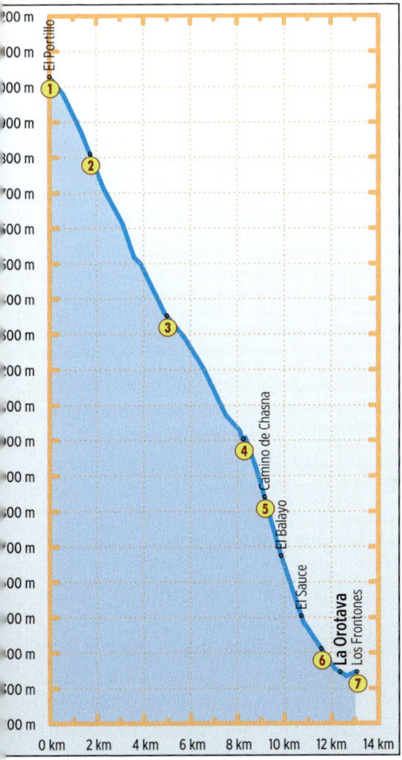

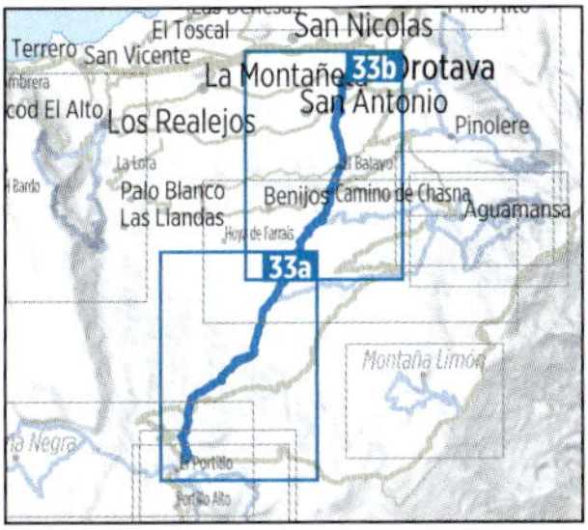

Charakteristik: Ein Längsabstieg durch das Orotavatal ist angesichts der vielfältigen Landschaftsformen reizvoll. Das Tal ist ab El Portillo mit Kiefernwald bewachsen und im unteren Teil dann dicht besiedelt. Zudem begeistert eine große Zahl an lokalen Kleinformen: Seien es tiefe Taleinschnitte am Wegesrand, kleine Quelloasen mit großer Geschichte oder steile und enge Dorfstraßen der alten Siedlungen im Obertal, in denen das Leben der hier wohnenden Bauern vor 50 Jahren kaum anders ausgesehen haben dürfte. Im denkmalgeschützten Stadtkern des Kleinods La Orotava, der Hauptstadt des

Tals, endet Ihre Wanderung schließlich mit einer Durchquerung der Altstadt.

Tipp: **Eine Rückkehr zum Ausgangspunkt ist nur mit einem zweiten PKW möglich! Daher morgens besser per Bus anreisen.**

Öffentliche Verkehrsmittel/zurück zum Start: **Von Puerto de la Cruz und von La Orotava aus mit der Linie 348. Vom Endpunkt verkehren zahlreiche Buslinien nach Puerto de la Cruz. Von dort ist eine Rückfahrt über Santa Cruz (Linien 102, 103) nach Los Cristianos (u. a. Linie 111) möglich.**

Anfahrt: **El Portillo ist der Name der Straßenkreuzung der TF-21 (Puerto de la Cruz-Teide) mit der TF-24 (La Laguna-Teide) an der Nordost-Grenze des Teide-Nationalparks. Oberhalb befindet sich direkt an der Straße das Nationalpark-Besucherzentrum mit zahlreichen Parkmöglichkeiten.**

El Portillo (La Orotava) s. S. 156

1 0,0 (2.030) Von der Straßenkreuzung auf der Waldseite durch einen Durchlass, bis zum Wegpunkt 3 folgen Sie nun dem rot-weiß markierten GR-131 ⇝ zunächst nah an der Straße bleiben, dann links weg Richtung Wald ⇝ nach 150 m bei einer Wanderinformationstafel links bergab ⇝ nach 15 Min. an einer Gabelung links ⇝ bald an einer T-Kreuzung links bergab ⇝ 3 Min. später links weg auf einen Pfad.

2 1,7 (1.821) Unterführung unter der Hauptstraße TF-21 ⇝ dahinter rechts ⇝ die folgenden 3,5 km exzellent markiert durch den Kiefernwald bergab, oftmals Fahrwege kreuzen.

TIPP: Wo Sie vereinzelt kurz auf den Fahrwegen gehen, sind die Markierungen manchmal etwas versetzt. Sie können sich jedoch grundsätzlich bergab halten.

Zu einer alten Wasserverteilanlage.

Diese **Verteilanlage** ist ein altes Abbremsbecken für das Wasser, das früher in Beton-, heute in Kunststoffleitungen aus den Bergen heruntergeschossen kam und von Zeit zu Zeit verlangsamt werden musste, um seine zerstörerische Kraft bei starken Regenfällen zu verringern.

3 5,0 (1.348) Geradeaus weiter Richtung La Caldera ⇝ die Wasserleitung überqueren ⇝ dahinter in einer natürlichen Wasserrinne ein Stück weglos links abwärts zur Markierung ⇝ ganz leicht ansteigend durch ein Waldstück.

TIPP: Hier ist der Weg abschnittsweise ebenfalls nicht gut erkennbar, falsche Abzweige sind jedoch immer negativ markiert.

Insgesamt sechs Fahrwege kreuzen ⇝ dann erstmals nach links ⇝ mit guter Aussicht zum Waldrand oberhalb der letzten Felder von Benijos ⇝ rechts in den Wald ⇝ wenig später hinter einer Betonwasserrinne links bergab ⇝ bald wieder rechts hangparallel, dann entlang einer Terrasse und gerade auf einem Fahrweg weiter ⇝ in einer Linkskurve geradeaus auf einen Pfad ⇝ in einer kleinen Senke erreichen Sie einen Rastplatz mit Hütte und Marienschrein.

Cruz del Dornajito. Wegen der Quelle seit Alters her Rastplatz von Hirten und Händlern und einer der ursprünglichen Zugänge in den Kiefern- und Nebelwald. Auch Alexander von Humboldt nutzte während seines Aufstiegs zum Teide 1799 diesen Platz, um Trinkwasser aufzutanken.

4 8,3 (1.024) Flach ganz links am Geländer entlang ⇝ auf einer Asphaltstraße geradeaus bergab ⇝ immer steiler aussichtsreich nach **Camino de Chasna**

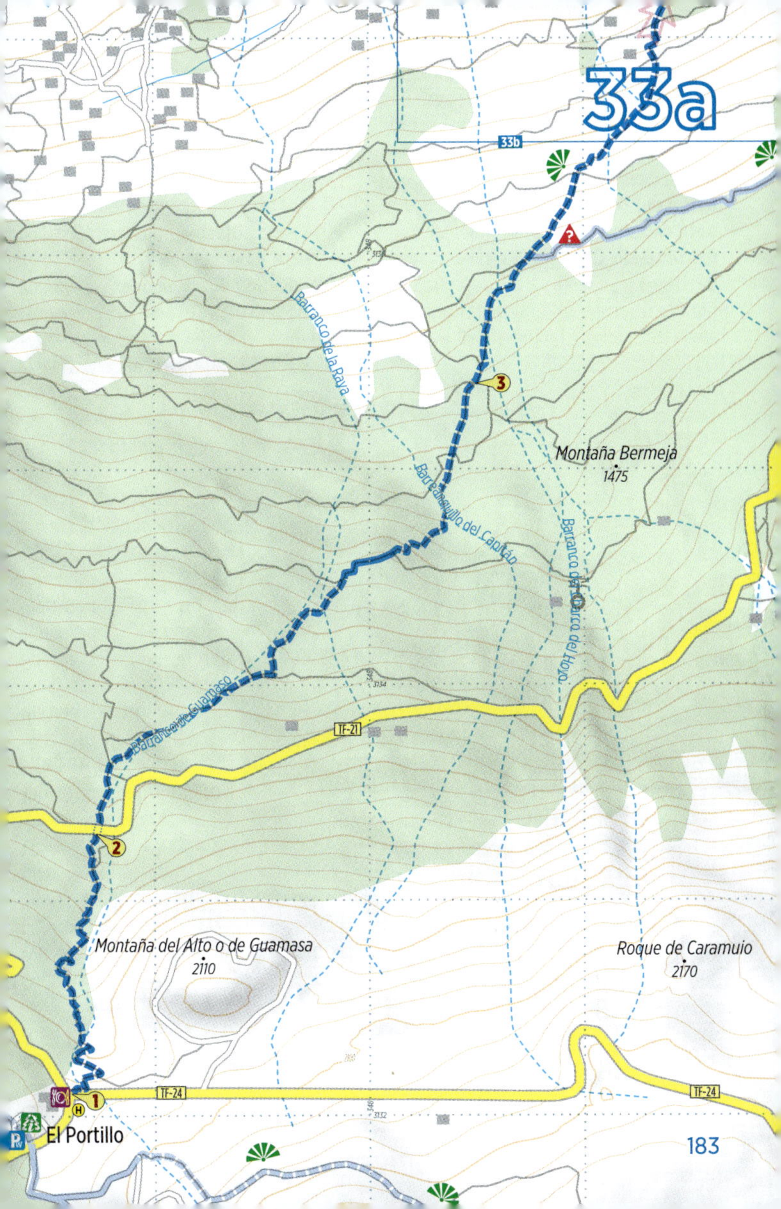
33a
33b
Barranco de la Raya
Barranquillo del Capitán
Montaña Bermeja
1475
Barranco del Barco del Hoyo
Barranco de Guamaso
TF-21
Montaña del Alto o de Guamasa
2110
Roque de Caramuio
2170
TF-24
El Portillo

⇝ im Ort zwei Linksabzweige ignorieren ⇝ nach 700 m die linke Rampe zur Hauptstraße TF-21 hinunter ⇝ schräg überqueren ⇝ direkt dahinter scharf rechts einen schmalen Asphaltweg hinunter, der wie eine Garagenzufahrt aussieht ⇝ zum Dorfplatz.

Camino de Chasna (La Orotava)

5 9,2 (841) Links hinab zur Hauptstraße ⇝ gerade überqueren und gegenüber das steile Sträßchen hinunter ⇝ nach 600 m bei einem Stoppschild eine Querstraße 20 m nach rechts versetzt überqueren (Schild „7 t") ⇝ bergab ⇝ auf dem Sträßchen zwischen den Terrassen alle seitlichen Einmündungen ignorieren ⇝ nach 15 Min. zu einem ebenen, häuserbestandenen Straßenabschnitt ⇝ rechts an dem dunkelgrünen Haus vorbei gegen die Einbahnstraße ⇝ nach 200 m links in die Sackgasse **Calle El Lomo** ⇝ am Straßenende auf eine Treppe ⇝ an einer Querstraße links ⇝ Rechtskurve.

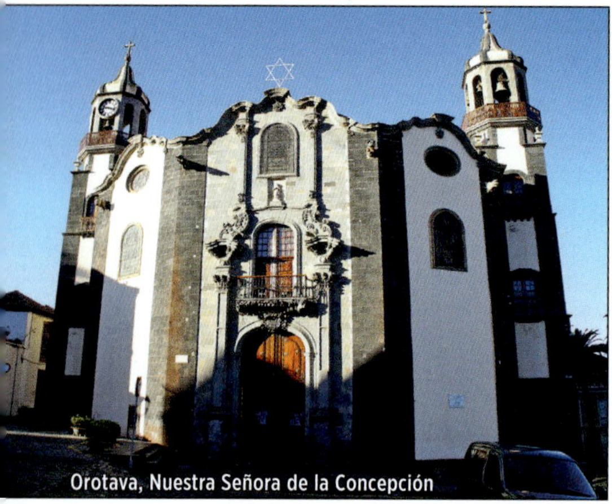

Orotava, Nuestra Señora de la Concepción

6 11,6 (406) Eine Hauptstraßenkreuzung auf dem langen Zebrastreifen geradeaus zur Kapelle hin überqueren ⇝ vor der Kapelle rechts gegen die Einbahnstraße ⇝ nach 100 m gerade über eine Kreuzung ⇝ in 200 m zum Altstadtrand ⇝ an einer T-Kreuzung auf einer Pflastersteinstraße links bergab ⇝ vorbei am kleinen Platz **Plaza de San Francisco** erreichen Sie das **Balkonhaus** (**Casa de los Balcones**) ⇝ gerade vorbei und bergab ⇝ vor dem gelben Haus links in die **Calle del Colegio** ⇝ 100 m weiter zwei Abzweige ignorieren ⇝ vor zum Hauptplatz **Plaza Castañas** vor der **Iglesia de la Concepción**.

La Orotava s. S. 186

Rechts um die Kirche herum bis zum Platz vor dem Eingang ⇝ auf der **Calle García** von der Kirche weg ⇝ am Ende an einer T-Kreuzung links bergab ⇝ nach 100 m rechts in die Seitenstraße **Calle Borjes** ⇝ der geschwungenen Straße 450 m folgen bis zum Ende eines kleinen Parks ⇝ rechts zur nächsten Querstraße ⇝ halb links gegenüber in die schmale **Calle El Tejar** ⇝ von der Einmündung in die Hauptdurchgangsstraße TF-21 zum gegenüber bereits sichtbaren Busbahnhof.

7 13,1 (340) Am Busbahnhof in La Orotava endet die Wanderung.

Busbahnhof La Orotava

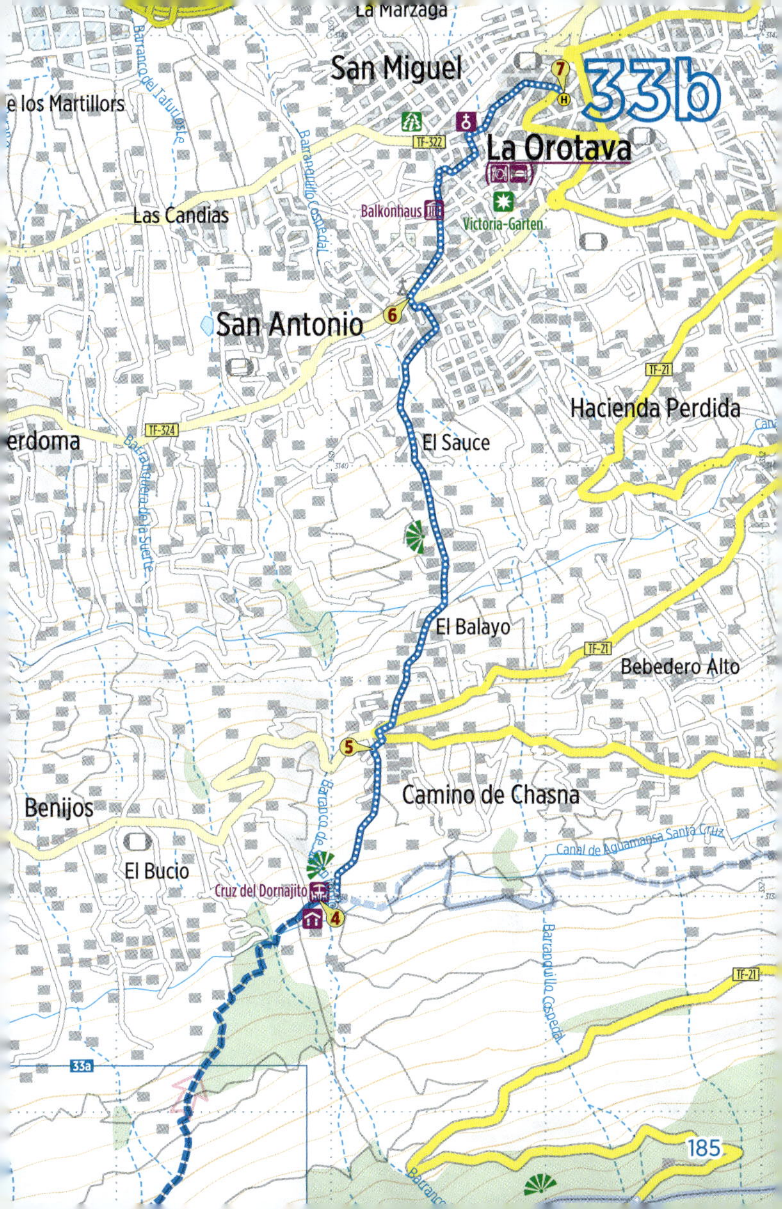

33b
La Marzaga
San Miguel
e los Martillors
Barranco del Tafuriaste
La Orotava
TF-322
Barranquillo Cospedal
Las Candias
Balkonhaus
Victoria-Garten
San Antonio
TF-21
Hacienda Perdida
erdoma
TF-324
Barranquera de la Suerte
El Sauce
El Balayo
TF-21
Bebedero Alto
Camino de Chasna
Benijos
Barranco de
Canal de Aguamansa Santa Cruz
El Bucio
Cruz del Dornajito
Barranquillo Cospedal
TF-21
33a
Barranco

La Orotava

Oficina La Orotava, Calle Calvario, 4, 922323041, @ cgl814

Casa de los Balcones, Casa de Molina, Calle San Francisco, 3, 922330629 Das „Balkonhaus" zeigt auf verschiedenen Ebenen typisch kanarische Innenhof- und Balkonarchitektur und gibt in einer kleinen Ausstellung Einblick in das Leben in dem Herrenhaus zum Ende des 19. Jhs. Das gegenüberliegende Casa de Molina (beschriftet mit „Casa del Turista") zeigt eine Ausstellung handwerklicher Geräte. @ xfo775

Nuestra Señora de la Concepción, Calle Cólogan, 2, 922326924. Die Hauptkirche La Orotavas wurde 1768-1788 an der Stelle einer Vorgängerkapelle errichtet. In der dreischiffigen Kirche mit sechs Seitenkapellen befinden sich zwei Nebenaltäre mit Darstellungen aus dem 17. Jh. Kanzel und Tabernakel stammen aus der ersten Hälfte des 19. Jhs., historische Bilder und Ausstattungsstücke in der Sakristei. @ hgn233

Palacio Municipal, Plaza del Ayuntamiento. Der klassizistische „Palast" ist heute das Rathaus von La Orotava. Er ist wichtige Station des großen Fronleichnamsfestes, da auf dem großen Vorplatz während der einmonatigen Vorbereitungszeit ein flächendeckendes Bild aus farbigem Sand gestreut wird. @ mjk762

Wasserleitung. Bis in die Neuzeit wurde La Orotava mit einer steinernen Leitung aus den Bergen mit Wasser versorgt, das auch zwölf Gofiomühlen antrieb. Spuren davon finden sich heute noch in der Altstadt.

Verwaltung des Teide-Nationalparks, Calle Doctor Sixto Perera Gonzáles 25, 922922371, @ ope462

La Hijuela del Botánico (Kleiner Botanischer Garten), Calle Tomás Pérez, 6. Ursprünglich eine Außenstelle des „großen" Botanischen Gartens in Puerto de la Cruz, heute unter Denkmalschutz.

Victoria-Garten. Einzigartige, kleine Parkanlage mit 1882 errichtetem Mausoleum aus Carrara-Marmor, das für den Freimaurer Marqués de la Quinta Roja gedacht war. Er wurde dort jedoch nicht beerdigt. Vom höchsten Punkt der Anlage ergibt sich eine schöne Aussicht auf die Altstadt von La Orotava. @ lfl622

La Orotava ist historisch der Hauptort und das wirtschaftliche Zentrum des gleichnamigen Tals und wurde in dieser Funktion erst im 20. Jahrhundert von Puerto de la Cruz abgelöst. Bis heute ist die Stadt mit über 41.000 Einwohnern größer als Puerto de la Cruz. Heute ist die Wirtschaft vom Tourismus geprägt, während die Landwirtschaft von großflächigem Bananen- und etwas Weinanbau lebt. Da fast der gesamte Teide-Nationalpark der Stadt zugeordnet wurde, ist das Gemeindegebiet das größte Teneriffas und das mit dem meisten Höhenunterschied Spaniens.

La Orotava wurde 1504 zunächst als unbedeutende landwirtschaftliche Siedlung gegründet, die aber durch den Anbau von Zuckerrohr und später von Wein ein schnelles Wachstum zeigte. 1648 erhielt La Orotava als zweiter Ort Teneriffas Stadtrechte. Der spanische Erbfolgekrieg und die Abspaltung von Puerto de la Cruz im Jahr 1808 ließen die Bedeutung der Landwirtschaft La Orotavas stagnieren, sodass erst der ab dem 20. Jahrhundert einsetzende Tourismus wieder für Wohlstand und die Restauration der zahlreichen historischen Gebäude in der denkmalgeschützten Innenstadt sorgte.

Tour 34 — 8 km

Küstentour zum Vista Paraíso

Start/Ziel: Puerto de la Cruz, Hauptplatz Plaza del Charco (N 28,4162° W 16,5505°)

Aufstieg:	416 m	*Hartbelag:*	83 %
Abstieg:	114 m	*Wanderwege:*	0 %
Gehzeit:	3,5 - 4 Std.	*Wanderpfade:*	17 %

Charakteristik: **Für Kenner Teneriffas ist die Möglichkeit eines Küstenspaziergangs an der Nordküste eine Besonderheit, denn die Steilküste bietet nicht viele Möglichkeiten dazu. Nach einigen kleinen Zwischensteigungen besuchen Sie unterwegs den bekannten Bollullo-Badestrand, ebenfalls eine Besonderheit an der Nordküste, bevor sich nach einem recht steilen, finalen Anstieg das „Restaurante Vista Paraíso", die paradiesische Aussicht, für eine ausführliche Rast anbietet.**

Tipp: **Anstelle einer Rückfahrt per Bus können Sie vom Restaurant Vista Paraíso auch zurück wandern.**

Öffentliche Verkehrsmittel/zurück zum Start: Fast alle Buslinien im Norden Teneriffas beginnen oder enden in Puerto de la Cruz. Vom Busbahnhof sind es 350 Meter Fußweg in östlicher Richtung zum Plaza del Charco.

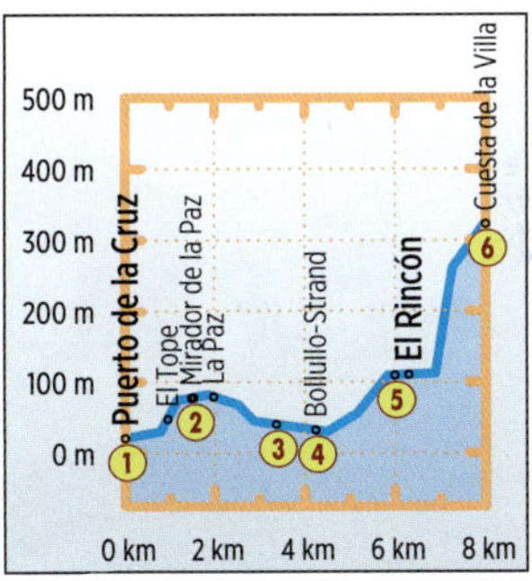

Vom Tourenziel fährt alle 20 Minuten ein Bus der Linie 101 nach La Orotava, von dort besteht mit der Linie 253 alle 20 Minuten eine Verbindung nach Puerto de la Cruz.

Anfahrt: **Kostenlos parken können Sie 200 Meter nördlich am Hafen (Calle Mequinez).**

Puerto de la Cruz s. S. 191

1 0,0 (21) Von der Südostecke des Platzes (von der Mitte landeinwärts gesehen die linke Ecke) auf die Straße **Calle Blanco** ⤳ nach 80 m links in die **Calle Iriarte** ⤳ nach wenigen Metern eine Treppe hinauf ⤳ oben knapp 500 m stets geradeaus ⤳ erst am Straßenende mit T-Kreuzung (Apartmenthaus Bambi) rechts ⤳ an der größeren Straßenkreuzung links (**Avenida Generalísimo**, Playa de Martiánez) ⤳ nach 70 m, hinter dem Supermarkt, rechts in die **Calle La Hoya** ⤳ die große Kreuzung bei der Palmenallee gerade überqueren ⤳ über die kleine Brücke Richtung Einkaufszentrum ⤳ direkt hinter der Brücke rechts bergauf ⤳ Kurve ⤳ am

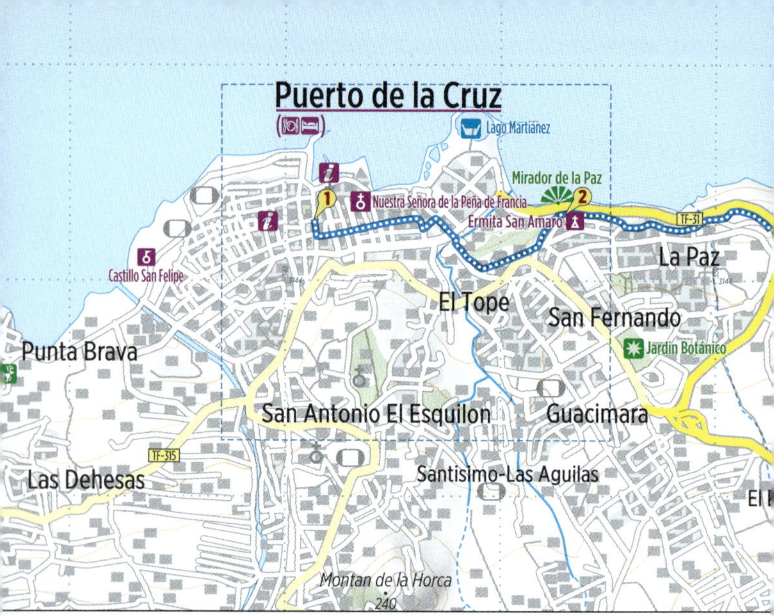

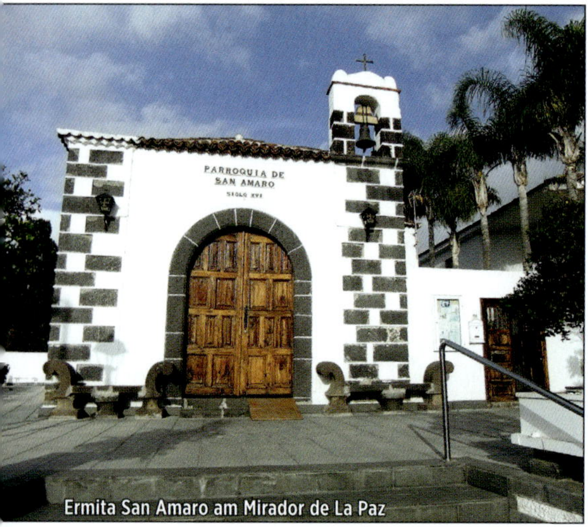

Ermita San Amaro am Mirador de La Paz

ersten Zebrastreifen links den Treppenweg mit den Geschäften hinauf ⤳ 200 m stets gerade bergauf ⤳ an einem kleinen Platz links auf die flachere Fortsetzung der Treppen ⤳ nach 300 m an einer Straße geradeaus ⤳ nach 20 m links auf den kleinen Platz mit Aussichtspunkt.

La Paz (Puerto de la Cruz)

Ermita San Amaro, Calle Castaño. Die schlichte Kirche aus dem 16. Jh. ist das älteste Gotteshaus der Stadt.

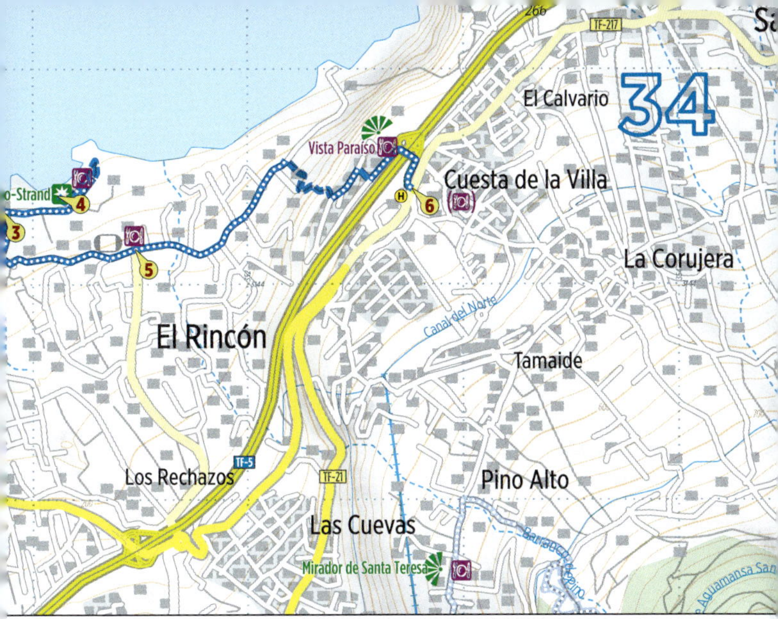

Mirador de La Paz. Kleine Aussichtsplattform mit schönem Ausblick auf den Ostteil von Puerto de la Cruz und den meist wellenumtosten Strand Playa de Martiánez. Hier ist gleichzeitig der Dorfplatz des Stadtteils La Paz, der zu den vornehmen Wohngegenden von Puerto de la Cruz gehört.

2 1,5 (82) Am hinteren rechten Ende des Platzes bergab auf einen Stufenweg ~ 10 Min. über der Steilküste entlang ~ beim Hotel Semiramis auf der **Calle Zulueta** links ~ nach 150 m an einer Gabelung links leicht bergab ~ vorbei an den letzten Häusern in offenes Gelände ~ nun stets links auf dem Asphaltweg halten ~ nach 5 Min. links durch die Straßenunterführung ~ dem Weg zwischen Bananenplantagen geradeaus folgen ~ wenig später vor einem Grundstück rechts ~ bald wieder links auf dem einzigen Asphaltweg bleiben ~ kurz darauf rechts über Stufen hinab in ein Seitental ~ links wieder hinauf zu den nächsten Häusern, wo Sie wieder eine Straße treffen.

VARIANTE: Wenn Sie den sehenswerten Bollullo-Strand auslassen möchten, gehen Sie hier gleich rechts bergauf weiter.

3 3,4 (52) Auf der Straße nach links zwischen Betonmauern ~ bis zum Abstieg links haltend über dem Strand entlang ~ dabei nach 150 m links in die Sackgasse und gleich links auf den Fußweg ~ an der Wegspitze scharf links die Stufen hinab.

Bollullo-Strand. Der Bollullo-Strand bietet sich bei niedrigem Wellengang zum Baden an, bei jeder anderen Wetterlage können Sie hier in völliger Abgeschiedenheit im schwarzen Sand entspannen.

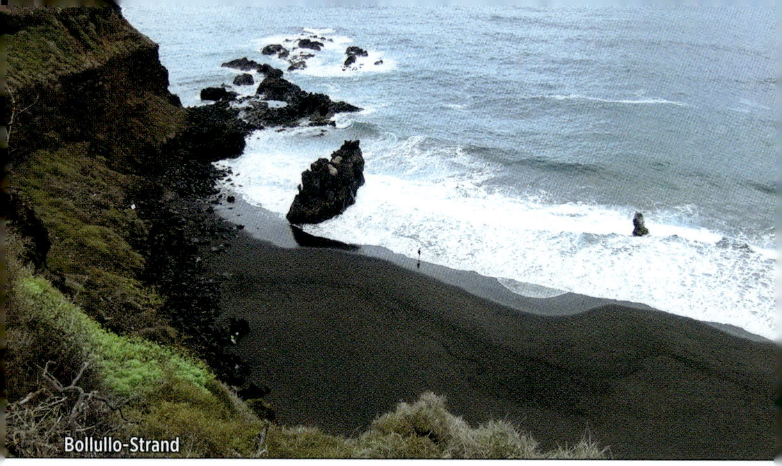
Bollullo-Strand

Restaurante Bollullo, Camino el Rincón, 114, ✆ 922332105, ⏲ tägl. 10-23 Uhr. Restaurant oben an der Klippe, unten am Strand eine Beachbar, @ hau355

4 4,2 (25) Auf demselben Weg zurück zur Straßenkurve vor dem Seitental.

3 5,0 (52) Jetzt links bergauf der Straße folgen ⁓ einen Abzweig rechts liegen lassen und weiter zwischen Betonmauern bergauf ⁓ 100 m danach links der Hauptstraße mit der Leitplanke folgen ⁓ 600 m leicht ansteigend nach **El Rincón**.

El Rincón (La Orotava)

Restaurante San Diego, Rincon, 43, ✆ 922331242, @ dmu442

El Rincón (spanisch für „der Winkel") ist die Bezeichnung für das Gesamtgebiet mit den zahlreichen Bananenfincas.

5 5,9 (107) Auf der schmalen Straße gerade weiter (gelb-rote Rauten) ⁓ nach 10 Min. gerade in die Sackgasse ⁓ flach zwischen Bananenplantagen zu einem Tor ⁓ hier rechts den kleinen Fußweg bergauf (Schriftzug „Café" an der Mauer) ⁓ zunächst gerade zwischen Grundstücksmauern, dann in teils schlecht erkennbaren Serpentinen steil ansteigen, die gelb-roten Rauten helfen bei der Orientierung ⁓ über eine Treppe durch einen Mauerdurchlass nach **El Ancón** ⁓ auf der Straße links ⁓ in 150 m zum Restaurant **Vista Paraíso**.

Ancón (Santa Úrsula)

Vista Paraíso, Calle Vista Paraíso, 21, ✆ 922300612, ⏲ Di-So 11-22 Uhr, @ vtw666

Nach einer Stärkung auf dem Sträßchen 20 m weiter bergauf ⁓ vor dem Sackgassenschild rechts die Treppe hinauf ⁓ gerade bergauf und in einer Linkskurve auf die Straße neben der Autobahn ⁓ in 150 m zur Brücke ⁓ rechts darüber ⁓ dahinter an der Kreuzung rechts bergauf Richtung **Cuesta de la Villa** ⁓ nach 150 m erreichen Sie die Ortshauptstraße ⁓ rechts zur Bushaltestelle.

6 8,0 (323) Das Ende der Tour ist in Cuesta de la Villa erreicht.

Cuesta de la Villa (Santa Úrsula)

Puerto de la Cruz

Oficina C.I.T., Calle Puerto Viejo, 13, ✆ 922388777, @ pnx863

Oficina del Cabildo, Calle Las Lonjas, ✆ 922386000, @ ema344

Museo de Arte Contemporáneo Eduardo Westerdahl (MACEW) (Museum für Zeitgenössische Kunst), Calle Las Lonjas, ✆ 922381490 Das Museum ist in der Casa de la Real Aduana untergebracht, die zwischen dem 17. und 19. Jh. als königliches Zollhaus diente. @ waf511

Nuestra Señora de la Peña de Francia, Plaza de la Iglesia. Das 1697 errichtete Gotteshaus ist die älteste Kirche von Puerto de la Cruz. Besonders sehenswert sind die vier aufwendig verzierten Altäre aus dem 17. und 18. Jh. sowie ein Holzkreuz aus dem 16. Jh.

Castillo San Felipe. Die Festung schützte ab dem 17. Jh. die Stadt vor Piratenangriffen. Sie besaß vier Kanonen und Unterkunft für 35 Soldaten, über einen Tunnel konnte man das abseits liegende Pulvermagazin erreichen. Nach flutbedingten Zerstörungen im 19. Jh. wurde die Anlage in den 1990er Jahren restauriert.

Hotel Marquesa und Hotel Monopol, Calle Quintana. Die beiden Häuser aus dem 18. Jh. wurden 1887/88 zu den ersten Hotels der Stadt umgebaut. Im heutigen Hotel Marquesa war Alexander von Humboldt 1799 auf seiner Forschungsreise zu Gast.

Plaza del Charco. Der Platz gilt seit dem 17. Jh. als Hauptplatz der Stadt. Hier lebten wohlhabende Kaufleute, deren Häuser heute teils noch stehen. Man sieht den mehrfach renovierten und erweiterten Gebäuden den historischen Kern allerdings kaum noch an. Heute pulsiert hier insbesondere nachts das touristische Leben.

Strandpromenade. Die längste Promenade der Nordküste (vom Strand Playa Martiánez im Osten bis zum Strand Playa Jardín im Westen) wurde auf einzelnen Abschnitten modernisiert, es gibt jedoch auch zahlreiche historische Gebäude.

Loro Parque, Avenida Loro Parque, im Westen der Stadt, ✆ 922373841, tägl. 8.30-18.45 Uhr. Der Tierpark ist auch alle 20 Minuten mit einem Minizug erreichbar. Weltweit anerkannte Papageiensammlung, Delphin- und Orkashow, große Pinguinsammlung in einem eigens eingerichteten „Kühlhaus" und viele große Säuge- und Raubtierarten in einer schön angelegten Parkanlage mit vielen exotischen Pflanzenarten; wichtigste Touristenattraktion von Puerto de la Cruz und größter privater Arbeitgeber der ganzen Insel. @ tqo161

Jardin Botanico (Botanischer Garten), Calle Retama 2, ✆ 922383572, Okt.-März, tägl. 9-18 Uhr, April-Sept., tägl. 9-19 Uhr, Herbarium tägl. 9-13 Uhr. Der Garten wurde 1788 zur Pflege und Akklimatisierung tropischer Pflanzen gegründet. Er ist heute Namensgeber eines ganzen Stadtteils, an heißen Sommertagen lässt es sich hier angenehm beschattet flanieren. @ rtx223

Lago Martiánez. Die Anlage vor der Küstenlinie besteht aus verschiedenen Schwimmbecken, Seen und Inseln. Sie wurde in den 1970er Jahren vom kanarischen Künstler César Manrique im Zuge einer Rückbesinnung zu einer landschaftsnahen Innenstadtgestaltung entworfen. Die Anla-

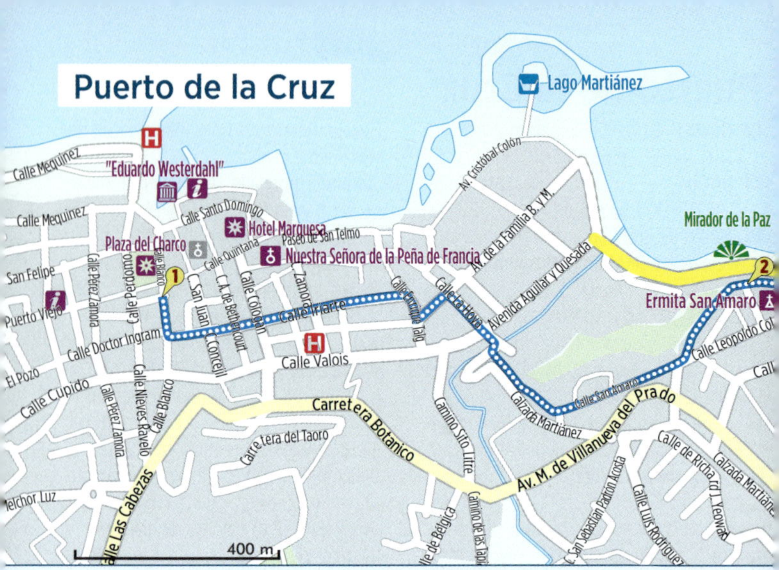

ge dient heute als Schwimmbad und Erholungsgebiet für Einwohner und Urlauber.

Puerto de la Cruz ist heute das touristische Zentrum der Nordküste und mit 32.000 Einwohnern wirtschaftlicher Hauptort des Orotava-Tals. Damit hat Puerto de la Cruz ab den 1950er Jahren den eigentlichen Hauptort La Orotava überholt, für den es ursprünglich nur als Hafen gedient hatte. La Orotava war wegen des schwierigen Geländes nur auf dem Seeweg erreichbar, der ganze Warenverkehr wurde über das heutige Puerto de la Cruz abgewickelt. Erst ab 1603 begann bei den Anlegestellen eine eigene Siedlungsentwicklung, der Ort wurde zunächst von den meist ausländischen Handelsleuten bewohnt. Bis Ende des 17. Jahrhunderts besaß Puerto de la Orotava mehr als 2.000 Einwohner, eine Kirche, mehrere Klöster und war für über 80 Prozent des Warenumschlags der gesamten Insel verantwortlich. Anfang des 18. Jahrhunderts wurde per königlichem Dekret Santa Cruz zum einzigen Exporthafen für den wichtigen Amerikahandel bestimmt, sodass das Wachstum des Hafens stagnierte und viele Händler abwanderten. Dennoch erhielt der Ort unter dem Namen Puerto de la Cruz 1808 politische Unabhängigkeit von La Orotava und wurde eine selbstständige Stadt.

Ende des 19. Jahrhunderts wurden erste Hotels gegründet, die vor allem den Gesundheitstourismus aus England zur Zielgruppe hatten. Nach stetigem Wachstum im Tourismus insbesondere ab den 1950er Jahren wurde viel gebaut, was auch viele Bausünden nach sich zog. Bis in die 1970er Jahre war Puerto de la Cruz das touristische Hauptziel Teneriffas, die heutigen Bettenburgen im Süden der Insel existierten damals noch nicht. Teile der Innenstadt sind seit 2006 von der Regionalregierung der Kanaren zu einem Ort von kultureller Bedeutung erklärt worden.

Tour 35 12,4 km

Höhenwege des obersten Orotavatals

Start/Ziel: Rastplatz La Caldera im oberen Orotavatal (N 28,3577° W 16,5024°)

Aufstieg: 590 m
Abstieg: 590 m
Gehzeit: 4 - 4,5 Std.

Hartbelag: 1 %
Wanderwege: 41 %
Wanderpfade: 58 %

Charakteristik: Viele schöne Wege führen durch die oberen Teile des Orotavatals. Diese abwechslungsreiche Runde führt Sie vom Wanderparkplatz La Caldera mitten hinein in den Kiefernwald und die Kulturlandschaft dieses wichtigen Siedlungsraums. Sie passieren Windwurfflächen, die obere Feldergrenze und die Herzstücke der Wasserversorgung für die Landwirtschaft der Region. Dabei kommen die Ausblicke in Richtung Teide und zu den beiden Talschultern sowie hinunter ans Meer nicht zu kurz.

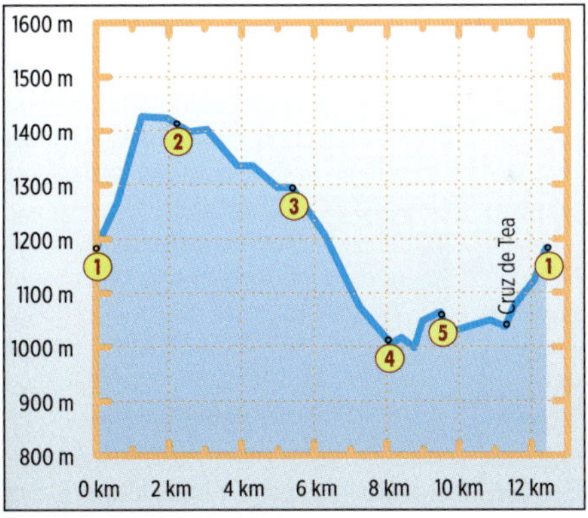

Öffentliche Verkehrsmittel: Die Buslinie 345 verkehrt etwa stündlich von Puerto de la Cruz zur Endhaltestelle La Caldera und zurück.

Anfahrt: Von der TF-21 (Puerto de la Cruz – Teide-Nationalpark) zweigt 1 Kilometer oberhalb der Rechtskehre von Aguamansa (nach Kilometerschild 16) links bergauf ein Sträßchen nach La Caldera ab, parken können Sie entlang der großen Wendeplatte.

Rastplatz La Caldera

Bar Cafeteria La Caldera

Der spanische Name bedeutet „Schüssel" oder „Krater" und wurde nicht ohne Grund gewählt: Direkt am Rand der Parkfläche beginnt ein kreisrunder alter Vulkankrater, dessen Grund zum Grill- und Picknickplatz umfunktioniert wurde. Während diese Funktion vorrangig von einheimischen Familien am Wochenende genutzt wird, ist La Caldera durch die gute Erreichbarkeit mit Auto und Bus ein beliebter Ausgangspunkt für Wanderungen.

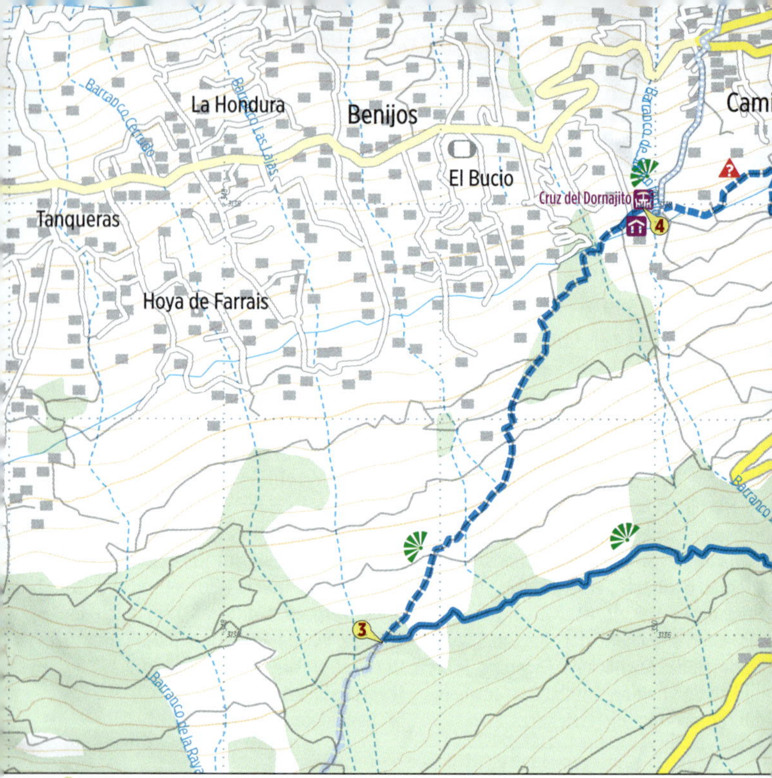

1 0,0 (1.191) Am hinteren linken Ende der Wendeplatte über Stufen auf einen ansteigenden Wanderpfad (Wegweiser PR TF-35, Camino de los Guanches, Llanos de Chimiche) ⁓ nach wenigen Metern rechts (weiß-gelb markiert) ⁓ einen Fahrweg kreuzen ⁓ wenig später an einer weiteren Kreuzung rechts, später an einer Gabelung links ⁓ zu einer kleinen Felsplatte ansteigen, die in der Mitte mit einem Steinhaufen markiert ist ⁓ hier den markierten Weg nach rechts verlassen ⁓ über Stufen zu einem Fahrweg ⁓ hier rechts leicht bergab ⁓ nach 900 m auf der Teide-Straße **TF-21** scharf rechts bergab.

2 2,2 (1.421) Nach 60 m scharf links auf einen Fahrweg („Pista Bermeja/Pista Almagre y Cabezón“).

> **TIPP** An dieser Stelle verlassen Sie vorübergehend den Kiefernwald und treten in eine Windbruchzone mit vielen abgeknickten Bäumen und teilweiser Wiederaufforstung ein. Hier ergeben sich teils gute Ausblicke bis an die Küste um Puerto de la Cruz.

Leicht bergab ⁓ nach 700 m einen steilen Abzweig rechts liegen lassen ⁓ um

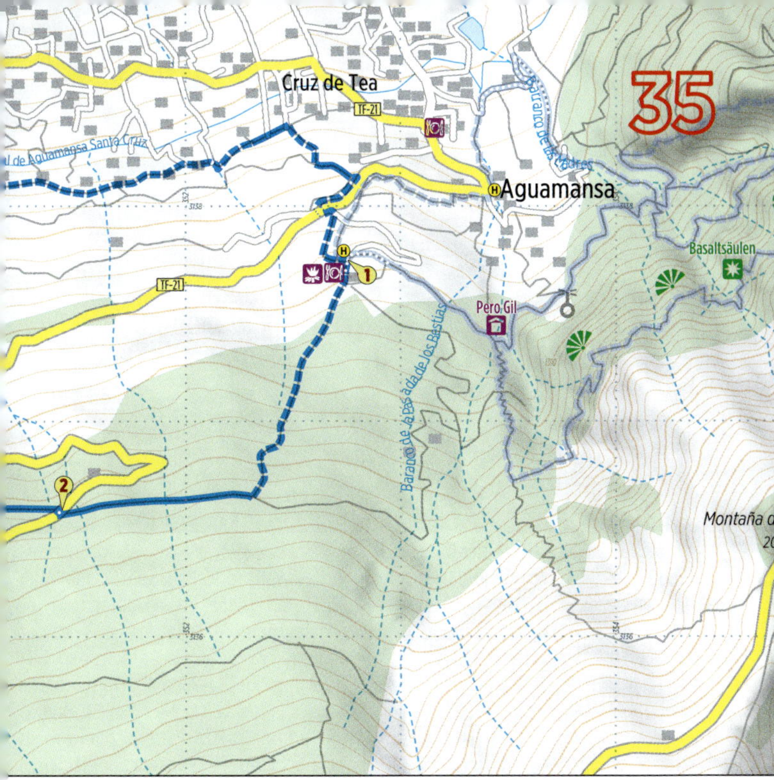

zwei kleine Seitentäler herum ~ direkt danach an einer Gabelung rechts bergab, der linke Weg führt leicht bergauf ~ ziemlich flach nach 500 m wieder in den Kiefernwald ~ an zwei Kreuzungen geradeaus ~ noch 60 m zu einem weiß-rot markierten Pfosten am Wegrand (Beschriftung „Camino Natural Anaga-Chasna").

3 5,4 (1.286) Scharf rechts auf den **GR-131**.

TIPP: Ab hier folgen Sie bis zum Ausgangspunkt zurück stets dem exzellent markierten Fernwanderweg GR-131 Richtung La Caldera. Auf den ersten Kilometern haben Sie nach hinten einen schönen Blick auf den Teide und die Wälder des oberen Tals.

Stets leicht bergab über fünf kreuzende Fahrwege ~ dann erstmals nach links und mit guter Aussicht zum Waldrand oberhalb des Ortes Benijos ~ rechts wieder in den Wald ~ nach 5 Min. hinter einer Betonwasserrinne links bergab ~ bald wieder rechts hangparallel, dann entlang einer Terrasse und gerade auf einem Fahrweg weiter ~ in der Linkskurve gerade dem markierten Pfad folgen.

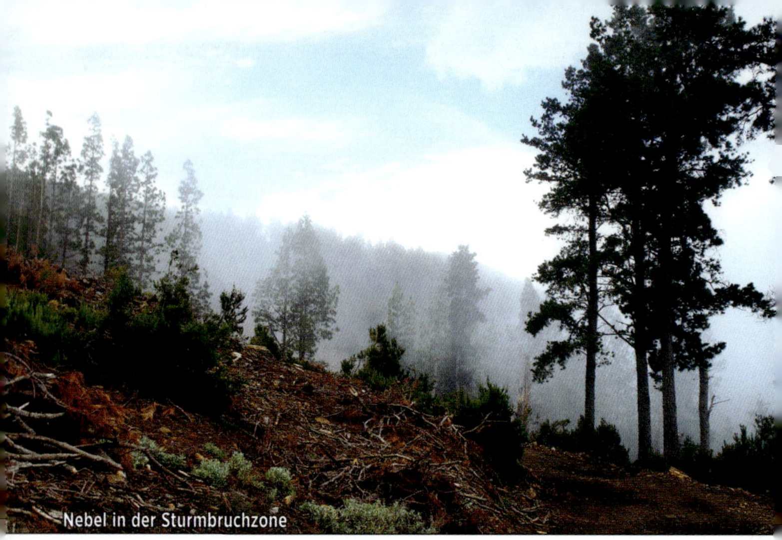
Nebel in der Sturmbruchzone

Cruz del Dornajito. Wegen der Quelle seit Alters her Rastplatz von Hirten und Händlern und einer der ursprünglichen Zugänge in den Kiefern- und Nebelwald. Auch Alexander von Humboldt nutzte während seines Aufstiegs zum Teide 1799 diesen Platz, um Trinkwasser aufzutanken.

4 8,1 (1.015) Links neben der Hütte auf dem rechten Weg über Stufen bergauf ⁓ einen Fahrweg kreuzen, hier haben Sie die letzte Aussichtsmöglichkeit nach Puerto de la Cruz ⁓ auf einem märchenwaldhaften Pfad weiter ⁓ zunächst einer Betonwasserrinne folgen ⁓ bei einem Wegweiser unerwartet rechts den Hang hinauf ⁓ einem Fahrweg nach links folgen ⁓ an einem Gehöft vorbei.

5 9,5 (1.070) 250 m danach wieder links hinab in den Wald ⁓ bald darauf am Höhenquerweg rechts ⁓ nach 10 Min. an einer Kreuzung geradeaus Richtung Aguamansa (Route „SL TF-81"), ab hier ist der Weg teils weiß-grün markiert ⁓ weitere 10 Min. später den Weg „SL TF-81.1" rechts liegen lassen und geradeaus Richtung Aguamansa ⁓ an der folgenden Kreuzung mit einem Asphaltende geradeaus ⁓ nach 100 m rechts bergauf (Wegweiser GR-131, La Caldera) ⁓ oben auf einem Fahrweg links ⁓ in der nächsten Rechtskehre geradeaus auf einen Pfad ⁓ 10 m später rechts bergauf (weiß-rot) ⁓ einen weiteren Fahrweg kreuzen ⁓ Tunnel unter der Teide-Hauptstraße ⁓ dahinter links über Stufen hinauf ⁓ rechts haltend den weiß-roten Markierungen auf dem hier etwas unkenntlichen Hauptpfad steil bergauf folgen Richtung La Caldera ⁓ zuletzt auch weiß-gelb markiert zurück zum Ausgangspunkt.

1 12,4 (1.191) Am Rastplatz sind Sie am Ende der Tour angelangt.

Rastplatz La Caldera

Tour 36 — 10,4 km

Höhenweg über die Orgelfelsen

Start/Ziel: Rastplatz La Caldera im oberen Orotava-Tal (N 28,3577° W 16,5024°)

Aufstieg: 624 m — *Hartbelag:* 4 %

Abstieg: 624 m — *Wanderwege:* 30 %

Gehzeit: 4 - 4,5 Std. — *Wanderpfade:* 66 %

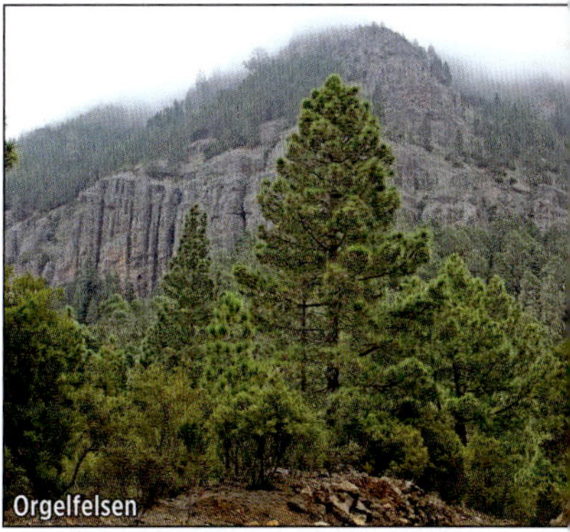

Orgelfelsen

Charakteristik: Bei wolkenlosem Wetter leuchten die gigantischen Basaltsäulen „Los Órganos" (spanisch für „die Orgelpfeifen") dem Besucher in Aguamansa aus der scheinbar senkrecht ansteigenden Flanke der Cumbre Dorsal entgegen. Unerreichbar erscheinen Sie dann, und die Vorstellung, man könne auf einem Weg oben auf Ihnen entlang wandern, wirkt unwahrscheinlich. Und doch erreicht man die Orgelfelsen ganz ohne Kletterei über einen hübschen Waldwanderweg, der lediglich ein gewisses Maß an Schwindelfreiheit verlangt. Die Belohnung ist ein prächtiger Ausblick auf das Orotava-Tal. Der Weg selbst entbehrt nicht an spektakulären Momenten – seien es atemberaubende Steilwandabschnitte (geländergesichert) oder aufwendige Umgehungen schluchtartiger Taleinschnitte, die die Tour kurzweilig halten. Zurück geht es dann nach dem moderaten Abstieg bequem auf der Forstpiste nach La Caldera.

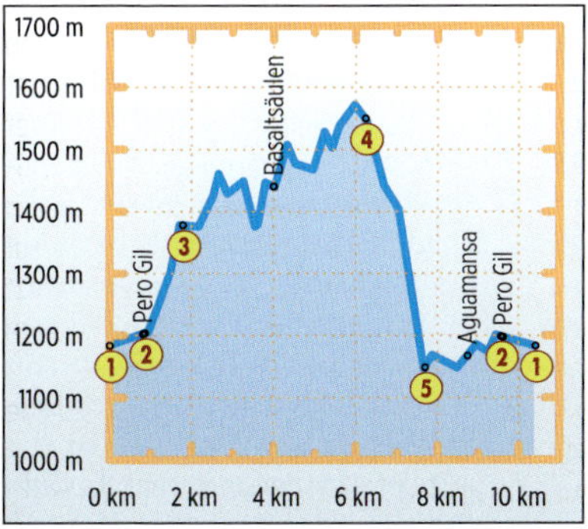

Tipp: Begehen Sie diese Tour vorzugsweise am Vormittag und nur bei wolkenlosem Wetter. Nachmittags

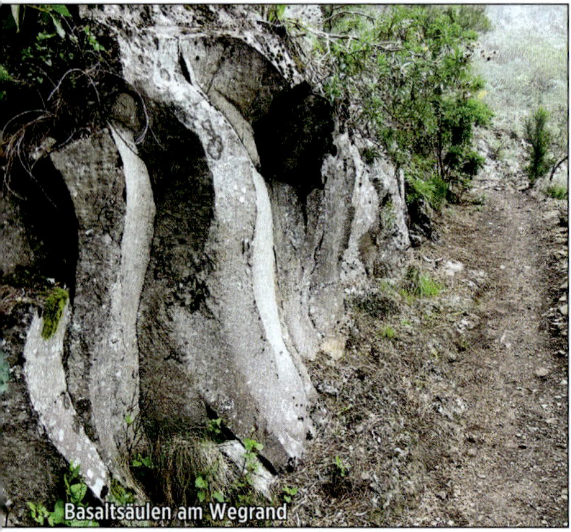

Basaltsäulen am Wegrand

zieht oft Nebel um Aguamansa auf, der die Orientierung auf der Route erschwert.
Öffentliche Verkehrsmittel: Die Buslinie 345 verkehrt etwa stündlich von Puerto de la Cruz zur Endhaltestelle La Caldera und zurück.
Anfahrt: Von der TF-21 (Puerto de la Cruz – Teide-Nationalpark) zweigt 1 Kilometer oberhalb der Rechtskehre von Aguamansa (nach Kilometerschild 16) links bergauf ein Sträßchen nach La Caldera ab, Parkmöglichkeiten bestehen entlang der großen Wendeplatte.

Rastplatz La Caldera **s. S. 193**

1 0,0 (1.191) Von der Zufahrt gesehen scharf links (südöstlich) auf einen Asphaltweg (Wegweiser PR TF-35.1, Pero Gil) ⤳ vorbei am Restaurant ⤳ nach 180 m am Ende der Parkflächen links auf eine Schotterpiste (Wegweiser PR TF-35.1, Pero Gil) ⤳ in 10 Min. zur Unterstandshütte **Pero Gil**.

2 0,9 (1.196) Rechts an der Hütte vorbei auf dem Pfad bergauf (Schild „Camino de Candelaria“) ⤳ eine Fahrpiste leicht links kreuzen ⤳ 15 Min. später an einer Verflachung einen Abzweig rechts liegen lassen ⤳ kurz darauf treffen Sie auf eine beschilderte Wegkreuzung.

TIPP Geradeaus setzt sich hier der Pilgerweg fort über den Höhenrücken bis ans Meer hinunter zur Wallfahrtskirche von Candelaria. Rechts führen verschiedene Wege nach La Caldera zurück. Links folgt nun das zeitintensive Kernstück Ihrer Wanderung, der etwa 90-minütige Weg entlang der Orgelfelsen.

3 1,8 (1.378) Links und anfangs bergab (Schild PR TF 35, Portillo de Topo) ⤳ der gut mit weiß-gelben Balken markierte Pfad steigt die folgenden 90 Min. zumeist etwas an ⤳ mehrmals aussichtsreiche Felsnasen umrunden ⤳ an der „Schlüsselstelle“ mit Geländern gesichert direkt auf der Steilwand entlang ⤳ gegen Ende umrunden Sie aufwendig die verschiedenen schluchtartigen Zuflüsse der Schlucht **Barranco de la Madre** ⤳ in zwei Steigungskehren wieder zu einem Wegweiser.

Basaltsäulen wie die Orgelfelsen finden sich in vulkanisch entstandenen Landschaften in jeder Größe. Ihre hohe Standfestigkeit, auch unter der Oberfläche, ist hauptverantwortlich für die enorme Steilheit und die großen Höhenunterschiede auf kleinstem Raum, die allen Vulkaninseln der Erde gleich sind. Die oft zu beobachtende, sechs-

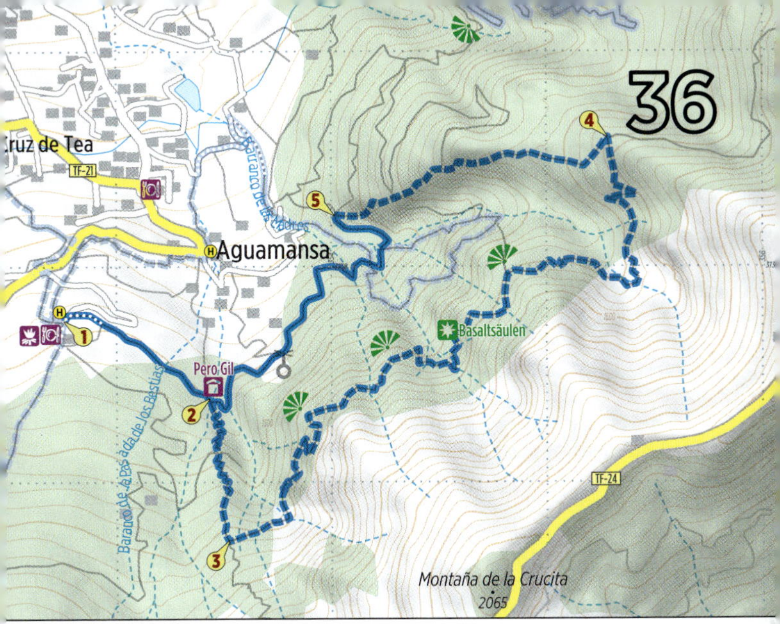

kantige Form der Basaltsäulen entsteht beim Zusammenziehen der erkaltenden Lavamassen. Sie ist die geometrisch stabilste und effektivste und z. B. auch bei Trockenrissen in ausgedörrtem Ackerboden oder bei Bienenwaben zu finden.

4 6,2 (1.575) Links bergab (TF 35, Casa del Agua), beachten Sie nun die weiß-rot-gelben Balkenmarkierungen ~ nach 15 Min. nahe einer Fahrpiste halb links auf dem mit Steinreihen eingefassten Fußweg weiter ~ bei der Kehre einer Fahrpiste gegenüber leicht rechts versetzt den Hang hinab.

5 7,7 (1.143) An einer Querpiste links (Schild TF 35, Casa del Agua) ~ nach wenigen Metern eine Rechtseinmündung ignorieren ~ 20 Min. der leicht ansteigenden Fahrpiste folgen.

2 9,6 (1.196) Von der Schutzhütte Pero Gil halb rechts auf bekanntem Weg zurück zum Ausgangspunkt.

1 10,4 (1.191) Die Tour endet am Rastplatz.

Rastplatz La Caldera

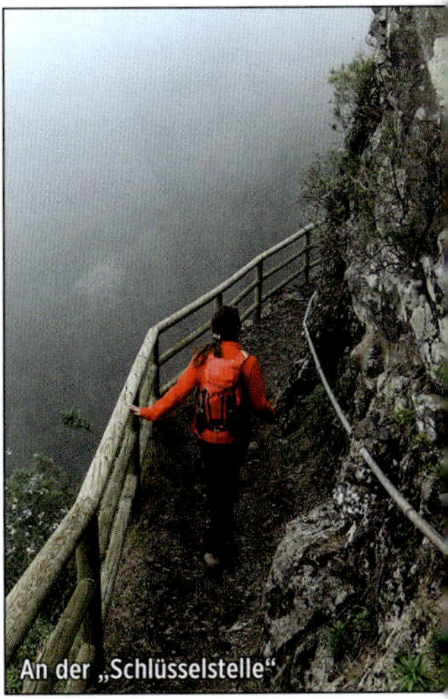

An der „Schlüsselstelle“

MITTEL

Tour 37 — 7,3 km

Die Ruta del Agua im Orotavatal

Start/Ziel: Rastplatz La Caldera im oberen Orotava-Tal (N 28,3577° W 16,5024°)

Aufstieg: 399 m — *Hartbelag:* 14 %

Abstieg: 399 m — *Wanderwege:* 33 %

Gehzeit: 3 - 3,5 Std. — *Wanderpfade:* 53 %

Charakteristik: Die allgegenwärtigen Wasserrohre und -leitungen im Orotavatal bis hinunter nach Puerto de la Cruz fallen jedem Durchreisenden ins Auge. Die interessante Geschichte der Wassergewinnung in den Bergen des obersten Tals und der Weiterleitung, Speicherung und Verteilung von dort hinab wird von der Themenwanderung „Ruta del Agua" thematisiert. Sie beginnt am „Casa del Agua" und passiert auf steilen Pfaden im Nebelwald mehrere alte Wasseranlagen, deren Errichtung bis ins Jahr 1863 zurückreicht. Sie gewährt Einblick in einen alten Wasserstollen und tolle Perspektiven auf den heute meist trocken liegenden Bach in der Schlucht „Barranco de la Madre", der dieses Wasser ursprünglich abgeleitet hat. Von den Einkehrmöglichkeiten in Aguamansa geht es bequem zurück nach La Caldera.

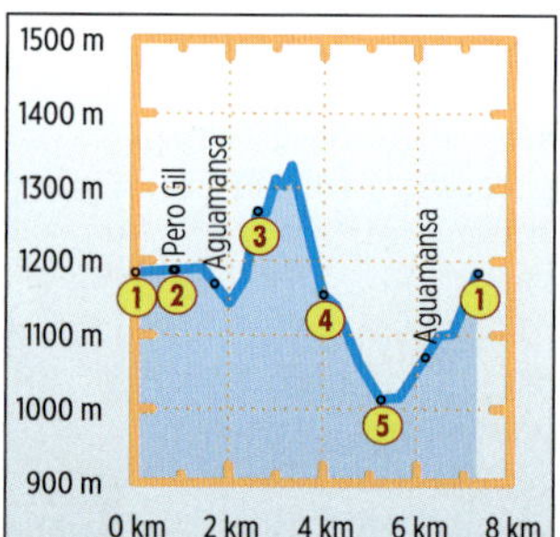

Öffentliche Verkehrsmittel: Die Buslinie 345 verkehrt etwa stündlich von Puerto de la Cruz zur Endhaltestelle La Caldera und zurück.

Anfahrt: Von der TF-21 (Puerto de la Cruz – Teide-Nationalpark) zweigt 1 Kilometer oberhalb der Rechtskehre von Aguamansa (nach Kilometerschild 16) links bergauf ein Sträßchen nach La Caldera ab, parken können Sie entlang der großen Wendeplatte.

Rastplatz La Caldera s. S. 193

1 0,0 (1.191) Von der Zufahrt gesehen scharf links (südöstlich) auf einen Asphaltweg (Wegweiser PR TF-35.1, Pero Gil) ⤳ vorbei am Restaurant ⤳ nach 180 m am Ende der Parkflächen links auf eine Schotterpiste (Wegweiser PR TF-35.1, Pero Gil) ⤳ in 10 Min. zur Unterstandshütte **Pero Gil**.

2 0,9 (1.196) Halb links auf der Erdpiste weiter Richtung Casa del Agua ⤳ nach 10 Min. rechts eine Steintreppe den Hang hinauf (Wegweiser „Ruta del Agua")

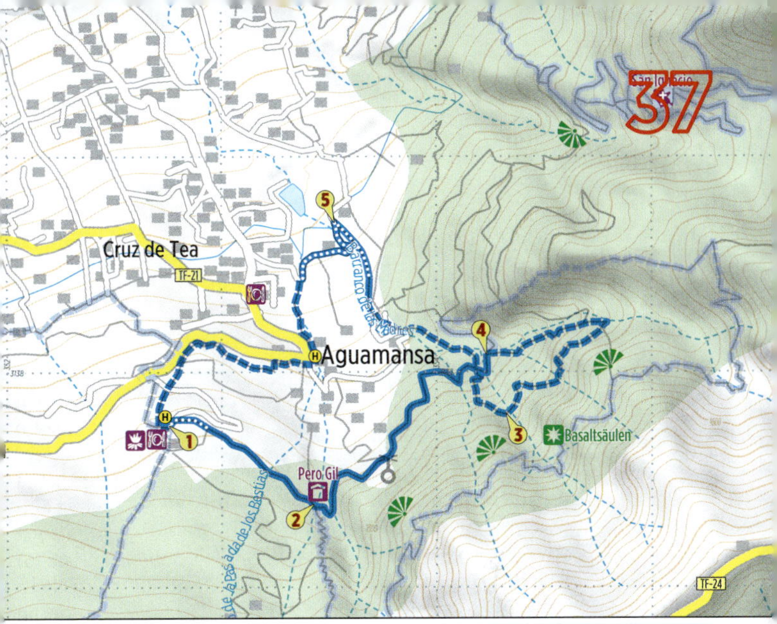

~ der Weg ist im Folgenden gut mit weiß-gelben Balken markiert, an einzelnen Abzweigen müssen Sie jedoch dem größeren Weg folgen (z. B. nach 3 Min. scharf rechts statt geradeaus) ~ ein kleines Seitental queren ~ 10 Min. später eine verfallende Wasserverteilstelle mit offenen Betonleitungen kreuzen.

TIPP Die Ruta del Agua passiert die alten Anlagen ohne weitere Erklärungen, teils müssen Sie auf eigene Faust kleine Abstecher auf den abzweigenden Pfaden zu schon sichtbaren Leitungsteilen u. ä. machen. Bleiben Sie dabei unbedingt auf den Wegen, da Sie sich hier in sehr steilem Gelände bewegen.

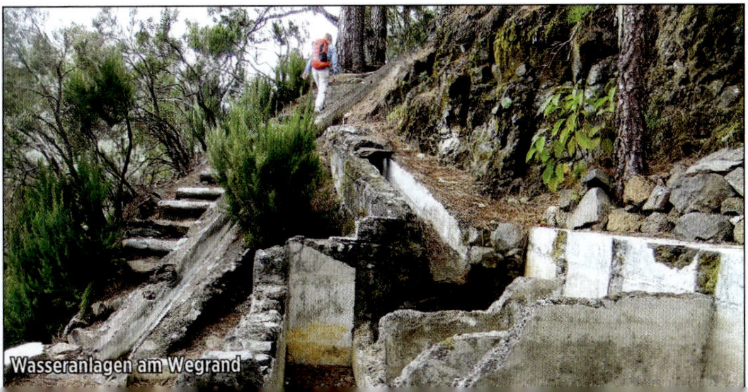
Wasseranlagen am Wegrand

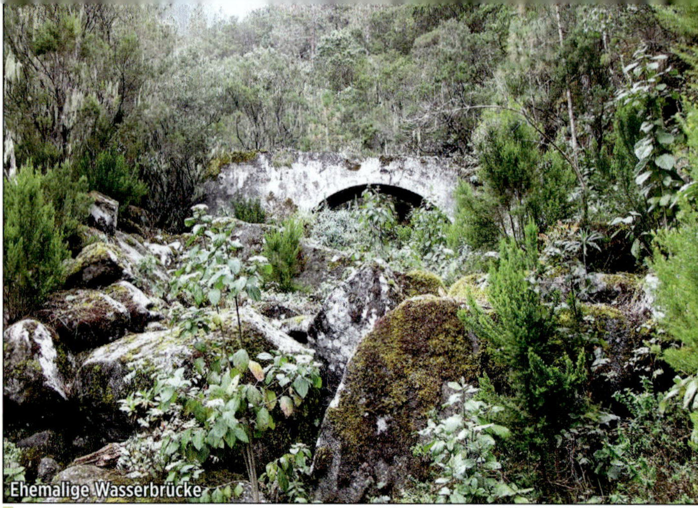

Ehemalige Wasserbrücke

3 2,6 (1.290) Wenig später durchschreiten Sie den meist trockenen Talboden des **Barranco de los Madroñeros** ⇝ auf dem schönen Höhenweg entlang der abgedeckten alten Wasserleitung dahin ⇝ vor der Querung des Haupttals **Barranco de la Madre del Agua** scharf links ⇝ immer steiler auf einem Treppenweg bergab, teils kleine Gegenanstiege ⇝ zum Wasserhaus **Casa del Agua** am Forstweg.

4 4,0 (1.157) Auf dem Forstweg ein Stück nach links ⇝ bald rechts weg auf einen Wanderweg (Wegweiser PR TF-35, Aguamansa) ⇝ 15 Min. talauswärts in offenes Gelände ⇝ eine Querpiste gerade überqueren ⇝ bald zwischen Gärten hindurch auf Asphalt weiter:

5 5,2 (1.013) Etwas später an einer Kreuzung scharf links (PR TF-35, Casa Forestal) ⇝ in einer Rechtskurve ein letztes Mal durch den Barranco de la Madre del Agua ⇝ im nächsten Barranco zunächst die Bushinweise ignorieren und vor zur Rechtskurve der Straße ⇝ geradeaus weg auf dem Talbodenweg („PR TF-35, Casa Forestal") ⇝ steil hinauf zur Straße.

Aguamansa (La Orotava)

Restaurante Aguamansa, TF-21, 521, ✆ 922330638

Links hinter der Leitplanke an der Straße aufwärts (Wegweiser „La Caldera") ⇝ in der Kurve die Steintreppe hinauf zur Wander-Informationstafel ⇝ rechts davon den Stufenweg hinauf Richtung La Caldera ⇝ zunächst knapp oberhalb der Straße ⇝ diese dann kurz berühren ⇝ wieder links weg in den Wald, an den zahlreichen Pfadkreuzungen die weiß-gelben Balken beachten ⇝ über die Zufahrtsstraße ⇝ an einer T-Kreuzung links bergauf (weiß-gelb) ⇝ hinauf zur Straßenplattform, dort scharf links zur Bushaltestelle.

1 7,3 (1.191) Am Rastplatz endet die Wanderung.

Rastplatz La Caldera

Tour 38 **13,1 km**

Die östliche Talschulter: Pinoleris

Start/Ziel: Pinolere, Parkplatz am Sportplatz (N 28,3784° W 16,4988°)

Aufstieg: 1.048 m *Hartbelag:* 39 %

Abstieg: 1.048 m *Wanderwege:* 41 %

Gehzeit: 5 - 5,5 Std. *Wanderpfade:* 20 %

Charakteristik: Die östliche Schulter des Orotava-Tals, die Namen wie „Ladera de Santa Úrsula" oder „Ladera de Pinoleris" trägt, wirkt umso steiler und uneinnehmbarer, je näher man unter ihr steht. Zu Recht ist dieses unzugängliche Gebiet als Refugium vieler endemischer Tierarten ein Naturschutzgebiet. Dennoch lässt sie sich durch die rechte oder linke Umgehung des Steilwandbereiches recht bequem ersteigen, und dem Wanderer bieten sich oben neben duftenden Kiefernwäldern tolle Ausblicke auf das Orotava-Tal und den Teide – vorausgesetzt, es versperren keine Passatwolken die Sicht. Dem etwas mühsamen Abstieg folgt dann noch einmal ein schweißtreibendes Finale hinauf durch die steilen, aber sehr charmanten Dörfchen des Orotava-Tals.

Tipp: Bei und nach Regenfällen ist von dieser Wanderung abzuraten, da die Abstiegsstrecke fast durchgehend auf lehmigen Erdwegen verläuft. Diese werden bei Feuchtigkeit zu wahren Rutschpartien.

Öffentliche Verkehrsmittel: Die Buslinie 345 verkehrt täglich und etwa stündlich von Puerto de la Cruz Richtung La Caldera. Steigen Sie in Barroso vor der Kehre aus (nicht markierte

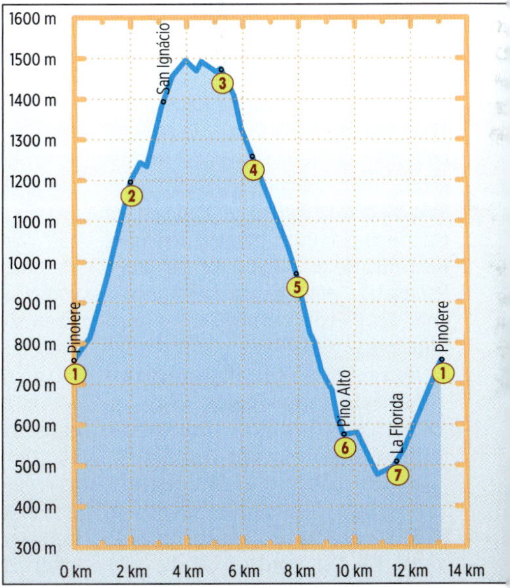

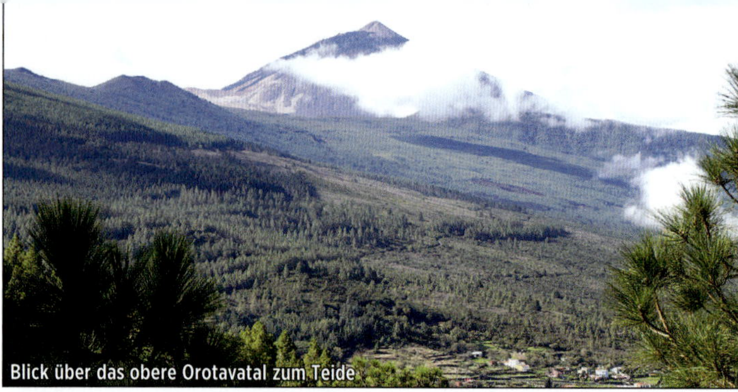

Blick über das obere Orotavatal zum Teide

Haltestelle vor einer Garage gegenüber der Bar „La Curva"). Folgen Sie dem kleinen Sträßchen nach Pinolere und biegen Sie nach 900 Metern hinter der Kapelle rechts bergauf ab.

Gegen Ende der Tour können Sie sich die letzten 300 Höhenmeter sparen und bereits in La Florida (Wegpunkt 7) abbiegen, um zur Bushaltestelle zu kommen.

Anfahrt: **Verlassen Sie die Hauptstraße TF-21 (Puerto de la Cruz – Teide-Nationalpark) im Ort Barroso in der Rechtskehre (vor Kilometerschild 9) nach links. Nach 900 Metern im Ort direkt vor einer Kapelle rechts bergauf abbiegen. Nach 150 Metern liegt links der große Parkplatz; am gegenüberliegenden Ende des Parkplatzes beginnt die Tour.**

Pinolere (La Orotava)

Museo Etnográfico (Ethnographisches Museum), Calle Alzados Guanches, ✆ 922326924, ⏲ Di-So 10-14 Uhr. Das kleine Museum zeigt als Mischung aus Festausstellung und Freilichtmuseum die Lebensweise der Bauern im oberen Orotava-Tal. @ uoh521

Ermita de Pinolere, Calle Alzados Guanches, 34A. Die hübsche Dorfkirche bildet das Dorfzentrum mit tollem Ausblick auf die östliche Talschulter.

Pinolere liegt sehr abgeschieden weit oben im Orotava-Tal, eingeschlossen zwischen zwei tief eingeschnittenen Schluchten und am Rand des Lorbeer- und Kiefernwaldes. Der Ort entwickelte sich dank Forstwirtschaft, Köhlerei und Korbflechterei. Noch heute wird das Handwerk gepflegt und im Dorfmuseum ausgestellt.

1 0,0 (765) An der Parkplatzausfahrt am östlichen Ende rechts bergauf ⇝ verschiedene Abzweige ignorieren, die ersten Kilometer orientieren Sie sich an den weiß-gelben Markierungen ⇝ kurz bergab ⇝ nach einem kleinen Bachbett links in die Seitenstraße vor dem blauen Haus ⇝ an einigen Abzweigen vorbei ⇝ rechts die dritte Straße, einen steilen Betonweg, hinauf ⇝ alle Grundstücksabzweige ignorieren ⇝ nach 160 m durch die Linkskurve ⇝ der Weg wird bald zum Erdweg ⇝ kurz darauf bei einem Wegweiser rechts auf dem Pfad bergauf (PR TF-35.1, La Caldera) ⇝ nun steil durch Laubwald ansteigen, dabei eine Betonwasserleitung und vier Fahrwege kreuzen ⇝ bei einem Wegweiser unterhalb einer fünften Wegböschung

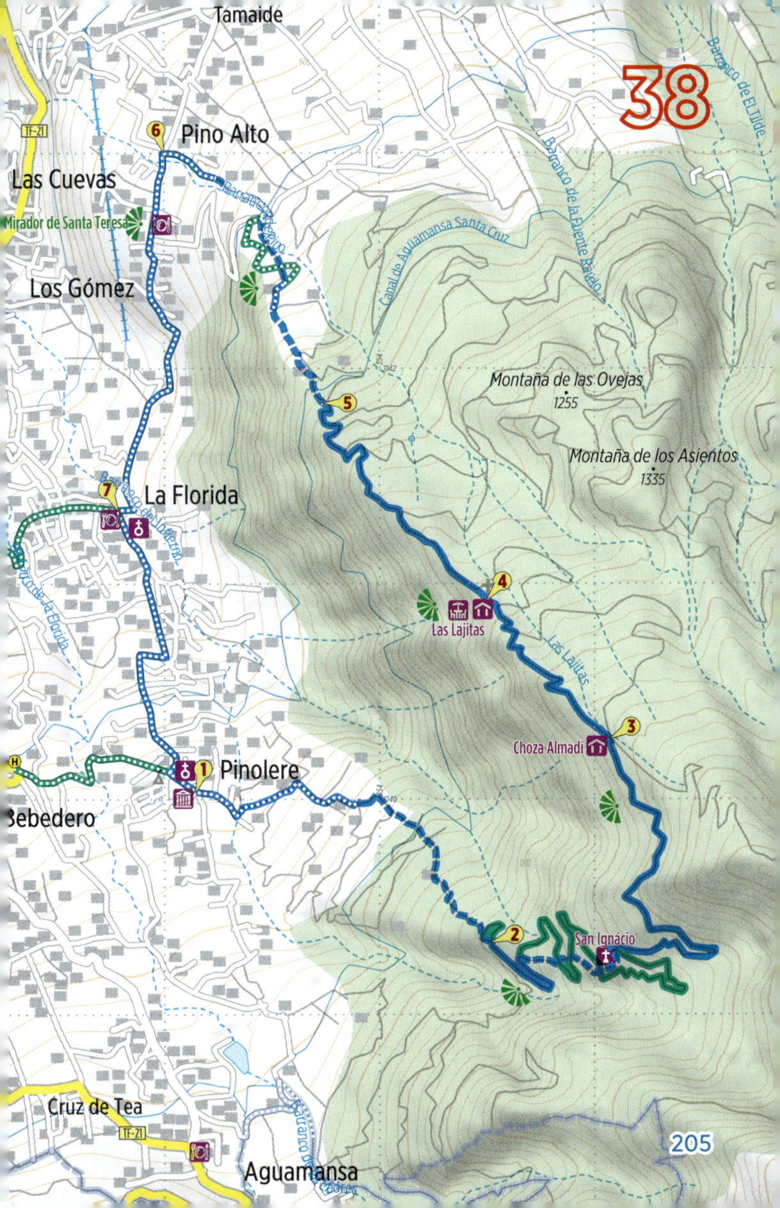
38
Tamaide
Pino Alto
Las Cuevas
Mirador de Santa Teresa
Los Gómez
TF-21
Canal de Aguamansa Santa Cruz
Barranco de El Tilde
Montaña de las Ovejas
1255
Montaña de los Asientos
1335
La Florida
Las Lajitas
Choza Almadi
Pinolere
Bebedero
San Ignácio
Cruz de Tea
Aguamansa

zunächst links hinauf zum oberen Wegweiser (Richtung La Caldera) ⇝ am oberen Wegweiser 10 m auf dem Fahrweg nach links.

TIPP Hier verlassen Sie die markierte Route. Im Folgenden kürzt der alte Fußweg insgesamt fünfmal die ausladenden Kehren der Piste ab. Nur das zweite Mal ist durch Auswaschung unbegehbar. Sie können jedoch auch dem Fahrweg folgen und beeindruckende Ausblicke in das Tal erhalten.

Auf einem schmalen Trampelpfad über Wurzeln geradlinig in den Wald (altes gelbes Blechschild).

2 2,0 (1.200) Wo Sie wieder auf den Fahrweg treffen, folgen Sie diesem nach rechts ⇝ insgesamt 550 m entlang der Steilkante, durch eine Linkskehre und wieder in den Wald hinein ⇝ 50 m nach dem Waldeintritt rechts, von links mündet die nicht genutzte, weil unterbrochene Abkürzung ein ⇝ an der nächsten Einmündung in den Fahrweg 10 m nach links ⇝ der Pfad wirkt anfänglich wie eine Wasserrinne ⇝ das nächste Mal direkt gegenüber weiter ⇝ die letzte Abkürzung befindet sich wenige Schritte nach links versetzt und ist anfangs sehr steil ⇝ vorbei an einem Schrein am Fels.

San Ignácio

Bald in einer Linkskurve den steilen Hang hinauf ⇝ in einer Kehre dem Fahrweg links bergauf folgen ⇝ nach einer Linkskehre deutlich flacher und dann unmerklich abfallend, dieser höchste Abschnitt bietet die besten Ausblicke der Tour.

3 5,2 (1.476) An einer Kreuzung oberhalb der Unterstandshütte **Choza Almadi** halb links auf dem Forstweg steil bergab ⇝ nach 100 m rechts auf dem Hauptweg um die Kuppe herum ⇝ 10 Min. später eine Einmündung rechts liegen lassen ⇝ nach weiteren 10 Min. erreichen Sie den Rastplatz **Las Lajitas**.

Las Lajitas. Die Plattform bietet einen tollen, wenn auch etwas von Kiefern verstellten Ausblick auf das gesamte Orotava-Tal.

TIPP Der folgende Wegverlauf orientiert sich stets an der Abbruchkante zum Orotava-Tal, weshalb alle folgenden Wegabzweige recht unzweifelhaft sind; die gesamte Steilwand steht als „Reserva Natural Integral Pinoleris" unter Naturschutz, da hier endemische Tier- und Pflanzenarten in einer Art Bannwald ein Refugium haben.

4 6,4 (1.268) Der Piste gerade weiter bergab folgen, nun zunehmend im Lorbeerwald ⇝ nach 150 m eine Einmündung von rechts ignorieren ⇝ 250 m später an der Wegkreuzung links abbiegen ⇝ an einer T-Kreuzung links ⇝ 70 m später in einer Rechtskehre des Hauptweges halb links dem schmäleren Fahrweg folgen ⇝ nach 5 Min. wieder am Hauptweg nach links ⇝ 80 m zu einer Rechtskehre.

5 7,9 (971) Bei einem NSG-Schild halb links auf einen sehr schmalen Weg abbiegen ⇝ der etwas rutschige Pfad kreuzt nach zwei Kehren einen Querpfad ⇝ an einer Kreuzung links (weg vom Betonweg) zu den Terrassen und sogleich rechts abwärts weiter ⇝ am Ende der Terrassen links an einem Zaun entlang bergab ⇝ nach 5 Min. auf Asphalt links bergab ⇝ vorbei an einem Wasserspeicher mit tollem Ausblick nach Puerto de la Cruz ⇝ 50 m danach links ⇝ auf dem rinnenartigen, steinigen Pfad die nächste Kehre des Betonwegs abkürzen, Sie können

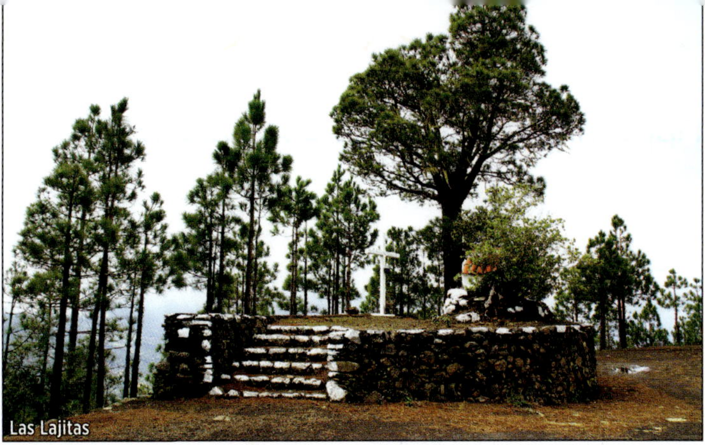

Las Lajitas

auch auf dem Betonweg bleiben ⤳ den Betonweg kreuzen ⤳ 250 m zu einem Marienschrein ⤳ auf dem Asphaltweg scharf rechts leicht bergauf durch den Taleinschnitt ⤳ auf der anderen Seite links in die Sackgasse **Calle Vera del Barranco** ⤳ auf dem steilen Sträßchen bergab an der Talkante entlang ⤳ nach 150 m gerade auf dem schmalen Betonweg weiter ⤳ über Treppen zu einer Straße in **Pino Alto** ⤳ gerade bergab zur Ortshauptstraße.

Pino Alto (La Orotava)

6 9,6 (567) Bei der Bushaltestelle links ⤳ beim **Mirador de Santa Teresa** erreicht die Straße ihren höchsten Punkt ⤳ alle Abzweige ignorieren ⤳ ab dem Ortsrand rechts steil hinab ⤳ bald wieder leicht bergan zum nächsten Ort ⤳ unterhalb der Kirche auf der Hauptstraße rechts ⤳ hinauf nach **La Florida**.

La Florida (La Orotava)

Iglesia de La Florida. Direkt daneben liegt der große Dorfplatz, der jährlich Ende Januar Schauplatz des Dorffestes mit Prozession und Viehmarkt ist.

Bar La Palmera, Calle la Palma, 2, ✆ 922334669

7 11,5 (503) An der Kreuzung links gegen die Einbahnstraße steil bergauf.

AUSSTIEG: Wenn Sie hier geradeaus weiter gehen, kommen Sie in 900 m zur Bushaltestelle der Linie 345 an der Hauptstraße.

Vorbei am Kirchplatz ⤳ der Straße folgend rechts versetzt durch den engen und steilen Ortskern ⤳ vor zur kleinen Kapelle ⤳ davor rechts und bald wieder links hangaufwärts ⤳ nach einem geraden Stück erreichen Sie die Häuser von Florida Alta, dem oberen Ortsteil von La Florida ⤳ wo links der Betonweg **Camino Los Álamos** abzweigt, rechts der Hauptstraße folgen ⤳ bald wieder links hangaufwärts ⤳ wenig später erreichen Sie die Häuser von Pinolere ⤳ vor der Kapelle links.

1 13,1 (765) Nach wenigen Minuten ist der Ausgangspunkt am Sportplatz erreicht.

Pinolere (La Orotava)

Tour 39 — 11,9 km

Der Kiefernwald von La Esperanza

Start/Ziel: Bar „Las Raíces" bei La Esperanza (N 28,4261° W 16,3779°)
Aufstieg: 494 m — *Hartbelag:* 3 %
Abstieg: 494 m — *Wanderwege:* 53 %
Gehzeit: 4 - 4,5 Std. — *Wanderpfade:* 44 %

Charakteristik: Die Wege im Kiefernwald bei La Esperanza sind noch so wenig bekannt, dass sich nur wenige Wanderer hierher verirren – zu Unrecht, denn der Höhenwald hat alles, was man zum Wanderglück braucht: tolle Wege, beeindruckende Aussichtspunkte und mehrere Einkehrmöglichkeiten. Diese Runde führt Sie vom Startpunkt Las Raíces zunächst auf gemütlichen Wegen mit mehreren Aussichtspunkten bergauf nach Las Lagunetas. Anschließend folgt ein recht steiler, spektakulär errichteter Abstiegsweg auf einem weichen Kiefernnadelteppich zurück nach Las Raíces.

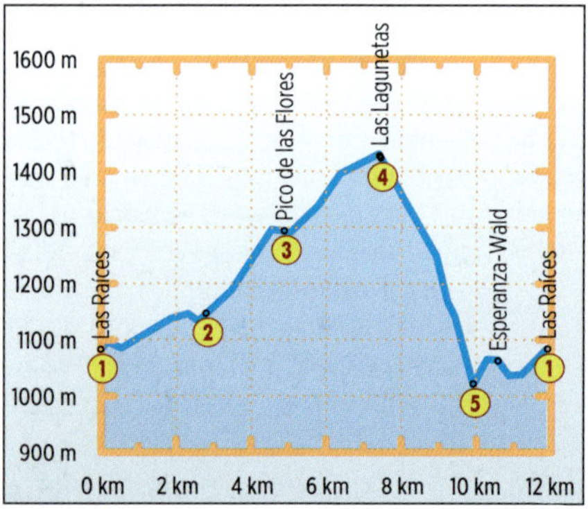

Tipp: An heißen Tagen ist der hoch gelegene Kiefernwald bei La Esperanza ein sehr angenehmes Wandergebiet.

Öffentliche Verkehrsmittel: Die TF-24 und damit der Start werden nicht mit öffentlichen Verkehrsmitteln bedient, auch La Esperanza ist kaum per Bus erreichbar.

Anfahrt: Verlassen Sie die Autobahn TF-5 in La Laguna an der Abfahrt 9 Richtung „El Teide", TF-24. Folgen Sie der Beschilderung für 10 Kilometer, bis Sie nach dem Ort La Esperanza beim Kilometerschild 10 zum zweiten Mal einen Linksabzweig „Las Raíces" sehen. Hier steht auch das gleichnamige Restaurant direkt an der Straße.

Las Raíces (El Rosario)

Restaurante La Terraza de Betty, C-824, 647872852, Mi-Mo 10-19 Uhr, @ rlt187

Las Raíces (spanisch für „die Wurzeln") ist der Name der Kreuzung und des kleinen Rastplatzes unterhalb, den Sie am Ende der Wanderung durchqueren werden. Er gehört zum Gemeindegebiet El Rosario, das direkt an Santa Cruz grenzt, und liegt an der Hauptstraße TF-24, die in technisch und landschaft-

lich höchst interessanter Weise La Laguna und Santa Cruz mit dem Teide-Nationalpark verbindet. In Las Raíces nahm der spanische Bürgerkrieg, der mit dem Putsch von General Franco begann, seinen Ausgang; hier beschworen die Aufständischen kurz vor Kriegsbeginn noch einmal ihre Hoffnung (spanisch „Esperanza") auf Veränderung.

1 0,0 (1.085) Gegenüber dem Restaurant ein Treppchen in der Stützmauer an der TF-24 hinauf ⤳ 10 m dahinter am Querweg rechts ⤳ nach 30 m am nächsten Querweg links (weiß-gelbe Markierung) ⤳ Rechtskehre bergauf ⤳ oben am erneuten Querweg links bergauf (weiß-gelb) ⤳ 100 m darauf rechts auf dem Hauptweg bleiben ⤳ bald erreichen Sie einen schönen Panoramaabschnitt des Weges.

AUSSICHT

Der Waldweg streift hier die steile Abbruchkante zum flacheren Vorland, sodass Sie eine gute Sicht auf das gegenüber liegende Anaga-Gebirge und die davor befindlichen Städte La Laguna und Santa Cruz haben. Ganz vorn sehen Sie am Waldrand La Esperanza.

Auf dem markierten, mäandrierenden Fahrweg vorbei an zahlreichen Abzweigen ⤳ 2 km leicht ansteigend zu einem hausförmigen Wasserbehälter ⤳ danach noch 200 m weiter auf der markierten Route, bis diese in einem Seitental erneut in eine Rechtskurve übergeht.

VARIANTE

⚠ Der nächste Abschnitt stellt eine Abkürzung auf einem ungepflegten Pfadabschnitt dar, für den Sie etwas Orientierungsvermögen benötigen. Sie können die Abkürzung auch umgehen (700 m und 70 Höhenmeter mehr).

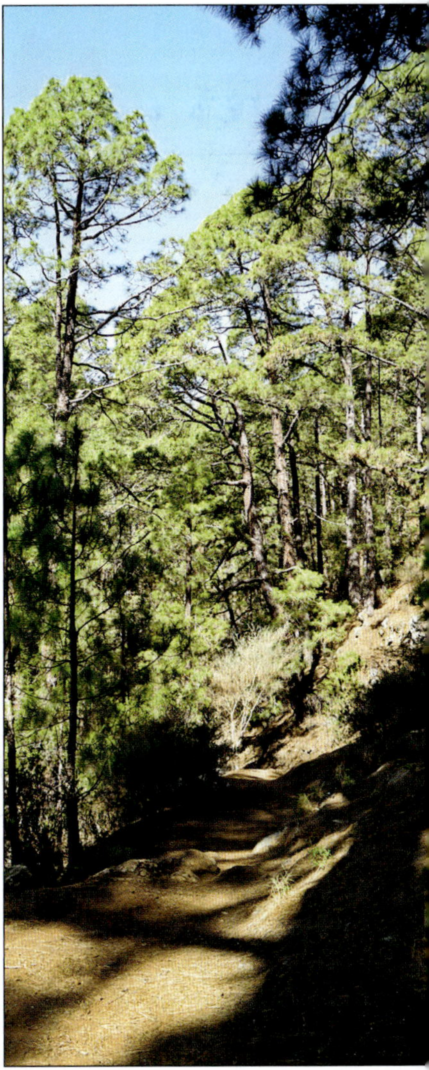

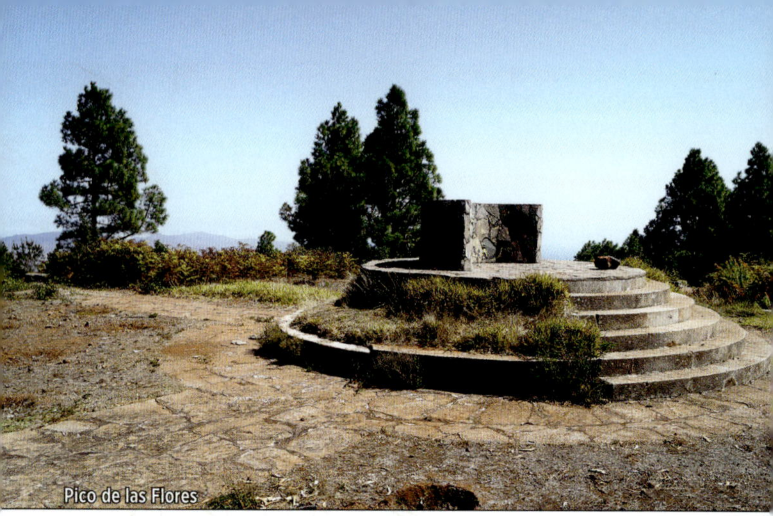

Pico de las Flores

Der weiß-gelb markierten Route noch 600 m folgen bis zu einem rechts stehenden Wegweiser der grünen Route ⤳ links gegenüber in einen negativ markierten Pfad ⤳ an dessen Ende auf der Querpiste links bergauf und im Hohlweg stets geradeaus ⤳ nach 600 m treffen Sie auf den von links einmündenden Hauptweg.

2 2,8 (1.137) Links die Markierung verlassen und das Seitental hinauf ⤳ einen kleinen Platz mit einzelnem Baum gerade überqueren ⤳ 250 m nach dem Abzweig vom Hauptweg sehen Sie linker Hand eine quer zum Weg stehende kleine Böschungswand, die wie die Rückwand einer Parkbucht aussieht, an dieser Stelle rechts auf die niedrige Böschung ⤳ scharf rechts auf dem schwach erkennbaren Pfad sanft bergauf ⤳ bald ein kleines Tälchen kreuzen und am rechten Rand entlang ⤳ der Weg verliert sich fast völlig, folgen Sie jedoch der groben Richtung für 50 m bis zu einer schon sichtbaren Lichtung ⤳ die Lichtung ist das Ende einer Rodungsschneise im Eukalyptushain, der Sie 100 m zu einem Fahrweg folgen, hier mündet die Umgehung ein ⤳ auf dem Fahrweg links ⤳ an der folgenden Gabelung links ⤳ am Hauptfahrweg 1,1 km stets bergauf, dabei alle Abzweigungen ignorieren ⤳ an der Hauptstraße schräg gegenüber auf dem Trampelpfad weiter ⤳ straßenparallel und bald links zu einer Pistenkreuzung.

TIPP Die ganz rechte Piste kommt von der Straße, halb rechts verläuft Ihr späterer Weiterweg.

Zunächst links die Stichstrecke zum Aussichtspunkt ⤳ nach 300 m an der Gabelung rechts herum ⤳ bald links das Treppchen hinauf.

Pico de las Flores. Der in die Jahre gekommene Aussichtspunkt bietet heute eine Aussicht Richtung La Laguna, die durch höhere Bäume deutlich eingeschränkt wird. Dennoch ist der wie ein Amphitheater angelegte Punkt eine Sehenswürdigkeit an

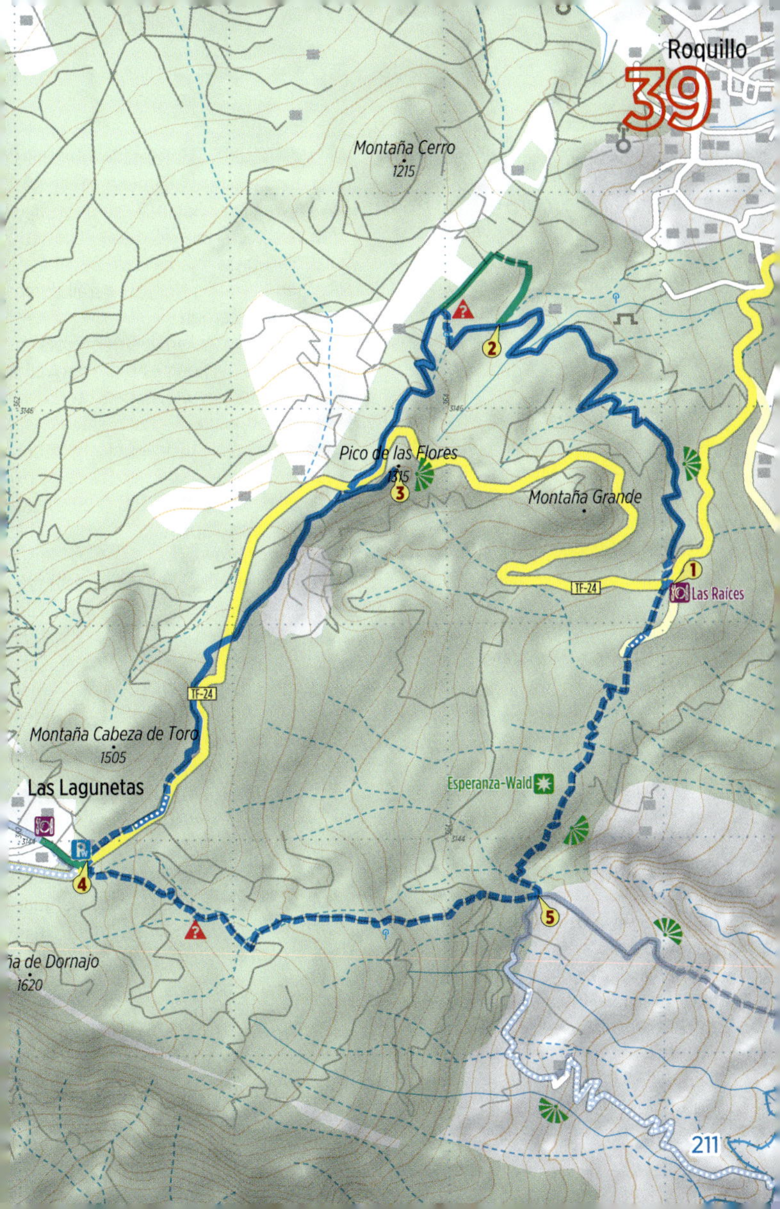
Roquillo
39
Montaña Cerro
1215
Pico de las Flores
1315
Montaña Grande
TF-24
Las Raíces
Montaña Cabeza de Toro
1505
Las Lagunetas
Esperanza-Wald
ña de Dornajo
1620
1
2
3
4
5

sich und ein netter Ort für eine schattige Rast.

3 4,9 (1.295) Zurück zur Pistenkreuzung nahe der Straße ⇝ nun dem linken Fahrweg folgen ⇝ nach 80 m an der Gabelung rechts bergauf ⇝ 120 m darauf der Linkskurve des Hauptweges folgen ⇝ vorübergehend durch wenig beschattetes Buschland, dann wieder in den Wald ⇝ geradlinig auf die Hauptstraße zu ⇝ nahe dem Ende eines Holzgeländers die Straße überqueren ⇝ gegenüber, noch rechts des Holzgeländers, auf einem schlecht erkennbaren Weg bergauf (grenzsteinähnliche Markierung) ⇝ nach 150 m an der T-Kreuzung links ⇝ oberhalb der Straße entlang ⇝ an der Einmündung in die Straße können Sie halb rechts noch ein Stück oberhalb der Straße bleiben ⇝ schließlich an der Straße bergauf ⇝ nach 300 m bei einem hölzernen Fahnenmast rechts auf einen parallelen Fahrweg ⇝ gerade durch ein Klettergartengelände und schließlich zum Parkplatz beim Rezeptionsgebäude.

Las Lagunetas (La Matanza de Acentejo)

Restaurante Las Lagunetas, Carretera TF-24 km 16, ✆ 922690306. Sehr preisgünstige Fleischgerichte und Gemüsesuppe

Der Name der Häusergruppe auf dem Kamm des Esperanza-Waldes erinnert an die ehemaligen Seen und Tümpel in dieser kleinen Verebnungsfläche, bevor sie landwirtschaftlich umfunktioniert wurde. An dieser Stelle kreuzt ein Wanderweg den Hauptkamm, der ausreichend Anlass für eine kleine Bar im Ort ist. 2012 wurde auch ein Hochseilgarten angelegt, der auf ein weiteres touristisches Wachstum hoffen lässt.

AUSFLUG: Rechts gelangen Sie auf dem Fahrweg in 200 m zur Einkehrmöglichkeit.

4 7,5 (1.426) An der Parkplatzeinfahrt links über die Straße ⇝ halb rechts durch das etwas weglose Gelände zum grünen Wegweiser am Holzgeländer ⇝ auf dem weiß-gelb-grün markierten SL TF-299 Richtung Barranco Hondo ⇝ steil durch Kiefernwald bergab ⇝ einen Fahrweg kreuzen und vorbei an der meist trocken liegenden Quelle **Fuente Madre del Agua** ⇝ ⚠ hier Markierungen beachten und links bergab weiter ⇝ nach einem serpentinenreichen Stück an einer Wegekreuzung geradeaus bergab (weiß-gelb-grüne Markierung) ⇝ in 250 m zu einem kleinen Aussichtsplateau, wo sich die Markierungen teilen.

5 9,9 (1.016) Hier links weiter, jetzt immer der weiß-gelben Markierung folgen.

Esperanza-Wald s. S. 125

Gleich darauf nochmals links ⇝ ein Seitental durchqueren ⇝ links halten ⇝ vor einem Steinmäuerchen links bergauf ⇝ nun auf einer Ebene 30 Min. stets leicht bergab ⇝ dabei fünf Querwege kreuzen und vier Taleinschnitte umrunden ⇝ nach dem vierten Einschnitt Linkskurve hinauf zum Ende einer Straße ⇝ auf dieser zur Wendeplatte bei Las Raíces ⇝ der Zufahrtsstraße von Las Raíces bergauf folgen ⇝ 30 m nach der ersten Rechtskurve links auf den kaum sichtbaren Trittspuren von der Straße weg ⇝ bald breiterer Weg ⇝ nach 5 Min. zum Ausgangspunkt.

1 11,9 (1.085) Beim Restaurant ist das Ende der Tour erreicht.

Las Raíces (El Rosario)

Tour 40 15,2 km

Vom Acentejo nach Las Lagunetas

Start/Ziel: La Matanza, La Vica/Los Nateros: Calle San Cristóbal am Abzweig Camino Escobón (N 28,4424° W 16,4448°)

Aufstieg: 885 m *Hartbelag:* 28 %

Abstieg: 885 m *Wanderwege:* 32 %

Gehzeit: 5 - 5,5 Std. *Wanderpfade:* 40 %

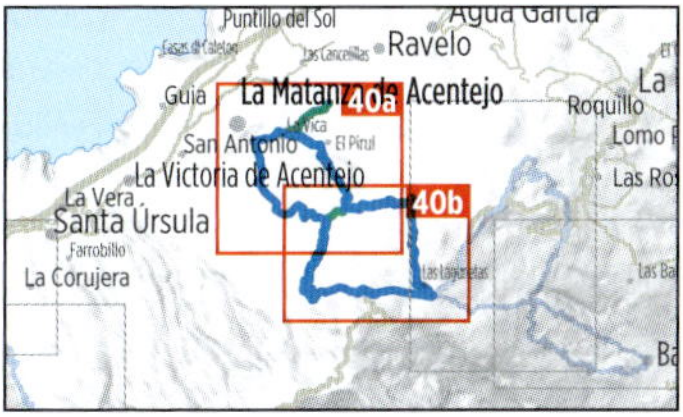

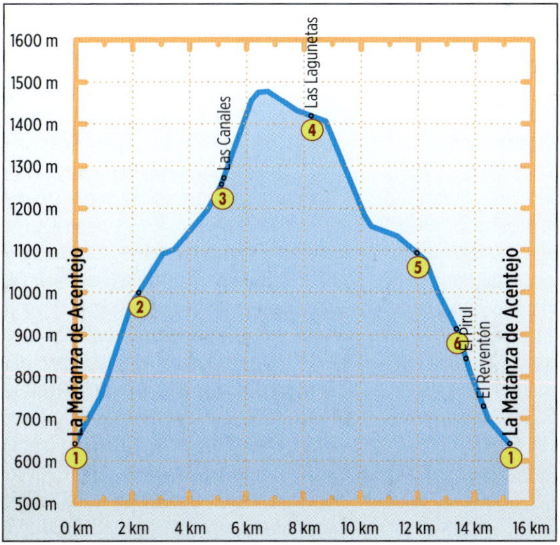

Charakteristik: Vielen ist die Region Acentejo nur ein Begriff im Umfeld des Orotava-Tals, der entlang der Nordautobahn auftaucht. Dabei bietet das Weinbaugebiet am Fuß des Inselhauptkamms land- und kulturlandschaftlich so viel: vom Weinbau im Startgebiet um Los Nateros über den Maronenanbau bis zum Erika- und Eukalyptuswald, der ganz oben mit Flechten und einzelnen Farnen aufwartet – auf dieser oftmals recht steilen, dafür technisch anspruchslosen Wanderung können Sie dies alles erleben. Garniert wird die Tour mit vielen tollen Aussichten und einer Einkehr auf dem Esperanza-Bergrücken – im alten Vulkanschlot von Las Lagunetas.

Tipp: Durch das Gassengewirr von La Matanza leitet Sie bei der Anfahrt am sichersten ein Navigationsgerät (Ziel: Camino Escobón).

Öffentliche Verkehrsmittel: Die Buslinie 054 fährt von La Laguna Richtung Ravelo und endet hinter dem Ort an der Haltestelle Altos de El Sauzal, die nur 1 Kilometer vom Tourverlauf entfernt und sogar etwas höher liegt. Eine Busanfahrt von Puerto de la Cruz ist nur über La Laguna möglich.

Anfahrt: Von der Autobahnausfahrt La Matanza ins Ortszentrum und weiter zum zweiten Kreisverkehr beim Hiper-Dino-Supermarkt, dort links bergauf Richtung Ravelo. Nach einem flacheren Stück an der T-Kreuzung links bergauf (Calle Toscas de San Antonio), 250 Meter später halb links in die Calle San Cristóbal. Dieser 1,5 Kilometer folgen bis zur Verflachung bei den beiden Vulkanhügeln mit kleinem Kreisverkehr. Halb links und geradeaus sind an der Straße Parkplätze angezeichnet.

La Matanza de Acentejo

San Antonio Abad. Die Kapelle aus dem 16. Jh. ist der Ausgangspunkt einer traditionsreichen Wallfahrt zu Ehren des Hl. Antonius Abbas.

Markt, Carretera. General del Norte TF-217, nº189b. In der Markthalle findet jeweils samstags und sonntags ein Bauernmarkt mit typisch kanarischen Produkten statt.

Casa Juan, Cale Acentejo, 77, ✆ 922577012, Mi-So 12.30-20.30 Uhr. Empfehlenswertes Fischrestaurant, @ gtm481

La Cuadra de San Diego, Camino El Botello, 2, ✆ 922578385, Do-So 13-16 Uhr, @ cny428

„Guachinche“. Die Bars in fast jeder Straße öffnen meist nur abends an einzelnen Tagen der Woche und verkaufen selbst gekelterten Wein und meist kleine Tapas. Wenn Sie eine geöffnete Guachinche sehen, lohnt sich ein Besuch auf ein Glas Wein unbedingt.

La Matanza ist Teil des Städtebands am balkonartigen unteren Teil des Weinbaugebietes Acentejo. Der Name La Matanza (spanisch für „blutige Schlacht, Blutbad“) erinnert an den Sieg der Guanchen über die spanische Streitmacht, die 1494 Teneriffa erstmals erobern wollte und hier den Einheimischen im unwegsamen Gelände unterlag. Erst zwei Jahre später konnten die Guanchen zunächst an der Stelle des heutigen Nachbarortes La Victoria (spanisch „der Sieg“) besiegt werden, die endgültige Eroberung gelang dann im selben Jahr am Ort des heutigen Los Realejos. La Matanza hat einen historischen Kern mit gut erhaltenen kanarischen Häusern. Unterhalb von etwa 250 Meter Höhe geht das vergleichsweise sanfte Gefälle des Acentejo in eine Steilküste über, die Heimat vieler Vogelarten und endemischer Pflanzen ist. Dieser Küstenabschnitt der Nordküste bildet ein großes Naturschutzgebiet, das an einzelnen Zugangsstellen auch gut vor Ort bewundert werden kann. Der Ausgangspunkt um Los Nateros/La Vica bildet ein Naherholungsgebiet für die Einwohner. Die kleine Ebene hinter zwei vulkanischen Hügeln ist im Acentejo etwas ganz Besonderes.

1 0,0 (636) Vom kleinen Kreisverkehr auf Asphalt steil in die Weinberge (**Carretera El Escobón**) ⇝ alle Abzweige ignorieren ⇝ nach 800 m an einer Gabelung rechts flach zu dem Gebäude ⇝ daran vorbei links den steilen Betonweg **Camino Los Canarios** hinauf ⇝ flachere Rechtskurve

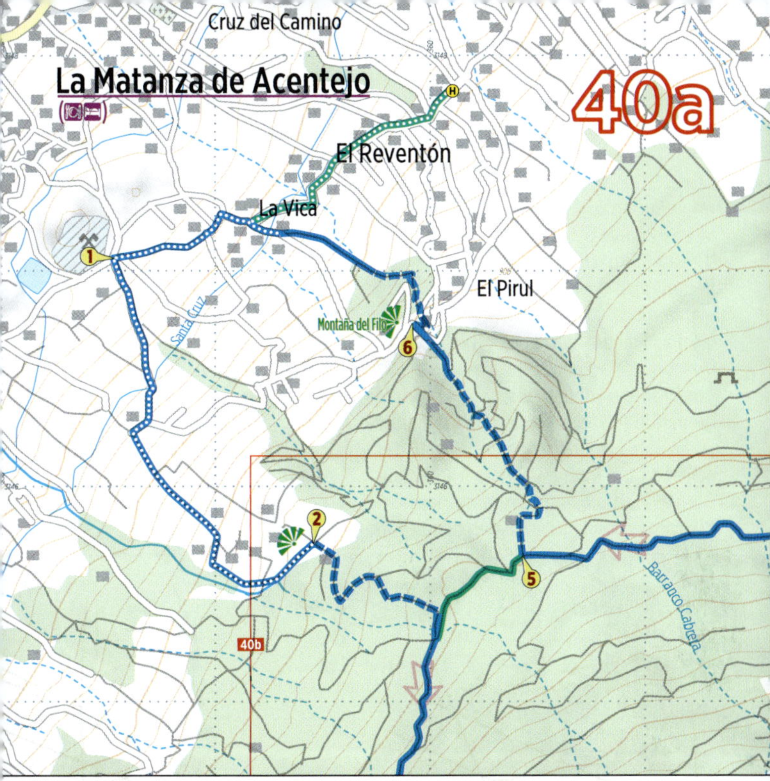

an einem Gebäude vorbei ⤳ wieder steil ⤳ 600 m durch eine weite Linkskurve.

TIPP Sie befinden sich hier an der Obergrenze des Maronenanbaus, der für einige Landwirte einen wichtigen Wirtschaftsfaktor darstellt. Oberhalb beginnt ein geschlossener Wald, der durch menschlichen Eingriff hier zunächst aus Eukalyptus- und Erikabäumen, weiter oben dann aus der natürlichen Lorbeerwaldvegetation besteht.

2 2,2 (1.003) An einer Kreuzung auf einer Anhöhe rechts auf Schotter ⤳ vorbei an einem kleinen Freizeitgelände mit Brunnen ⤳ am Ende dieser Wiese halb links/gerade weiter ⤳ 50 m später Rechtskurve ⤳ bergan ⤳ der Weg wird schmäler und felsiger, an der Wegteilung halb rechts/gerade weiter ⤳ über einen 350 m langen, verwachsenen und meist geraden Pfadabschnitt ⤳ an einer Querpiste rechts ⤳ nach 100 m, direkt nach einem unscheinbaren Taleinschnitt, links auf dem felsigen Fahrweg bergauf ⤳ nach knapp 10 Min. auf einem geschotterten Fahrweg rechts ansteigen.

VARIANTE Deutlich kürzer scharf links (weiß-rot markiert) zur Beschilderung „La Vica" und damit zum Wegpunkt 5 am Rückweg der Tour.

Nach 1 km, an einer Gabelung mit Holzschild „Cueva del Loro", links bergauf (Markierung weiß-rot) ⤳ zur Schutzhütte **Las Canales**.

3 5,1 (1.268) Auf dem Pfad zwischen Steinreihen halb links bergauf (weiß-gelbe Markierung) ⤳ drei Pisten queren ⤳ beim vierten Mal auf der Piste gerade weiter (weiß-gelb) ⤳ kurz darauf einen markierten Pfad geradeaus queren ⤳ auf dem unmarkierten Fahrweg zur Holzschranke ⤳ an der Hauptstraße links ⤳ auf der schwach befahrenen Straße 1 km leicht bergab ⤳ bei einem Baum mit kleinem Kilometerstein links auf einen deutlichen Pfad ⤳ auf diesem 200 m zu einer Schotterstraße ⤳ scharf links und nach 50 m zum **Restaurante Las Lagunetas**.

Las Lagunetas (La Matanza de Acentejo)

s. S. 212

4 8,3 (1.417) Geradeaus der Schotterstraße folgen ⤳ nach 300 m zwischen dem letzten Zaun und dem Waldanfang halb rechts, bis auf Weiteres der weiß-gelb markierten Markierung folgen ⤳ wenig später schräg über eine Wegkreuzung ⤳ 5 Min. später rechts halten ⤳ gerade über eine Pfadkreuzung und einen breiten Fahrweg ⤳ am zweiten Fahrweg links, hier weichen Sie von der Markierung ab! ⤳ auf der leicht fallenden Piste 1,3 km zu einer Gabelung ⤳ rechts bergab und 300 m weiter.

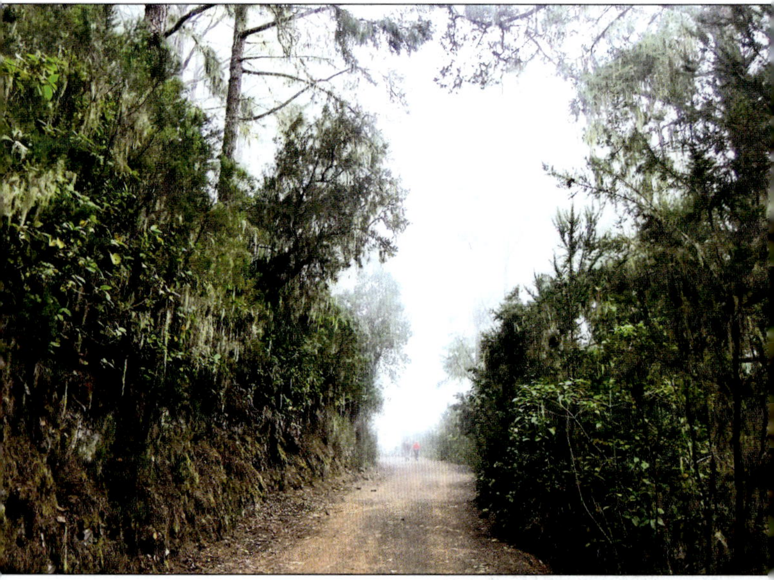

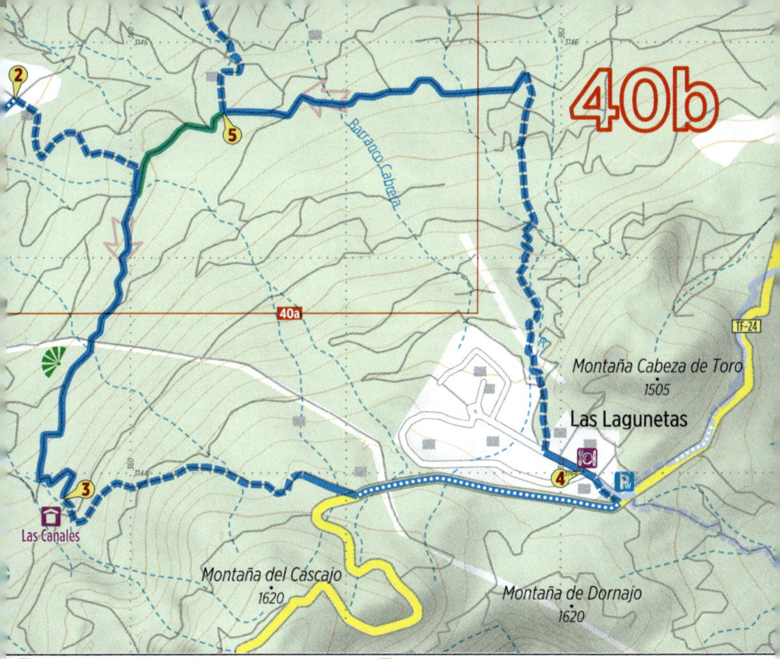

5 12,0 (1.098) Auf einem Wanderpfad rechts bergab (GR 131, La Esperanza, La Vica) ⤳ 5 Min. bergab zur nächsten Fahrwegkreuzung ⤳ gegenüber geradeaus weiter bergab (weiß-gelb Richtung La Vica) ⤳ auf dieser Markierung abwechselnd auf Fahrwegen und Pfaden bergab ⤳ an einem Asphaltweg geradeaus weiter bergab ⤳ in 150 m zum **Montaña del Filo**.

Montaña del Filo. Der EU-geförderte Aussichtspunkt an einem der Wanderwege des Esperanza-Waldes ermöglicht bei gutem Wetter einen eingeschränkten Ausblick hinunter zum Ausgangsgebiet sowie vorne auf La Matanza und bis nach Puerto de la Cruz (links an der Küste).

6 13,4 (915) Rechts an der Informationstafel vorbei den Pfad bergab (weiß-gelb) ⤳ nach einigen Stufen scharf links ⤳ einen Fahrweg kreuzen ⤳ über Stufen den Talgrund nach links queren ⤳ der Talflanke folgend an zwei riesigen Eukalyptusbäumen vorbei ⤳ auf einem Betonweg an zahlreichen Grundstücksabzweigen vorbei ⤳ an der Einmündung auf Asphalt rechts bergab ⤳ bei den ersten Häusern am Stoppschild links bergab ⤳ an der nächsten Kreuzung geradeaus ⤳ dem Sträßchen zum Ausgangspunkt folgen.

1 15,2 (636) In La Matanza sind Sie am Ende der Wanderung angelangt.

La Matanza de Acentejo

Anaga-Gebirge

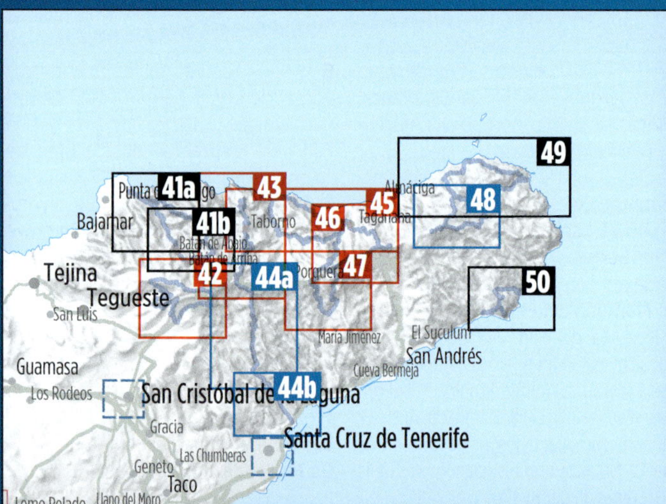

Tour 41 — 13,7 km

Rund um den Barranco del Río

Start/Ziel: Punta del Hidalgo, Kreisverkehr am Straßenende (N 28,5714° W 16,3180°)

Aufstieg: 1.012 m — *Hartbelag:* 6 %

Abstieg: 1.012 m — *Wanderwege:* 8 %

Gehzeit: 5,5 - 6 Std. — *Wanderpfade:* 86 %

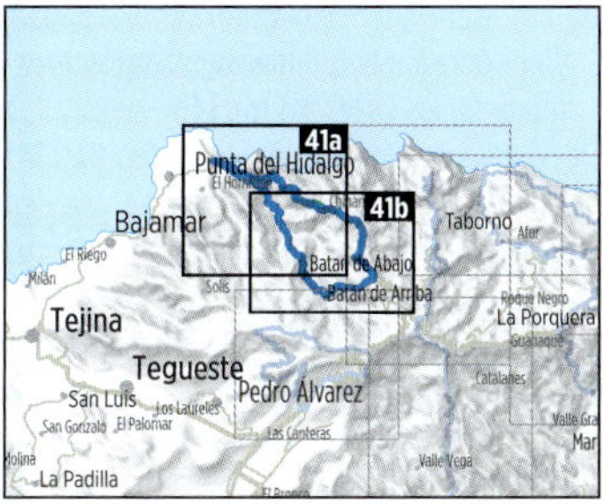

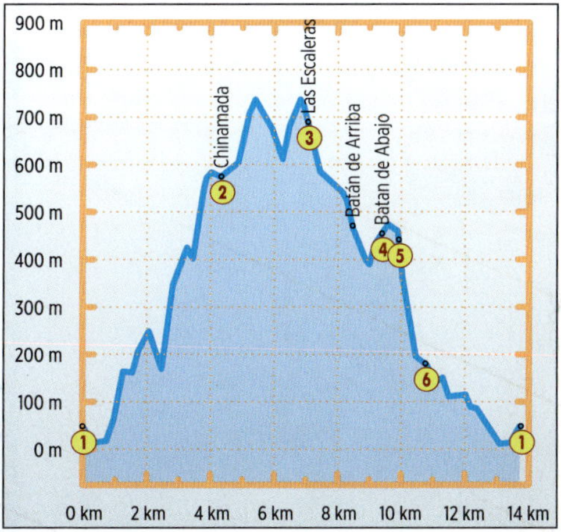

Charakteristik: Diese spektakuläre Runde verknüpft scheinbar die hintersten Winkel Teneriffas: Sowohl der Ausgangspunkt Punta del Hidalgo als auch die Zwischenstationen Chinamada und Batan de Abajo liegen jeweils am Ende langer Zufahrtsstraßen. Vom Meeresniveau an der Landzunge von Punta del Hidalgo steigen Sie anfangs durch karge Landschaft mit tollen Aussichten in die Schlucht Barranco del Río und die nördliche Steilküste hinauf zum Weiler Chinamada. Nach einer Stärkung geht es plötzlich durch Nebelwald weiter – die Landschaft hat sich merklich verändert. Während der Umrundung der Nebenarme des Barranco del Río ergeben sich immer wieder tolle Aussichten auf das Tal mit den verstreuten Häusergruppen. Der Rückweg führt Sie schließlich auf einem reizvollen Weg durch den Barrranco del Río zurück nach Punta del Hidalgo.

Tipp: Für diese Wanderung müssen Sie schwindelfrei und orientierungssicher sein. Bergauf wie bergab sind streckenweise sehr steile Passagen enthalten. Bei und nach Regenfällen sind sowohl Auf- als auch Abstieg dieser Tour höchst steinschlaggefährdet. Beginnt es während Ihrer Tour zu regnen, nutzen Sie eine Busverbindung via La Laguna für die Rückkehr nach Punta del Hidalgo.

Öffentliche Verkehrsmittel: Der Tourstart ist Endstation der halbstündlich verkehrenden Buslinie 105 von Santa Cruz und La Laguna. Von Puerto de la Cruz kommend müssen Sie zunächst (z. B. mit der Linie 102) nach La Laguna fahren und dort umsteigen.

Anfahrt: Die Hauptstraße TF-13 führt von La Laguna (Autobahn TF-5, Ausfahrt 8A) via Tegueste nach Punta del Hidalgo und endet dort am Ausgangspunkt in einem Kreisverkehr, links bergab kann geparkt werden. Von Puerto de la Cruz kommend nutzen Sie die Ausfahrt 15 (Guamasa, Portezuelo) und folgen der Beschilderung zunächst Richtung Tejina bis zum Kreisverkehr mit der TF-13.

Punta Del Hidalgo (San Cristobal de la Laguna)

Pfarrkirche San Mateo Apóstol, Carr. Gral. Punta del Hidalgo, 117. Die Ursprünge der Matthäuskirche reichen bis in das 17. Jh. zurück, nach Erweiterungen um 1876 entstand die heutige Kirche.

La Caseta, Avenida Marítima, ✆ 922156632. Eines der sehr empfehlenswerten Fischrestaurants des Ortes, @ gto343

Der Ort liegt auf einer ungewöhnlich weit ins Meer ragenden, flachen Landzunge, die den westlichen Abschluss des Anaga-Gebirges markiert. Der markante Leuchtturm von Punta del Hidalgo ist in Luftlinie 18 Kilometer vom Anaga-Leuchtturm am Ostende des Gebirges entfernt. Der Ort besitzt eine attraktive Strandpromenade und ein Meerwasserschwimm-

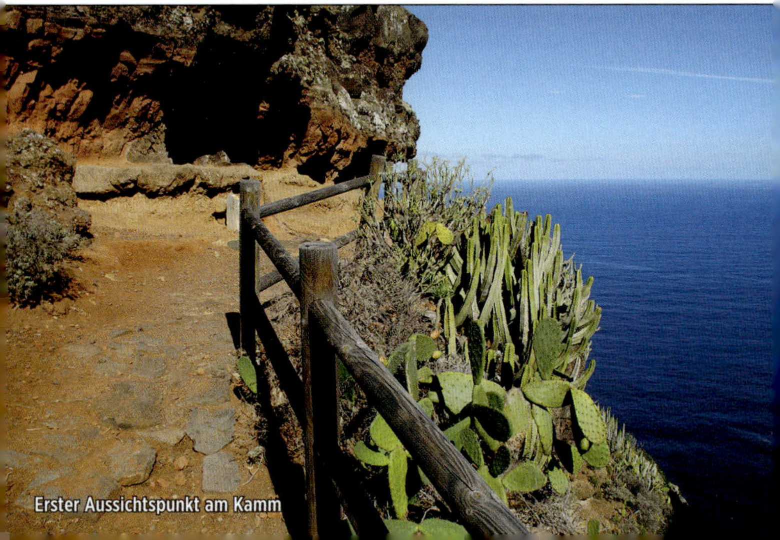

Erster Aussichtspunkt am Kamm

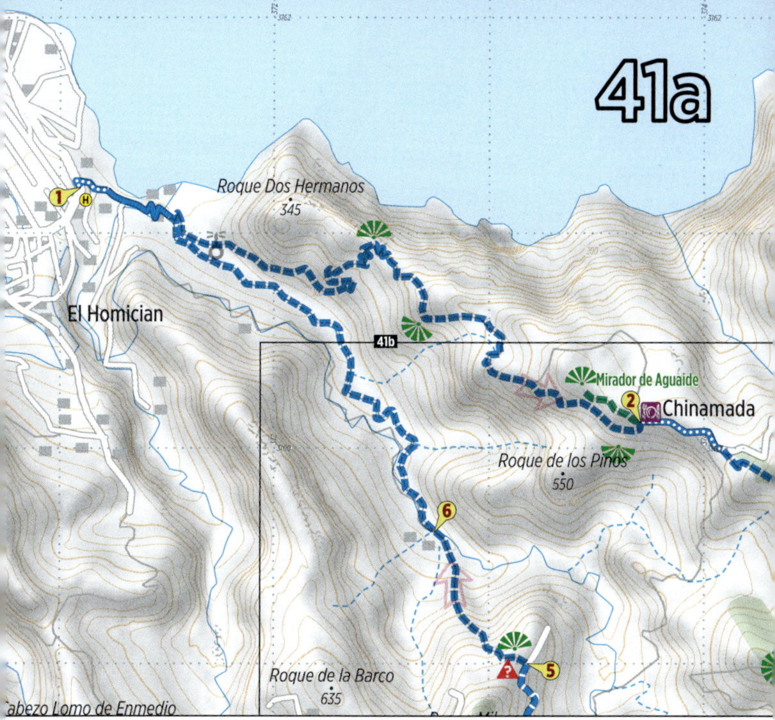

becken, das viele Urlauber der meist starken Brandung vorziehen. Im Meer sind häufig Surfer und Kitesurfer zu sehen, auch Paraglider nutzen die Klippen an der Spitze der Landzunge zum Starten.

1 0,0 (51) Vom Kreisel links auf der Straße 40 m bergab ~ rechts auf den Betonweg (PR TF-10, Chinamada) ~ auf der weiß-gelben Markierung einige Abzweige ignorieren und über eine Sperrkette ~ zum Talgrund, dort eine Abzweigung zum Meer ignorieren ~ auf eine Steintreppe zu (ggf. links auf der Böschung gehen) ~ links die Steintreppe hinauf ~ nach 50 m scharf rechts (Markierung) ~ vorbei an natürlichen Höhlen und zwei tollen Aussichtsstellen auf die Nordküste ~ mit kleinem Höhenverlust um ein Seitental ~ drei Rechtsabzweige ignorieren ~ zuletzt zwischen Gärten nach Chinamada.

Chinamada (San Cristobal de la Laguna)

Restaurante La Cueva, Caserio Chinamada, 14 a, ✆ 922690076, Mi-So 11-19 Uhr, Fr, Sa bis 22 Uhr. Beliebte Touristenbar in einer Höhle.

Der erst 1990 ans Straßennetz angeschlossene Ort ist als „Höhlendorf" bekannt, da die Bewohner hier bis heute in den zahlreich vorhandenen Höhlen wohnen, die aber mit einer oft modern wirkenden Hausfassade versehen wurden. Die

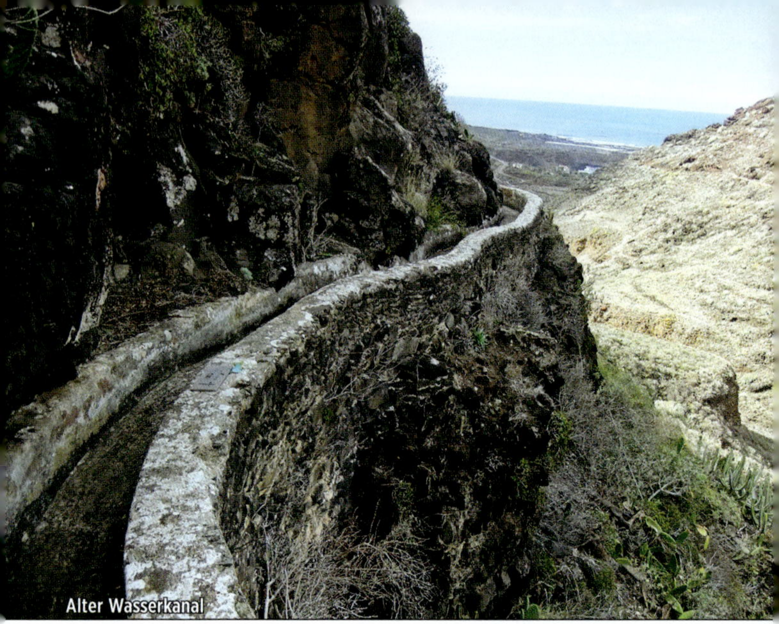

Alter Wasserkanal

verlassenen Höhlen können Sie bei einem Dorfrundgang besichtigen. Die 20 Ortsbewohner leben überwiegend von der Eigenversorgung oder arbeiten in der Dorfbar. Durch seine großartige Aussichtslage auf dem Bergkamm und die dem Ort innewohnende Melancholie, die jeden Besucher zum Nachdenken über die Lebensweise im Gebirge anregt, ist Chinamada ein gern von Touristen besuchter Ort.

AUSSICHT Am Wegweiser hinter der Kapelle geht es zu einem spektakulären Aussichtspunkt (leicht ansteigend, pro Richtung 600 m).

Mirador de Aguaide

2 4,3 (580) Auf der Straße 250 m bergauf ~ an einem Wegweiser rechts die Asphaltrampe hinauf (PR TF-10, Cruz del Carmen) ~ als Fußweg links um ein Grundstück herum ~ ein Stück ansteigen ~ 40 Min. ohne Höhenunterschiede durch Lorbeerwald ~ vorbei an einem Haus auf einer Kuppe mit tollem Talblick ~ am weiß-gelb markierten Hauptweg hinauf zu einem Sattel.

Las Escaleras

TIPP ⚠ Da der Weiterweg ab der Passhöhe und historischen Kreuzung auf 600 m Länge recht ungepflegt und stellenweise etwas verfallen ist, sollten Sie sich bereits hier grob orientieren: es geht rechts etwa in derselben Höhe an der bewaldeten Bergflanke entlang.

AUSSTIEG Bei Schlechtwetter können Sie von hier aus auf den Bus ausweichen, indem Sie dem Weg geradeaus hinauf zur Straße folgen.

3 7,0 (709) Direkt am Wegweiser rechts des Mäuerchens auf einem schlecht gepflegten Fußweg entlang einer Wasserleitung in den Wald ~ etwa höhehaltend und meist recht verwachsen an

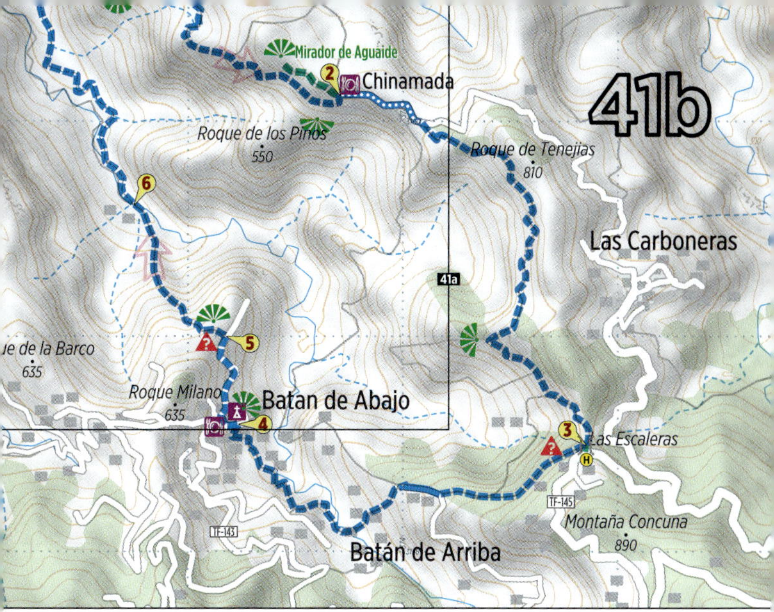

mehreren Quellen vorbei ↝ nach knapp 5 Min. rechts auf dem Hauptpfad bleiben ↝ 5 Min. lang recht rutschig und teils in Kehren bergab ↝ bei einer weiteren Quellhöhle flacher ↝ Rechtskehre ↝ an einem breiteren Pfad links (sogleich einen roterdigen Abzweig rechts liegen lassen) ↝ kurz darauf geradeaus auf einem Betonfahrweg bergab ↝ vorbei an zwei Häusern ↝ an einer Wendeplatte links unter der Stromleitung durch ↝ zwischen zahlreichen Agaven steil bergab ↝ am Ende des Abstiegs an einer T-Kreuzung links entlang des Bergrückens ↝ an seinem Ende wieder steiler ↝ dreimal Abzweige rechts liegen lassen (nach dem zweiten Mal jedoch sofort rechts gehen), orientieren Sie sich am linken Rand des orangen Hausdachs ↝ zuletzt über Stufen hinab ↝ am Talquerweg rechts (weiß-gelbe Markierung) ↝ nun den Bach queren ↝ auf dem Höhenweg entlang der linken Talflanke nach **Batan** ↝ auf der weiß-gelben Markierung hinauf zum Dorfplatz.

Batan de Abajo (San Cristobal de la Laguna)

Ermita de la Virgen de la Canelaria. Von dem Platz bei der Wallfahrtskapelle eröffnet sich ein wunderbarer Blick in die Batanschlucht.

Bar Mi Pueblo, Camino Batan de Abajo, 14, ✆ 922154101

Batan de Abajo ist heute vorwiegend eine Wohn- und Wochenendsiedlung, einige Einwohner leben noch von der Landwirtschaft und versorgen sich selbst. Früher existierte hier eine bescheidene Textilindustrie (vor allem Leinenherstellung), die aber alle Bewohner ernähren konnte.

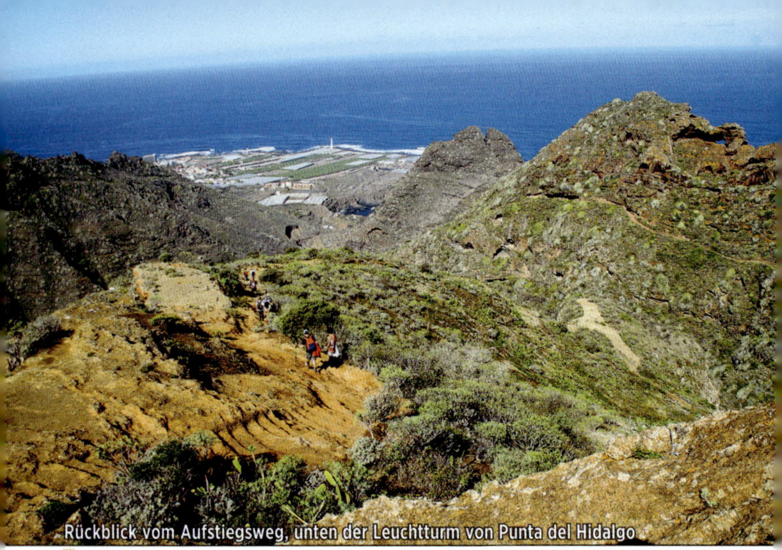

Rückblick vom Aufstiegsweg, unten der Leuchtturm von Punta del Hidalgo

4 9,4 (424) Geradeaus auf der Markierung bergauf ⇝ nach 40 m rechts zwischen den Häusern hindurch (zwei ältere Wegweiser nach Punta del Hidalgo) ⇝ am Ortsrand einen Linksabzweig ignorieren ⇝ dann auf dem Hauptweg durch eine Senke ⇝ an deren Ende an der Gabelung links bergauf (Wegweiser) ⇝ auf einen Sattel mit Materialseilbahn zu.

5 9,9 (453) Am Sattel links bergab (nicht zur Seilbahn).

TIPP ⚠ Werfen Sie vor dem Abstieg einen Blick auf den Himmel und in den Talgrund: Regnet es bereits? Sammelt die Staumauer im Tal bereits etwas Wasser, oder nur die übliche Menge an Kies? Wenn der Bach im Tal Wasser führt, ist der Weg nicht zu begehen und Sie müssen umkehren!

Steil bergab, dann kurzes Flachstück ⇝ auf einer Terrasse an der T-Kreuzung rechts ⇝ knapp 30 Min. sehr steil in den Talboden ⇝ unten links 50 m zur Staumauer.

TIPP Hier bei der Staumauer beginnt ein alter Wasserkanal, der vor Jahren begangen werden durfte. Da in der Vergangenheit schwere Unfälle mit teilweise tödlichem Ausgang passiert sind, ist das Wandern im Kanal mittlerweile verboten! Der Verlauf des Kanals ist in der Karte als Variante dargestellt.

6 10,8 (139) Nach nur wenigen Metern entlang des Kanals rechts dem Pfad in Richtung Punta del Hidalgo folgen ⇝ der Pfad führt direkt im Bachbett oder daneben entlang durch den Barranco, Steinmännchen markieren die Route ⇝ nach etwa 1 Std. führt ein Weg aus dem Barranco hinaus, hier treffen Sie wieder auf die vom Hinweg bekannte Route ⇝ links an der Küste entlang kommen Sie zum Ausgangspunkt der Wanderung.

1 13,7 (51) Bei der Bushaltestelle in Punta del Hidalgo endet die Tour.

Punta del Hidalgo (San Cristobal de la Laguna)

Tour 42 — 11,1 km

Von Las Mercedes in den Nebelwald

Start/Ziel: Las Mercedes, Kirche (N 28,5208° W 16,2944°)

Aufstieg: 464 m — *Hartbelag:* 24 %

Abstieg: 464 m — *Wanderwege:* 24 %

Gehzeit: 3 - 3,5 Std. — *Wanderpfade:* 53 %

Charakteristik: Für viele Wanderer im Anaga-Gebirge ist der „Monte de las Mercedes“ der Einstieg in die landschaftliche und vegetative Vielfalt des kleinen Gebirges. Hier verlassen Sie zum ersten Mal das schier endlose Siedlungsband um La Laguna in mannigfaches Grün hinein. Und nicht nur deshalb lohnt es sich, vom namensgebenden Dorf aus einmal direkt in den Zauberwald hinein zu wandern. Diese Runde verläuft auf meist angenehmen und nur anfangs etwas steilen Wegen durch den Eukalyptus- und Erikawald bis auf den von Flechten und Lorbeer bestandenen Hauptkamm. Dabei gibt es auch tolle Aussichten, steinige und weiche Wegabschnitte und einen Stopp am Anaga-Besucherzentrum in Cruz del Carmen.

Öffentliche Verkehrsmittel: Von La Laguna mit den Buslinien 076, 077 und 271 zur Haltestelle Las Mercedes. Die Haltestelle liegt an der Hauptstraße unweit der Route.

Anfahrt: Autobahn TF-5, Ausfahrt 8B (Tegueste), der Beschilderung nach Tegueste und dann baldmöglichst nach Anaga (TF-12) folgen. In Las Mercedes am oberen Ortsende rechts Richtung Ortsmitte (TF-113). Nach 100 Metern am Kreisverkehr links bergauf in die Einbahnstraße, nach 250 Metern gibt es bei der Kirche Parkplätze.

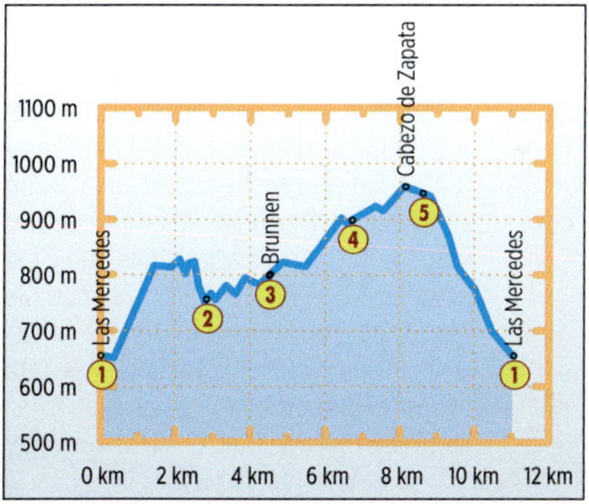

Las Mercedes (San Cristobal de la Laguna)

Parroquia Nuestra Señora de las Mercedes, Plaza Chicha Zerolo. Die moderne Betonkirche stammt aus den 1970er Jahren.

Restaurante Casa Ramiro, TF-12, 159, ✆ 922268012

Restaurante Melián, TF-12, 168, ✆ 922268104, @ xbb664

Die weite Streusiedlung in der ansteigenden Ebene oberhalb von La Laguna gab dem Mercedes-Wald, wie der vordere Teil des Anaga-Gebirges oft genannt wird, seinen Namen. Wegen der günstigen Lage zwischen Arbeitsplätzen in der Hauptstadt und Naherholungsmöglichkeiten im Anaga-Gebirge ist Las Mercedes heute begehrter Wohnstandort.

1 0,0 (651) Von der Kirche bergab (gegen die Einbahn) ⇝ nach 250 m am Kreisverkehr rechts in den **Camino Vueltas Blancas** ⇝ nach 120 m die Hauptstraße queren ⇝ dem immer steiler werdenden Sträßchen bis zum Ende folgen ⇝ oben am Querweg **La Degollada** rechts ⇝ am kleinen Parkplatz auf einen Fußweg im Fels bergauf (rechts neben der Schotterpiste) ⇝ über einen Kamm mit gutem Ausblick auf Las Mercedes ⇝ 5 Min. später einen zweiten Kamm queren (die drei Wegteile führen wieder zusammen) ⇝ kurz darauf an einem Fahrweg links ⇝ nach 100 m leicht bergab ⇝ 50 m darauf an einer Stelle mit roter Erde links auf einem unmarkierten, schlecht sichtbaren Pfad über die niedrige Böschung.

VARIANTE: Falls die Hauptroute zu verwachsen ist, folgen Sie dem Fahrweg 220 m weiter und halten sich dann scharf links.

Bald in zwei besser erkennbaren Kehren in den Talgrund ⇝ auf dem querenden Fahrweg links ⇝ wenig später auf einer Kuppe dem Hauptweg folgen (nicht scharf rechts hinauf) ⇝ am Wegende bergab auf einen steilen Pfad ⇝ dieser wird bis zur nächsten Kuppe zum aussichtsreichen Höhenweg.

TIPP: Der alte Höhenweg verläuft etwa parallel zum Waldrand und bietet tolle Ausblicke Richtung Las Mercedes und La Laguna, zudem sehen Sie auf der gegenüberliegenden Talseite den Hügel vom Aufstieg. Der folgende Abschnitt ist zwar weniger aussichtsreich, dafür historisch interessant: Er diente angeblich schon den Guanchen als Triebweg für ihre Ziegenherden.

2 2,8 (766) Auf dem Hauptweg rechts um die Kuppe herum ⇝ im Wald gabelt sich der Pfad und führt kurz darauf wieder zusammen ⇝ in den nächsten 10 Min. rechts auf dem Hauptweg bleiben ⇝ auf der Asphaltstraße rechts bergauf zum Freizeitgelände **La Quebrada**.

Der Rastplatz **La Quebrada** wurde in den 1980er Jahren zusammen mit der Asphaltierung der Straße errichtet. Er ist insbesondere am Wochenende bei einheimischen Familien beliebt. Sein Name, der auf etwas Zerbrochenes oder Zerstörtes hinweist, bezieht sich auf ein Unwetter im Jahr 1922. Dabei erzeugte ein größerer Hangrutsch diese ungewöhnliche Verebnungsfläche mitten im Hang. Der Ort Tegueste weiter unten im Tal wurde durch Muren und mitgerissene Baumstämme teilweise zerstört. Die alte Wasserleitung, die Trinkwasser aus dem Anaga-Gebirge nach Pedro Álvarez und Tegueste geleitet hat, ist heute noch stellenweise im Hang zu erkennen.

3 4,5 (805) Auf der Straße für etwa 1,1 km weiterhin sanft bergauf ⇝ an der T-Kreuzung auf der Kammhöhe links ⇝ gleich rechts durch die Schranke ⇝ dahinter rechts auf den Fahrweg, bis auf Weiteres folgen Sie der weiß-gelben Markierung ⇝ 10 Min. bis zu einer Einmündung ⇝ vor der Schranke halb rechts den Pfad hinauf (PR TF-12, Cruz del Carmen) ⇝ die Straße nun zweimal kreuzen ⇝ bei der dritten Straßenkreuzung links am linken Straßenschild vorbei auf einen straßenparallelen Pfad ⇝ 450 m zu einer Schranke links der Straße.

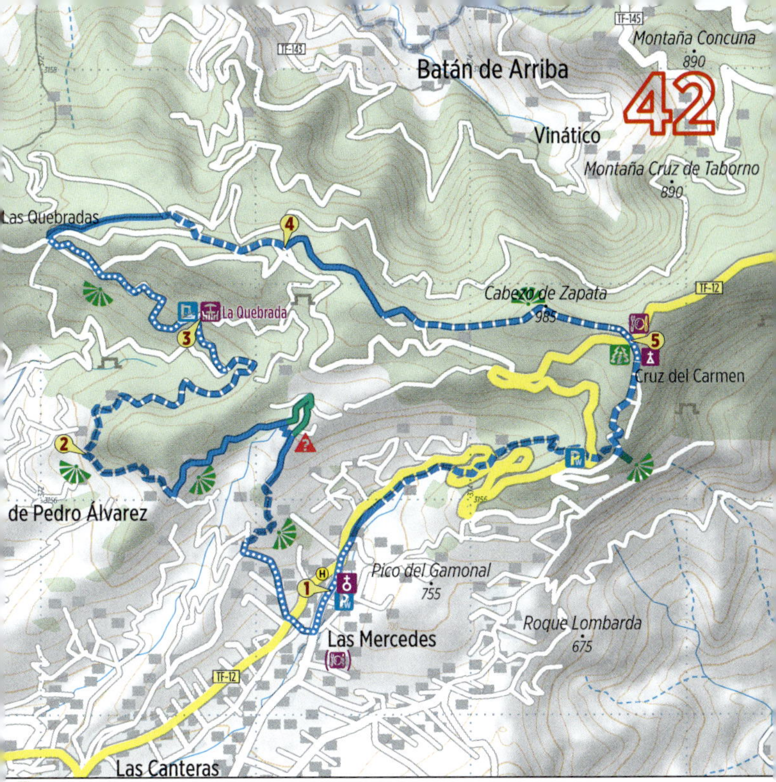

4 6,7 (895) Hier links an der Schranke vorbei Richtung Cruz del Carmen ⁓ dem Fahrweg 15 Min. folgen ⁓ am nächsten Wegweiser geradeaus Richtung Cruz del Carmen ⁓ steiler Anstieg ⁓ an einer Pfadgabelung links (Markierung fehlt) ⁓ kurz darauf an einer Wandertafel gerade weiter ⁓ durch die Schranke und gerade zur Straße bei **Cruz del Carmen**.

Cruz del Carmen (San Cristobal)

Centro de Visitantes Cruz del Carmen (Anaga-Besucherzentrum), Barrio Cruz Carmen, 2, ✆ 922633576. Kleine Ausstellung zu den kulturellen und biologischen Besonderheiten des Anaga-Gebirges.

Nuestra Señora del Carmen, Barrio Cruz Carmen, 2. Restaurierte Kapelle.

Restaurante Cruz del Carmen, ✆ 922250062, @ ljd445

Die Häusergruppe mit Kapelle ist schon lange eine Kreuzung historischer Saumwege. Man kann sich vorstellen, wie Reisende früher nach dem Verlassen der sicheren Hochebene um Las Mercedes an dieser Stelle beteten, dass der gefährliche, wesentlich bergigere und ausgesetztere Wanderweg zu ihrem Ziel im

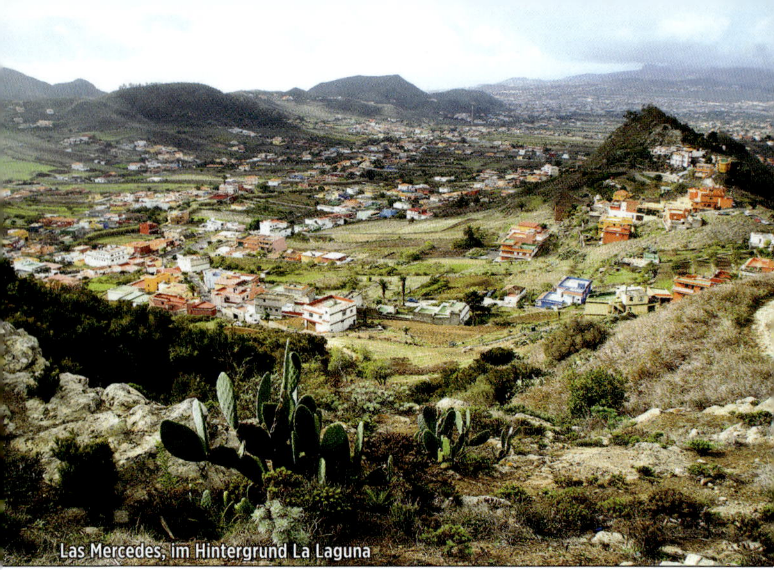

Las Mercedes, im Hintergrund La Laguna

Anagagebirge keine Gefahren für sie berge. Mit der Gründung des Naturparks im Jahr 1994 wurde Cruz del Carmen der touristische Hauptanlaufpunkt des Anaga-Gebirges mit Besucherzentrum, Restaurants und zahlreichen Wanderwegen.

5 8,6 (939) Die Straße überqueren und über den großen Busparkplatz ~ gegenüber des kleinen Besucherzentrums halb links auf den Wanderweg PR TF-1 nach Las Mercedes.

TIPP Immer dem weiß-gelben Balken folgen. Dieser Weg war vor dem Straßenzeitalter die wichtigste Verbindung nach La Laguna. Hier wurden große Mengen landwirtschaftlicher und handwerklicher Produkte für den Verkauf auf Märkten oder als Abgaben transportiert. Der Weg ist daher oft schon sehr tief in den Boden „eingefressen".

Vor der kleinen Lichtung **Llano de los Viejos** mit Wetterstation rechts bergab.

AUSSICHT Bei gutem Wetter lohnt sich der Abstecher zur Wetterstation, tolle Aussicht ins Tal.

Die Asphaltstraße gerade überqueren ~ nach einigem Abstieg vor einem Parkplatz scharf rechts ~ die Piste nur überqueren und noch vor der Schranke links auf dem Fußweg bergab ~ über mehrere Holzbrücken talauswärts ~ vor dem erneuten Treffen mit der Straße scharf links zu einer weiteren Brücke ~ kurz straßenparallel bergauf, dann erneut überqueren ~ bei den ersten Gebäuden aus dem Wald ~ eine Rampe rechts ignorieren ~ auf dem Asphalt geradeaus weiter ~ kurz vor der Hauptstraße links weg auf die kleinere Ortsstraße (Einbahnstraße) ~ geradeaus bergab.

1 11,1 (651) In Las Mercedes schließt sich der Kreis dieser Rundtour.

Las Mercedes (San Cristobal de la Laguna)

Tour 43 — 8,9 km

Rund um Teneriffas „Matterhorn“

Start/Ziel: Restaurant Casa Carlos an der Anaga-Höhenstraße (N 28,5388° W 16,2670°)

Aufstieg: 622 m | *Hartbelag:* 14 %

Abstieg: 622 m | *Wanderwege:* 0 %

Gehzeit: 3 - 3,5 Std. | *Wanderpfade:* 86 %

Charakteristik: Vielen Besuchern fällt er schon im Vorbeifahren ins Auge: Der Felsenturm Roque Taborno bildet vor dem Hintergrund des Ozeans eine markante Landmarke und weckt durch seine Form unmittelbar Assoziationen mit dem Schweizer Matterhorn. Diese Wanderung umrundet den steilen Felsklotz – ein eigens dafür angelegter Felsensteig ermöglicht es, den Roque Taborno auch von hinten zu besichtigen und somit fast senkrecht über der Nordküste zu stehen. Ganz nebenbei durchqueren Sie im Abstieg vom Höhenkamm bis zur Küste gleich das halbe Anaga-Gebirge mit all seiner Vielfalt, weshalb der teils auf gleicher Route verlaufende Rückweg noch einmal ganz andere Perspektiven ermöglicht.

Tipp: Wegen des ausgesetzten Steigs am Roque Taborno sollte diese Tour nicht unterschätzt werden.

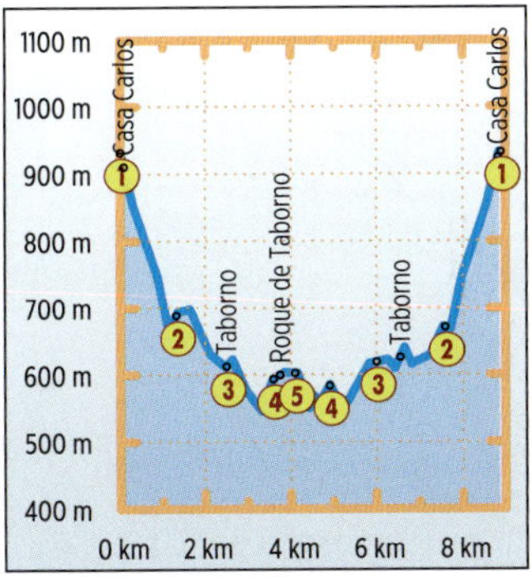

Öffentliche Verkehrsmittel: Die Bushaltestelle Las Carboneras liegt ganz in der Nähe der Straßenkreuzung bei der Casa Carlos und wird von den Linien 076 und 077 aus Laguna bedient.

Anfahrt: Autobahn TF-5, Ausfahrt 8B (Tegueste), der Beschilderung nach Tegueste, dann möglichst bald nach Anaga (TF-12) folgen. Casa Carlos liegt 2 Kilometer nach Cruz del Carmen (und 100 Meter nach dem Linksabzweig nach Taborno) links an der Straße und hat ausreichend Parkplätze.

Casa Carlos

1 0,0 (931) Rechts am ehemaligen Restaurant vorbei die kleine Zufahrt hinein (PR TF-2 Richtung Taborno) ⤳ links an Hausnummer 64 vorbei auf einen markierten Fußweg ⤳ zunächst steil in den Wald absteigen ⤳ einen kreuzenden unmarkierten Pfad ignorieren ⤳ nach

20-minütigem Abstieg leicht bergauf zu einem Wegweiser.

2 1,3 (689) Halb links weiter Richtung Taborno, der Weg von rechts wird später Ihr Rückweg sein ⤳ flacher, dann 15 Min. sanfter Abstieg nach **Taborno** ⤳ am Ortsbeginn geradeaus ⤳ in 250 m zum Dorfplatz.

Taborno (Santa Cruz de Tenerife)

- **Ermita San José**, Diseminado Taborno, 38. Mit Josefsfigur und charmantem Dorfplatz.
- **Chiringuito Hilario**. Kleine Bar in einer Seitenstraße.
- **Restaurante Historias Para No Dormir**, Lugar Caserío Taborno, ✆ 922690227, Do-So 13-15.45 Uhr. Der spanische Name übersetzt: Geschichten zum Nicht-Einschlafen. @ hgc816

Taborno liegt idyllisch auf einem Bergrücken zwischen zwei schluchtartigen Tälern. Mit dem schroffen Roque Taborno im Hintergrund sieht der Ort aus wie aus dem Bilderbuch.

3 2,5 (612) Rechts neben der Kapelle bergauf (Schild „Roque Taborno") ⤳ dem roten Beton 300 m folgen ⤳ am Ende gerade die Treppe hinunter ⤳ bei den Wegweisern scharf links ⤳ Abstieg vorbei an zahlreichen abgesperrten Grundstücksabzweigen ⤳ auf einem Sattel mit Brunnen geradeaus wieder bergauf

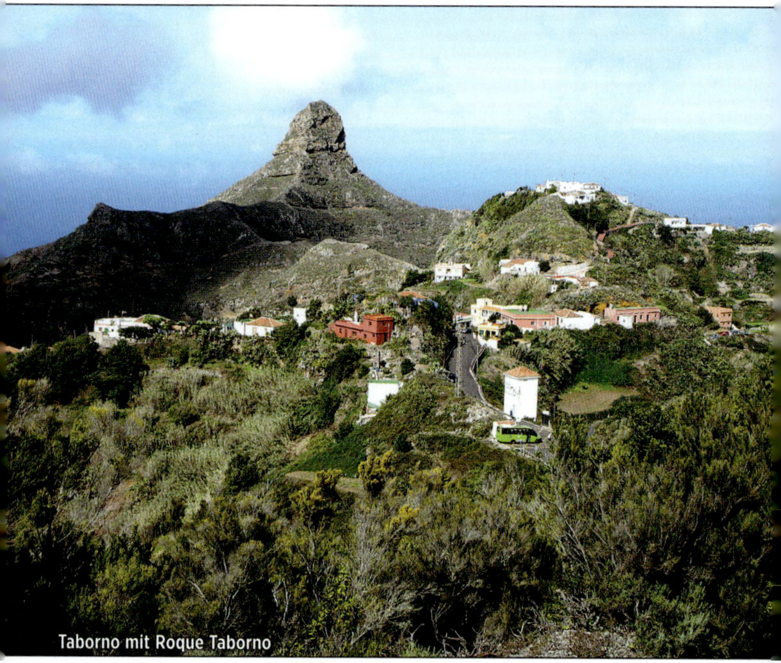

Taborno mit Roque Taborno

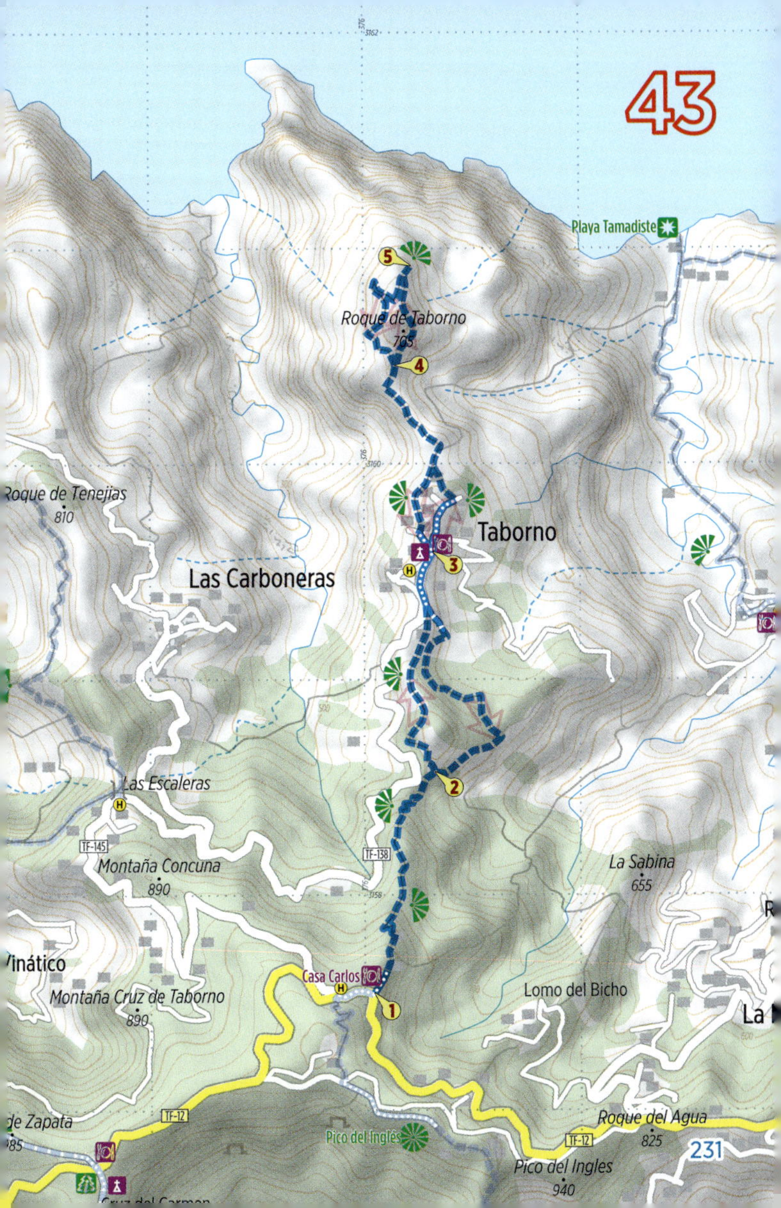

43
Playa Tamadiste
Roque de Taborno
705
Taborno
Roque de Tenejías
810
Las Carboneras
Las Escaleras
TF-145
TF-138
Montaña Concuna
890
La Sabina
655
Vinático
Casa Carlos
Montaña Cruz de Taborno
890
Lomo del Bicho
La
de Zapata
TF-12
Pico del Inglés
Roque del Agua
825
Pico del Ingles
940

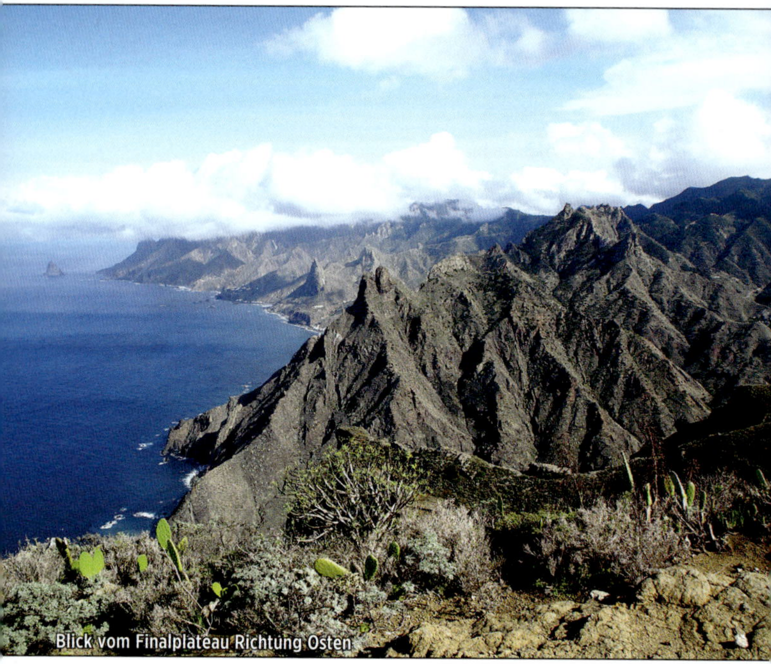

Blick vom Finalplateau Richtung Osten

~ rechts des Kamms halten ~ nach wenigen Schritten einen unmarkierten Pfad zum Strand rechts liegen lassen ~ entlang der Wasserleitung bergauf ~ über einen Buckel stets leicht rechts des Kamms auf den Roque Taborno zu, der von hier gut sichtbare Höhenweg rechts ist nicht Ihr Rundweg! ~ halb links den Kamm steil hinauf.

AUSSICHT Nach wenigen Metern Abstecher links zu der markanten Felsnase mit schönem Ausblick.

Steil rechts bergauf ~ im Gewirr der zahlreichen Ziegenpfade stets rechts haltend wieder auf den Kamm ~ auf diesem nach links vorbei an einem größeren Steinhaufen direkt zum Roque Taborno ~ zu einem Steinhaus am Fuß eines noch steileren Kammausläufers.

Roque Taborno. Aus der Nähe gesehen ist das Matterhorn zwar steiler und höher, dennoch beeindruckt das Felsmassiv mit seinen vier steilen Seitenkämmen. Die stark erosive Meeresbrandung erzeugte aus einem besonders erosionsbeständigen Kern – vermutlich einem alten Vulkanschlot – auf der Meerseite eine fast senkrechte Abbruchkante.

4 3,6 (596) Rechts neben dem Steinhaus auf einem Treppchen gerade den steileren Kamm hinauf ~ am ansteigenden

Kammweg 100 m zum Fuß der unmittelbaren Steilwand des Roque Taborno ⇝ hier rechts um den Fels herum und ohne große Höhenunterschiede weiter (ignorieren Sie zwischendurch bergab abzweigende Wege, insbesondere zum rechten Felsenkamm).

TIPP Auf der Rückseite verläuft der Felskamm unterhalb zum Meer. Dort bildet auf einer orangefarbenen Kuppe ein Felsentisch mit Steinhaufen eine Landmarke.

Sobald sich der Pfad in diese Richtung teilt, folgen Sie dem rutschigen Abstiegspfad in Richtung der orangen Kuppe ⇝ über eine etwas höhere Kuppe bis zu dem Felsentisch am Ende.

AUSSICHT Exzellente Sicht auf die Nordküste von Taganana bis Benijo im Osten. Nach Westen erhalten Sie im weiteren Wegverlauf ebenfalls gute Perspektiven.

5 4,1 (604) Zurück zur Senke vor der anderen Kuppe ⇝ 10 m nach dem tiefsten Punkt an der Mehrfachgabelung rechts ⇝ nach 130 m durchqueren Sie ein kleines Seitental ⇝ am nächsten Kamm rechts den Kamm hinab (Steinmänner).

4 4,9 (596) Auf dem Abstiegsweg bis zu einer Steilstufe am Ende ⇝ links um die Kammspitze herum wieder auf den mit Steinmännern markierten Höhenweg ⇝ wieder ansteigend an einer großen Höhle vorbei ⇝ am nächsten Kamm links ⇝ im weiteren Verlauf am Hauptweg in Richtung des Steinhauses orientieren ⇝ darunter halb rechts ⇝ leicht ansteigend rechts des Kamms bleiben ⇝ erst an seiner Spitze auf die andere Seite (auf den Pfad vom Hinweg) ⇝ nach kurzem Abstieg links des Kamms zu den ersten Häusern und zur Sattelhöhe mit dem Brunnen ⇝ jetzt rechts des Kamms auf den Höhenweg (mit Warnschild) ⇝ in 5 Min. zurück nach Taborno ⇝ geradlinig zum Dorfplatz mit der Kapelle.

3 6,0 (612) Auf bekanntem Weg zurück zum Ortseingang ⇝ links die Rampe ein Stück hinauf bis zum Wegweiser ⇝ links Richtung Afur (PR TF-9) ⇝ in leichtem Auf und Ab in den Nebelwald hinein ⇝ nach 15 Min. auf einem Kamm rechts bergauf Richtung Pico del Inglés (PR TF-2.1) ⇝ 10 Min. steiler Anstieg.

2 7,6 (689) An der Kreuzung vom Hinweg nun links bergauf Richtung Pico del Inglés ⇝ auf bekanntem Weg durch den Nebelwald zurück zum Ausgangspunkt.

1 8,9 (931) Bei der Casa Carlos ist das Ende der Wanderung erreicht.

Casa Carlos

Tour 44 — 9,2 km

Abstieg vom Hauptkamm in die Hauptstadt

Start: Restaurant Casa Carlos an der Anaga-Höhenstraße (N 28,5387° W 16,2671°)

Ziel: Santa Cruz, Avenida Marítima am Talausgang Barranco Tahodio

Aufstieg: 92 m | *Hartbelag:* 42 %

Abstieg: 1.014 m | *Wanderwege:* 0 %

Gehzeit: 3 - 3,5 Std. | *Wanderpfade:* 58 %

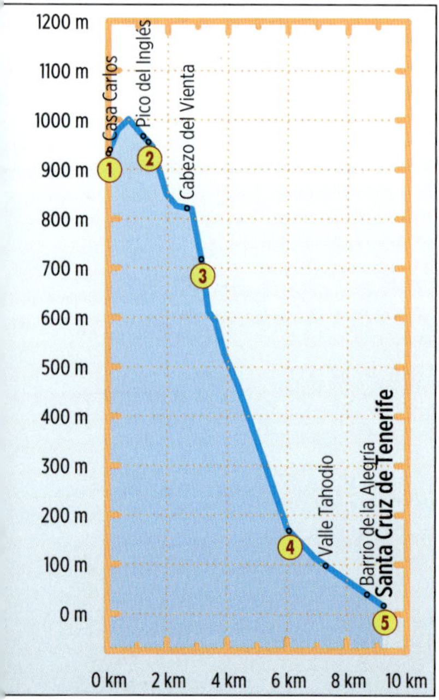

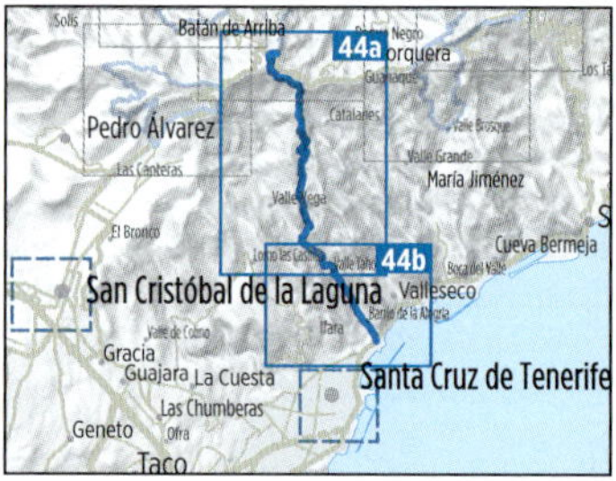

Charakteristik: Die Vielfalt des Anaga-Gebirges beeindruckt Wanderer allerorten – doch der Abstieg vom Hauptkamm bei Casa Carlos über den einsamen, wunderschönen Aussichtspunkt Pico del Inglés hinunter in die pulsierende Inselmetropole Santa Cruz setzt dem die Krone auf. Hier trifft alles aufeinander, was das Anaga-Gebirge zu bieten hat: Lorbeerwald und karge Steppenvegetation, sanfte Topographie und Pfade in steilen Schluchten und auf Bergkämmen, gepflasterte Verbindungswege und einsame As-

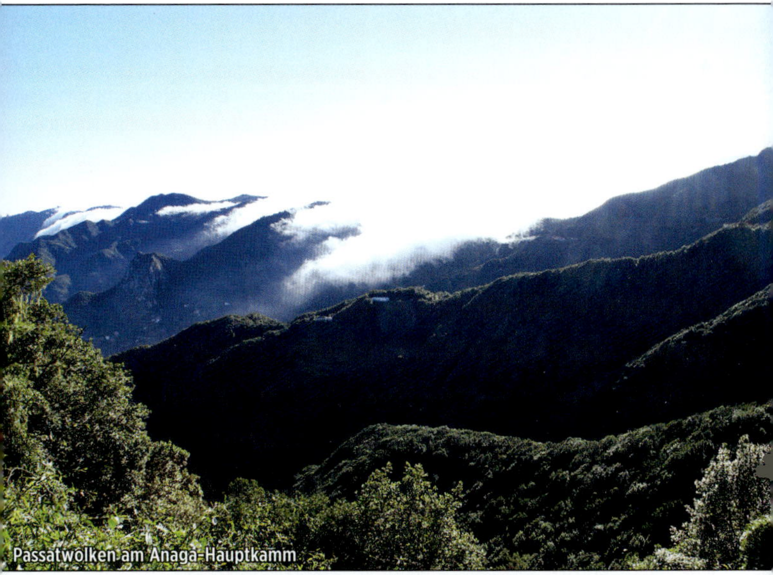
Passatwolken am Anaga-Hauptkamm

phaltsträßchen, abgeschiedene Gehöfte und Großstadtleben. Der bequeme, manchmal aber steile und etwas rutschige alte Verbindungsweg führt alles wie ein roter Faden zusammen – und die Rückkehr zum Ausgangspunkt mit den grünen Bussen der Titsa schließt den Kreis.

Öffentliche Verkehrsmittel: Die Bushaltestelle Las Carboneras liegt ganz in der Nähe der Straßenkreuzung bei der Casa Carlos und wird von den Linien 076 und 077 aus Laguna bedient.

Vom Endpunkt mit den Buslinien 910 oder 917 zum Busbahnhof von Santa Cruz (Intercambiador), weiter mit der Straßenbahn zur Endstation am Busbahnhof von La Laguna und von dort mit den Buslinien 076 oder 077 zum Ausgangspunkt.

Anfahrt: Autobahn TF-5, Ausfahrt 8B (Tegueste), der Beschilderung nach Tegueste, dann baldmöglichst nach Anaga (TF-12) folgen. Casa Carlos liegt 2 Kilometer nach Cruz del Carmen (und 100 Meter nach dem Linksabzweig nach Taborno) links an der Straße und hat ausreichend Parkplätze.

Casa Carlos s. S. 229

1 0,0 (931) 150 m die Straße hinauf Richtung Cruz del Carmen ⇝ schräg gegenüber dem Abzweig nach Taborno eine Treppe in der Böschung hinauf (weiß-gelbe Markierung) ⇝ nach kurzem Aufstieg flacher ⇝ über einige Wasserrohre ⇝ an der Asphaltstraße scharf links

⤳ 450 m bergab ⤳ an der Gabelung rechts ⤳ zum Straßenende mit dem Aussichtspunkt.

Pico del Inglés. Der Aussichtspunkt ist einer der besten im Anaga-Gebirge, da er auf einer vorgelagerten Kuppe liegt. Diese sorgt beinahe für Rundumsicht, sowohl zur Südküste (Santa Cruz und La Laguna mit dem Teide) als auch zur Nordküste (Inselfelsen Roque de Dentro). Die Baracken direkt unterhalb des Gipfels sowie entlang der Zufahrtsstraße künden von der ehemaligen militärischen Bedeutung des Punktes, insbesondere Franco soll diesen Platz zum Ausguck ausbauen lassen haben.

2 1,3 (957) Links neben dem Weg zum Aussichtspunkt eine Treppe zu einer Baracke hinunter (PR TF-2, Valleseco) ⤳ wenig später an einer T-Kreuzung rechts (Balken mit weiß-gelber Banderole) ⤳ an einer Dreifachgabelung auf dem mittleren Weg weiter ⤳ der Wald lichtet sich ⤳ an einer T-Kreuzung rechts ⤳ in zahlreichen Kehren den Kamm hinab ⤳ rechts an einigen Häusern vorbei ⤳ den geradeaus führenden PR TF-2 ignorieren.

3 3,1 (718) Scharf rechts auf dem breiteren, unmarkierten Pfad weiter auf dem Bergrücken steil bergab ⤳ in mehreren Linkskehren einige Geradeaus-Abzweige ignorieren und immer kammabwärts ⤳ in einem Quergang talauswärts zu einem weiteren Gehöft hin ⤳ rechts unterhalb der Häuser entlang ⤳ im Talgrund unter den Häusern einen ersten Rechtsabzweig ignorieren ⤳ direkt danach scharf

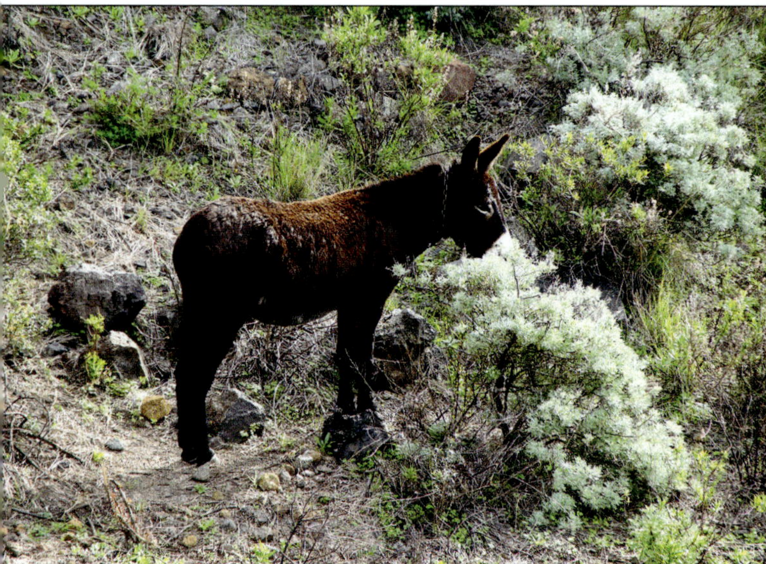

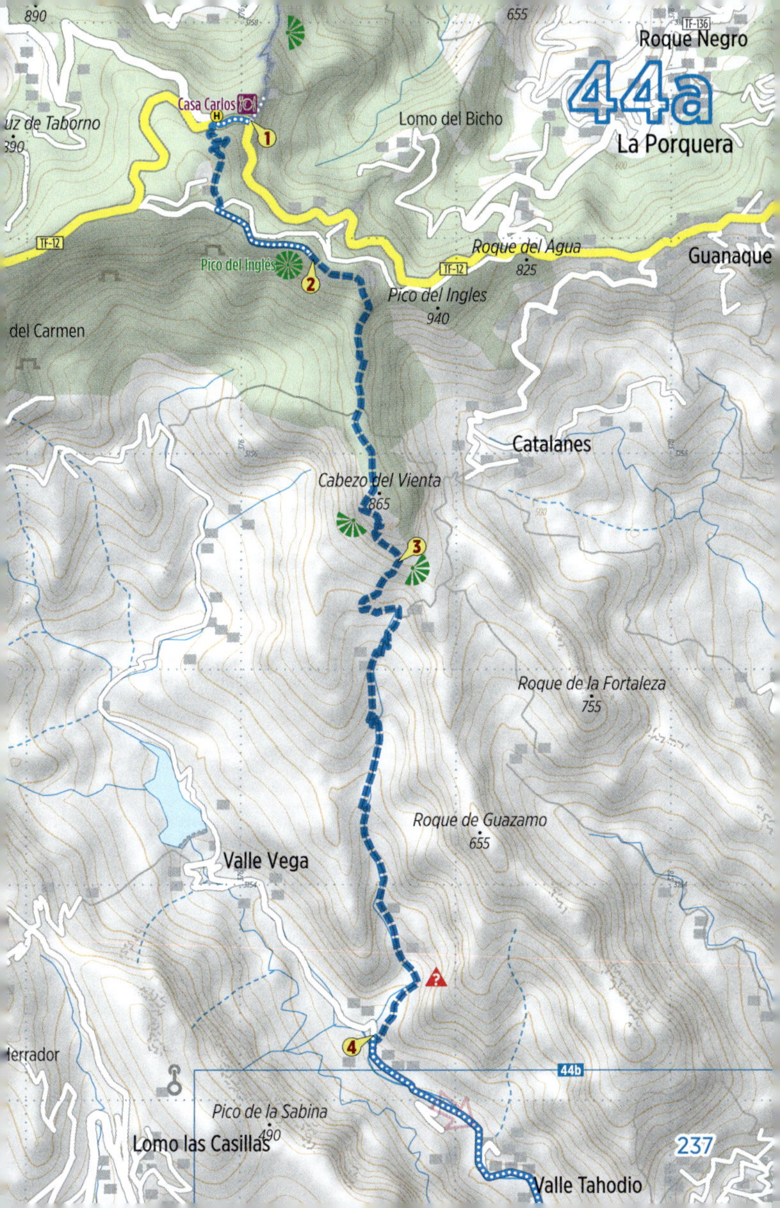
44a
Roque Negro
TF-136
La Porquera
Lomo del Bicho
Casa Carlos
uz de Taborno
890
TF-12
Pico del Inglés
Roque del Agua
825
Guanaque
Pico del Ingles
940
del Carmen
Catalanes
Cabezo del Vienta
865
Roque de la Fortaleza
755
Roque de Guazamo
655
Valle Vega
Herrador
44b
Pico de la Sabina
490
Lomo las Casillas
Valle Tahodio
655

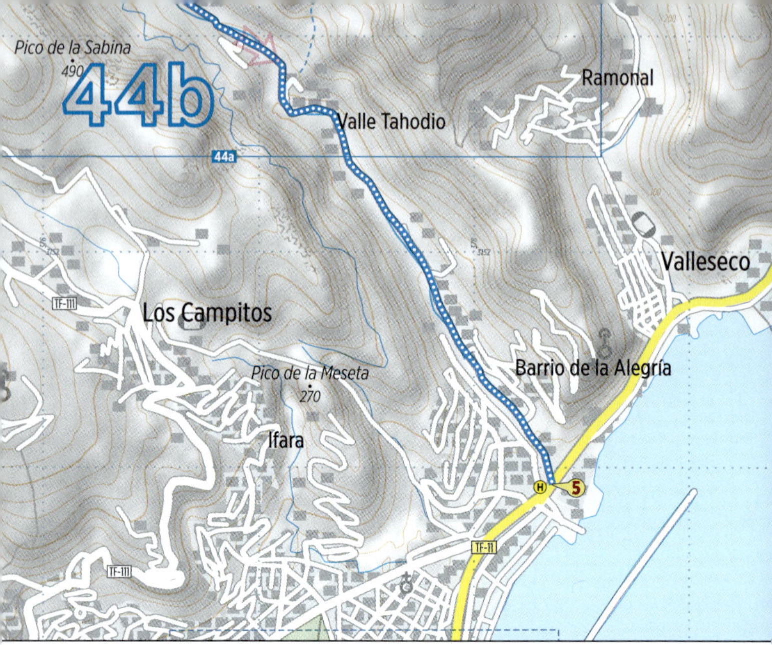

rechts ⤳ nach 5 Min. unterhalb zweier Häuser den Talboden zur rechten Seite durchqueren ⤳ 5 Min. danach einen Rechtsabzweig ignorieren, immer talauswärts weiter ⤳ nach dem nächsten Gehöft an einer Gabelung links abwärts ⤳ weitere 20 Min. sanft talauswärts, dabei mehrfach die Talseite wechseln, ⚠ der Weg ist zuletzt auf Felsplatten relativ schlecht erkennbar ⤳ wo der Bach kurz danach in einem schluchtartigen Einschnitt verschwindet, kommt eine größere Häusergruppe mit Straße in Sicht, auf die Sie auf der linken Talseite gerade zugehen.

4 6,1 (168) Auf der kleinen Asphaltstraße halb links bergab ⤳ nach 900 m über eine kleine Brücke ⤳ danach an einer T-Kreuzung rechts bergab ⤳ noch 2,3 km stets entlang des Sträßchens sanft bergab ⤳ zur Hauptstraße **Avenida Marítima** in Santa Cruz ⤳ etwas rechts versetzt zu einer Haltestelle zur Fahrt Richtung Busbahnhof.

TIPP: Entlang der Avenida Marítima finden Sie zahlreiche Cafés. Einkehrmöglichkeiten sollten Sie eher direkt im Zentrum nutzen (1,5 km entfernt).

5 9,2 (12) In Santa Cruz sind Sie am Ende der Wanderung angelangt.

Santa Cruz de Tenerife

Ortsinformationen

Santa Cruz de Tenerife

Oficina Santa Cruz, Plaza de España, ☎ 922892903, @ dgh116

Oficina Santa Cruz, Calle Castillo/Calle Cruz Verde, ☎ 922289536, ☎ 607830068, @ ifw237

Oficina Santa Cruz de Tenerife Intercambiador (Am Busbahnhof), ☎ 922289536, ☎ 607830104, @ uas845

Museo de la Naturaleza y el Hombre (Naturkundliches und Anthropologisches Museum), Calle Fuente Morales, ☎ 922535816 Kultur und Lebensweise der Guanchen, zahlreiche archäologische Fundstücke (u. a. Guanchen-Mumien) von allen Kanarischen Inseln. @ cnd445

Museo de las Bellas Artes (Kunstmuseum), Calle José Murphy 12, ☎ 922274786 Stadtbibliothek, Ausstellung tenerfenischer und spanischer Künstler. @ vwg558

Iglesia de Nuestra Señora de la Concepción (Mariä-Empfangnis-Kirche), Plaza de la Iglesia, 2. Die Hauptkirche von Santa Cruz mit fünf Kirchenschiffen wurde 1653 erbaut. Der markante Turm (1786) diente zunächst als Beobachtungsturm für Piratenangriffe.

Auditorio, Av de la Constitucion, 1, ☎ 922568600. Das der berühmten Oper von Sydney nachempfundene Gebäude gilt wegen seiner prominenten Lage am Meer nahe dem „Eingang" zur Stadt als Wahrzeichen von Santa Cruz. @ wnf344

Karneval. Hier findet jedes Jahr das zweitgrößte Karnevalsfest der Welt statt.

Plaza de España. Der Hauptplatz mit Gefallenendenkmal (1947) und einem kreisrunden künstlichen See ist der größte Platz der Kanarischen Inseln. Hier befand sich ab dem 16. Jh. die Festung Castillo San Cristóbal, von der heute noch Fundamente existieren. Außerdem stehen am Rand das Gebäude der Inselverwaltung (Cabildo Insular, 1940) und weitere Repräsentativbauten des 20. Jhs.

Rambla de Santa Cruz. Hauptflaniermeile der Stadt mit Allee- und Parkcharakter.

Unter den guanchischen Ureinwohnern hatte das heutige Santa Cruz keine besondere Be-

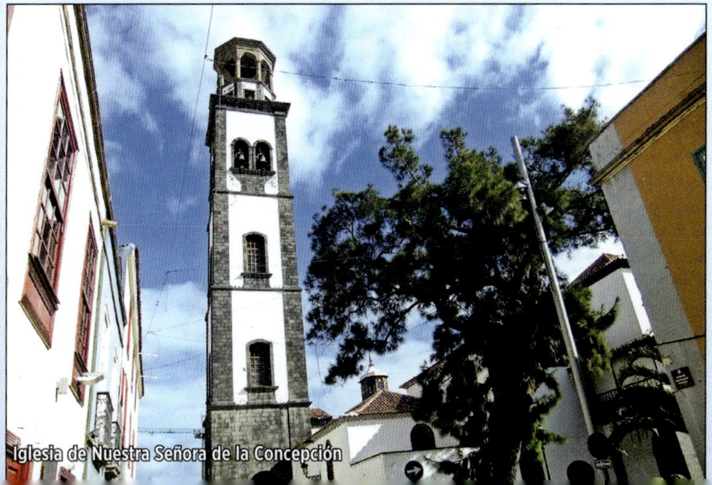

Iglesia de Nuestra Señora de la Concepción

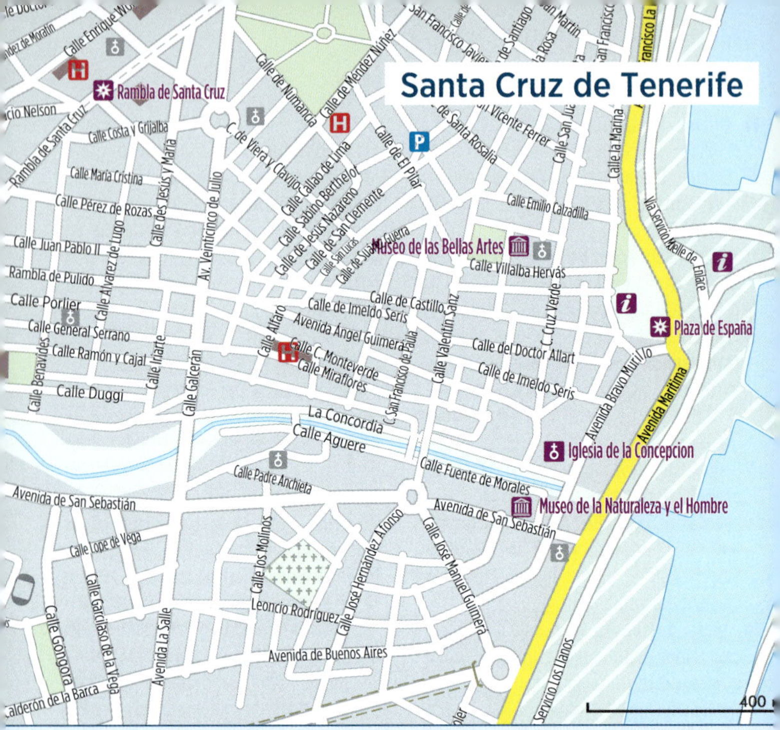

deutung. Auch unter den spanischen Kolonialherren war hier lediglich ein Hafen. Als 1723 der Verwaltungssitz der Kanarischen Inseln von La Laguna ins verkehrsgünstigere Santa Cruz verlegt wurde, wuchsen Stadt und Hafen stark an und erhielten das inselweite Monopol auf den wichtigen Amerikahandel. Im 17. und 18. Jahrhundert konnten insgesamt vier Angriffe der britischen Flotte abgewehrt werden. Der bekannte Admiral Nelson verlor dabei 1797 seinen rechten Arm. Der spätere Diktator General Franco hatte 1936 hier seinen Dienstsitz als Militärgouverneur der Kanarischen Inseln und wurde später von der spanischen Krone ins Anaga-Gebirge verbannt. Erst seit 1982 ist Santa Cruz nicht mehr alleinige Hauptstadt des Archipels, sondern teilt sich den Regierungssitz mit Las Palmas auf Gran Canaria.

Die Arbeitsplätze für die 220.000 Einwohner gehören insbesondere zum öffentlichen Sektor, zur Hafenwirtschaft sowie in geringerem Ausmaß zur Industrie (v. a. Raffinerien). Die Innenstadt ist täglich Ziel unzähliger Pendler aus den Satellitenstädten des Umlands sowie aus der Nachbarstadt La Laguna.

Der Hafen wickelt die gesamte Versorgung der Insel mit Rohstoffen und Lebensmitteln sowie den Export ab. Er dient außerdem als Passagierhafen zu allen östlicheren Inseln sowie auf das spanische Festland.

San Cristobal de La Laguna

Oficina de La Laguna – Casa Alvarado-Bracamonte (Capitanes Generales), Calle La Carrera, 7, ☎ 922631194, @ qdq261

Oficina La Laguna – Punto de Información Aeropuerto Tenerife Norte, Aeropuerto Tenerife Norte Los Rodeos, ☎ 922255433, @ mrl343

Museo de la Ciencia y el Cosmos (Museum der Wissenschaft und des Kosmos), Avda. Los Menceyes, 70, ☎ 922315265, ⏲ Di-Sa 9-20 Uhr, So, Mo 10-17 Uhr. Liebevoll eingerichtetes naturwissenschaftliches Museum zum Anfassen und Ausprobieren. @ pdp767

Museo de la Historia de Tenerife (Historisch-Anthropologisches Museum), Calle San Agustín, 22, ☎ 922825949, ⏲ Di-Sa 9-20 Uhr, So-Mo 10-17 Uhr. In der Casa Lercaro, einem Haus, das Genueser Kaufleute gegen Ende des 16. Jhs. errichten ließen, wird die Geschichte von Teneriffa thematisiert. @ dmf667

Inmaculada Concepción de la Virgen María, Plaza de la Concepción, 10, ☎ 922259130. 1497 als erste Gemeindekirche Teneriffas fertig gestellt, ab 1515 von Grund auf neu errichtet und mehrfach erweitert. In der Taufkapelle im markanten Glockenturm wird ein Taufbecken aufbewahrt, mit dem angeblich die besiegten Guanchenfürsten christianisiert wurden.

Kathedrale Santa María de los Remedios, Plaza de Nuestra Señora de los Remedios, ☎ 922259130, ⏲ Mo-Fr 10-20 Uhr, Sa 10-12.30 Uhr und 14-17 Uhr. Errichtet 1515 als eher kleine Gemeindekirche, bis zum Ende des 18. Jhs. auf eine fünfschiffige Kirche erweitert, Anfang des 19. Jhs. renoviert und bei Gründung der Diözese La Laguna zur Kathedrale erklärt. 1904-1915 wegen Stabilitätsproblemen von Grund auf neu errichtet. Zu Beginn des 21. Jhs. waren erneut weitreichende Stabilisierungsmaßnahmen notwendig, seit 2014 ist das Gotteshaus wieder eröffnet. @ hsh178

Teatro Leal, Calle Obispo Rey Redondo, 50, ☎ 922265433. Das Theater aus dem Jahr 1915 mit Fresken und Deckenmalereien wurde zeitweise als Kino genutzt und 2008 als Theater wiedereröffnet. @ uiw514

Antigua Casa del Cabildo, Plaza del Adelantado. Das Anfang des 16. Jhs. errichtete Gebäude ist heute Teil des Rathauses.

Casa Anchieta, Plaza del Adelantado. Errichtet zu Beginn des 16. Jhs., 1534 Geburtsort des später selig gesprochenen Jesuitenpaters José de Anchieta (Gründer von São Paulo und wichtigster Missionar und „Apostel“ Brasiliens).

Plaza del Adelantado. Der alte Hauptplatz liegt heute am Rand der Altstadt und wurde als Marktplatz, Festplatz und für alle öffentlichen Veranstaltungen genutzt. Bis ins 19. Jh. endete eine Wasserleitung aus dem Anaga-Gebirge am Platz und stellte für die Bewohner die Hauptversorgungsquelle dar. Die unscheinbare St.-Michaels-Kapelle (1506) wurde mehrfach renoviert und war in den Anfangsjahren La Lagunas Sitzungsort der Inselregierung, nach ihr hieß der gesamte Platz ursprünglich Plaza San Miguel.

1495 besiegten die Truppen des Königreichs Kastilien und León am Ort der heutigen Stadt La Laguna einen Teil der guanchischen Bevölkerung. Nach dem endgültigen Sieg errichtete Feldherr Alonso Fernández de Lugo hier

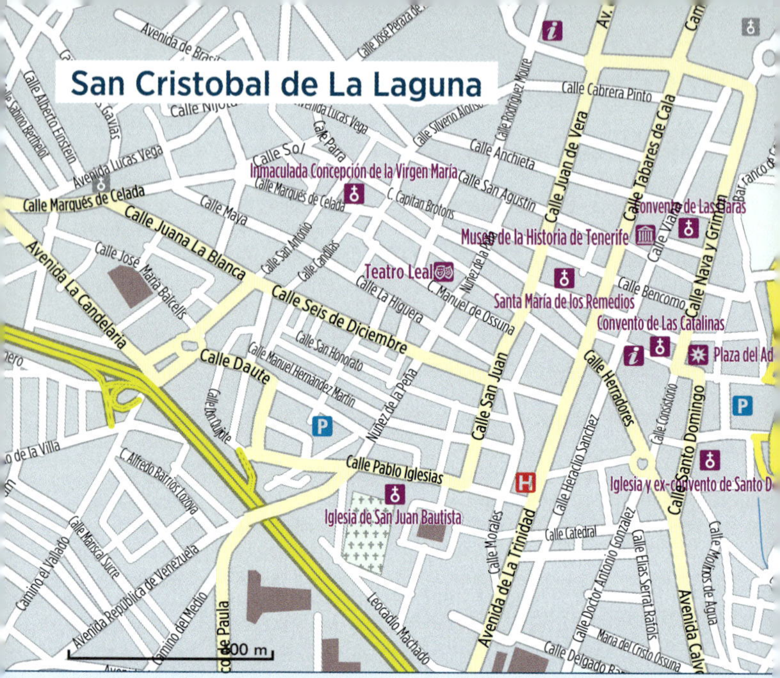

eine spanische Siedlung, da sich der Ort für die Landwirtschaft am besten eignete. Eine zuvor dem heiligen Christophorus (spanisch „Cristóbal") geweihte Kapelle wurde zum Namensgeber der Siedlung San Cristóbal de la Laguna. (Das zur Unterscheidung von anderen gleichnamigen Orten angehängte „de la Laguna" bezog sich auf einen Süßwassersee, der heute jedoch ausgetrocknet und überbaut ist.) Nach anfänglich ungeplantem Bau setzten die Stadtverwaltung und de Lugo ab 1500 ein schachbrettartiges Straßenmuster nach dem Ideal der Renaissance durch. 1531 erhielt La Laguna als größte Stadt des Archipels Stadtrechte, es folgte die Errichtung zahlreicher repräsentativer und kirchlicher Gebäude, die heute zu den Sehenswürdigkeiten der Altstadt zählen. Im 17. Jahrhundert wuchs die Bedeutung anderer Städte stark an, sogar die Inselverwaltung wurde in das ehemalige Hafendorf Santa Cruz verlegt. Aus La Laguna wurde eine Stadt der Kultur, der Künstler und Denker und der wohlhabenden Familien Teneriffas. Seit 1701 ist hier der Sitz der Universität, deren 20.000 Studenten tags und nachts die Stadt bevölkern und die Bevölkerung sichtlich verjüngen.

Durch Eingemeindungen, die enorme Zuwanderung auf die Kanaren und die wachsenden Studentenzahlen wuchs La Laguna im 20. Jahrhundert auf heute über 150.000 Einwohner an. Der historische Stadtkern wurde 1999 UNESCO-Weltkulturerbe.

Tour 45 12,1 km

Von Taganana nach Afur

Start/Ziel: Taganana, Parkplatz mit Bushaltestelle am Ortseingang (Gabelung Plaza) (N 28,5593° W 16,2166°)

Aufstieg:	879 m	*Hartbelag:*	29 %
Abstieg:	879 m	*Wanderwege:*	11 %
Gehzeit:	4 - 4,5 Std.	*Wanderpfade:*	59 %

Charakteristik: Vom Dorf Taganana, dem Hauptort des nördlichen Anaga-Gebirges, erschließen Sie auf dieser Runde verschiedenste Landschaftsräume: Gleich zu Beginn führt ein interessant angelegter Höhenweg über der tosenden Nordküste entlang, bevor Sie zum Strand Playa Tamadiste absteigen. Von hier bis Afur folgen Sie einem mäandrierenden, schluchtartig eingeschnittenen Tal, bevor Sie das völlig abgelegene Dorf mit seiner authentischen Dorfbar erreichen. Über die aussichtsreiche Passhöhe Cumbrecilla im Nebelwald gelangen Sie schließlich zurück nach Taganana.

Öffentliche Verkehrsmittel: Mit der Linie 946 erreichen Sie Taganana von Santa Cruz aus in weniger als einer Stunde.

Anfahrt: Von Santa Cruz auf der Küstenschnellstraße TF-11 (von den Autobahnen stets Richtung „Puerto, Avda. Marítima" halten) und ab San Andrés auf der TF-12 oder von La Laguna (Abfahrt 8B) direkt auf der Anaga-Höhenstraße TF-12. Parken können Sie am Ortsanfang an der Linksabzweigung der Straße zur Plaza und zur Bar Picar.

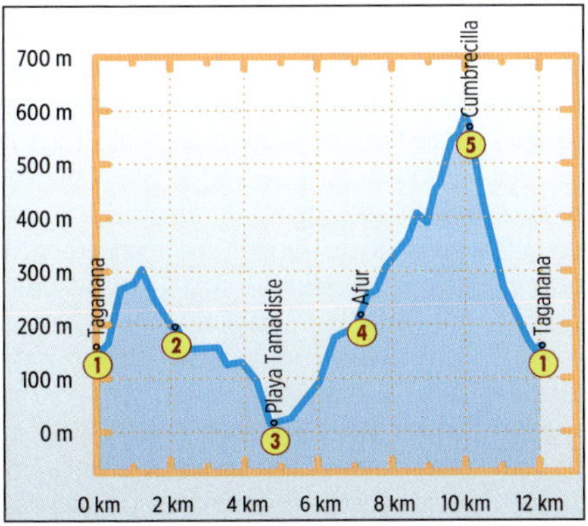

Taganana (Santa Cruz de Tenerife)

Nuestra Señora de las Nieves, Plaza de las Nieves, Schlüssel im Haus Nr. 13 am Dorfplatz. Dreischiffige Pfarrkirche mit schönem Dorfplatz Plaza de las Nieves. In der Kirche werden Kunstwerke aufbewahrt, die die ersten Händler mit nach Taganana brachten, darunter ein flämisches Triptychon. Jährlich am 5. August wird die Heiligenfigur im Rahmen des Dorffestes in einer Prozession durch den Ort getragen.

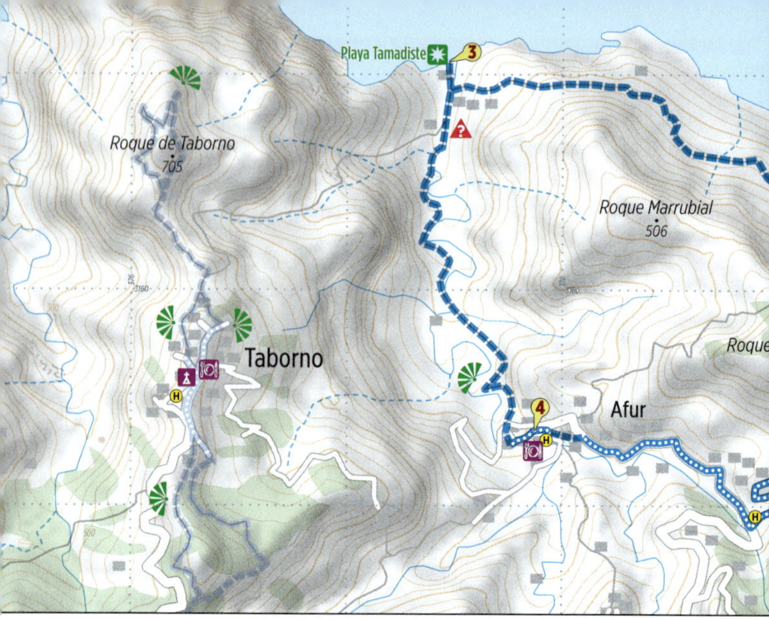

Quelle La Pianola, neben der Kirche. Die in den 1930er Jahren gefasste Dorfquelle war die wichtigste Trinkwasserquelle Tagananas.

Casa Picar, Camino Lomo los Lirios, 1, ✆ 922590305, ⏲ Di, Mi, So 8-18 Uhr, Do-Sa 8-22 Uhr. Freundliches Restaurant mit Ziegenfleisch und Wein aus der Region, außerdem weitere Bars im Umfeld der Plaza. @ rbb813

Taganana ist der Hauptort einer vergleichsweise breiten Talsenke, die schon ab dem 16. Jahrhundert zum Zentrum des Zuckerrohranbaus von Teneriffa aufstieg. Der 1501 gegründete Ort war zeitweise eine eigenständige Gemeinde. Nach dem Ende des Zuckerrohranbaus auf der Insel blieben zahlreiche für die Landwirtschaft, insbesondere den Weinbau nutzbare Terrassen, viele alte Saumwege, eine große Dorfkirche und einige Nebenorte bis zum Weiler Benijo. Im Ortskern mit seinen steilen, niemals auf den Autoverkehr umgestellten Gassen sind unzählige Häuser mit kanarischer Architektur zu bewundern.

1 0,0 (159) Halb links in die fast parallele, ansteigende Seitenstraße zur Plaza abbiegen (Schild „Casa Picar“) ⁓ links um das Restaurant herum ⁓ dahinter rechts die **Calle Negrin** herunter zur Wandertafel ⁓ bei dieser links (Schild „cementerio“) ⁓ vorbei am Wanderwegweiser und der Dorfquelle, Sie folgen nun den weiß-gelben Wegmarkierungen der Route TF-8 bis Afur ⁓ rechts über die Brücke ⁓ dahinter den scharfen Linksabzweig ignorieren, von dort werden Sie später zurückkommen ⁓ 50 m später auf der kleinen Anhöhe links in die schmale **Calle Lomo La Chanca** bei dem Laden ⁓ der Markierung durch das

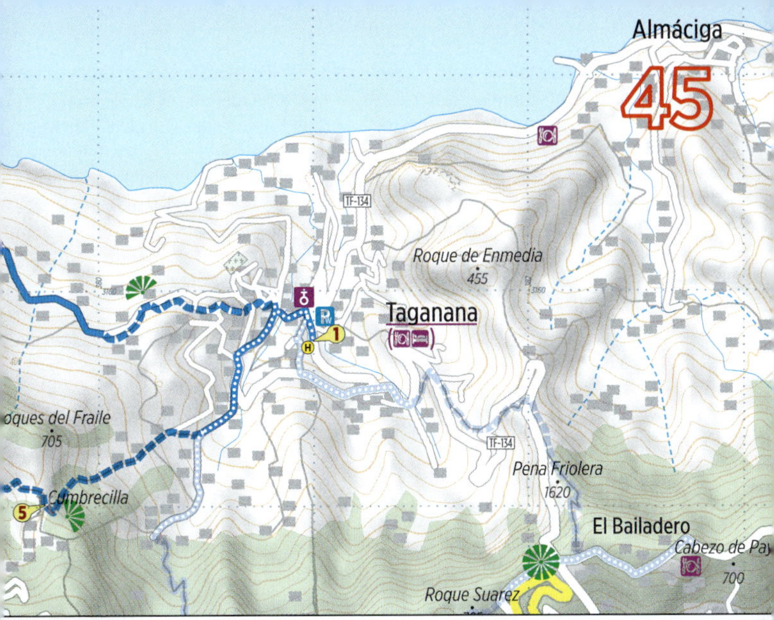

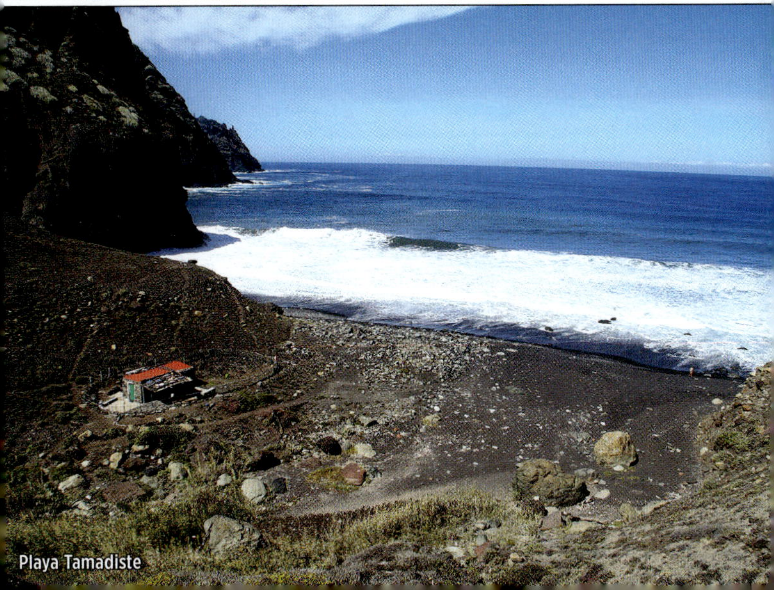

Playa Tamadiste

Gassengewirr stets steil bergauf folgen ⇝ nach einer Rechtskurve auf einer Anhöhe links bergauf ⇝ weiter steil hinauf zu einer Asphaltstraße ⇝ hier scharf rechts und gleich wieder links ⇝ auf dem Fußweg den Ort verlassen ⇝ bei einem letzten Haus auf Asphalt halb rechts ⇝ nach 50 m halb links bergauf einem Fußweg folgen ⇝ der vernachlässigte Weg geht bald in einen Höhenweg über ⇝ an einer Schotterpiste geradeaus (halb links) ⇝ 20 Min. meist sanft bergab, dabei mehrere Linksabzweige ignorieren.

2 2,1 (195) Gerade durch eine Häusergruppe mit Quelle ⇝ am Pistenende auf einen Fußweg ⇝ nun 45 Min. in stetem Auf und Ab über der Steilküste dahin ⇝ erst über dem Strand **Playa Tamadiste** steigen Sie in den Talboden ab ⇝ unten zunächst 50 m links talaufwärts ⇝ am Gegenhang ein kurzes Stück zu einem Querweg hinauf ⇝ zum Strand.

Strand Playa Tamadiste. Der breite, steinige Strand lädt bei ruhigem Wetter im Sommer zur Abkühlung ein. Nur selten finden sich hier Badegäste ein, da der Weg zu diesem Ort zu beschwerlich ist.

3 4,8 (12) Auf gleichem Weg zurück ins Bachbett an der Wegeinmündung von Taganana ⇝ dem Bachbett am rechten Rand ein Stück aufwärts folgen, der Weg ist anfangs schlecht erkennbar und kaum markiert, wird aber an einer Engstelle mit kleinem Wasserfall besser sichtbar und bleibt stets rechts ⇝ in 60 Min. auf dem gepflegten Weg in mehrfachem Auf und Ab nach Afur ⇝ dabei nur einmal an einer Engstelle das Bachbett queren ⇝ dahinter am Steilhang links den Weg mit Geländer hinauf ⇝ einen Sattel umrunden, hier können Sie Afur erstmals sehen ⇝ hier am Querweg links Richtung Ort ⇝ direkt unter dem Ort zwei Fahrwege schräg queren ⇝ direkt unter dem ersten Wohnhaus links die Betonrampe zum Ort hinauf ⇝ geradeaus am Sportgebäude und einem kleinen Platz vorbei zum Wegweiser ⇝ dort geradeaus (PR TF-8, Casa Forestal) zur Plaza.

Afur (Santa Cruz de Tenerife)

Bar José Cañon, Diseminado Casas de Afur, 34. Mit angeschlossenem Dorfladen

Die wenigen landwirtschaftlich nutzbaren Flächen von Afur und dem oberen Dorfteil Roque Negro gaben nie mehr her, als für eine Handvoll Bewohner ausreichte, weshalb der Ort bis heute ein idyllischer Weiler geblieben ist.

AUSSTIEG

Wenn Sie die Tour bereits hier beenden möchten, können Sie mit der Buslinie 076 (Abfahrt am Parkplatz unten) nach La Laguna gelangen. Eine Rückfahrt bis Taganana ist dagegen nicht möglich; Sie müssten dazu mit der Linie 076 bis Casas de la Cumbre fahren und dann auf dem Weg PF TF-8 nach Taganana (siehe Tour 46) absteigen.

4 7,2 (219) Am anderen Ende der Plaza den Fußweg hinauf ⇝ am Wegweiser geradeaus, jedoch bei einem roten Haus rechts in den nächsten Fußweg (weißgelb) ⇝ auf einem Treppenweg unter einem überhängenden Fels zur Asphaltstraße ⇝ hier rechts bergauf, ab jetzt müssen Sie die Markierung ignorieren! ⇝ auf der Straße 1,1 km zum ersten Buswartehäuschen links (unterwegs passieren Sie noch ein rechts stehendes Häuschen) ⇝ dahinter links auf einer betonierten Piste steil bergauf ⇝ nach zwei Kehren weiter bergauf ⇝ nach einer weiteren Rechtskehre erreichen Sie die

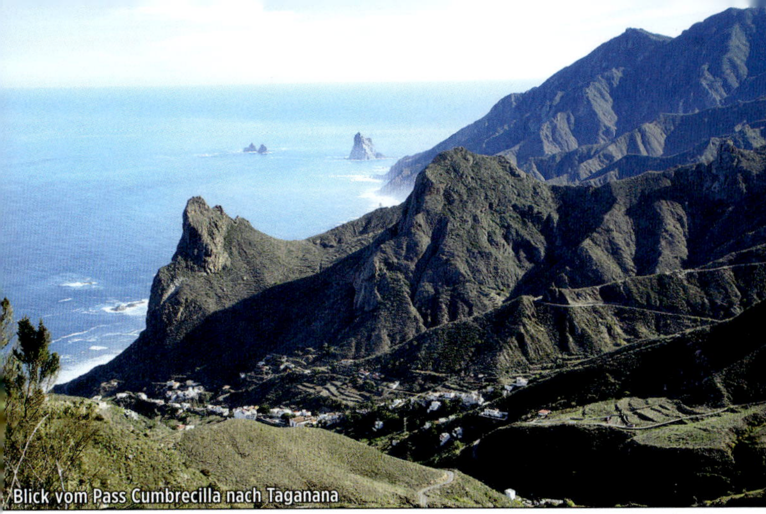

Blick vom Pass Cumbrecilla nach Taganana

obersten Höfe ⇝ hier genau zwischen den ersten beiden Wohngebäuden links den unmarkierten Fußweg bergauf ⇝ 15 Min. leicht ansteigend zur Passhöhe **Cumbrecilla**, unterwegs eine Einmündung links liegen lassen.

Cumbrecilla

Die aussichtsreiche Passhöhe zwischen den Tälern von Afur und Taganana wird nicht nur durch den alten Saumweg, sondern auch durch eine Piste erschlossen und außerdem von einer Stromleitung gequert. Kein Wunder, sind die umliegenden Berge doch deutlich höher und unwegsamer.

5 10,1 (582) Auf der anderen Kammseite den Fußweg hinunter Richtung Taganana ⇝ mit vielen Kehren in 15 Min. zu einem Fahrweg, hier links ⇝ nach 80 m an der T-Kreuzung rechts ⇝ 50 m danach direkt gegenüber dem Gebäude rechts auf einen unmarkierten Fußweg mit gepflastertem Einstieg ⇝ wieder in Kehren bergab ⇝ an der T-Kreuzung vor dem Schilffeld links bergab ⇝ bald an einem markierten Wanderweg links bergab ⇝ entlang der Markierung zu den ersten Häusern von Taganana ⇝ gerade durch zur Asphaltstraße ⇝ auf dieser geradeaus 200 m durch die oberen Wohnsiedlungen ⇝ in einer Linkskurve rechts in die Sackgasse **Camino Portugal** ⇝ bergab zur Brücke ⇝ rechts auf bekanntem Weg zurück zum Ausgangspunkt.

Portugal (Santa Cruz de Tenerife)

Der älteste Ortsteil Tagananas mit der engen, steilen Pflastersteinstraße wurde nach den portugiesischen, größtenteils von Madeira stammenden Zuckermeistern benannt, die hier wohnten. Die Straße war das untere Ende des Handelsweges Vueltas de Taganana, sodass die Zuckermeister sozusagen rund um die Uhr die transportierten Warenmengen beobachten konnten.

1 12,1 (159) In Taganana endet die Tour.

Taganana (Santa Cruz de Tenerife)

Tour 46 9,4 km

Zum alten Handelsweg Vueltas de Taganana

Start/Ziel: Taganana, Parkplatz mit Bushaltestelle am Ortseingang (Gabelung Plaza) (N 28,5593° W 16,2166°)

Aufstieg: 866 m *Hartbelag:* 36 %

Abstieg: 866 m *Wanderwege:* 0 %

Gehzeit: 3,5 - 4 Std. *Wanderpfade:* 64 %

Charakteristik: Der als „Vueltas de Taganana“ (Kurven von Taganana) bezeichnete Saumweg von der Kammhöhe des Anaga-Gebirges ins Dorf Taganana beeindruckt nicht nur durch seinen regelmäßigen Verlauf in unzähligen Kehren. Der Handelsweg wurde im 16. Jahrhundert angelegt und führt auch durch einen sehr ursprünglichen, vom Menschen ansonsten unbeeinflussten Teil des Lorbeerwaldes auf der Nordseite des Anaga-Gebirges herab. Weitab der Zivilisation fühlt sich, wer den Weg in das wunderschön gelegene Dorf Taganana geht; der Aufstieg dagegen verläuft recht nah an der heutigen Zufahrtsstraße zum Ort – die aber auch nicht durch zu hohe Verkehrsdichte, sondern eher durch tolle Aussichtsmöglichkeiten auffällt.

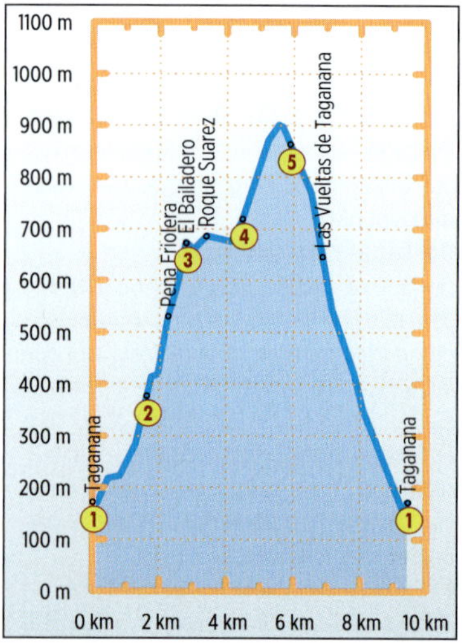

Öffentliche Verkehrsmittel: Mit der Linie 946 erreichen Sie Taganana von Santa Cruz aus in weniger als einer Stunde.

Anfahrt: Von Santa Cruz auf der Küstenschnellstraße TF-11 (von den Autobahnen stets Richtung „Puerto, Avda. Marítima“ halten) und ab San Andrés auf der TF-12 oder von La Laguna (Abfahrt 8B) direkt auf der Anaga-Höhenstraße TF-12. Parken am Ortsanfang an der Linksabzweigung der Straße zur Plaza und zur Bar Picar.

Taganana (Santa Cruz de Tenerife) s. S. 243

1 0,0 (159) Halb links in die fast parallele, ansteigende Seitenstraße zur Plaza abbiegen (Schild „Casa Picar") ⇝ links um das Restaurant herum ⇝ direkt dahinter links die steile Gasse **Camino de los Lírios** hinauf, bis **El Bailadero** der weiß-gelben Markierung folgen ⇝ sehr steil und kurvig 350 m den Bergrücken hinauf ⇝ an der querenden Asphaltstraße scharf links bergauf ⇝ bei der nächsten Häusergruppe steil bergab ⇝ an der Hauptstraße halb rechts bergauf ⇝ unmittelbar vor dem Ortsausgangsschild halb rechts über Stufen die erste Straßenkehre abkürzen ⇝ danach halb rechts gegenüber auf einem Pfad den Hang hinauf (eingangs unmarkiert, nicht halb links den Fahrweg bergab) ⇝ 10 Min. später trifft der inzwischen wieder markierte Weg wieder auf die Straße.

2 1,6 (368) Auf dieser 50 m nach links ⇝ scharf rechts über Betonstufen hinauf ⇝ wenig später an der Wiedereinmündung in die Straße bei einem Wegweiser scharf rechts (hierher zeigt kein Schild) ⇝ nach 15 m halb links weg auf den Treppenweg mit Geländer ⇝ nun endgültig von der Straße weg in Richtung des türkisgrünen Gebäudes auf dem Bergkamm ⇝ dabei den markanten Felsblock, der nach 5 Min. ins Sichtfeld rückt, unerwartet nach links umgehen ⇝ nach 25 Min. bei **El Bailadero** in eine Asphaltstraße einmünden.

AUSFLUG 600 m weiter an der Straße in Richtung Chamorga hat die Pension Albergue Montes de Anaga tagsüber auch ein kleines Café geöffnet.

El Bailadero (Santa Cruz de Tenerife)

Der verstreute Weiler ist weder vom Ortsschild noch von der Straße aus so recht auszumachen. Der Ortsname geht auf das spanische Verb „bailar" für „tanzen" zurück, da sich dem örtlichen Glauben zufolge die Hexen des Anaga-Gebirges an diesem Ort auf dem Hauptkamm versammelten, um nachts ihre Tänze zu vollführen.

3 2,8 (680) Scharf rechts an dem Gebäude vorbei ⇝ der nach beiden Seiten aussichtsreichen Kammstraße 350 m folgen ⇝ am Ende des aussichtsreichen Abschnitts unmittelbar beim Ortsausgangsschild halb rechts auf einem unmarkierten

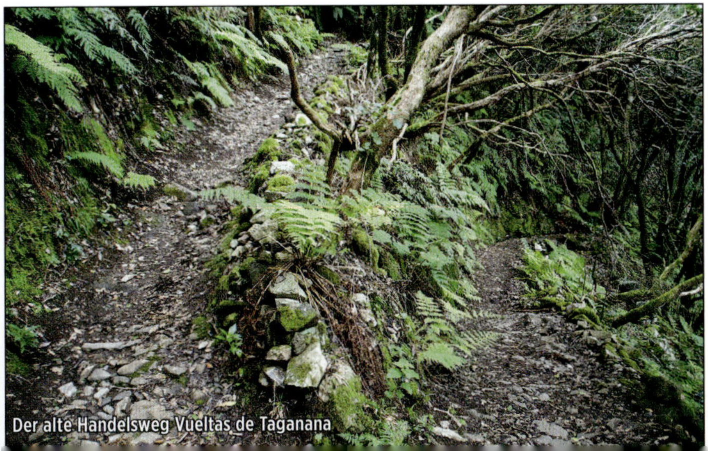
Der alte Handelsweg Vueltas de Taganana

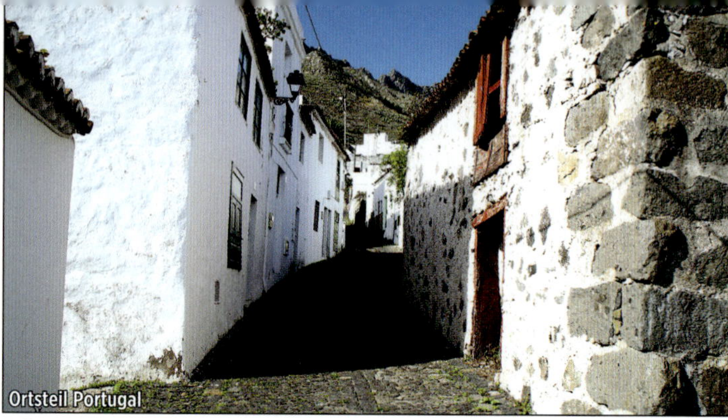

Ortsteil Portugal

Fußweg in den Wald (nicht ganz rechts auf den Fahrweg) ⤳ nach gut 5 Min. an der Straße scharf rechts ⤳ schon nach 20 m an einer Lücke zwischen den Pollern links eine gepflasterte Fußwegrampe hinunter ⤳ der unmarkierte Weg gabelt sich nach 100 m, hier rechts ⤳ oberhalb einiger Terrassen entlang ⤳ an der nächsten Gabelung bei einem grauen Gebäude halb rechts geradeaus ⤳ 100 m weiter knickt der Weg vor einem Zaun links zu zwei schon sichtbaren Gebäuden hinunter ab ⤳ gerade hinunter zu dem roten Gebäude ⤳ rechts direkt unterhalb beider Gebäude entlang ⤳ danach leicht ansteigen ⤳ an einer Asphaltkehre rechts bergauf zur Hauptstraße.

4 4,5 (712) An der Einmündung direkt gegenüber einen unmarkierten Pfad nach links die Felsböschung hinauf ⤳ konstant leicht ansteigend durch Lorbeerwald ⤳ nach 20 Min. mündet ein Pfad von links ein, Sie folgen geradeaus ab jetzt der weiß-gelben Markierung ⤳ bald bergab ⤳ nach 5 Min. zu einer Kreuzung mit Wegweiser.

✲ **Las Vueltas de Taganana** (Kurven von Taganana). Der alte Saum- und Handelsweg diente ab dem 16. Jh. den Händlern von Taganana zum Zuckertransport in die Inselhauptstadt La Laguna und zum Hafen nach Santa Cruz. Wie alle alten Wege im Anaga-Gebirge orientierte er sich von den im Tal liegenden Ortschaften zunächst zum Hauptkamm des Gebirges. Um diesen Höhenunterschied mit schwer beladenen Eseln bewältigen zu können, wurde der Weg in unzähligen Kehren angelegt, die eine bestimmte Steigung nicht überschritten und früher sogar durchgehend gepflastert waren. Im Lauf der Jahrhunderte fraß sich der Weg mehr und mehr in den weichen Untergrund und ist heute ein ausgeprägter Hohlweg, aber auch ein Meisterwerk der Wegebaukunst in einem solch steilen Hang und eine Freude für Wanderer, die hier intakten Nebel-Urwald aus nächster Nähe erleben können. Am Wegeinstieg gibt es einen Unterstand für den Fall von Erschöpfung und Wettereinbrüchen, unterwegs legte man bei Quellen Wasserrinnen und kleine Becken zum Tränken der Tiere an.

5 5,9 (856) Rechts dem breiten Hauptpfad Richtung Taganana folgen ⤳ nun auf der anderen Seite des Kamms flach durch

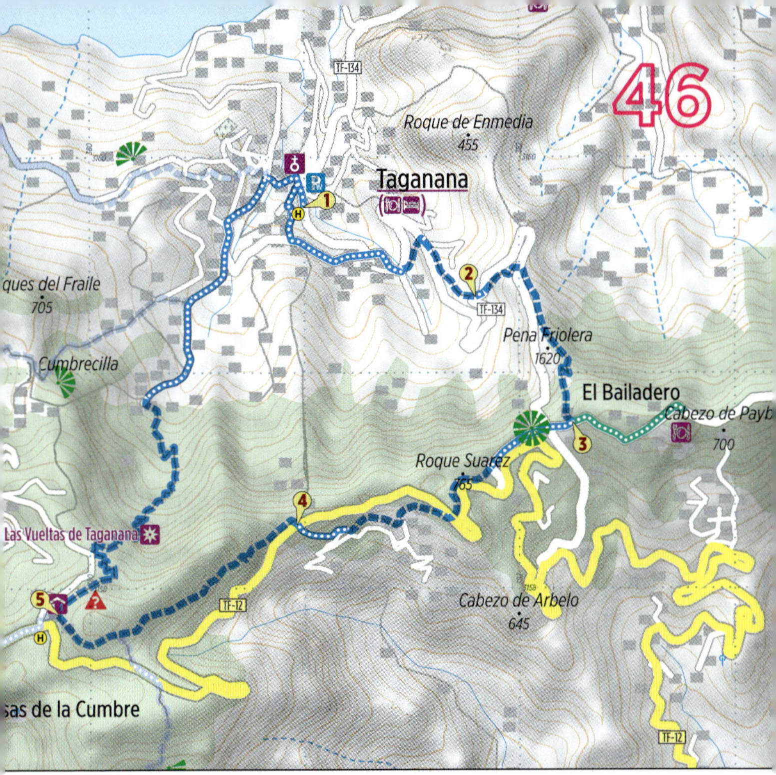

Lorbeerwald → nach 5 Min. eine Einmündung von links ignorieren.

TIPP Im Folgenden zweigen öfter Trampelpfade und breite Wasserrinnen vom Hauptweg ab. Dieser ist aber stets an der Hohlwegform sowie der ehemaligen Pflasterung und sparsamer weiß-gelber Markierung erkennbar.

In vielen Kehren absteigen → ein tiefes Seitental umrunden → nach insgesamt 40 Min. lichtet sich der Wald → etwas später ein Schilffeld durchqueren → danach rechts bergab (weiß-gelbe Markierung) → nach 10 Min. gerade bergab zu den ersten Häusern von Taganana → gerade durch zur Asphaltstraße → auf dieser geradeaus 200 m durch die oberen Wohnsiedlungen → in einer Linkskurve rechts die Sackgasse **Camino Portugal** → bergab zur Brücke → rechts auf bekanntem Weg zurück zum Ausgangspunkt.

Portugal (Santa Cruz de Tenerife) s. S. 247

1 9,4 (159) Beim Parkplatz in Taganana endet die Wanderung.

Taganana (Santa Cruz de Tenerife)

Tour 47 — 6,5 km

Vom Höhenkamm ins Valle Brosque

Start/Ziel: Casas de la Cumbre, Kapellenplatz (N 28,5370° W 16,2340°)

Aufstieg: 665 m — *Hartbelag:* 17 %

Abstieg: 665 m — *Wanderwege:* 0 %

Gehzeit: 3,5 - 4 Std. — *Wanderpfade:* 83 %

Charakteristik: Die Wanderung vom Anaga-Hauptkamm ins südliche Tal Valle Brosque mit seinen verträumten Häusern und Orangenbäumen gehört – trotz der nur geringen Länge von 6,5 Kilometern – landschaftlich zu den vielfältigsten und auch klimatisch interessantesten Touren des Anaga-Gebirges: Während der Weiler Casas de la Cumbre direkt am Kamm manchmal in den Passatwolken versinkt, manchmal von oben auf sie schaut und fast immer markantem Wind ausgesetzt ist, erleben Sie beim Abstieg vom Nebelwald in tiefe, felsige Schluchten einen deutlichen Klimawechsel hin zu einem oft heißen, windstillen Talklima. Unten gedeihen Orangenbäume, die Berge erscheinen von hier unten schroff und abweisend. Der anstrengende Wiederaufstieg auf anderer Route zum Hauptkamm kehrt das Erlebnis um.

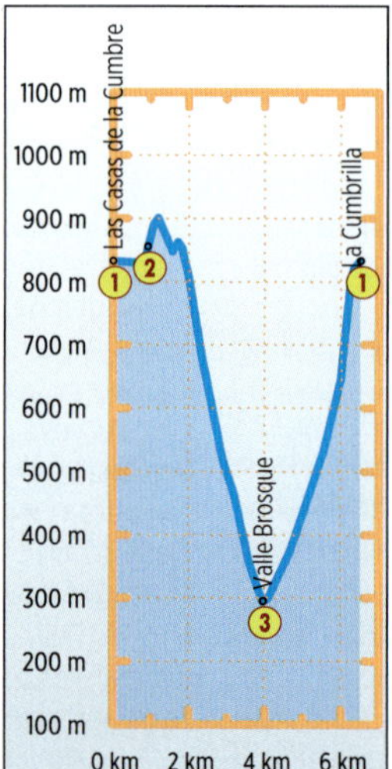

Öffentliche Verkehrsmittel: Mehrmals täglich Verbindungen mit der Buslinie 076 (La Laguna-Afur und zurück).

Anfahrt: Autobahn TF-5, Ausfahrt 8B (Tegueste), der Beschilderung nach Tegueste, dann so bald als möglich nach Anaga (TF-12) folgen. 4 Kilometer nach Cruz del Carmen erreichen Sie Casas de la Cumbre. Von Santa Cruz aus geht es schneller, die TF-12 von der anderen Seite her (Anfang in San Andrés an der Ostküste) zu befahren, dazu in Santa Cruz stets Richtung „Puerto, Avda. Marítima" halten. Parken in Casas de la Cumbre entlang der Straße (nicht in den gelben Ausweichbereichen!) und insbesondere auf dem Platz neben der Kapelle.

Casas de la Cumbre

(Santa Cruz de Tenerife)

Der Weiler wurde erst 1944 von Auswanderern aus Afur und Roque Negro gleichzeitig mit der Eröffnung der Kammstraße

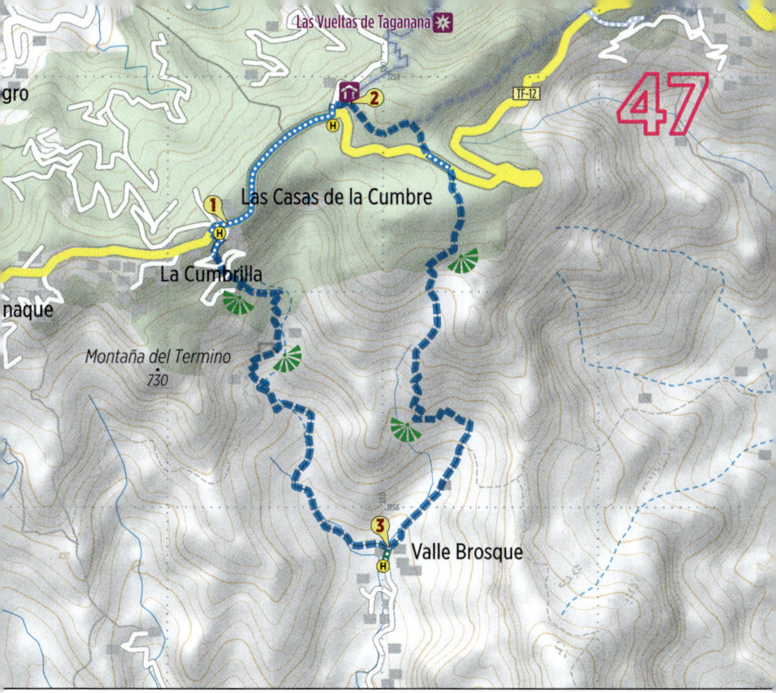

gegründet. Casas de la Cumbre ist auch Sitz des Forsthauses, von dem aus die Förster und Waldwächter des Naturparks Anaga, spanisch „Agentes Forestales", ihren Dienst versehen.

1 0,0 (819) Entlang der Straße Richtung Osten (PR TF-3, Casa Forestal) ⁓ nach 750 m vor dem zurückgesetzten Forsthaus links (Bushaltestelle) ⁓ direkt dahinter rechts den Pfad bergauf (PR TF-3, Valle Brosque por El Majimial) ⁓ 3 Min. bergan.

TIPP Das letzte kurze Wegstück war Teil des wichtigen alten Handelsweges Vueltas de Taganana (s. S. 250)

2 0,9 (853) Bei einem Unterstand rechts bergauf Richtung Valle Brosque ⁓ kurz nach Beginn des Gefälles an der Gabelung rechts bergab (weiß-gelb) ⁓ an der Straße links ⁓ nach 100 m rechts unmarkiert über Stufen bergauf ⁓ 40 Min. zunächst im Wald, dann in immer offenerem Gelände bergab ⁓ in einen Talboden ⁓ hier scharf links dem Hauptweg folgen (ausgewaschene Markierung) ⁓ kurz darauf rechts (weiß-gelb) ⁓ weitere 20 Min. talwärts, zuletzt zwischen Feldern ⁓ in Sichtweite von **Valle Brosque** einen Abzweig rechts liegen lassen (links kurz leicht bergauf) ⁓ zu den ersten Häusern.

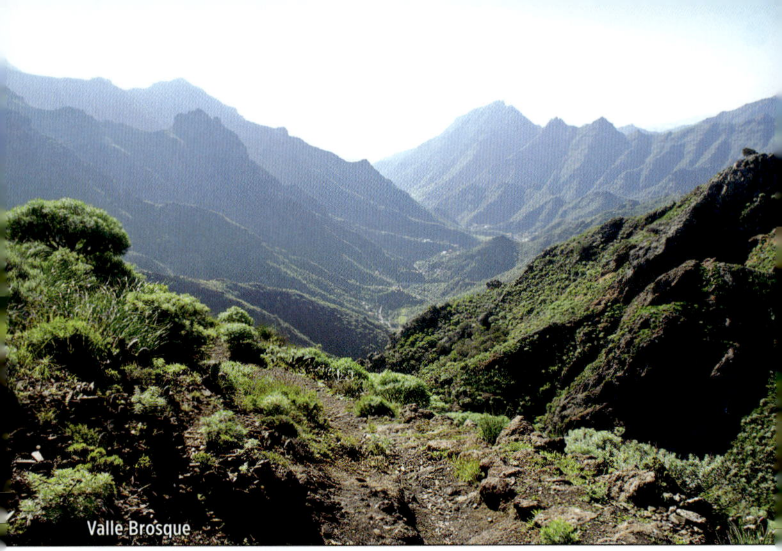

Valle Brosque

Valle Brosque (Santa Cruz de Tenerife)

Der Weiler ist der oberste Ort im gleichnamigen Tal, das nach unten hin immer dichter besiedelt ist und fließend in den Ballungsraum Santa Cruz übergeht. Davon ist in Valle Brosque nichts zu bemerken: Hier findet trotz der Nähe zur Großstadt noch dörfliches Leben statt.

AUSSTIEG Von der Busstation am Straßenende mehrmals täglich mit der Linie 916 nach Santa Cruz und weiter zurück nach Casas de la Cumbre.

3 4,0 (286) Beim Wegweiser scharf rechts (PR TF-3, Casas de la Cumbre) ⇝ über die Brücke ⇝ vorübergehend zwischen Grundstücken dahin ⇝ bei einer weiteren Holzbrücke gerade ins Bachbett und auf der anderen Seite halb links hinter dem Stall wieder aufwärts (weiß-gelb) ⇝ immer nahe am Bachbett aufwärts ⇝ nach 10 Min. auf einem Pfad mit Steinmännern links weg ⇝ den Bach später noch einige Male queren ⇝ nach 30 Min. ins linke Tal hinein ⇝ in einem ansteigenden Quergang ins rechte Tal ⇝ etwas später erreichen Sie wieder erste geschlossene Waldstücke ⇝ vor einem blauen Holztor scharf rechts (weiß-gelb) ⇝ kurz darauf an einem Fahrweg scharf rechts ⇝ sogleich links über Steinstufen weiter ⇝ nach 5 Min. am Fahrweg kurz links bergauf ⇝ nach 10 m scharf rechts über Steinstufen weiter ⇝ beim dritten Treffen auf den Fahrweg rechts bergauf ⇝ nach 100 m unmittelbar vor dem ersten Gebäude links (weiß-gelb) ⇝ der Pfad mündet in die Ortsstraße TF-12 ⇝ auf dieser rechts zurück zum Ausgangspunkt.

1 6,5 (819) Am Kapellenplatz ist das Ende der Wanderung erreicht.

Casas de la Cumbre (Santa Cruz de Tenerife)

Tour 48 8,5 km

Märchenwald zwischen Cumbrilla und Chinobre

Start/Ziel: Parkplatz„La Ensillada" an der Straße TF-123 nahe Chamorga (N 28,5567° W 16,1795°)

Aufstieg: 631 m *Hartbelag:* 8 %

Abstieg: 631 m *Wanderwege:* 6 %

Gehzeit: 3 - 3,5 Std. *Wanderpfade:* 78 %

Charakteristik: Der Wechsel von geschlossenem Märchenwald, Aussichtspunkten und bewohnten Talkesseln macht den Reiz dieser Tour in einem der abgelegensten Winkel der Insel aus. Es beginnt mit der Felsnase des Chinobre, wo Sie bereits feinste Aussichten haben. Der folgende Abstieg wartet noch mit weiteren Aussichtsstellen auf, zuletzt mit dem Cabezo del Tejo und einer wunderbaren Sicht in den Talkessel von Benijo. Sie berühren kurz den Weiler Chamorga, bevor es bergauf durch das romantisch auf einem Bergkamm gelegene Dorf La Cumbrilla geht. Der Rückweg verläuft auf alten Saumpfaden durch Nebelwald.

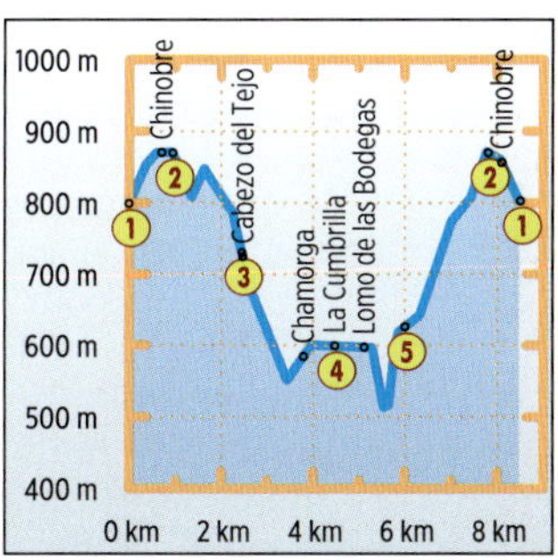

Tipp: Bei Nässe sind sowohl der Ab- als auch der Aufstieg sehr glitschig.

Wichtiger Hinweis: Die Wanderung im Naturschutzgebiet El Pijaral unterliegt einer Zugangsbeschränkung, es dürfen maximal 45 Personen pro Tag das Gebiet betreten. Vor allem in der Hochsaison sollten Sie rechtzeitig reservieren! Eine kostenfreie Genehmigung bzw. Reservierung erhalten Sie unter ✆ 901501901 oder https://centralreservas.tenerife.es/actividad/1 maximal 90 Tage im Voraus. Eine Begehung ohne Genehmigung kann bis zu 600 EUR Strafe kosten!

Öffentliche Verkehrsmittel: Die Buslinie 947 bedient einige Male pro Tag Chamorga von Santa Cruz aus und hält auf Wunsch auch am Ausgangspunkt.

Anfahrt: Die TF-123 erreichen Sie aus allen Inselteilen am schnellsten über Santa Cruz, die Küstenschnellstraße TF-11 (von den Autobahnen stets Richtung „Puerto, Avda. Marítima" halten)

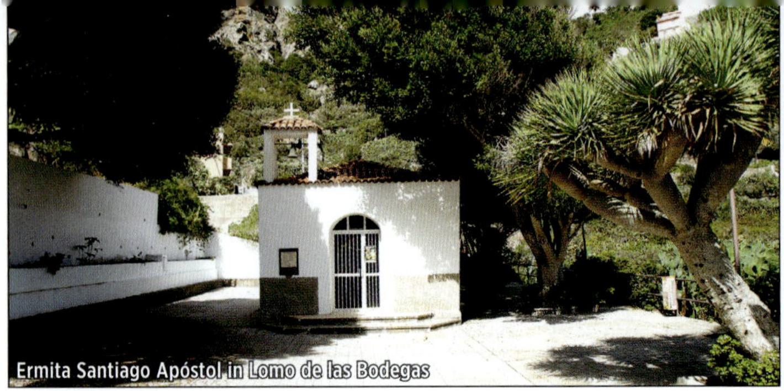

Ermita Santiago Apóstol in Lomo de las Bodegas

und die südliche Anaga-Zufahrtsstraße TF-12 ab San Andrés Richtung Las Mercedes. Dann rechts auf die TF-123 nach Chamorga. Kurz vor Kilometerstein 5 befindet sich der Ausgangspunkt links an der Straße (unbeschilderte, größere Parkfläche mit abzweigenden Wegen).

Parkplatz „La Ensillada"

Der heutige Parkplatz auf dem Anaga-Hauptkamm ist eine alte Wegekreuzung und heute günstig, um entlang der ansonsten sehr schmalen Zufahrtsstraße nach Chamorga das Auto abzustellen.

1 0,0 (807) Links straßenparallel (in Richtung Chamorga) auf dem unmarkierten Fahrweg in den Wald ⇝ der Weg wird bald zum Pfad und steigt 10 Min. an ⇝ auf einer Anhöhe links auf einen Pfad ⇝ kurz darauf zum Aussichtspunkt auf dem **Chinobre**.

AUSSICHT: Von hier haben Sie einen exzellenten Blick ins Tal von Benijo, über das gesamte Anagagebirge bis nach La Laguna sowie an die Südküste und – gutes Wetter vorausgesetzt – zum 56 km entfernten Teide.

Zurück zum Querweg ⇝ auf diesem nun links bergab.

2 0,9 (859) Nach 5 Min. geradeaus flach weiter, der Weg von rechts wird später Ihr Rückweg sein ⇝ 30 Min. den Bergrücken hinab, vereinzelt sind Ausblicke ins Tal und auf den am Weg stehenden Felsenturm Roque Anambro möglich ⇝ unten auf einem Fahrweg scharf links zum Aussichtspunkt.

Cabezo del Tejo. Von diesem Aussichtspunkt – exakt auf der Spitze des Bergrückens zwischen den Tälern von Benijo und Chamorga – können Sie vor allem steil hinunter ins Tal von Benijo schauen.

3 2,5 (752) Am Ende der Aussichtsplattform auf einem Pfad absteigen ⇝ nach 10 Min. an einer Pfadkreuzung rechts bergab (weiß-gelb markiert) ⇝ gut 10 Min. in den Talboden absteigen ⇝ an einem Wegweiser rechts bergauf Richtung Igueste de San Andrés (PR TF-5).

AUSFLUG: Links in 700 m zur hübschen Bar von Chamorga. Weglänge (anders als auf dem Wegweiser angegeben) pro Richtung 700 m.

Chamorga (Santa Cruz de Tenerife)

Casa Álvaro, Camino Chamorga, 21, ✆ 922599225

Zunächst in Kehren bergan ⇝ dann um Chamorga herum (dabei zahlreiche Terrassenabzweige ignorieren) ⇝ über Stufen hinauf zu einer Gebäudestützmauer.

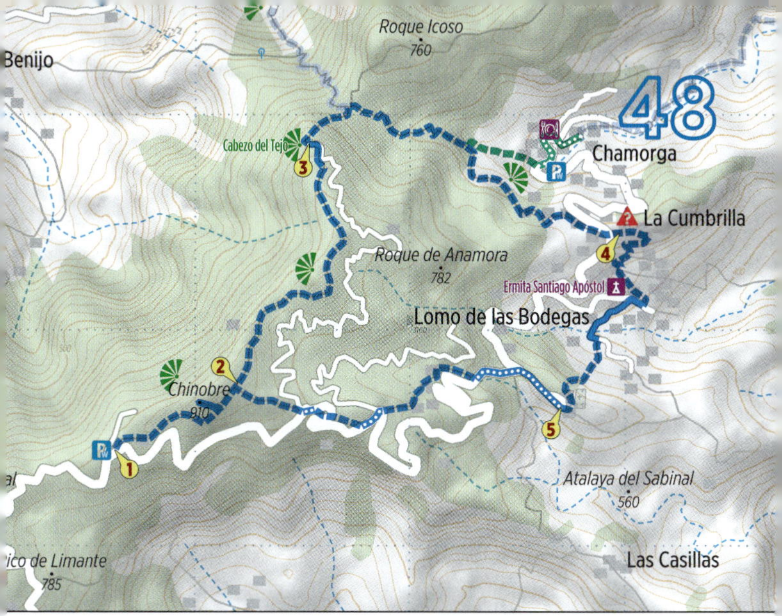

La Cumbrilla (Santa Cruz de Tenerife)

TIPP Achten Sie im Ort auf die weiß-gelben Markierungen: gleich zu Anfang bei einem Trinkbrunnen halb links über Stufen hinauf.

4 4,5 (609) Verwinkelter Fußweg zwischen den Häusern ⁓ erst am Ende bergab ⁓ am Ortsende scharf rechts um die Kurve ⁓ auf dem Betonweg bergab zu seinem tiefsten Punkt (mehrere Linksabzweige ignorieren) ⁓ hier scharf links bergab (Markierung schlecht sichtbar) ⁓ vorbei an zahlreichen Treppenabzweigen stets bergab ⁓ zwischen den Terrassen hinüber zur Kapelle (weiß-gelb).

Lomo de las Bodegas (Santa Cruz de Tenerife)

Ermita Santiago Apóstol. Mit schönem Dorfplatz.

Die beiden dicht zusammen an der Südseite des Anaga-Hauptkamms liegenden Weiler La

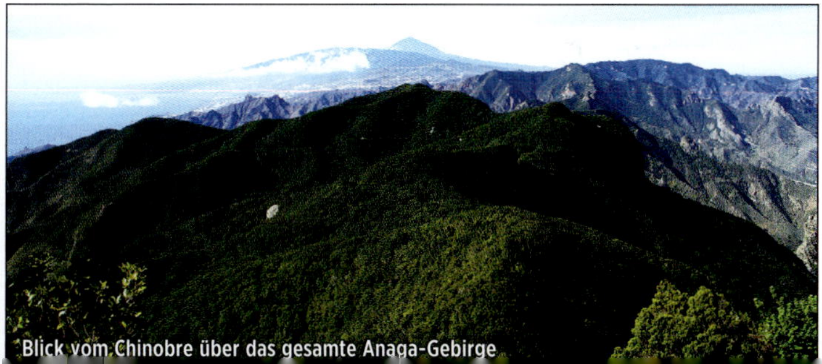
Blick vom Chinobre über das gesamte Anaga-Gebirge

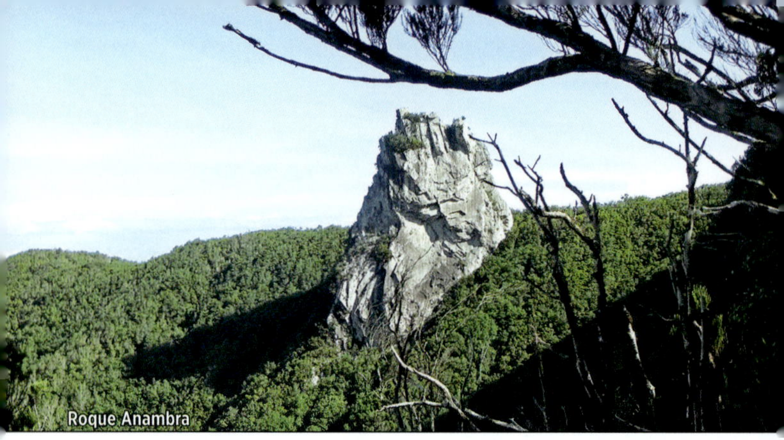
Roque Anambra

Cumbrilla und Lomo de las Bodegas profitieren von einer guten Aussichtslage im äußersten Osten des Anaga-Gebirges, insbesondere La Cumbrilla liegt unmittelbar an einem Bergkamm. Beide Orte haben zusammen weniger als 40 Einwohner. Da sich auch kaum Touristen an diese Orte verirren, gibt es hier keine Dorfbar.

Oberhalb entlang, dahinter die Treppe hinauf ⇝ rechts zur Wendeplatte ⇝ rechts die Fahrstraße hinauf ⇝ nach 40 m links auf den Betonweg ⇝ bergab und links durch ein Seitental ⇝ 50 m nach dem Beginn der Steigung rechts auf Erdstufen über die Böschung hinauf (schlecht erkennbar und anfangs unmarkiert) ⇝ in Kehren steil bergauf ⇝ später wieder markiert ⇝ nach 15 Min. auf einem Fahrweg rechts zum Friedhof (Trinkwasser).

Der **Friedhof von Chamorga** ist traditionell weit außerhalb und oberhalb des Ortes angelegt.

5 6,0 (633) Auf der linken der beiden Straßen am Friedhof vorbei ⇝ an der Straße TF-123 nach links ⇝ 50 m hinter Kilometerstein 9 rechts auf einem unmarkierten Pfad die Böschung hinauf ⇝ 80 m straßenparallel ⇝ den Hang hinauf ⇝ wenig später in einem Seitental bei einem Wasserreservoir links über die Betonbrücke gehen ⇝ direkt dahinter an der Dreiteilung auf dem mittleren Hohlweg über steile Felsstufen bergauf ⇝ stellenweise verwachsen ⇝ nach 10 Min. an der Straße halb rechts bergauf ⇝ nach 100 m am Ende einer Rechtskurve rechts über niedrige Stufen auf den straßenparallelen Fußweg ⇝ nach 5 Min. wieder über die Straße und geradeaus in dem Einschnitt weiter ⇝ an der nächsten Straßenkreuzung für 30 m links ⇝ 10 m nach einem Forstweg mit Schranke auf dem rechts abzweigenden Fußweg in Stufen weiter bergauf.

2 7,8 (859) Nach 5 Min. an der bekannten T-Kreuzung links ⇝ in gut 10 Min. zurück zum Ausgangspunkt.

1 8,5 (807) Das Ende der Wanderung ist am Parkplatz erreicht.

Parkplatz „La Ensillada“

Tour 49 11,5 km

Von Chamorga zum Anaga-Leuchtturm

Start/Ziel: Chamorga, Wanderparkplatz am Ortseingang (N 28,5688° W 16,1595°)

Aufstieg: 1.047 m *Hartbelag:* 4 %

Abstieg: 1.047 m *Wanderwege:* 0 %

Gehzeit: 5,5 - 6 Std. *Wanderpfade:* 96 %

Charakteristik: Die Runde von Chamorga um Teneriffas Ostkap und zum Leuchtturm beim Weiler Roque Bermejo gehört zu den großen Wanderklassikern Teneriffas, obwohl die anstrengende Tour auch hohe Anforderungen stellt. Bei sonnigem, windstillem Wetter und mit genügend Kondition erleben Sie hier das Anaga-Gebirge von seiner schönsten und ursprünglichsten Seite: steile Abstiege im grünen Lorbeerwald, einsame Dörfer und Fincas, beeindruckende uralte Wege auf steilen Hängen über der Steilküste und natürlich der wie an den Hang geklebte Leuchtturm „Faro de Anaga". Bei schwacher Brandung krönt ein Bad in Roque Bernejo die Tour, bevor Sie wieder aufsteigen.

Tipp: Unterwegs gibt es keine Einkehrmöglichkeit, nehmen Sie genug Proviant mit.

Öffentliche Verkehrsmittel: Einige Male pro Tag mit der Buslinie 947 von Santa Cruz aus.

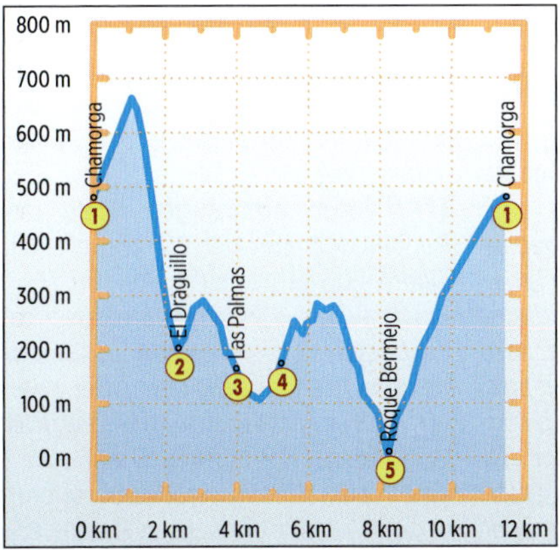

Anfahrt: Chamorga erreichen Sie aus allen Inselteilen am schnellsten über Santa Cruz, die Küstenschnellstraße TF-11 (von den Autobahnen stets Richtung „Puerto, Avda. Marítima" halten) und die südliche Anaga-Zufahrtsstraße TF-12 ab San Andrés. Auf dieser Richtung Las Mercedes und rechts auf die schmale TF-123 nach Chamorga abzweigen, parken können Sie beidseitig am Ortsanfang oder 200 Meter weiter bei der Bar.

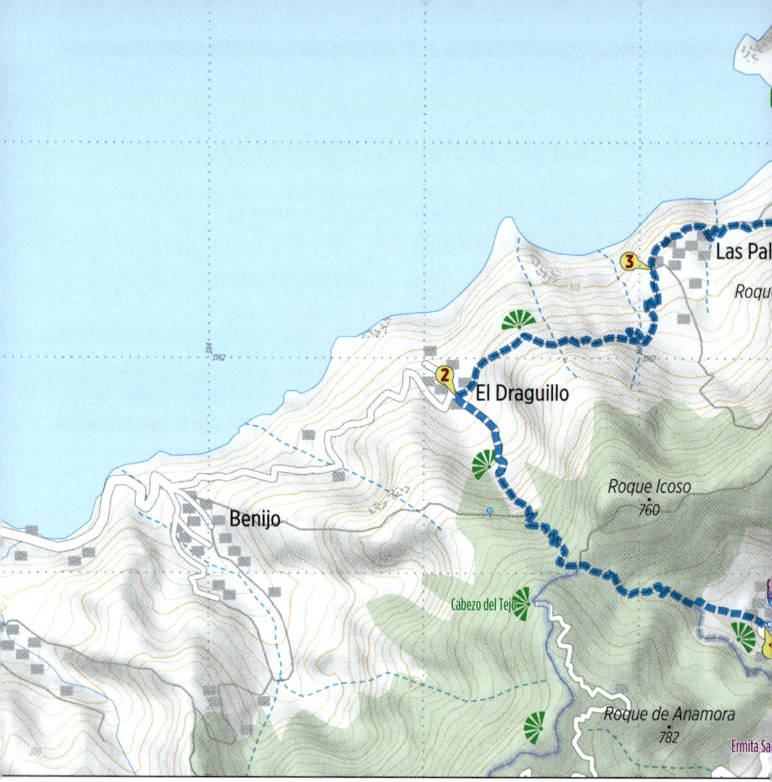

Chamorga (Santa Cruz de Tenerife)

Ermita de la Inmaculada

Casa Álvaro, Camino Chamorga, 21, 922599225

Chamorga ist das wohl abgelegenste Dorf des Anaga-Gebirges und Teneriffas (doch werden Sie im Lauf dieser Wanderung noch schlechter erreichbare Weiler betreten). Da der Ort Ausgangspunkt vieler historischer Saumwege ist, die heute als Wanderwege dienen, ist Chamorga bei Wanderern recht beliebt und tagsüber belebt. Die 50 Einwohner leben hauptsächlich von der Landwirtschaft, früher wurde hier einiger Handel abgewickelt.

1 0,0 (479) Am ortsseitigen Ende der Parkfläche hinter der Wandertafel auf einem Fußweg talaufwärts (PR TF-6, El Draguillo) ⤳ wenig später zweimal durch Linkskehren (Geradeausabzweige ignorieren) ⤳ direkt nach der zweiten Kehre rechts Richtung El Draguillo ⤳ 15 Min. zur Kammhöhe hinauf ⤳ dort eine Wegkreuzung gerade überqueren ⤳ der Weg führt in Kehren auf den un-

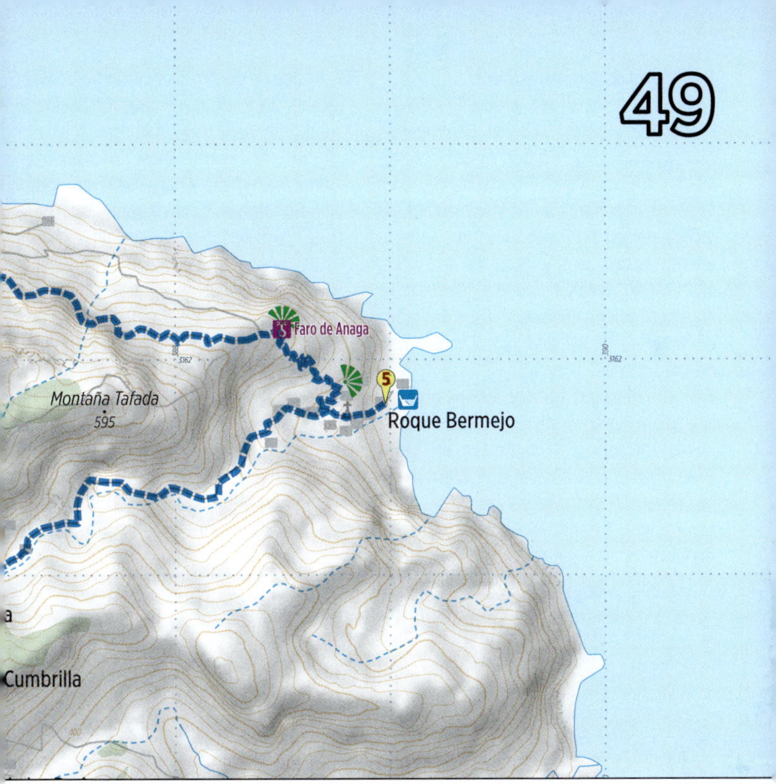

ten sichtbaren Ort El Draguillo zu ⤳ an einer Kreuzung scharf rechts (PR TF-6, El Draguillo) ⤳ 15 Min. danach erreichen Sie die ersten Häuser des Ortes ⤳ an einer Kehre zwischen zwei Felsen scharf rechts (markiert) ⤳ 5 Min. später bei einer Schotterpiste zum Wegweiser in der „Ortsmitte".

El Draguillo (Santa Cruz de Tenerife)

Der heute noch sechs Einwohner zählende Ort wurde bereits im 17. Jahrhundert besiedelt. Der untere Teil des Taleinschnitts ließ sich leidlich für landwirtschaftliche Zwecke terrassieren. In El Draguillo gibt es, wie der Name schon andeutet, viele Drachenbäume (spanisch „Dragos").

2 2,4 (196) Scharf rechts in den Taleinschnitt (PR TF-6, Roque Bermejo) ⤳ durch den Talboden und auf der anderen Seite bergauf ⤳ auf dem bequemen Höhenweg wird bald der Blick auf die nächste Häusergruppe **Las Palmas** frei ⤳ zuletzt zwei Nebentäler umrunden ⤳ zum Ortsrand.

Las Palmas (Santa Cruz de Tenerife)

Las Palmas hatte ab dem 17. Jahrhundert bedeutende Landwirtschaft. Das Herrengehöft Hacienda San Gonzalo besitzt eine eigene kleine Kapelle und wurde 2012 zum Ort kulturellen Interesses der Kanarischen Inseln erklärt. Da jedoch niemals ein Straßenanschluss nach Las Palmas gebaut wurde, wird der Ort heute nicht mehr bewohnt, nur die Hausbesitzer kommen gelegentlich zum Bewirtschaften einzelner Terrassen und zum Pflegen ihrer Häuser vorbei.

3 4,0 (157) Markiert an der Mauer entlang bergab ~ alle weiteren Häuser meerseitig umgehen ~ dahinter an einer Pfadkreuzung mit rostigem Wegweiser geradeaus Richtung El Faro ~ weiterer kurzer Abstieg ~ vorbei am **Roque de Dentro**.

Roque de Dentro. Der inselartig im Meer stehende Berg ist ein wahrer Blickfang und hier sehr nah, dahinter liegt der Roque de Fuera. Diese prominenten Wahrzeichen des Anaga-Gebirges waren ursprünglich mit der Hauptinsel verbunden. Beim Roque de Dentro gibt es heute noch knapp unter dem Wasserspiegel eine Landzunge.

4 5,2 (172) An einer T-Kreuzung unterhalb einer Häusergruppe (20 Min. nach Las Palmas) rechts bergauf Richtung El Faro ~ zwischen den Häusern bergauf ~ für etwa 30 Min. auf einem bequemen Höhenweg dahin ~ auf dem PR TF-6 Richtung Roque Bermejo vorbei an einer markierten Rechtseinmündung ~ unmittelbar vor dem Leuchtturmgelände rechts bergab.

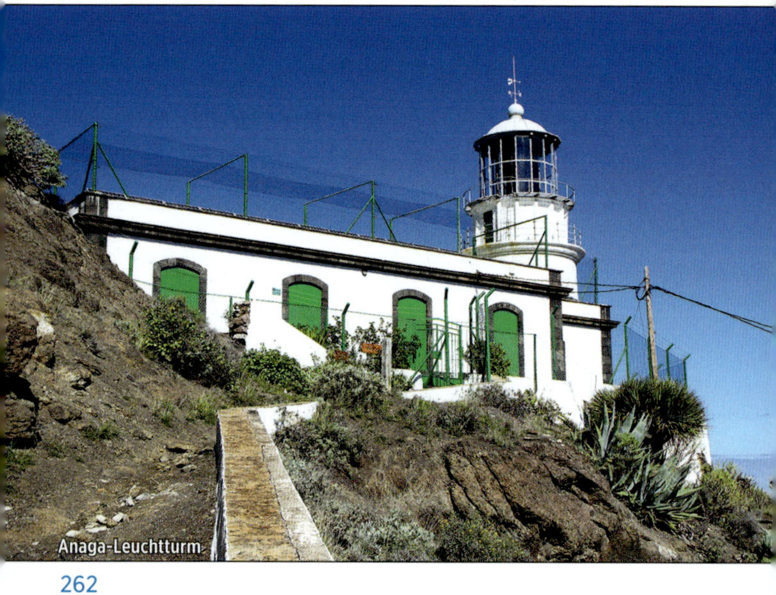

Anaga-Leuchtturm

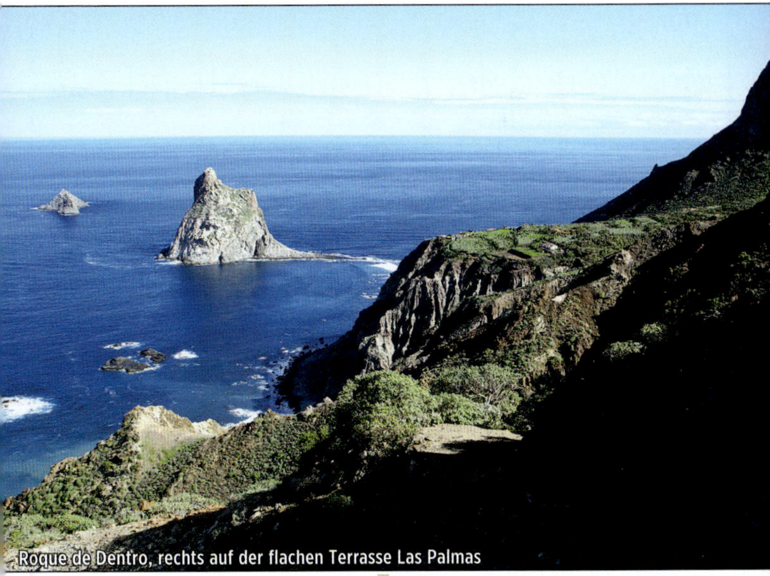

Roque de Dentro, rechts auf der flachen Terrasse Las Palmas

Faro de Anaga (Leuchtturm). Der Leuchtturm wurde 1863 errichtet und markiert bis heute nachts das Ostkap Teneriffas.

Vor dem Tor scharf rechts den breiten Weg bergab ~ in ausladenden Kehren hinunter ~ 15 Min. zwischen Terrassenmauern zu einem Wegweiser ~ hier geradeaus Richtung Roque Bermejo Playa ~ einige Grundstücke und die verfallende Kapelle passieren ~ zum kleinen Dorfkern mit Badestrand.

Roque Bermejo (Santa Cruz de Tenerife)

Der idyllisch am Meer gelegene Weiler mit seiner zum Baden geeigneten Bucht wird heute nicht mehr bewohnt, jedoch am Wochenende von den Hausbesitzern bevölkert. Auch Roque Bermejo besitzt keine Zufahrtsstraße.

5 8,2 (6) Zurück hinauf zur Kreuzung beim Wegweiser ~ jetzt links Richtung Chamorga ~ zu den obersten, verlassenen Häusern ~ den Talboden zweimal kreuzen ~ der Weg geht nahe Chamorga in einen Fahrweg über ~ 20 m weiter beim Strommast wieder links weg ~ flach im Talboden zum Ort ~ auf Betonbrücken den Bach erneut zweimal queren ~ bei der Dorfbar auf Asphalt ~ durch die Linkskurve und zurück zum Ausgangspunkt.

1 11,5 (479) Beim Wanderparkplatz sind Sie Ende der Tour angelangt.

Chamorga (Santa Cruz de Tenerife)

Tour 50 — 9,9 km

Igueste und der Antequera-Strand

Start/Ziel: Igueste, Parkplatz am Ortsanfang bei der Bar Rincón de Anaga (N 28,5242° W 16,1556°)

Aufstieg: 1.077 m — *Hartbelag:* 2 %

Abstieg: 1.077 m — *Wanderwege:* 0 %

Gehzeit: 5 - 5,5 Std. — *Wanderpfade:* 98 %

Charakteristik: Ganz im Osten des Anaga-Gebirges liegt als letzter Ort das idyllische Dorf Igueste. Für Wanderer ist die Insel hier aber noch nicht zu Ende: Ein anstrengender Wanderweg führt zu einer Bucht mit teils hellem Sandstrand, wo Sie bei ruhigem Wetter auch baden können. Doch diesen paradiesischen Strandaufenthalt müssen Sie sich verdienen: Über einen mehr als 400 Meter hohen, sehr panoramareichen Bergrücken muss steigen, wer sein Handtuch am abgelegenen Antequera-Strand ausbreiten will. Unterwegs gibt es viel zu sehen: Alte Terrassenmauern, Tiefblicke in diverse Schluchten, ein Quergang über der Steilküste und die ehemalige Hafensignalanlage „Semáforo“ mit ihrer tollen Aussicht machen die Stichtour in beiden Richtungen kurzweilig.

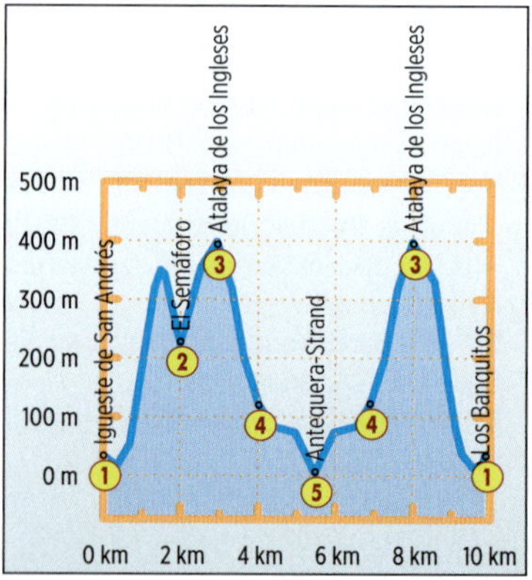

Tipp: Die ganze Tour erfordert gutes Orientierungsvermögen und absolute Schwindelfreiheit. Um den letzten kritischen Höhenweg kurz vor dem Ziel zu vermeiden, kann man auch den Minisandstrand Playa de Zápata besuchen (siehe Routentext). Auch eine Teilbegehung dieser Wanderung bis zum Sémaforo-Aussichtspunkt oder bis La Atalaya ist schon äußerst sehenswert und nur von mittlerem Schwierigkeitsgrad.

Öffentliche Verkehrsmittel: Die Buslinie 945 verkehrt etwa zweistündlich von Santa Cruz nach Igueste, der Startpunkt ist eine Haltestelle.

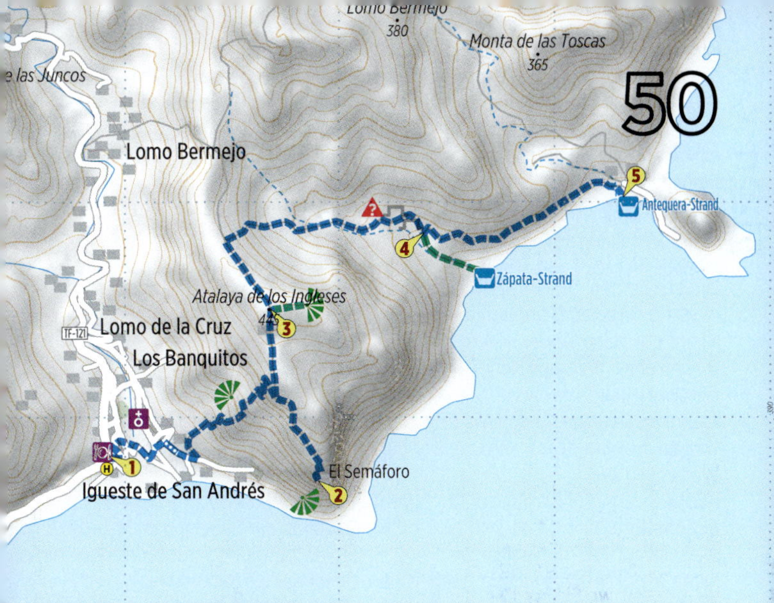

Anfahrt: Aus allen Inselteilen zuerst nach Santa Cruz, weiter über die Küstenschnellstraße TF-11 (von den Autobahnen stets Richtung „Puerto, Avda. Marítima" halten), in San Andrés geradeaus auf der TF-121 bis ins 6 Kilometer entfernte Igueste.

Igueste de San Andres (Santa Cruz de Tenerife)

Ermita San Pedro Apóstol. Das 1786 erbaute Kirchlein wurde 1909 erweitert. Es steht an einem großen Dorfplatz.

Restaurante Rincón de Anaga, Carretera General, Igueste de San Andrés nº 6, ✆ 922599000, ⏲ Mo 10.30-17 Uhr, Mi, Do, So 10.30-22 Uhr, Fr, Sa 10.30-23 Uhr, @ rsh846

Das Dorf war vom 16. Jahrhundert bis 1850 Teil der Gemeinde San Andrés und lebte ausschließlich von der Landwirtschaft. Die Bewohner gingen zwar ursprünglich zu Fuß in die Kirche des Hauptortes, doch es gab auch Fährverbindungen entlang der Küste. 1922 wurde eine Schotterpiste gebaut und in den 1940er Jahren asphaltiert, was zum Bevölkerungswachstum des Ortes beitrug. Bis heute hat Igueste allerdings zahlreiche, nur zu Fuß erreichbare Gassen, die dem Ort in Kombination mit seiner abgeschiedenen Lage den Charakter eines charmanten spanischen Bergdorfs geben.

1 0,0 (33) Am rechten Rand des Parkplatzes ein Treppchen bergab zwischen die Häuser ~ unten an der T-Kreuzung links ~ dem promenadenartigen Weg 100 m folgen ~ scharf rechts ~ bald auf einer Brücke über den Talboden ~ auf der anderen Seite meerwärts ~ nach 80 m links einen Weg bergauf ~ nach 50 m geradeaus auf den Weg **Paseo El Inciensal** ⤳ nach der Rechtskurve scharf links auf einem Treppchen bergauf ⤳ nach einigen Häusern rechts auf den flachen Fußweg **Paseo El Cementerio** ⤳ nach 130 m scharf links eine Treppe hinauf (weiß-gelbe Markierung) ⤳ 100 m danach scharf links auf einen markierten Weg zwischen Steinmauern abbiegen ⤳ 30 Min. in einem Seitental steil bergauf ⤳ auf der Höhe länger meerwärts zum Beginn einer niedrigen Mauer ⤳ geradeaus (weiß-gelb), um nach El Semáforo zu kommen, der Pfad scharf links (mit zwei weißen Sprühpfeilen) wird später Ihr Weiterweg sein ⤳ 60 m weiter über die Kuppe ⤳ dahinter bergab zur Ruine von **El Semáforo**, hier bietet sich eine gute Aussicht auf den 11 km entfernten Haupthafen, in der anderen Richtung sehen Sie Ihr Tourenziel, den Antequera-Strand mit seinem prominenten vorgelagerten Felsen.

El Semáforo (spanisch für „Ampel" oder „Signal"). Das Ende des 19. Jhs. errichtete Gebäude wurde bis 1979 zur Signalisierung ankommender Schiffe für den Hafen von Santa Cruz genutzt. Die Signalübermittlung erfolgte mit Hilfe von Flaggen.

2 2,0 (215) Auf dem gleichen Weg zurück ⤳ 60 m nach der höchsten Stelle rechts den Sprühpfeilen folgen ⤳ 10 Min. auf dem schlecht erkennbaren Pfad entlang des Kamms ansteigen ⤳ vorbei an mehreren Höhlen ⤳ bei einem großen Steinhaufen links aufwärts ⤳ den vereinzelten Steinmännern zu dem Steinhaus weiter oben am Kamm folgen.

Atalaya de los Ingleses

Im „Wachturm der Engländer" wohnte eine Familie, die die umliegenden Terrassen auf den vergleichsweise flachen Hängen bewirtschaftete. Trotz des Namens ist nichts über eine militärische Nutzung bekannt.

Davor an der Gabelung rechts ⤳ so bald als möglich auf kürzestem Weg halb links direkt auf die Kammhöhe.

AUSFLUG: Auf dem Seitenkamm rechts weiter zur Vermessungssäule, wo sich eine tolle Aussicht bietet.

3 2,9 (404) Geradeaus zwischen Steinreihen vom Kamm hinunter in das andere Tal ⤳ Quergang 15 Min. leicht bergab ⤳ bei einer kleinen Felsplatte mit Steinmann

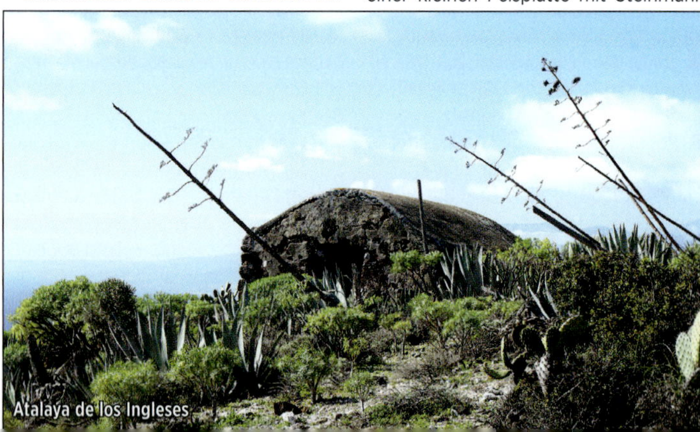

Atalaya de los Ingleses

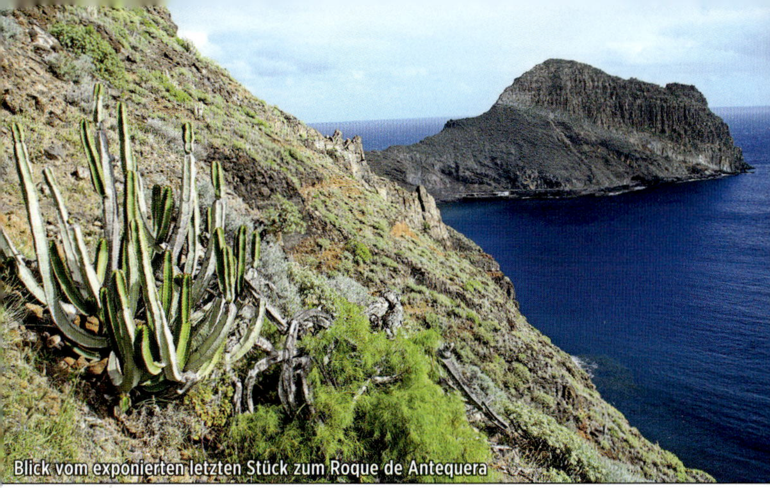

Blick vom exponierten letzten Stück zum Roque de Antequera

rechts bergab ⤳ extrem steil in zahlreichen Kehren in einen Talgrund hinab ⤳ diesen nach rechts hin überqueren ⤳ wenig später bei Steinmännern auf der linken Seite und Sprühpfeilen den Talboden nach links überqueren ⤳ weiter bergab ⤳ nach 5 Min. halb links kurz bergauf (weißer Pfeil) ⤳ im Folgenden passieren Sie einige kleine Höhlen, ⚠ hier sorgen zahlreiche Steinmänner für Verwirrung, halten Sie sich eher bergab und sehen Sie den Pfad am Hang gegenüber als Orientierungshilfe ⤳ 5 Min. danach an einigen großen Höhlen vorbei, in denen auch Schlafplätze ummauert sind ⤳ danach einen scharfen Taleinschnitt auslaufen.

4 4,4 (124) Direkt dahinter an der Gabelung links bergauf.

VARIANTE Der rechte Weg führt bergab zum kleinen Zápata-Strand (Variante für nicht Schwindelfreie).

Unangenehm ausgesetzt, aber mit schönen Aussichten über der Steilküste weiter ⤳ nach einem Überhang kurz steil aufsteigen ⤳ 10 Min. später rutschig hinab zum **Antequera-Strand**.

Antequera-Strand. Der 350 m lange Strand besitzt alle Qualitäten eines Traumstrands: eine geschützte Lage in einer Bucht, feinen, teilweise hellen Vulkansand, keinerlei touristische Erschließung und daher meist völlige Ungestörtheit. (Die Fischerhütten sind nur temporär bewohnt.) Wegen der kleinen Mole ist der Strand regelmäßiges Ziel von Bootsausflüglern, und auch unter Nudisten hat er einen guten Ruf.

5 5,5 (5) Auf der gleichen Route ohne den Abstecher zur Semáforo-Ruine, zurück.

TIPP Beachten Sie auf dem Rückweg, dass anfangs grüne Sprühpunkte zu sehen sind, die aber teils in die falsche Richtung weisen. Nach den Höhlen im mittleren Teil ist der Pfad in Bergaufrichtung manchmal nicht zweifelsfrei erkennbar, oft helfen die Steinmänner.

1 9,9 (33) In Igueste ist das Ende der Wanderung erreicht.

Igueste de San Andres (Santa Cruz de Tenerife)

Ortsindex